"十四五"时期国家重点出版物出版专项规划项目

千米级斜拉桥现代化运营养护技术丛书

苏通长江公路大桥运营养护技术丛书

千米级斜拉桥
钢箱梁疲劳裂纹处治技术

吉伯海　　朱志伟 ◎ 编著

人民交通出版社

北京

内 容 提 要

本书是对苏通长江公路大桥通车多年来钢箱梁疲劳处治工作的全面梳理和总结。书中系统地介绍了苏通长江公路大桥在疲劳机理、评估、检测、处治、数字化管理等方面开展的系列工作和创新成果,并对今后的养护工作重点进行了展望。

本书可为大跨钢箱梁桥的养护运营及管理提供实践经验,可供从事桥梁养护及管理的研究和工作人员参考。

图书在版编目(CIP)数据

千米级斜拉桥钢箱梁疲劳裂纹处治技术 / 吉伯海,朱志伟编著. — 北京:人民交通出版社股份有限公司,2024.9. — ISBN 978-7-114-19672-0

Ⅰ.U448.27

中国国家版本馆 CIP 数据核字第 2024UF5249 号

Qianmiji Xielaqiao Gangxiangliang Pilao Liewen Chuzhi Jishu
书　　名:**千米级斜拉桥钢箱梁疲劳裂纹处治技术**
著 作 者:吉伯海　　朱志伟
责任编辑:郭红蕊　　朱明周
责任校对:赵媛媛　　魏佳宁
责任印制:张　凯
出版发行:人民交通出版社
地　　址:(100011)北京市朝阳区安定门外外馆斜街 3 号
网　　址:http://www.ccpcl.com.cn
销售电话:(010)85285857
总 经 销:人民交通出版社发行部
经　　销:各地新华书店
印　　刷:北京市密东印刷有限公司
开　　本:787×1092　1/16
印　　张:19
字　　数:387 千
版　　次:2024 年 9 月　第 1 版
印　　次:2024 年 9 月　第 1 次印刷
书　　号:ISBN 978-7-114-19672-0
定　　价:98.00 元

(有印刷、装订质量问题的图书,由本社负责调换)

编 委 会

总　序

习近平总书记明确提出"江苏要在科技创新上率先取得新突破,打造全国重要的产业科技创新高地,使高质量发展更多依靠创新驱动的内涵型增长"。❶桥梁建设助力释放经济发展潜能,产生更大的社会发展效益。回首半个多世纪,400多千米长江江苏段上架起一道道现代化桥梁。截至2023年11月,江苏已建成18座过江通道,到2035年将建成44座。每一座穿江巨龙,都推动着中国桥梁建设技术快步前行,加速长江经济带一体化和扬子江城市群融合发展的进程。在"交通强国""桥梁强国"的历史重任下,江苏交通控股有限公司始终以"苏式养护"品牌建设为重要抓手,初步形成了一整套长大桥梁精细化养护技术体系,有效推动长大桥建管养高品质、可持续发展。

斜拉桥最大跨径不能超过900m,曾是国际桥梁学界的共识。2008年6月30日,拥有当时世界第一跨径(1088m)的苏通长江公路大桥正式通车,一段历史就此诞生,一块长三角一体化战略板块的重要拼图就此夯实。苏通长江公路大桥是当时我国桥梁史上工程规模最大、综合建设条件最复杂的特大型桥梁工程,建设期间攻克了10项世界级关键技术难题,其斜拉桥主跨跨径、主塔高度、斜拉索长度、群桩基础规模均列世界第一。苏通长江公路大桥运营养护团队在江苏交通控股有限公司领导下,传承苏通长江公路大桥建设期创新文化,不忘使命,立足"跨江大桥养护品质平安百年",始终坚持"科学养护、管养并举"的现代化养护管理方针,面对千米级斜

---

❶ 出自《人民日报》2023年07月08日01版。

拉桥超长斜拉索振动、钢箱梁疲劳开裂、钢桥面铺装病害等世界性技术难题，开展了长期的探索实践和科研攻坚，形成多项成套技术和养护工程解决方案。

当前，桥梁科技创新发展已由"建设为主"向"建管养运"全面协调发展转变。苏通长江公路大桥运营养护团队把准发展方向，依托苏通长江公路大桥通车15周年和世界同类型桥梁的运营管理经验，联合多家单位组织编写了"千米级斜拉桥现代化运营养护技术丛书"。该丛书共分3册，系统总结了千米级斜拉桥在超长斜拉索减振控制、钢箱梁疲劳裂纹处治、钢桥面铺装等方面取得的创新性成果、实践经验和教训，加强"苏式养护"技术积累和品牌基础建设，有效推动桥梁管养研发方向系统化、桥梁管养技术成果转化明确化。苏通长江公路大桥运营养护团队再次以"领跑者"的身份，向中国乃至世界展示千米级斜拉桥管养成就，值得同行们在运营养护工作中借鉴。

"桥何名欤？曰奋斗。"面临未来跨江大桥管养的技术挑战和管理难度，江苏交通控股有限公司将更好地肩负起"交通强省、富民强企"的时代使命，持续夯实"苏式养护"技术积累与品质基础，聚力实现拳头科技产品自主可控、创新平台量质齐升，在品质管养、智慧桥梁、低碳施工等关键领域，取得一批原创性、引领性、标志性的重大创新成果，全面实现长大桥精准养护、精细养护、科学养护，真正把科技创新这个关键变量转化为引领交通行业高质量发展的最大增量。

江苏交通控股有限公司
党委书记、董事长

2023 年 11 月

序　一

　　苏通长江公路大桥首次实现了斜拉桥的千米跨越,是世界建桥史上的里程碑工程。大桥通车 15 年来,面对超大交通流、高比例重载车辆、大幅度温变带来的钢桥面铺装加速劣化、钢箱梁疲劳开裂和恶劣风环境下斜拉索复杂振动等难题,苏通长江公路大桥运营养护团队通过精心组织、深入研究、验证实践、不断改进,解决了一系列千米级斜拉桥养护技术难题,形成了"科学养护、管养并举"这一极具代表性与先进性的现代化养护管理经验。

　　"千米级斜拉桥现代化运营养护技术丛书"共分 3 册,系统总结了千米级斜拉桥在超长斜拉索减振控制、钢箱梁疲劳裂纹处治、钢桥面铺装等方面取得的创新性成果和实践经验,在多个方面均达到国际领先水平,部分填补了国内外空白,具有重要的参考价值。该丛书也是一套引领桥梁养护科技创新发展的高水平技术著作,对于推动形成千米级斜拉桥科学管养核心技术体系、促使我国乃至世界特大型桥梁工程现代化管养水平的大幅提升,具有重要借鉴意义和推广价值。希望本书的出版能为从事桥梁设计、科研、施工、养护管理等工作的人员提供有益参考,助力我国桥梁技术不断取得新的进步。

中国工程院院士

全国工程勘察设计大师

2023 年 11 月

序 二

过去三十多年,我国开展了一场全球最大规模的桥梁建设,使中国桥梁技术实现了跨越式发展,中国桥梁已成为闪亮的中国名片。目前,中国已经成为一个桥梁建设大国,并正在稳步向桥梁强国迈进。随着特大型桥梁数量的不断增加,我国桥梁科技创新发展正由过去的"建设为主"逐渐向"建养并重"转变。在这一战略导向下,桥梁运营管理体系构建及工程养护技术的重要性日益凸显。

2008年6月30日,苏通长江公路大桥建成通车。苏通长江公路大桥是世界上首座实现"千米跨越"的钢箱梁斜拉桥,代表了当时世界桥梁建设的最高水平。通车15年来,大桥面临国内罕见的超大流量重载交通、大温域变化、超强台风频繁等恶劣条件的考验,其钢箱梁疲劳开裂、斜拉索振动、铺装劣化等问题日益凸显。大桥养护运营团队深知养好"百年大桥"之不易,以"大桥百年运营"为己任,以"功成不必在我"的胸怀,组织精锐科研力量共同开展关键技术科技攻关,逐步实现了从局部养护向全面养护、从粗放型养护向精细化养护、从被动养护向预防养护、从常规养护向科学养护、从零散型养护向数字化养护的转变,形成了一批自主可控、可复制、可推广的创新成果。

在苏通长江公路大桥通车15周年之际,大桥运营养护团队编撰了"千米级斜拉桥现代化运营养护技术丛书'。该丛书全面回顾了大桥15年来在斜拉索减振控制、钢箱梁疲劳开裂、钢桥面铺装等方面的养护历程,系统总结了千米级斜拉桥运营养护的先进理念、成功经验和科技创新成果。本丛书是一套引领桥梁养护科技创新发展的高水平技术丛书,对于推动形成千米级斜拉桥科学管养核心技术体系、促使我国乃至世界特大型桥梁工程现代化管养水平的大幅提升,具有重要借鉴意义和推广价值。

继往开来,百年大桥的养护面临着更大的挑战和困难。希望苏通长江公路大桥养护团队在已经取得的显著成绩和成效的基础上,坚持"不忘初心,艰苦奋斗",持续攻坚克难,并着力桥梁养护技术与装备的数字化和智能化,引领千米级斜拉桥的养护技术发展,支撑加快建设交通强国。

中国工程院院士

工程力学专家　　陈政清

2023 年 11 月

前　言

　　钢箱梁由于其跨越能力强、受力性能优越，被广泛用于千米级斜拉桥建设，苏通长江公路大桥(简称"苏通大桥)是我国首座主梁采用扁平流线型钢箱梁的千米级斜拉桥，代表了建成时世界桥梁建设的最高水平，被称为世界桥梁的"珠穆朗玛峰"。苏通大桥建成通车至今已15年，其间大桥常年承受繁重的交通任务，致使其疲劳开裂问题日益突出。

　　为保障大桥全生命周期内的安全、畅通，践行"百年大桥"目标，江苏苏通大桥有限责任公司联合国内多家企业、高等院校和科研院所就苏通大桥钢箱梁疲劳开裂问题开展了长期的探索与实践，针对钢箱梁疲劳开裂机理、裂纹评估技术、裂纹检测技术、裂纹处治技术等进行了系统的研究和技术开发应用。本书内容主要是回顾总结苏通大桥通车15年内以上工作所获的成功经验和阶段性研究成果。

　　本书共分为8章。第1章为绪论，介绍了钢箱梁斜拉桥的发展历程、钢箱梁常见的病害类型、疲劳裂纹的检测和处治技术研究现状以及苏通大桥钢箱梁疲劳研究现状；第2章为钢箱梁疲劳机理及开裂特征，介绍了疲劳裂纹的开裂机理、疲劳开裂成因和影响因素、钢箱梁常见的疲劳开裂部位以及苏通大桥的疲劳开裂特征；第3章为钢箱梁疲劳评估，介绍了钢箱梁桥疲劳评估的常用方法、苏通大桥车辆荷载模型和基于应力监测的疲劳损伤情况；第4章为裂纹检测技术，介绍了钢箱梁疲劳裂纹常用的检测技术的参数研究和实桥应用；第5章、第6章为钢箱梁疲劳裂纹处治技术，介绍了苏通大桥中常用的裂纹处治技术主要参数、工艺的研发过程和实桥应用情况;第7章为疲劳裂纹动态跟踪与数字化管理,介绍了苏通大桥钢箱梁疲劳裂纹的动态化跟踪评估技术的研究过程以及该技术的实桥应用效果;第8章为总结与展望,总结了全书的工作内容,展望了苏通大桥钢箱梁疲劳养护的主要方向。

本书的撰写工作得到了江苏省交通运输厅、江苏交通控股有限公司等省内多家单位和高校的支持,感谢江苏苏通大桥有限责任公司统筹中交公路规划设计院有限公司、中国船级社实业有限公司等多家单位为本书提供的素材,感谢多位专家和同行在撰写过程中给予的指导和建议。

在本书的撰写过程中,河海大学课题组高玉强、李心诚、崔建伟、杨礼友、张龙、朱玉卿、张宏成等研究生参与了书稿内容的整理和图表绘制。河海大学已毕业研究生王赞、陈念念、费江滨、范杰等人的研究成果是本书的重要组成部分。在此,作者对参与本书撰写和研究工作的全体成员表示衷心感谢。

作　者

2023 年 11 月于南京

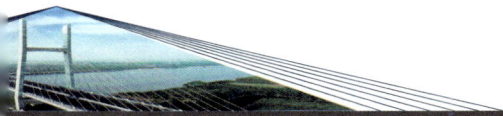

目 录

第 1 章

绪　论

1.1 钢箱梁斜拉桥发展

斜拉桥是由塔、梁、索3种基本构件组成的高次超静定组合结构体系,它以加劲梁受弯压、斜拉索受拉以及桥塔受压弯为主要特征。斜拉索的多点弹性支承作用使主梁的受力类似于多跨连续梁,从而减小了主梁弯矩和梁体尺寸,减轻了梁体重量,使其具有很强的跨越能力,与悬索桥相比,斜拉桥的抗风性能优越,且不需要庞大的锚固装置。由于调整斜拉索的张拉力可调整主梁的内力,使其分布更加均匀合理,且斜拉桥的索、塔、梁,尤其是索和塔,可以组合出多种形式以满足景观需求,因而斜拉桥已成为现代桥梁工程中发展最快、最具竞争力的桥型之一[1-6]。近几十年来,随着交通量的剧增,桥面宽度及跨径均呈上升趋势,为满足使用要求,大跨径钢箱梁斜拉桥随之应运而生,其主梁形状也由矩形逐步发展为倒梯形、三角形以及扁平流线型。目前,千米级斜拉桥多采用扁平流线型钢箱梁,其具有如下特点[7-10]:

(1)钢箱梁的抗扭刚度和横向抗弯刚度大、整体性强、材质均匀、强度高,因此,其跨越能力强,可适应更宽的桥面;

(2)钢箱梁自重轻,外形纤细、美观,有利于桥梁设计的轻型化,可有效减少用钢量,在同等条件下,与钢桁梁斜拉桥相比,钢箱梁斜拉桥主梁的用钢量可节省15%~25%;

(3)钢箱梁工厂化生产的制作精度高,质量可靠,且其生产制作可与下部结构及桥塔并行施工,可加快施工速度;

(4)与混凝土斜拉桥相比,钢箱梁斜拉桥的柔度大,耗能效果好,抗震性能优越。

现代钢箱梁斜拉桥起源于德国。1959年,德国在Düsseldorf建成跨越莱茵河的Theodor Heuss桥,如图1-1所示。该桥为双塔双索面钢箱梁斜拉桥,跨径布置为108m+260m+180m;桥塔采用H形钢塔,桥面以上塔高41m,主梁采用钢箱梁,梁高3.12m,斜拉索为稀索体系,竖琴形索面布置。该桥为德国首座斜拉桥,世界上第一座钢箱梁斜拉桥,第二座现代化斜拉桥。该桥首次采用"倒退分析法"进行施工控制,此后德国有多座钢箱梁斜拉桥均采用该方法进行施工控制[11]。同年,德国在Cologne建成Severin桥,如图1-2所示。该桥为飘浮体系独塔双索面钢箱梁斜拉桥,是世界上第一座独塔钢箱梁斜拉桥,跨径布置为49m+89m+50m+302m+151m+43m,桥塔采用A形结构,斜拉索为辐射形索面布置,飘浮体系的采用极大增强了结构的抗震性能[12]。

图 1-1 Theoder Heuss 桥

图 1-2 Severin 桥

1967 年,德国在 Bonn 建成跨越多瑙河的 Friedrich Ebert 桥,如图 1-3 所示。该桥为塔梁固结、墩梁铰接体系双塔单索面钢箱梁斜拉桥,总长 520m,跨径布置为 120m + 280m + 120m,桥塔采用独柱式钢塔,桥面以上塔高 53m,主梁采用钢箱梁,桥面宽 35.8m,斜拉索为扇形索面布置。该桥为世界上第一座密索体系公路斜拉桥,标志着斜拉桥由稀索体系向密索体系的过渡[13]。1969 年,德国在 Düsseldorf 建成跨越莱茵河的 Knie 桥,如图 1-4 所示。该桥为独塔双索面钢箱梁斜拉桥,总长 561.15m,主跨 319m,桥塔采用不设横梁的 Ⅱ 形结构,塔高114.10m,主梁采用钢箱梁,宽 29.3m,边跨采用多个辅助墩以增加结构刚度,斜拉索为不对称稀索体系,竖琴形平行索面布置[14]。

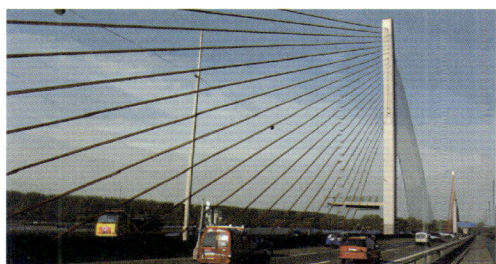

图 1-3 Friedrich Ebert 桥

图 1-4 Knie 桥

1979 年,前南斯拉夫在 Belgrade 建成萨瓦河铁路斜拉桥。该桥为双塔双索面塔梁固结、墩梁铰接体系,跨径布置为 52.74m + 85m + 254m + 50m + 64.2m,桥塔采用 H 形钢结构,桥面以上塔高 52.5m,主梁采用边箱中板三正交异性板钢箱梁,梁高 4.45m,桥面总宽 16.5m,采用有道砟桥面,斜拉索采用平行钢丝系统,稀索体系平行索面布置,该桥是世界上第一座双线重载铁路钢箱梁斜拉桥[15]。

1998 年,日本建成横跨名古屋港的名港中央大桥,如图 1-5 所示。该桥为三跨连续半飘浮体系双塔双索面钢箱梁斜拉桥,跨径布置为 290m + 590m + 290m,钻石形桥塔高 190m,主梁采用扁平流线型多室钢箱梁,梁高 3.5m,总宽 37.5m,斜拉索由 199 ~ 397 根钢丝组成,空间扇形索面布置[16]。2001 年,埃及建成位于 Qantara 的苏伊士运河桥,如图 1-6 所示。该桥为七跨连续半飘浮体系双塔双索面钢箱梁斜拉桥,跨径布置为 43m + 50m + 70m + 404m +

70m+50m+43m,桥塔采用"门"形钢筋混凝土结构,塔柱为古埃及"方尖石柱"造型,总高154m,主梁采用扁平流线型钢箱梁,全宽22.8m,高2.6m,斜拉索采用极限强度为1800MPa、直径为5.38mm的高强镀锌钢丝制成,呈非对称扇形索面布置[17]。

图1-5 名港中央大桥

图1-6 苏伊士运河桥

2009年,韩国建成连接仁川国际机场和仁川南部Songdo新城的仁川大桥。该桥全长约12.3km,斜拉桥全长1480m,为五跨连续双塔双索面钢箱梁斜拉桥,跨径布置为80m+260m+800m+260m+80m,建成时是世界第五长的斜拉桥,桥塔采用倒Y形混凝土结构,塔高225m,主梁采用扁平流线型钢箱梁、正交异性钢桥面板,桥面宽34m,斜拉索为空间扇形索面布置[18-19]。

中国在20世纪80年代以前,由于钢产量较低,很少建造钢桥。改革开放后,随着我国钢材产量的增长及钢结构制造技术的进步,钢材在桥梁结构中的应用越来越广泛,钢箱梁斜拉桥得到了发展。1987年在山东东营建造的东营黄河大桥,为中国第一座公路钢箱梁斜拉桥,如图1-7所示。该桥为双塔双索面钢箱梁斜拉桥,跨径布置为60.5m+136.5m+288m+136.5m+60.5m,桥塔为H形框架式结构,塔高69.2m,主梁采用带正交异性钢桥面板的分离式钢箱梁,梁宽19.5m,斜拉索由多股无黏结高强度平行钢丝组成,扇形索面布置[20-21]。此后,中国开始大规模修建钢箱梁斜拉桥,且发展速度非常快,短短30年间就取得了辉煌的成就,令世界瞩目。

图1-7 东营黄河大桥

2001 年,建成南京长江二桥南汊桥,如图 1-8 所示。该桥为五跨连续半飘浮体系双塔双索面钢箱梁斜拉桥,跨径布置为 58.5m + 246.5m + 628m + 246.5m + 58.5m,桥塔为上塔柱平行分离的倒 Y 形钢筋混凝土塔,塔高 195.41m,主梁为扁平闭口流线型钢箱梁、正交异性钢桥面板,中心线处梁高 3.5m,总宽 37.2m,斜拉索为空间扇形索面布置[22]。

图 1-8   南京长江二桥南汊桥

2005 年,建成南京大胜关长江大桥,如图 1-9 所示。该桥为五跨连续半飘浮体系双塔双索面钢箱梁斜拉桥,跨径布置为 63m + 257m + 648m + 257m + 50m,桥塔采用"人"字形钢塔,塔高 215m,主梁采用正交异性板全焊扁平流线型钢箱梁,梁高 3.2m、宽 37.16m(含风嘴),斜拉索采用高强度平行钢丝制成,空间扇形索面布置[23]。同年,建成主跨 510m 的安庆长江公路大桥[24](图 1-10)和主跨 406m 的润扬长江大桥北汊桥[25](图 1-11)。

图 1-9   南京大胜关长江大桥

图 1-10   安庆长江公路大桥

图 1-11   润扬长江大桥北汊桥

2008 年,建成苏通长江公路大桥,如图 1-12 所示,该桥总长 8146m,主桥为七跨连续弹性约束体系双塔双索面钢箱梁斜拉桥,跨径布置为 100m + 100m + 300m + 1088m + 300m + 100m + 100m,桥塔采用倒 Y 形混凝土结构,塔高 306m,主梁采用正交异性板扁平流线型钢箱梁,中心线处梁高 4.0m,全宽 41.0m(含风嘴),斜拉索采用平行钢丝制成,空间扇形索面布置[26]。同年,还建成主跨 383m 的珠江黄埔大桥北汊桥[27]、主跨 448m 的杭州湾跨海大桥北通航孔桥[28]、主跨 386m 的青银高速公路济南黄河大桥[29]以及主跨 318m 的杭州湾跨海大桥南通航孔桥[30]等。2013 年,建成厦漳跨海大桥北汊桥,该桥为五跨连续半飘浮体系双塔双索面钢箱梁斜拉桥,跨径布置为 95m + 230m + 780m + 230m + 95m,桥塔采用钻石形混凝土结构,塔高 227m,主梁采用扁平流线型钢箱梁,梁高 3.5m,宽 38m,斜拉索采用平行钢丝,空间扇形索面布置[31]。

图 1-12　苏通长江公路大桥

国内外斜拉桥建设经验表明:钢箱梁斜拉桥已成为大跨径斜拉桥的主流形式之一。位列世界上斜拉桥跨径前列的俄罗斯 Russky Island 大桥[32-34](主跨 1104m)、中国香港昂船洲大桥[35](主跨 1018m)、日本 Tatara 大桥[36](主跨 890m)以及法国 Normandy 大桥[37-38](主跨 856m)等桥的主跨主梁或全部主梁结构均采用钢箱梁形式。随着桥梁跨径增大,钢箱梁斜拉桥的应用将更加广泛[39]。

1.2　服役钢箱梁病害类型

钢箱梁由正交异性钢桥面板、腹板、正交异性底板、加劲肋等结构组成,服役过程中受环境和荷载等因素的影响,易产生涂层劣化、腐蚀和疲劳开裂等主要病害。

1）涂层劣化

钢箱梁直接与外界环境相接触,受大气中腐蚀物质的侵蚀较为严重,随着服役时间的延长和外界温差、磨蚀、太阳暴晒、紫外线、风雨、潮气、化学品、烟雾、接触腐蚀、车辆尾气等因素的影响,容易发生老化、变质、剥落等病害[40]。目前,常见的涂层劣化类型有以下几种[41-42]:

(1)粉化:涂层由于表面老化损坏,呈粉状脱落。空气的湿度、含氧量、污染情况等,都影响着涂层粉化的过程。树脂在空气中发生反应,分解后仅留下颜填料在表面,涂层出现白色(浅色漆)或深色(深色漆)粉状物。

(2)起泡:涂层表面出现膨胀隆起,分布直径不等的点泡或豆泡。起泡是一种常见的涂料缺陷,形状为半球形,泡内包含固体或液体,通常发生在涂料和底材之间或涂层之间。

(3)裂纹:涂膜中出现的网状或条状裂纹。龟裂是最严重的涂层开裂现象,严重时会贯穿涂层至底材,造成腐蚀,导致涂层大片剥落。

(4)脱落:涂层的表面和底层之间、新旧涂层之间丧失了附着力,涂层表面形成小片或鳞片状脱落。剥落的涂层硬而脆,可以从底材上撕下。一旦涂层开裂,边缘会从底材上卷起,进而产生剥落的可能。

(5)生锈:涂层出现针孔锈斑、点状锈、泡状锈或片状锈的现象。点状锈蚀出现频率极高,通常在涂料使用很长时间并接近其使用期限时出现。

(6)失光:外涂层表面不均匀,并有轻微纹理,导致光泽度降低。

(7)变色:涂料在施工后不久,由于天气或化学物质的侵蚀,涂层产生褪色、渗色、变色等现象。

(8)泛金:涂料自然老化后,表面出现肉眼可见的金属色亮点。

(9)玷污:工件表面被油污、杂物等污染。

(10)斑点:斑点以不同的形状、尺寸和数目,嵌入漆件表面。

(11)长霉:涂层表面有灰黑色的霉菌生长,尤其是在潮湿的环境中。

2）腐蚀

大桥建设需要跨越各类大江、大河、山川、海湾,连接陆地和岛屿,地理位置千变万化、各处气候条件十分复杂,如南方的湿热和酸雨、北方的寒冷和冰盐、沿海的盐雾等,腐蚀环境各不相同,但都是造成钢箱梁腐蚀的主要因素。钢箱梁表面涂装的破坏也会加剧内部钢材的腐蚀速率[43]。腐蚀使桥梁构件截面削弱,产生病坑、缺陷和裂纹,其中裂纹扩展会引起寿命降低甚至断裂。根据产生机理的不同,腐蚀大致可分为应力腐蚀、化学腐蚀、电化学腐蚀、疲劳腐蚀[44-45]。

（1）应力腐蚀：应力腐蚀是指金属材料在固定拉应力和特定介质的共同作用下发生的腐蚀破裂，通常以 SCC（Stress-Crossion-Crack）表示。金属应力腐蚀破裂只在对应力腐蚀敏感的合金上发生，纯金属极少产生。合金的化学成分、金相组织、热处理对其应力腐蚀破裂有很大影响。处于应力状态下，残余应力、组织应力、焊接应力、工作应力都可以引起应力腐蚀。对于某一特定合金来说，在特定的环境中才会发生应力腐蚀。应力腐蚀断裂之前往往没有先兆，因此容易造成灾难性的事故。

（2）化学腐蚀：化学腐蚀是指金属和非电解质直接发生纯化学反应而引起的金属损耗，如金属的高温氧化和有机物腐蚀。

（3）电化学腐蚀：电化学腐蚀是铁和氧形成两个电极，组成腐蚀原电池。因为铁的电极电位总比氧的电极电位低，所以铁是阳极，遭到腐蚀。特征是在发生氧腐蚀的表面，会形成许多直径不等的小鼓包，次层是黑色粉末状溃疡腐蚀坑陷。

（4）腐蚀疲劳：腐蚀疲劳指在介质的腐蚀作用和交变循环应力作用下金属材料疲劳强度降低而过早破损的现象。例如海水中高铬钢的疲劳强度只有正常性能的30%～40%。

3）疲劳开裂

正交异性钢桥面板由顶板、U 肋、横隔板等构件通过焊接的方式组成，是钢箱梁中较易产生疲劳开裂的结构。钢桥面板中各个板件间立体交叉，焊接过程中的焊接误差、加工缺陷以及焊接残余应力等问题无法避免[46]。在局部车轮荷载的直接作用下，钢桥面板会发生鼓曲状的变形，此时，在各构件相互连接、相互约束的复杂边界处，就会产生应力集中，再加上之前焊接过程中产生的残余应力、制造误差以及初始缺陷，导致正交异性钢桥面板易产生疲劳开裂。

在正交异性钢桥面板服役期间，每天都要承受大量的车辆荷载。在大量车辆荷载的反复作用下，疲劳裂纹便会在应力集中严重的地方萌生并不断扩展，威胁正交异性钢桥面板结构安全，影响正常运行。根据日本一些代表性正交异性钢桥面板疲劳裂纹的统计分析发现[47]：萌生在 U 肋与横隔板交叉焊缝区域以及开孔部位的裂纹占裂纹总数的比例高达38.2%。这一区域正是正交异性钢桥面板构造最为复杂、最容易产生应力集中和初始焊接缺陷的部位。萌生在顶板与 U 肋焊接区域的疲劳裂纹，大约占裂纹总数的20%。该区域比较严重的破坏模式是从焊缝的焊根或者焊趾处开裂，然后向顶板扩展。虽然这类裂纹的数量占比不是最高的，但由于其位置隐蔽、检测困难，一般只有在裂穿整个顶板并且发展到一定的长度导致防水层和铺装层破坏后才被发现。此时，雨水可能已经通过裂纹渗入 U 肋或者钢箱梁的内部。此外，这类裂纹在局部荷载过大的重车车轮作用下，很可能在钢桥面板顶板损伤处形成凹陷甚至孔洞，并且该类裂纹的检修过程需要中断交通，因此，这是正交异性钢桥面板中最为危险的疲劳裂纹类型之一[48-49]。此外,萌生在顶板与竖向加劲肋焊缝处、U 肋对接焊缝处等部位的疲劳裂纹比例也相对较高。目前,新建的一些正交异性钢桥面板逐步采用取消顶板与竖向加劲肋焊缝以及在 U 肋连接处改用疲劳寿命更长的螺栓连接等方式,来避免这类疲劳裂纹的产生。

1.3　钢箱梁裂纹检测

目前,针对正交异性钢桥面板疲劳裂纹的检测主要依靠检测人员定期的现场目测巡检。该方法简单、容易操作,并且不需要复杂的检测设备,也不要求检测人员具有较高的相关知识与技术储备,而对于钢箱梁内肉眼无法观察、辨别的裂纹常辅以特殊的检测技术进行检测[50]。目前常见的裂纹检测技术有磁粉检测、渗透检测、电涡流检测、声发射检测、超声波检测、智能识别等。其中,磁粉检测、渗透检测、超声波检测等检测技术在实桥检测过程中应用较多。

磁粉检测技术利用磁场和铁粉来检测表面和近表面的裂纹[51-52]。这种方法通常用于检测表面裂纹,需要在被检材料表面涂覆磁粉。磁粉检测对于微小表面裂纹和缺陷非常敏感,因此能够发现非常细微的问题,这使得它成为检测表面裂纹的强大工具。与其他非破坏性检测方法相比,磁粉检测的学习较易,操作相对简单,不需要复杂的设备。磁粉检测主要用于检测表面和近表面的缺陷,对于深层缺陷的探测能力有限;被检材料的表面必须非常干净,以便磁粉附着并显示裂纹,这可能需要额外的准备工作,特别是在脏污或有油污的环境中;磁粉检测主要用于铁磁材料,对于非铁磁材料的应用效果有限。

渗透检测是一种以毛细作用原理为基础的检测技术[53-54],主要用于检测非疏孔性的金属或非金属部件表面的开口缺陷。其优势在于对微小的表面裂纹非常敏感,可以监测到早期阶段的裂纹,且适用范围广,适用于各种材料,包括金属、塑料和陶瓷等。渗透检测的操作相对简单,培训要求较低,检测结果通常是直观可见的,不需要特殊设备或仪器进行解释。但该技术只适用于检测表面或近表面的缺陷,对于深层缺陷不适用。渗透检测依赖于渗透剂进入裂纹或缺陷中,因此对于非吸水材料的检测效果有限,通常在室温下进行,不适用于高温环境下的检测。

声发射检测技术是结构疲劳裂纹检测中常用的一种方法[55-58]。当材料在应力作用下,材料内部裂纹萌生以及疲劳裂纹扩展的瞬间,会快速释放能量并产生瞬态弹性波,这便是声发射现象。通过事先布置的超声换能器来接收这些弹性波,便可以实现对疲劳裂纹的检测及定位。声发射检测既可以检测到结构表面的裂纹,也可以检测到结构内部的裂纹。目前,声发射检测技术已经成功应用于桥梁拉索[59]以及钢轨[60]等结构的疲劳裂纹检测中。此外,声发射技术是一种被动的检测方法,只能检测正在开裂的疲劳裂纹,无法用于检测已经存在的并且没有扩展瞬间的疲劳裂纹。

电涡流检测技术使用交变电流产生的磁场来检测材料表面和近表面的缺陷[61]。电涡流检测可以实现大面积快速扫描,适用于大规模检测。电涡流检测对于被检材料表面的准备要求较低,不需要清洁表面或特殊处理;其主要依赖于材料的导电性,因此适用于多种导电材料,包括金属合金;其提供高分辨率的结果,可以识别小型缺陷,如微裂纹。但电涡流检测需要复杂的仪器且操作员需要理解电磁原理以及熟悉设备的使用,这可能需要较长时间的培训。对于非导电材料或者具有极低导电性的材料,电涡流检测的效果有限。在复杂几何形状的部件上,电涡流信号可能会受到相互干扰,使解释和识别问题区域变得更具挑战性。

超声波检测,包括常规超声波检测、超声衍射时差法检测(TOFD)以及超声相控阵检测等技术,如图1-13所示。超声波是一种具有较高频率的机械波,穿透性较强,对结构表面和内部的疲劳裂纹均具有较好的检测效果[62]。目前,在正交异性钢桥面板疲劳裂纹检测中,常规超声检测常用来对焊接修复后的焊缝进行检验验证。TOFD则可以用来检测顶板与U肋焊接区域的隐蔽疲劳裂纹,但检测时需要先移除桥面铺装,长时间阻断交通[63]。超声相控阵可以在不移除桥面铺装、不影响正常交通的情况下,实现对正交异性钢桥面板表面及隐藏裂纹的检测,但受到检测效率的限制,目前仅适用于小范围的验证性检测[64]。

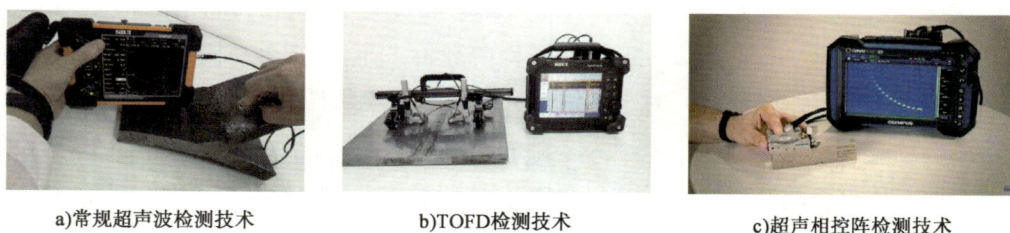

a)常规超声波检测技术　　　　　　b)TOFD检测技术　　　　　　c)超声相控阵检测技术

图1-13　超声波检测技术

此外,随着计算机的快速发展,计算机视觉技术逐渐应用于钢箱梁疲劳裂纹的识别与检测[65-67]。计算机视觉技术通过使用高分辨率摄像机和图像处理算法,对钢桥结构进行图像捕捉和分析,以检测裂纹和缺陷,包括图像边缘检测、纹理分析、形态学处理等图像处理技术,结合机器学习和计算机视觉算法,可以实现对裂纹和缺陷的自动检测和识别。但是该方法只能检测结构表面的可见裂纹,而对于正交异性钢桥面板中最为危险的顶板与U肋焊接区域的隐藏型疲劳裂纹,该方法无法检测。

1.4 钢箱梁裂纹处治

钢箱梁疲劳开裂处治是国内外研究的热点问题之一。国内外学者针对正交异性钢桥面疲劳裂纹的处治方法开展了大量研究。研究所得处治方法大致可分为直接处治方法和间接处治方法两类。直接处治方法主要包括钻孔止裂法、钨极惰性气体保护焊(TIG)重熔法、补焊、加固件补强法和气动冲击。间接处治方法主要包括高性能混凝土加固技术、夹层体系加固技术和超高韧性混凝土(STC)加固技术。

1)直接处治方法

(1)钻孔止裂法。

钻孔止裂技术作为钢结构疲劳裂纹的临时止裂措施,不仅适用于钢结构构件,还适用于机械零部件等其他金属部件。钻孔止裂通常是在裂纹尖端钻光滑圆孔,其止裂机理在于将尖锐的裂纹尖端替换为圆孔,减小裂纹尖端曲率,消除裂纹尖端的应力集中,从而延缓或阻止裂纹继续扩展,延长钢结构构件的疲劳寿命。国内外学者针对钻孔止裂技术进行了相关研究,河海大学的吉伯海课题组[68-70]针对横隔板-U肋焊缝处疲劳裂纹,提出了钻孔的合理孔位、孔径、钻孔角度等关键参数。

(2)TIG重熔法。

TIG重熔法是通过对焊趾位置重熔,彻底除去焊趾位置的疲劳裂纹以及其他焊接缺陷的一种处治技术[71],如图1-14所示。熔修过程中不引入新的材料,可以优化焊趾和母材交界处的形态。这种技术的局限性在于仅适用于焊趾位置长度和深度较小的疲劳裂纹,相关研究表明,针对长度40~45mm、深度小于6mm的焊缝疲劳裂纹,采用TIG重熔法进行修复具有良好的效果[72]。

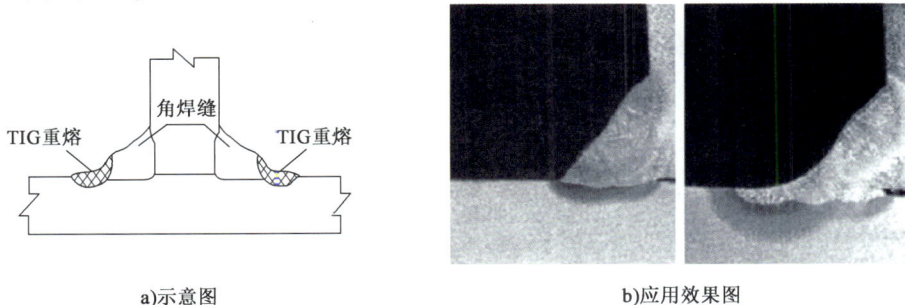

a)示意图　　　　　　　　b)应用效果图

图1-14 TIG重熔技术

（3）补焊。

补焊技术是疲劳开裂处治常采用的技术之一，即对产生疲劳裂纹的部位进行重新焊接以消除原先的裂纹缺口，恢复局部受力。补焊技术在船舶、机械等领域的疲劳裂纹修复中已经得到了较为广泛的应用，部分学者针对该技术开展了一定的研究[73-77]，分析了裂纹补焊后的疲劳性能。

对于正交异性钢桥面板而言，裂纹补焊技术已经得到了广泛的应用。这种方法首先清除疲劳裂纹附近的桥面铺装，并对疲劳裂纹长度进行专业测量，然后采用专业设备对疲劳裂纹周边区域进行切割打磨，并对其进行重新焊接连接。切割重焊技术虽然可以达到修复加固现有疲劳裂纹的目的，但是现场作业环境较复杂，影响施工质量的因素较多，容易引入新的焊接缺陷，从而影响加固修复效果。国外针对钢桥面板的裂纹补焊技术有一定的研究，认为补焊过程中的焊接缺陷和残余应力会对焊接质量和补焊部位的疲劳性能产生影响[78-79]，但是如果控制好补焊质量，并且完全去除裂纹，则补焊部位的疲劳性能有可能得到较好的恢复，甚至恢复到初始状态。也有学者建议将补焊技术与其他焊后处理技术相结合以更好地发挥补焊的效果。近年来有学者提出了一种新型焊丝，即低相变温度焊丝，该技术能够在补焊部位引入残余压应力，同时减小焊接残余变形。这样不需要经过焊后处理就能够大幅提高疲劳强度[80-86]。国内针对裂纹补焊技术的研究较少，主要集中在李川、冯亚成等人的研究成果中[87-88]，并且以定性分析为主，未形成标准化的补焊技术工艺及控制要求。

（4）加固件补强。

加固件补强主要通过对开裂部位施加合适的补强材料以提高局部的刚度，一定程度上恢复已开裂部位的受力性能。根据补强材料的不同，常规的疲劳开裂补强有钢板补强和碳纤维（CFRP）补强，如图 1-15 所示。钢板补强是目前结构加固的一种常规手段，已在房屋建筑和桥梁改造中得到了广泛的应用[89-91]，但国内学者针对钢板加固的研究以结构加固和改造为主[92-93]。随着大跨径桥梁钢桥面板疲劳损伤问题逐步成为桥梁的研究重点，国内学者也逐步将钢板补强技术应用到钢桥面板疲劳开裂补强中。长安大学王春生[94-95]在这方面开展了一定的研究，通过实桥加载测试和断裂力学分析了钢板补强后裂纹尖端的应力和应力强度因子，结果表明钢板补强技术具有良好的补强效果，为钢桥面板疲劳维护提供了新的技术选择。相比于钢板补强，CFRP 因其强度高、自重轻、耐腐蚀性能好以及抗疲劳性能好、施工方便等优点，极大地弥补了传统加固方法的不足，在国内外钢结构疲劳损伤中有较多的应用。大量研究结果表明，CFRP 加固的钢结构构件具有良好的疲劳性能[96-98]。其中，清华大学的叶列平[99]研究了 CFRP 加固含裂纹受拉钢板的疲劳性能，建立了"三维块体-弹簧-板"的有限元模型，提出了 CFRP 板加固含裂纹受拉钢板的疲劳寿命预测方法，通过试验表明 CFRP 板加固钢板的疲劳寿命比未加固钢板显著提高。Hmidan[100]等利用 CFRP 对工字梁疲劳裂纹进行了修复,试验中考虑工字梁的不同缺口大小,研究认为 CFRP 补强能够提高梁的断裂能量以及裂纹尖端的塑性。Hitoshi Nakamura[101]针对加劲肋焊缝的构造细节,把 CFRP 和止裂孔两种修复方法结合起来,将 CFRP 粘贴在裂纹上,再进行钻孔止裂,疲劳剩余寿命得到了显著的提高。以上研究获得了 CFRP 补强技术的主要特点,对其补强效果有了初步的认识,为疲劳裂纹补强提供了重要的参考,但是对钢桥面板而言,其构造复杂,裂纹往往在焊缝以及几何突变位置产生,复杂的构造特征影响了 CFRP 的有效粘贴和预张拉,一定程度上限制了该补强技术的推广和应用。

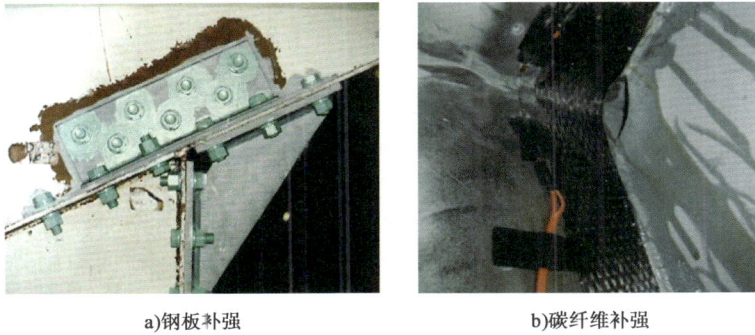

a)钢板补强　　　　　　　　　　b)碳纤维补强

图 1-15　加固件补强法

（5）气动冲击。

气动冲击技术是近几年发展起来的一种新型疲劳裂纹处治技术,其主要原理是通过冲击钻头的高速冲击,使得裂纹开口附近的表层金属产生塑性变形,使裂纹闭合,如图 1-16 所示,同时引入残余压应力改善裂纹尖端的局部受力状态。

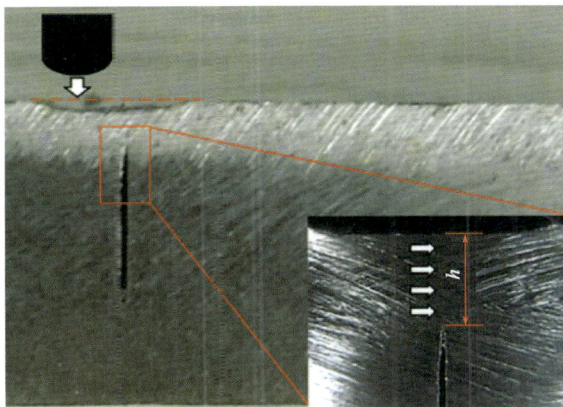

图 1-16　气动冲击原理示意图

石川敏之等[102]首次将气动冲击技术应用于顶板与竖向加劲肋构造细节疲劳裂纹维修中,发现具有良好的维修效果。随后一些学者针对气动冲击技术开展了疲劳试验以及实桥维修,均取得了良好的维修效果[103-104]。石川敏之还对该维修技术进行了一系列的研究,包括气动冲击法与钻孔止裂法组合的维修方法[105],以及将气动冲击技术用于改善构件疲劳性能等[106]。国内一些学者也从不同的角度对气动冲击技术进行了研究,袁周致远等[107]针对顶板与竖向加劲肋构造细节的疲劳裂纹开展了维修对比试验,发现当裂纹扩展至50mm以上时仍具有较好的修复效果,并且揭示了气动冲击维修后的疲劳裂纹断面特征。王秋东等[108]对顶板与U肋构造细节开展试验研究,结果表明气动冲击维修技术对于延缓顶板与U肋构造细节裂纹扩展也有显著效果。

2) 间接处治方法

(1) 高性能混凝土加固。

田长进[109]对高性能混凝土加固技术进行了理论与试验研究,并在实桥中应用。该方法将原有铺装层替换为高性能混凝土层,相比于普通的沥青混凝土,高性能混凝土具有更大的刚度,其磨耗值也与相同厚度的沥青混凝土层大致相同。这种方法可以很大程度降低顶板在荷载作用下的应力幅,从而实现对顶板疲劳裂纹的加固,提升钢桥面板疲劳寿命。

(2) 夹层体系加固。

Klostein等[71]对夹层体系加固技术进行了理论与试验研究,该方法用薄层钢板替代原有铺装层,薄层钢板与钢桥面顶板之间通过一层较厚的聚氨酯芯层黏结形成夹层体系。该体系可以降低顶板疲劳细节在荷载作用下的应力幅,实现对顶板疲劳裂纹的加固。

(3) 超高韧性混凝土加固。

李嘉等[110]对超高韧性混凝土加固技术进行了一系列的研究,这一方法使用短栓钉将超高韧性混凝土薄层与原有钢桥面顶板连接形成组合桥面体系。与高性能混凝土加固技术原理类似,该方法可以提高桥面系刚度并降低钢桥面板应力,从而实现对顶板的加固。

1.5 苏通大桥钢箱梁疲劳养护

苏通大桥于2008年建成通车,是世界首座千米级斜拉桥,其主梁采用扁平流线型钢箱梁,是我国沈阳—海口高速公路跨越长江的重要枢纽,也是江苏省公路主骨架网"纵一"之赣榆至吴江高速公路的重要组成部分。自建成以来,其主梁钢箱梁常年承受大量车辆荷载作用,高峰时日均车流量高达 10 万辆,客货占比达 6∶4,在车辆荷载的循环作用下,主梁钢箱梁疲劳问题日益凸显。为有效保障大桥服役安全,实现"百年大桥"目标,运营单位联合国内多家养护单位、科研机构、高等院校针对苏通大桥钢箱梁的疲劳开裂问题,从病害特征、损伤评估、裂纹检测、裂纹处治、裂纹跟踪评估等多个方面开展了系统性研究。

病害特征方面,对苏通大桥病害原始数据进行了深度分析,明确了苏通大桥的典型疲劳开裂部位及其开裂特征,为我国千米级斜拉桥钢箱梁病害特征研究提供了重要参考。损伤评估方面,基于动态荷载监测系统获取的车辆数据构建了苏通大桥车辆荷载模型,并通过实桥监测明确了重点损伤部位,为我国同类桥梁优化日常养护工作提供了参考。裂纹检测方面,开展了我国首例多工作协调实施的集约化养护工程,工程中利用 TOFD、双探头超声波、相控阵等检测技术对苏通大桥顶板-U 肋焊根隐蔽裂纹进行了大规模检测。裂纹处治方面,针对钻孔止裂、焊合、钢板补强等常规技术,明确了其技术参数,规范了操作流程,优化了施工工艺;提出了螺栓加固止裂孔的优化处治方案并成功用于裂纹处治;首次将气动冲击技术应用于顶板 U 肋-横隔板焊缝细节,起到了裂纹预防与处治双重作用;对记忆合金(SMA)加固新技术开展深度研发,并率先尝试将 SMA 加固新技术用于实桥裂纹处治;制定了科学严谨的裂纹处治方案,实现了裂纹的分类分级处治,有效地保障了裂纹的处治效果。裂纹跟踪评估方面,提出了动态化跟踪评估机制,建立了标准化疲劳裂纹编码体系,规范了现场跟踪流程,搭建了病害跟踪数据管理系统,实现了跟踪数据的规范化管理。经过多年的实践,形成了科学系统的跟踪评估体系,可为我国千米级斜拉桥钢箱梁的裂纹跟踪与养护提供参考。

经过多年的探索和实践,至今已形成了规范化、精细化的钢箱梁养护工作体系,保障了大桥的服役安全。对苏通大桥 15 年来钢箱梁养护方面的工作进行总结,可为我国千米级斜拉桥钢箱梁养护工作的开展提供参考,助力我国千米级斜拉桥养护事业发展。

本章参考文献

[1] TROITSKY M S. Cable-stayed bridge:theory and design[M]. London:Granada Publishing Ltd.,1977.

[2] GIMSING N J. Cable supported bridge—Concept and design[M]. New York:John Wiley & Sons,1983.

[3] WALTHER R,HOURIET B,ISLER W. Cable stayed bridges[M]. London:Thomas Telford House,1999.

[4] 顾安邦,向中富. 桥梁工程:下册[M]. 北京:人民交通出版社,2011.

[5] CHATTERJEE S. The design of modern steel bridges[M]. 2nd ed. Berlin:Blackwell Publish-

ing,2003.

[6] 项海帆.高等桥梁结构理论[M].北京:人民交通出版社,2001.

[7] 林元培.斜拉桥[M].北京:人民交通出版社,2004.

[8] 何泉.大跨度钢箱梁斜拉桥施工控制技术研究[D].武汉:武汉工程大学,2019.

[9] 马牛静.钢箱梁加劲板局部动力性能设计参数研究[J].世界桥梁,2018,46(2):41-46.

[10] 王树友.分析大跨钢箱梁斜拉桥施工控制要点[J].现代国企研究,2015(8):107.

[11] 项海帆.世界桥梁发展中的主要技术创新[J].广西交通科技,2003,28(5):1-7.

[12] SVENSSON H. The development of cable-stayed bridges in Europe[C]//International Symposium on cable-stayed Bridges.[S.l.:s.n.],1994.

[13] 项海帆,肖汝诚.现代桥梁工程六十年[C]//中国土木工程学会桥梁及结构工程分会.第十八届全国桥梁学术会议论文集:上册.北京:人民交通出版社,2008:12-18.

[14] 方明山.20世纪桥梁工程发展历程回顾及展望[J].桥梁建设,1999(1):58-60.

[15] 严国敏.试谈斜拉桥的几个问题[J].土木工程学报,1989,22(2):78-87.

[16] 严国敏.名港大桥上部结构的设计与施工[J].国外桥梁,1995(3):161-174.

[17] 王应良,高宗余.欧美桥梁设计思想[M].北京:中国铁道出版社,2008.

[18] KOH H M,PARK Y S,JOE Y.韩国近年特大桥梁的研究与实践[C]//中国中铁大桥局集团有限公司.2009武汉国际桥梁科技论坛论文集.武汉:中国铁道学会,2009:64-72.

[19] SHIN H Y,KIM H S,SON Y S,等.仁川大橋建設ブロジェクトの特徵[J].橋梁と基礎,2010,44(1):19-29.

[20] BILLINGTON D P,NAZMY A. History and aesthetics of cable-stayed bridges[J]. Journal of Structural Engineering,1991,117(10):3103-3134.

[21] 严国敏.现代斜拉桥[M].北京:西南交通大学出版社,1996.

[22] 项海帆.大跨度桥梁概念设计中的若干问题[C]//中国土木工程学会桥梁及结构工程分会.第十六届全国桥梁学术会议论文集:上册.北京:人民交通出版社,2004:10-18.

[23] 赵雷,武芳文.南京长江三桥初步设计方案施工阶段稳定性分析[J].西南交通大学学报,2005,40(4):467-472.

[24] 胡明义.安庆长江公路大桥设计与施工[C]//中国公路学会桥梁和结构工程分会.中国公路学会桥梁和结构工程分会2004年全国桥梁学术会议论文集.北京:人民交通出版社,2004:173-181.

[25] 曹东威.润扬长江公路大桥北汊斜拉桥钢箱梁桥上安装方法[J].桥梁建设,2006(4):60-62.

[26] 张喜刚,袁洪,裴岷山.苏通长江公路大桥设计关键技术介绍[J].公路,2009(5):6-10.

[27] 王应良,陶齐宇,田波,等.广州珠江黄埔大桥总体方案构思[J].桥梁建设,2008(2):

45-48.

[28] 周绪红,乔朋,狄谨,等.杭州湾跨海大桥北通航孔斜拉桥施工控制[J].公路,2008
(8):45-52.

[29] 贾兆兵,胡吉利,王志英.青银高速公路济南黄河大桥总体设计[J].桥梁建设,2007
(1):11-14.

[30] 周绪红,乔朋,狄谨,等.杭州湾跨海大桥南通航孔斜拉桥施工监控[J].桥梁建设,2009
(1):63-66.

[31] 赵鹍鹏,潘胜平.厦漳跨海大桥北汊斜拉桥墩区钢箱梁架设方案[J].桥梁建设,2012,
42(5):109-113.

[32] STAROSSEK U. Cable-stayed bridge concept for longer spans[J]. Journal of Bridge Engineering,1996,1(3):99-103.

[33] VIROLA J. The Russky Island bridge—world record cable-stayed bridge in Russia[J]. Tierakennusmestari TIRA,2011(2):64-65.

[34] RUSSELL H. Russia's world record breaking bridge makes progress[J]. Bridge Design & Engineering,2010(3):7.

[35] HUI M C H,WONG C K P. Stonecutters bridge-durability,maintenance and safety considerations[J]. Structure and Infrastructure Engineering,2009,5(3):229-243.

[36] 项海帆.21世纪世界桥梁工程的展望[J].土木工程学报,2020,33(3):1-6.

[37] TAYLOR P. Hybrid design for the world's longest span cable-stayed bridge[C]∥IABSE. 12th Congress of IABSE. Zurich:IABSE,1984:319-324.

[38] VIRLOGEUX M. The Normandie Bridge,France:A new record for cable-stayed bridges[J]. Structural Engineering International,1994,4(4):208-213.

[39] 钱亮,吴存全.斜塔单索面钢箱梁斜拉桥施工[J].公路交通科技(应用技术版),2010
(10):216-220.

[40] 吉伯海,傅中秋,王秋东,等.我国大跨径桥梁钢箱梁的养护技术发展及展望[J].工业
建筑,2018,48(10):1-9.

[41] 全国涂料和颜料标准化委员会.色漆和清漆-涂层老化的评级方法:GB/T 1766—2008
[S].北京:中国标准出版社,2008.

[42] 李寒.跨海斜拉桥涂层预养护时机选择与技术措施研究[J].城市道桥与防洪,2020
(10):130-133.

[43] 于丽.关于钢结构腐蚀及防腐对策问题初探[J].中外建筑,2010(6):193-195.

[44] 朱福,尹佳兴,冉贵营,等.桥梁钢结构腐蚀特点与防腐涂料研究进展[J].涂层与防护,
2023,44(8):55-62.

[45] 邓楠,粟寒,吴荣桂.桥梁钢结构腐蚀机理与防护[J].交通世界,2020(17):115-117.

[46] 张清华,卜一之,李乔.正交异性钢桥面板疲劳问题的研究进展[J].中国公路学报,2017,30(3):14-30.

[47] 孟凡超,张清华,谢红兵,等.钢桥面板抗疲劳关键技术[M].北京:人民交通出版社股份有限公司,2018.

[48] 吕彭民,李大涛.正交异性钢桥面板U肋与桥面板焊缝连接处疲劳试验研究[J].郑州大学学报(工学版),2013,34(2):89-93.

[49] JI B H,LIU R,CHEN C,et al. Evaluation on root-deck fatigue of orthotropic steel bridge deck[J]. Journal of Constructional Steel Research,2013,90:174-183.

[50] 王喜珠.桥梁检测中无损检测技术的应用分析[J].北方建筑,2022(6):26-30.

[51] 宋飞.不同统计方法在磁粉检测能力验证结果分析中的应用[J].无损检测,2022(11):32-35.

[52] 葛祥凯,张悦,杨昊,等.磁粉检测技术应用及发展[J].无损探伤,2022(2):18-22.

[53] 陈晴晴.焊缝渗透检测能力验证计划的实施与技术分析[J].科学技术创新,2022(14):157-160.

[54] 王金亮,宋和福,王翠花.渗透检测检查磨削裂纹可靠性试验[J].内燃机与配件,2021(10):119-120.

[55] 鞠晓臣,梁永奇,赵欣欣,等.采用声发射技术检测钢桥疲劳裂纹[J].哈尔滨工程大学学报,2023,44(4):649-656.

[56] 李建宇,贾中汇,齐刚.低碳钢疲劳损伤声发射检测的概率熵研究[J].天津科技大学学报,2020,35(2):57-62.

[57] SUN L M,QIAN J. Experimental study on wire breakage detection by acoustic emission[J]. Frontiers of Architecture and Civil Engineering,2011,5(4):503-509.

[58] DEGROOT P J,WIJNEN P A M,JANSSEN R B F. Real-time frequency determination of acoustic emission for different fracture mechanisms in carbon/epoxy composites[J]. Composites Science and Technology,1995,4(55):405-412.

[59] 李冬生,胡倩,李惠,等.多龄期桥梁斜拉索疲劳损伤演化声发射监测技术研究[J].振动与冲击,2012,31(4):67-71.

[60] LI D,KUANG K S C,KOH C G. Rail crack monitoring based on Tsallis synchrosqueezed wavelet entropy of acoustic emission signals:A field study[J]. Structural Health Monitoring,2018,17(6):1410-1424.

[61] 李明玥.激光熔化沉积表面及亚表面缺陷电涡流检测研究[D].沈阳:沈阳工业大学,2022.

[62] 范洪军,刘铁英.闭口肋正交异性板钢桥面的疲劳裂纹及检测[J].中外公路,2009,29(5):171-175.

[63] 汪国华.基于改进声发射时差图法的正交异性钢桥面板裂纹定位[D].合肥:合肥工业大学,2020.

[64] 李衍.正交异性钢桥面板疲劳裂纹的超声相控阵检测和定量[J].无损探伤,2017(3):1-4.

[65] 韩冰,勾红叶,华辉,等.正交异性钢桥面板疲劳裂纹智能检测机器人研究[J].公路,2021,66(11):143-148.

[66] WANG D L,DONG Y Q,PAN Y,et al. Machine vision-based monitoring methodology for the fatigue cracks in U-Rib-to-deck weld seams[J]. IEEE Access,2020,8:94204-94219.

[67] XU Y,BAO Y Q,CHEN J H,et al. Surface fatigue crack identification in steel box girder of bridges by a deep fusion convolutional neural network based on consumer-grade camera images[J]. Structural Health Monitoring,2019,18(3):653-674.

[68] YAO Y,JI B H,FU Z Q,et al. Optimization of stop-hole parameters for cracks atdiaphragm-to-rib weld in steel bridges[J]. Journal of Constructional Steel Research,2019,162:105747.

[69] 谢曙辉,吉伯海,傅中秋,等.钢桥面板疲劳裂纹钻孔止裂分析及实验验证[J].河南大学学报(自然科学版),2016,46(6):732-738.

[70] 姚悦,傅中秋,徐捷,等.顶板与U肋焊缝水平裂纹钻孔止裂参数研究[J].工业建筑,2018,48(10):40-45.

[71] American Institute of Steel. Design manual for orthotropic steel plate deck bridges[M].[S.l.]:American Institute of Steel,1963.

[72] 陆善平,藤井英俊,野城清,等.超深溶込みTIG溶接における溶融池形状に及ぼすシールドガス中の量の影響[J].溶接学会論文集,2007,25(1/4):196-202.

[73] 任晓磊.TIG补焊对5A06铝合金焊接接头微观组织及性能影响研究[D].大连:大连理工大学,2019.

[74] 李涛.液压支架连杆铰接孔快速修复方法的研究及应用[J].煤矿机械,2023,44(6):148-150.

[75] 张瑞友.船体结构中疲劳裂纹的分析与修复[J].中国修船,2003(6):21-23.

[76] 李彦迪.水泵叶轮及密封环配合面修复技术研究[J].科技创新与应用,2022,12(33):153-156.

[77] 陈锡岩,陈中.船舶舵装置裂纹产生原因分析与修理[J].今日制造与升级,2023(9):116-118.

［78］ WYLDE J G. The fatigue performance of repaired fillet welds［M］.［S. l.］:Welding Institute,1983.

［79］ YAMADA K,SAKAI Y,KONDO A,et al. Weld repair of cracked beams and residual fatigue life［J］. Proceedings of the Japan Society of Civil Engineers,1986(374):205-214.

［80］ MIKI C,TAKENOUCHI H,MORI T,et al. Repair of fatigue damage in cross bracing connections in steel girder bridges［J］. Structural Engineering and Earthquake Engineering,1989,6(1):31-39.

［81］ OHTA A. Fatigue strength improvement by using newly developed low transformation temperature welding material［R］. Tokyo:Japan Welding Society,1999.

［82］ BHATTI A A,BARSOUM Z,MEE V V D,et al. Fatigue strength improvement of welded structures using new low transformation temperature filler materials［J］. Procedia Engineering,2013,66:192-201.

［83］ MIKI C,ANAMI K,HIGUCHI Y. Fatigue strength improvement by additional welding with low temperature transformation welding material［J］. Proceedings of the Japan Society of Civil Engineers,2002(710):311-319.

［84］ OHTA A,SUZUKI N,MAEDA Y,et al. Fatigue strength improvement of lap welded joints by low transformation temperature welding wire-superior improvement with strength of steel［J］. Welding in the World,2003,47(3-4):38-43.

［85］ TOMINAGA T,MIKI C,TAKAHASHI K,et al. Fatigue improvement method for existing bridge by low temperature transformation welding materials［J］. Proceedings of the Japan Society of Civil Engineers,2004,759:355-367.

［86］ MIKI C,HANJI T,TOKUNAGA K. Weld repair for fatigue-cracked joints in steel bridges by applying low temperature transformation welding wire［J］. Welding in the World,2013,56(3-4):40-50.

［87］ 李川,王攀锋,郝志锋,等.超高强度钢电阻焊裂纹修复技术研究［J］.航空制造技术,2012(13):80-83.

［88］ 冯亚成,王春生.正交异性钢桥面板纵肋与桥面板连接细节的疲劳评估及修复措施［J］.钢结构,2011,26(2):27-30.

［89］ 杨敏.碳纤维布补强和贴钢板补强在工业建筑中的应用［J］.工程与建设,2009,23(2):251-252,255.

［90］ 杨俊,王霜.钢板粘贴补强技术在桥梁改造中的应用［J］.江淮水利科技,2009(2):37-38.

［91］ 殷科福.公路危旧桥梁碳纤维加固技术应用［J］.运输经理世界,2022(32):143-145.

[92] 陈仲扬,叶见曙,邵容光.粘贴钢板补强法的力学分析及其计算理论[J].重庆交通学院学报,1992(2):96-102.

[93] 李宁,王占飞,隋伟宁.内置十字钢板补强圆形钢桥墩的抗震性能[J].辽宁工程技术大学学报(自然科学版),2009,28(2):243-245.

[94] 王春生,翟慕赛,HOUANKPO T N O,等.正交异性钢桥面板冷维护技术及评价方法[J].中国公路学报,2016,29(8):50-58.

[95] 王春生,孙宇佳,王茜,等.基于粘贴角钢的钢桥面外变形疲劳加固构造:204125846U[P].2015-01-28.

[96] 程璐,冯鹏,徐善华,等.CFRP 加固钢结构抗疲劳技术研究综述[J].玻璃钢/复合材料,2013(4):59-63.

[97] ALEMDAR F,GANGEL R,MATAMOROS A,et al. Use of CFRP overlays to repair fatigue damage in steel plates under tension loading[J]. Journal of Composites for Construction, 2014,18(4):2537-2547.

[98] ALEMDAR F,MATAMOROS A,BENNETT C,et al. Use of CFRP overlays to strengthen welded connections under fatigue loading[J]. Journal of Bridge Engineering,2012, 17(3):420-431.

[99] 郑云,叶列平,岳清瑞.CFRP 板加固含裂纹受拉钢板的疲劳性能研究[J].工程力学, 2007,24(6):91-97.

[100] HMIDAN A,KIM Y J,YAZDANI S. CFRP repair of steel beams with various initial crack configurations[J]. Journal of Composites for Construction,2011,15(6):952-962.

[101] NAKAMURA H, JIANG W, SUZUKI H, et al. Experimental study on repair of fatigue cracks at welded web gusset joint using CFRP strips[J]. Thin-Walled Structures,2009,47 (10):1059-1068.

[102] 石川敏之,山田健太郎,柿市拓巳,等.ICR 処理による面外ガセット溶接継手に発生した疲労き裂の寿命向上効果[J].土木学会論文集 A,2010,66(2):264-272.

[103] 柿市拓巳,石川敏之,山田健太郎.鋼床板箱桁橋の垂直補剛材直上き裂へのICR 処理の施工試験[J].鋼構造年次論文報告集,2009,17:351-358.

[104] 山田健太郎,石川敏之,柿市拓巳.疲労き裂を閉口させて寿命を向上させる試み[J].土木学会論文集 A,2009,65(4):961-965.

[105] ISHIKAWA T,MATSUMOTO R,HATTORI A,et al. Reduction of stress concentration at edge of stop hole by closing crack surface[J]. Journal of the Society of Materials Science, Japan,2013,62(1):33-38.

[106] ISHIKAWA T, SHIMIZU M, TOMO H, et al. Effect of compression overload on fatigue

strength improved by ICR treatment[J]. International Journal of Steel Structures,2013,13(1):175-181.

[107] 袁周致远,吉伯海,傅中秋,等.钢箱梁顶板与竖向加劲肋疲劳裂纹的冲击裂缝闭合修复试验研究[J].工业建筑,2017,47(5):27-31,36.

[108] 王秋东,吉伯海,袁周致远,等.正交异性钢桥面板疲劳裂纹锤击闭合修复试验[J].江苏大学学报(自然科学版),2018,39(1):96-101.

[109] 田长进.免蒸养超高性能混凝土性能调控机制及其加固钢桥面板疲劳评估[D].济南:山东大学,2023.

[110] 李嘉,冯啸天,邵旭东,等.STC钢桥面铺装新体系的力学计算与实桥试验对比分析[J].中国公路学报,2014,27(3):39-44,50.

第 2 章
钢箱梁疲劳机理及开裂特征

2.1　疲　劳　机　理

2.1.1　疲劳裂纹萌生机理

宏观疲劳裂纹是由微观裂纹的萌生、扩展及连接而成的。关于疲劳裂纹萌生,目前尚无统一的尺度标准[1]。各式各样的萌生观点对应着种种破坏机制,这些机制表明,微观裂纹的形核通常发生在晶界、夹杂分布区、微观结构或成分的不均匀区以及微观或宏观的应力集中部位[2]。大量研究表明,微观疲劳裂纹都是由不均匀的局部滑移和显微开裂引起的,主要方式有滑移带裂纹萌生、相界裂纹萌生、晶界裂纹萌生等[1]。

疲劳开裂过程

1)滑移带裂纹萌生

材料承受反复的循环形变时,可能由于以下机制,导致不可逆的循环滑移:

(1)由于螺位错的交滑移或位错结点、位错锁和割阶等的形成,致使滑移在疲劳循环的加载段和卸载段分别在不同的滑移面上进行;

(2)试样形状变化或不同滑移面上滑移背应力不同导致滑移变形的不对称性;

(3)位错增殖和湮灭间的动态平衡产生点缺陷;

(4)滑移台阶的氧化或新形成的滑移台阶上外来原子的吸附而使净滑移不可逆[3]。

循环形变与单向形变最显著的区别是,两种塑性变形带来的晶体表面形貌的变化明显不同。单向加载导致形成表面滑移台阶,其几何形状与楼梯类似,而对于循环变形晶体,在试样表面出现尖锐的峰和谷,分别称为"挤出"和"侵入",如图 2-1 所示。这里应当注意,疲劳过程中累积的塑性应变量显著高于单轴拉伸试验中的典型观测值。Thompson、Wadsworth和 Louat 把这些滑移带称为"驻留滑移带"(Persistent Slip Band,PSB)。他们发现,在 Cu 和 Ni 中,即使用电解抛光方法把含有这种带的表面去掉一薄层再继续进行疲劳试验,还会在同样的位置再度出现驻留滑移带。

有关 PSB 的早期研究工作由 Ewing、Humfrey 以及 Gough 完成。他们通过观察指出,细裂纹会在滑动特别强烈的滑移带中产生并最终形成疲劳破坏。Laufer、Robert 和 Lukas、Klesnil、Krejci 和 Watt、Embury 和 Ham 以及 Woods 的研究明确指出,PSB 是贯穿单晶整个体积的,粗滑移带只不过是它们在试样表面上的露头。疲劳加载后的静态变形试验(Broom 和 Ham)和在疲劳引入的滑移带上进行的显微硬度测量(Helgeland)都发现 PSB 比基体软得多。目前普遍认为,形成 PSB 是纯晶体产生疲劳裂纹的先决条件。

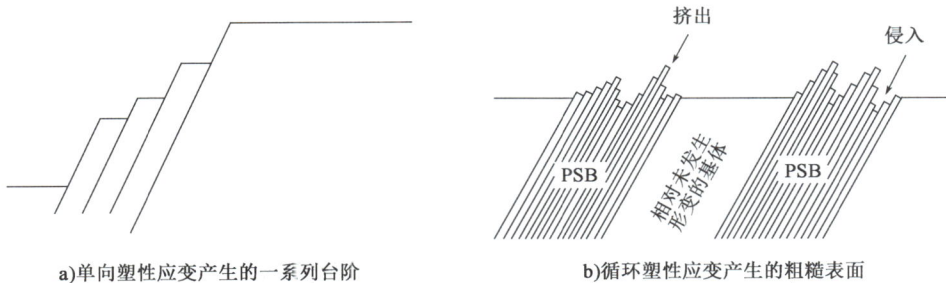

a)单向塑性应变产生的一系列台阶　　　b)循环塑性应变产生的粗糙表面

图 2-1　滑移带

用显微镜观察 Cu 晶体中的 PSB 外形轮廓,如图 2-2 所示。从图中可以看出 Cu 试样在 77K 和 0.002 塑性应变幅下疲劳循环 35000 周后,其侧面存在凸起。加载轴沿纸面的竖直方向,b 是初始柏格斯矢量方向。

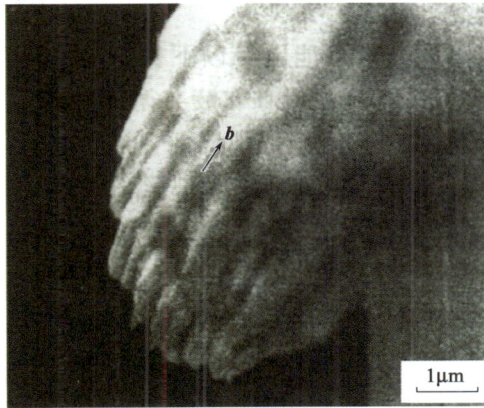

图 2-2　Cu 晶体中的 PSB 外形轮廓

PSB 和基体间的界面是一个不连续面,在此面的两侧,位错密度和分布会存在突变。因此可以想象,这些界面也可能成为疲劳裂纹萌生的有利位置,Essmane、Gosele 和 Mughrabi 的研究曾得到这一结论。Hunsche 和 Neumann 以及 Ma 和 Laird 也曾获得过裂纹在界面萌生的直接试验证据。

PSB 能够贯穿延性材料单晶体的整个横截面。在多晶体中,Pohl、Meyer 和 Macherauch 也在经受疲劳循环的多晶碳钢的内部截面上观察到 PSB。虽然 PSB 能够穿过小角度晶界,但不能穿过大角度晶界,内部晶粒中形成的 PSB 所产生的滑移被限制在各个晶粒之内。材料在表面晶粒中能够大量转移,从而使其表面变粗糙。对于内部晶粒,由于周围基体对它们有约束,不会发生这种现象。

Katagiri 等人在多晶 Cu 疲劳试样中获得了有关裂纹萌生和裂纹沿 PSB 产生早期扩展的直接证据。他们用高分辨透射电子显微镜观察预裂纹前端的位错排列,清楚地看到在形成 PSB 的材料中,裂纹在 PSB 处形核,并在这里开始早期扩展。图 2-3 是一张透射电子显微镜像,该图显示某 Cu 试样中的两条 PSB(长 100μm,与晶粒尺寸相当),厚约 2μm 的试样表面层已经用电解抛光方法剥除。从图中可以看到一条 PSB 中已经出现一条初生裂纹,而且裂纹的存在对位错结构没有明显的影响。图的左上角是裂纹的光学显微图像,反映裂纹在自由表面上的位置。从 Katagiri 等人在 Cu 试样上得到的另一幅类似的透射电子显微镜像也可以看到,裂纹在表面侵入的根部沿 PSB 基体界面形核[2]。

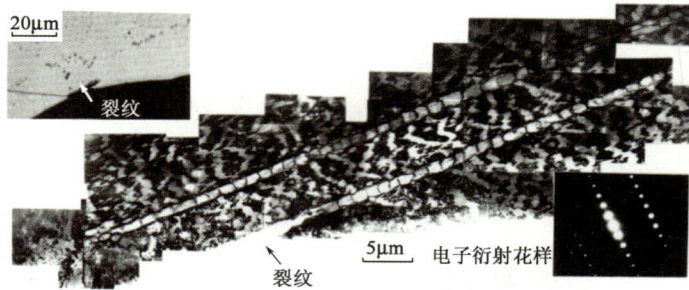

图2-3　多晶 Cu 试样中的 PSB 萌生疲劳裂纹

2)晶界裂纹萌生

在致脆环境中(致脆介质优先腐蚀晶界和晶界上的第二相颗粒)或在高温条件下(高温可促进晶界滑动,并在这里形成孔洞),疲劳裂纹易于在晶界形核。在脆性固体中,至少在部分脆性材料中,相邻晶粒间的热收缩失配或晶界存在玻璃相会产生残余应力,这种残余应力通常也能诱发沿晶断裂(图 2-4)。对于延性固体,如果晶界上没有第二相颗粒且没有蠕变变形或环境效应,疲劳裂纹在晶界形核的机会通常相对较少,但也有学者(Porter 和 Levy、Kim 和 Laird、Figueroa 和 Laird、Watanabe)[3]发现过一些沿晶粒界面发生纯力学疲劳断裂的情况。

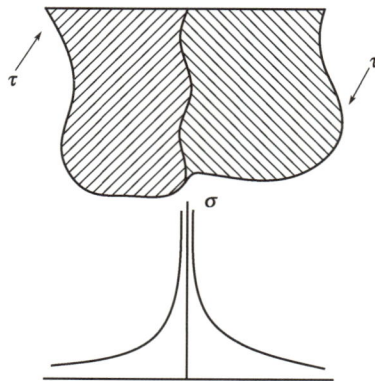

图2-4　相邻晶粒应变不协调所造成的应力集中示意图

Kim 和 Laird 利用光学干涉技术对疲劳试样晶粒界面上的滑移台阶高度进行测量,结果指出,在满足下列条件时,疲劳裂纹可以在晶界形核:①晶界两侧的晶粒位向差极大;②至少有一个晶粒,其活动滑移系指向晶界与试样表面的交线;③大角度晶界同自由表面的交线与拉伸应力轴的交角较大(30°~90°)。

一般来说,循环载荷作用下的晶界开裂机制有两种:

(1)在低和中等塑性应变幅下,PSB 撞击晶界引起晶界开裂(Figueroa 和 Laird、Mughrabi 等人)。图 2-5a)是这种裂纹萌生机制的一个例子,它表示 Cu 在 $\pm 5 \times 10^{-4}$ 的塑性应变下循环 7000 周后在主滑移带与晶界相交处开裂。

(2)在高塑性应变幅下,由于在晶界形成表面台阶引起晶界开裂。图 2-5b)是这种过程的一个例子,它是 Cu 多晶体在 $\pm 7 \times 10^{-3}$ 的塑性应变下对称循环 60 周后所形成的高 0.9μm 的滑移台阶的光学干涉图像。干涉条纹由左到右的移动表示表面不在同一高度。

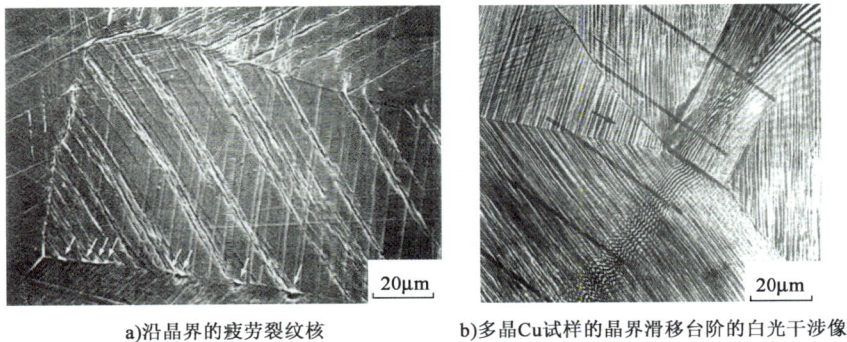

a)沿晶界的疲劳裂纹核　　　　　b)多晶Cu试样的晶界滑移台阶的白光干涉像

图2-5　沿晶界开裂

体心立方金属,例如工业纯铁,在频率范围为 0.01~1000Hz 的反复弯曲载荷或轴向拉-压载荷的作用下,裂纹也会沿晶界形核(Guin、Dubinak 和 Edward)。螺形位错在拉伸载荷和压缩载荷中的滑动所产生的滑移不对称可使体心立方单晶体的形状发生变化。在多晶体心立方金属中,例如在 α-Fe 中,近表面晶粒也会发生类似的形状变化,这种变化所造成的表面粗糙化也会使裂纹沿晶界形核(Mughrahi,Herz 和 Stark)[2]。

3)相界面裂纹萌生

在工程结构构件中,可能存在孔洞、熔渣、气泡、夹杂等不连续区域。疲劳裂纹往往就在这些位置形核,如图 2-6~图 2-8 所示。

许多金属材料中都不同程度地存在着夹杂或第二相粒子。对于较低强度的合金,夹杂和第二相粒子的存在对疲劳裂纹萌生并不起主要作用;对于较高强度的合金,它们复杂的显微组织在很大程度上抑制了滑移的产生,不易产生驻留滑移带表面裂纹和晶间裂纹。但是,在交变应力作用下,高强度合金中的夹杂和第二相粒子周围,由于质点和基体之间的热收缩系数不匹配及夹杂与基体间弹性模量不匹配会造成局部应力集中,不同形式的残余应力相互作用会在夹杂物或第二相颗粒周围引发显著的局部应力集中,从而促成裂纹在夹杂或第二相粒子周围萌生[3]。

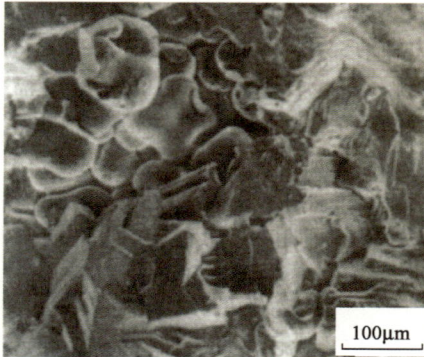

图 2-6　疲劳裂纹在表面疏松缺陷处萌生

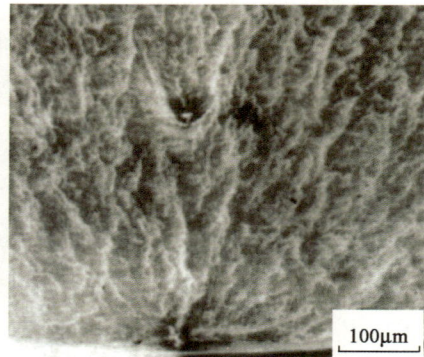

图 2-7　疲劳裂纹在表面质点处萌生

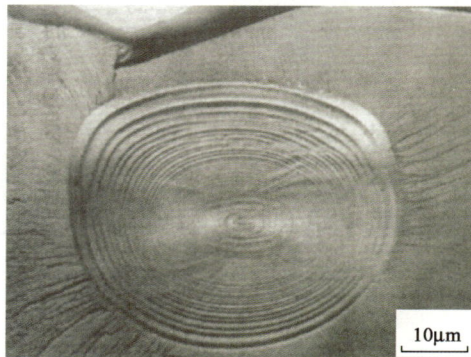

图 2-8　疲劳裂纹在次表面夹杂物处萌生

在缺陷部位萌生疲劳裂纹的机制与一系列力学因素、微观组织结构因素以及环境因素有关。这些因素包括基体的滑移特征、基体和缺陷的相对强度、基体-夹杂物界面的强度以及基体与夹杂物在疲劳环境中对于腐蚀的相对敏感性(Cummings,Stolen 和 Schulte、Bowles 和 Schijve)[2]。

图 2-9 表示了夹杂物边界疲劳裂纹萌生过程。材料在承受交变应力之前,夹杂物与基体紧密连接(阶段Ⅰ);在交变应力作用下,夹杂物与拉伸轴相交的一面或两面首先与基体脱开,然后在水平轴方向的基体中形成小的空洞或挤出物(可称之为点缺陷)(阶段Ⅱ、Ⅲ);然而这些点缺陷的附近并没有出现可见的滑移线和滑移带(阶段Ⅳ);随着交变载荷次数的增加,点状表面缺陷进一步连接成微裂纹,并且逐渐与脱开的夹杂物边界相连(阶段Ⅴ);随着循环次数的进一步增加,微裂纹继续向一侧扩展,而在夹杂物的另一侧继续产生表面点状缺陷并连接形成微裂纹,最后连接成与应力轴垂直的微裂纹(阶段Ⅵ)[3]。

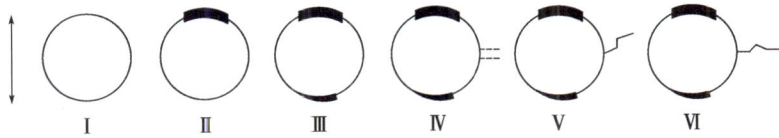

图 2-9　夹杂物边界疲劳裂纹萌生示意图

2.1.2　裂纹扩展机理

1）裂纹扩展阶段

循环受载构件的疲劳寿命由裂纹萌生和裂纹扩展两个阶段组成。在循环加载条件下，大多数金属材料发生突发性失效之前要经历一段裂纹稳态扩展期，在这期间裂纹扩展长度是相当大的[2]。疲劳裂纹扩展的微观模式受材料的滑移特性、显微组织特征尺寸、应力水平及裂纹尖端塑性区尺寸等影响。如图 2-10、图 2-11 所示，可将疲劳裂纹的扩展分为两个阶段。对于韧性材料，循环载荷引起的裂纹扩展可以理解为在裂纹尖端附近的滑移带内发生的急剧局部形变过程，通过剪切脱黏而形成新的裂纹面。

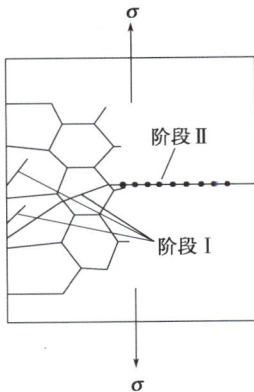

图 2-10　疲劳裂纹扩展的两个阶段

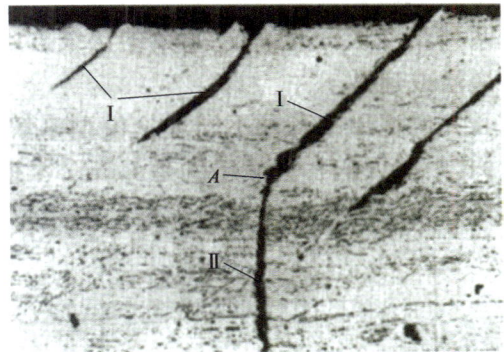

图 2-11　从第Ⅰ阶段向第Ⅱ阶段的改变

当裂纹和裂纹尖端塑性区只局限在几个晶粒直径范围内时，裂纹主要沿主滑移系方向以纯剪切的方式扩展，如图 2-12 所示。Forsyth 把这种导致 Z 字形裂纹扩展路径的纯滑移机制定义为第Ⅰ阶段裂纹扩展。在许多铁合金、铝合金和钛合金中都已经观察到裂纹的第Ⅰ阶段扩展。在这些材料中，即使裂纹长度比晶粒尺寸大很多，只要裂纹尖端附近塑性区的尺寸比晶粒尺寸小，就会出现这种 Z 字形裂纹扩展。对于大多数合金来说，第Ⅰ阶段裂纹扩展通常很短，一般只有 2~5 个晶粒。但是该阶段在总的疲劳寿命中所占的比例并不一定很小，当应力幅较低时，所占比例甚至可达疲劳寿命的 90%[2-3]。

a)示意图

b)疲劳裂纹扩展路径

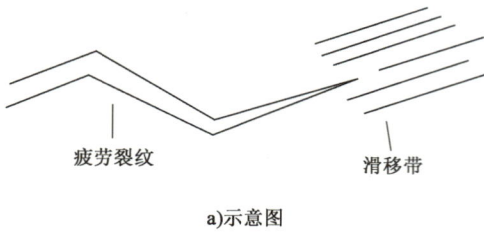

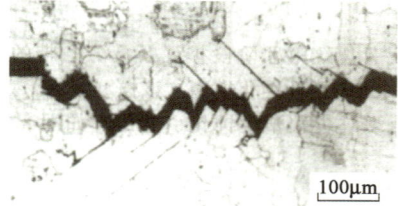

图 2-12　疲劳裂纹扩展的第Ⅰ阶段

当应力强度因子范围较大时,裂纹尖端塑性区跨越多个晶粒,这时裂纹扩展开始沿两个滑移系统同时或交替进行(图 2-13),Forsyth 把这种以双滑移机制扩展定义为第Ⅱ阶段扩展。对于拉伸型载荷,它导致形成垂直于远场拉伸轴方向的裂纹扩展路径。很多工程合金的此阶段断口上会形成疲劳条带。

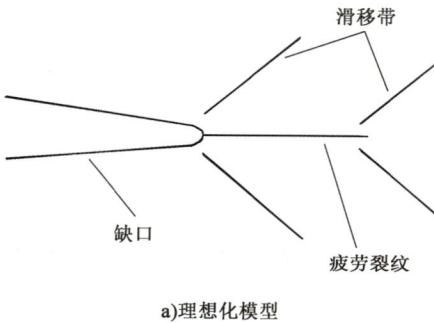

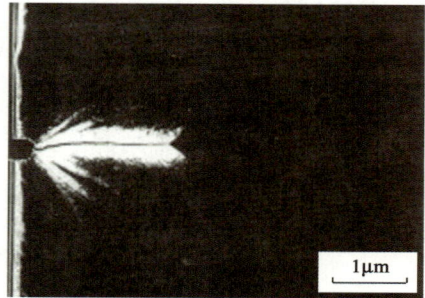

a)理想化模型

b)Cu单晶的第Ⅱ阶段疲劳裂纹扩展图

图 2-13　疲劳裂纹扩展的第Ⅱ阶段

疲劳条带是一系列相互平行的条纹,条带的法线方向与裂纹局部扩展方向一致,疲劳条带间距单调递增或递减[3]。Zappfe 和 Worden 最早观察到这种条带,它们是位于断口上的一些波纹。图 2-14 是循环拉伸形成的疲劳条带的一个实例。在疲劳裂纹扩展过程中,条带间距与试验测出的裂纹在每个循环中的平均扩展距离存在对应关系。Forsyth 和 Ryder 最早对这种对应关系进行研究,该关系在铝合金的第Ⅱ阶段裂纹扩展中表现得最为明显。在恒幅疲劳和变幅疲劳失效分析中,已广泛利用条带间距作为裂纹扩展史的事后鉴别依据[2]。

2)裂纹闭合机制

一般情况下,恒幅疲劳应力循环与疲劳条带并非一一对应关系,往往是几个疲劳循环才形成一个微观可见的疲劳条带。这样,因为扩展着的疲劳裂纹存在闭合效应和其他迟滞裂纹扩展的现象,当裂纹停滞以后,一般需要经过几个疲劳应力循环才会重新启动向前扩展。Elber 发现的裂纹闭合效应使人们第一次认识到,裂纹扩展速率不仅受裂纹尖端前缘状态的制约,而且受裂纹尖端后部裂纹面接触性质的影响。由于裂纹尖端后部的状态与加载历史、裂纹长度和应力状态等因素有关,因此疲劳裂纹闭合效应揭示了加载历史对疲劳裂纹扩展速率也有很大的影响。

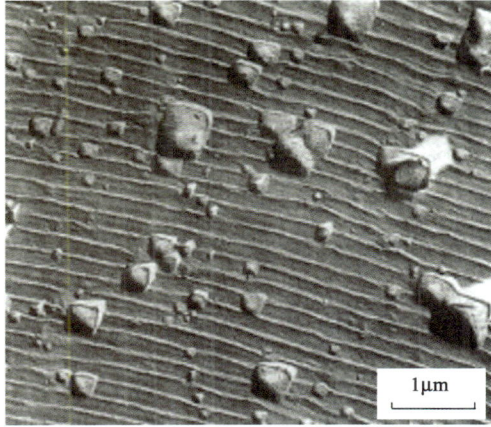

图 2-14 2024-T3 铝合金断口上的疲劳条带

人们提出了许多种裂纹闭合机制,其中包括塑性诱发的裂纹闭合、氧化物诱发的裂纹闭合、裂纹面粗糙诱发的裂纹闭合、黏性流体诱发的裂纹闭合、相变诱发的裂纹闭合等,此外还有疲劳裂纹偏折等迟滞现象。

(1)塑性诱发的裂纹闭合。

图 2-15 展示了塑性诱发的裂纹闭合机制。按传统断裂力学思想,疲劳裂纹扩展时,在拉伸加载循环期间裂纹保持完全张开。然而,Elber 发现,即使远场载荷为拉伸载荷,疲劳裂纹也能够闭合。他认为,当裂纹穿过尖端附近塑性区向前扩展时,新断裂面形成,其附近的材料只发生弹性恢复,但遗留下来的残余延伸形变仍然存在。随着裂纹的扩展,应力强度因子和塑性区尺寸都不断增大,原来处于塑性区内的并已发生永久变形的材料在裂纹尖端后部形成一个塑性包络区,如图 2-16 所示。该塑性包络区使裂纹张开位移变小,裂纹扩展的"驱动力"减弱,当远场拉伸载荷卸载时,裂纹面会过早闭合。

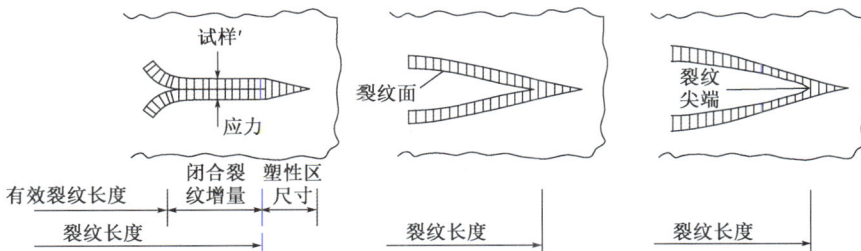

图 2-15 塑性诱发的裂纹闭合

(2)氧化物诱发的裂纹闭合。

为了解释环境对钢和铝合金中门槛疲劳裂纹扩展反常现象的影响,提出了氧化物诱发的裂纹闭合机制(图 2-17)。在疲劳裂纹扩展过程中,潮湿环境可使新形成的断裂表面产生表面氧化。当循环裂纹尖端张开位移的幅值较低时(即近门槛和低应力比的情况下),由于局部区域出现Ⅰ型和Ⅱ型复合模式的裂纹张开,加上断裂面的微观粗糙性和存在一些塑性诱发闭合,裂纹面在拉伸疲劳过程中发生反复接触的可能性增大,致使裂纹尖端后部的氧化物表皮连续破裂和再生成,这种"微振磨损"机制可导致形成具有一定厚度(与裂尖张开位移相当)的氧化层。由于裂纹表面腐蚀层的产生而引起裂纹面的过早接触,从而形成氧化物诱发的裂纹闭合。

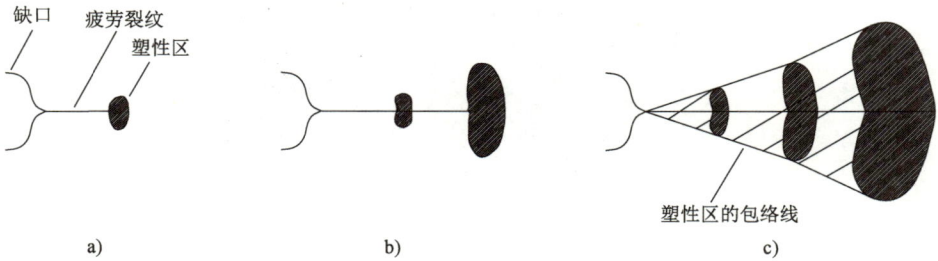

图 2-16　扩展疲劳裂纹周围的塑性包络线区的形成过程

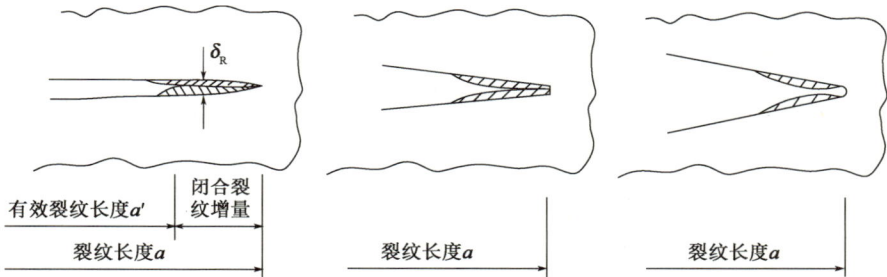

图 2-17　氧化物诱发的裂纹闭合

在高应力比的条件下,任何应力强度因子幅 ΔK 水平的裂纹尖端张开位移均较大,裂纹面接触的可能性较小。另外,在高 ΔK 水平时,裂纹扩展速率通常很快,任何应力比下都不会发生大规模的氧化,微振磨损氧化机制对裂纹闭合的影响非常小。研究发现,含湿气环境、高温、低应力比、低 ΔK 水平、高循环频率、低强度和粗晶显微组织有利于在断裂面的凹凸不平处发生微振磨损和摩擦,可促进氧化物诱发的裂纹闭合。

(3)裂纹面粗糙诱发的裂纹闭合。

在低 ΔK 水平条件下,最大塑性区的尺寸一般小于特征显微组织尺寸(如晶粒尺寸),这有利于晶体断裂过程的发展。这种疲劳裂纹扩展的第Ⅰ阶段机制使断裂表面形貌呈现高度锯齿状或小平面状,并使裂纹闭合应力提高,裂纹尖端的永久塑性变形和卸载过程中滑移的不可逆性可使两断裂面间的凹凸错位(图 2-18)。这种晶体学扩展机制促成的曲折裂纹路径与裂纹面间的混合型滑动和裂纹面凹凸不平间的错配一起,使裂纹闭合程度得到提高。该机制可以很好地解释材料的微观组织对表观疲劳裂纹扩展抗力的影响[3]。

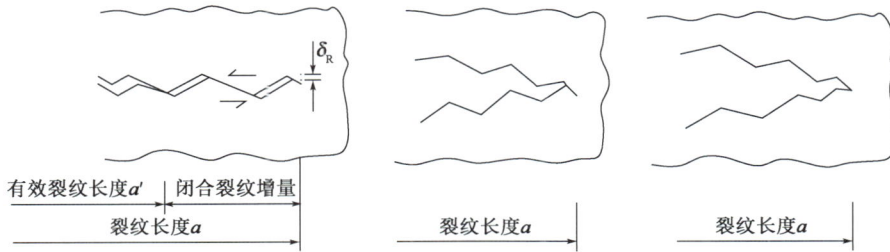

图2-18　裂纹面粗糙诱发的裂纹闭合

下列诸因素可提高粗糙诱发的裂纹闭合程度:①低应力强度因子水平,此时裂纹尖端塑性区的尺寸一般小于平均晶粒尺寸;②小的裂纹顶端张开位移(低 ΔK 水平和低应力比),在这种情况下,张开位移的尺寸可能同断裂面凹凸不平的平均高度相当;③由粗晶粒和可切变的共格沉淀相组成的显微组织,这种组织通常会发生具有高度平面性的晶体学滑移;④由晶界、第二相粒子、复合材料增强剂或荷载突然变化引起的裂纹周期性偏折;⑤较高的滑移不可逆性,特别是由滑移台阶在潮湿环境中的氧化所增强的滑移不可逆性。一旦显微组织诱发的裂纹偏折使相对两个疲劳断裂面之间提前接触,就会观察到最显著的粗糙诱发裂纹闭合效应。

裂纹闭合现象对疲劳裂纹扩展速率的影响强烈地受到显微组织、环境以及力学加载参量诸因素的控制。但是,该现象也有一些基本的特征,它们是多种材料和各种类型的裂纹闭合所共有的。

一般说来,在较低的 ΔK 水平和较低的应力比条件下,裂纹闭合现象表现得更为明显,因为此时疲劳循环的最小裂纹张开位移较小。对于塑性诱发或相变诱发裂纹闭合来说,在较高的 ΔK 水平和较大的应力比条件下,裂纹顶端后部的残留延伸量或相变区尺寸较大,这有可能使裂纹闭合程度得到提高。但是,这种提高闭合程度的倾向可能被较大的最小裂纹张开位移所抵消。

每一种闭合过程都相应地有一个特征尺度。例如,对于塑性诱发的裂纹闭合,特征尺度为裂纹尖端后部的残留塑性延伸量;对于氧化物诱发的裂纹闭合,特征尺度为断裂面氧化层的厚度;对于裂纹面粗糙诱发的裂纹闭合,特征尺度为断裂面凹凸不平的高度(Ⅱ型位移的大小);而对于由相变引起的闭合,特征尺度则为相变区在裂纹面垂直方向上的尺寸增加量。如果这些特征尺度的尺寸与裂纹张开位移相当,就可能使裂纹面提前接触,从而对疲劳裂纹扩展速率产生明显的影响。

当疲劳裂纹出现在自由表面或应力集中部位时,裂纹闭合的程度通常随裂纹长度的增加得到提高,直到裂纹长度达到饱和值为止。裂纹长度超过该饱和值后,通常闭合度与裂纹长度无关。

导致疲劳裂纹闭合的作用机制可能涉及裂纹尖端,例如塑性形变或相变,也可能涉及裂纹尖端后部,例如断裂面的氧化。对于塑性形变和相变,只有当非弹性变形局限在裂纹尖端近旁的小区域内时,它们才有意义。如果整个试样部分发生塑性形变或马氏体相变,它们对裂纹扩展过程就几乎没有影响了。

关于应力状态对裂纹闭合程度的影响,目前尚未得到明确的结论。已经从实验和数值计算两个方面证实,对于循环拉伸下的塑性诱发的裂纹闭合,在平面应力下比在平面应变下表现得更为明显。但在循环压缩条件下,从对裂纹扩展的影响看,情况正好相反[2]。

3)高载迟滞效应

在疲劳裂纹扩展过程中,以一次拉伸高载形式出现的或以高幅-低幅交替变化的模块式加载形式出现的荷载变动对裂纹扩展有迟滞作用,甚至可以使裂纹扩展完全停滞。图2-19展示了一次拉伸高载后的裂纹扩展行为。

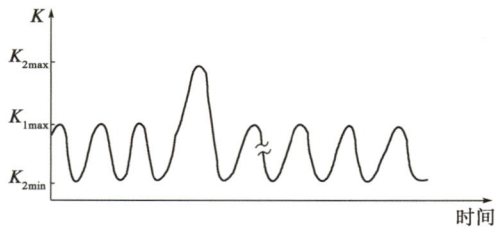

图2-19　高载迟滞效应

由于裂纹顶端的塑性形变会使这里出现永久残留拉伸位移,所以当裂纹尖端穿过早先形成的塑性区后,两裂纹面可能提前接触。Elber指出,可以用这种塑性诱发的裂纹闭合来说明高载引起的裂纹扩展瞬态迟滞现象。当疲劳裂纹扩展通过高载塑性区时,高载在裂纹尖端后部产生一个较大的塑性变形(同基线 ΔK 比较)。伴随着断裂表面的接触,高载引起的塑性诱发的裂纹闭合水平得到进一步提高,这反过来又促进扩展速率的降低。为了残余塑性延伸引起裂纹顶端后部的提前闭合,需要一定量的裂纹扩展穿过高载塑性区,从而可以解释迟滞现象。同时,有学者(Von Euw、Hertzberg 和 Roberts)认为增大裂纹闭合的程度和增强高载后裂纹面的摩擦接触,可以消除任何表面痕迹,例如条带。这种说法表面上与实验观察的一致,对铝合金的观察表明,高载前的裂纹扩展区有条带存在,而高载后的擦伤表面没有条带迹痕。用推杆柔度规直接测量裂纹闭合也表明,在平面应力下作用拉伸高载引起较高的裂纹闭合程度。

尽管有各种实验事实(如 Elber、Himmelein 和 Hillberry)支持塑性诱发的裂纹闭合在影响迟滞效应中的作用,但在很多合金系统中,对迟滞效应的许多观察结论是同这种机制不一致的:①塑性诱发的裂纹闭合一般导致有效 ΔK 在平面应力下比平面应变下有较大程度的减小,但是已有报道表明,某些材料在平面应变条件下的高载迟滞程度比在平面应力条件下更大(Suresh);②许多高载迟滞的特征(例如高载后破坏方式的改变)和许多铝合金中显微组织对裂纹扩展效应的改变都与塑性诱发的裂纹闭合的概念不一致(Knott、Pickard、Bucci、Suresh)。

循环拉伸受载的疲劳裂纹前缘因反向屈服而产生残余压缩应力。当一个拉伸高载作用后,残余压缩区的尺寸会有所增加。对钢的疲劳裂纹前缘的应力场的 X 射线测定(Alliso、Taira 和 Tanaka)也指明拉伸高载后残余压应力区扩大了(与高载前的情况相比)。Willenborg、Engle 和 Wood、Wheeler 认为这种残余压应力可以迟滞高载后的裂纹扩展。某些广泛应用的寿命预测模型明显利用了残余压应力产生迟滞的概念。但是,仅用残余压应力去解释一系列迟滞问题会遇到一些困难:①最大的残余压应力存在于紧靠裂纹顶端的地方,因此应出现裂纹扩展的瞬态迟滞或停止,而不是迟滞的延长,这种预测同实验观察相矛盾;②Suresh 实验表明,裂纹扩展的迟滞甚至可以持续到裂纹穿过预先估计的高载残余压应力区。

在一些具有平面滑移变形倾向的工程合金中,以及在一定的平面应力加载条件下,拉伸高载将促使裂纹顶端偏离名义的 Ⅰ 型裂纹扩展平面(Schijve、Lankford 和 Davidson、Suresh)。图 2-20 给出欠时效 Al-Li-Cu-Zr 合金中裂纹偏折的例子,它表示拉伸高载作用使紧凑拉伸试样裂纹顶端在整个厚度上严重分叉的情况,疲劳裂纹在远场拉伸应力完全卸载后仍保持钝化。在含 Al$_3$Li 相的材料中,δ′沉淀相的存在会显著增强平面滑移效应,而这种强化作用被认为是导致疲劳裂纹顶端高应变区内出现裂纹分叉现象的主要原因。

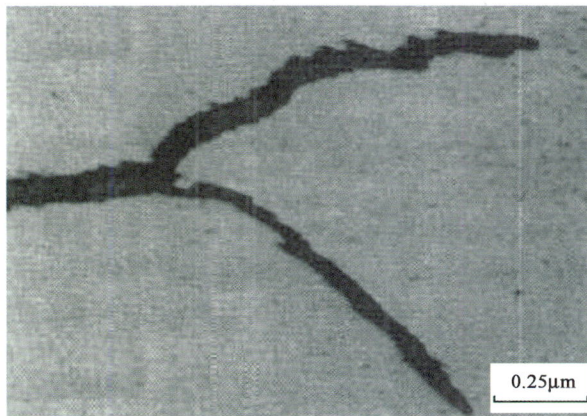

图 2-20　拉伸高载在欠时效合金中引起的疲劳裂纹分叉

疲劳裂纹沿着偏折的路径扩展意味着偏离Ⅰ型扩展平面有减小的裂纹扩展阻力,因此,在高载作用期间可能出现裂纹扩展速率的瞬时增加。但是根据连续力学的观点,在投影长度相同和远场ΔK相等的条件下,一个分叉的裂纹顶端比一条直裂纹承受更低的有效ΔK。根据铝合金得到的实验结果及分叉裂纹的线弹性分析,仅裂纹偏折过程可使高载后的有效ΔK减小近25%。因此,拉伸高载引起疲劳裂纹顶端分叉的几何影响在某些情况下主要贡献给迟滞效应。在变幅疲劳过程中,裂纹顶端几何形状的强烈变化依赖于微观结构、应力状态和基线ΔK水平。应该指出,在某些材料(如复合材料)中,如果裂纹择优沿着一个低断裂阻力的路径(如弱界面)偏折,高载可能加快而不是减缓裂纹扩展速率。

当一个疲劳裂纹承受拉伸高载后,塑性诱发的裂纹闭合、残余压应力或裂纹偏折使得高载后的应力强度因子范围的有效值大大低于名义上的基线值ΔK_B。因此,即使当高载后的ΔK_B正好位于Paris疲劳裂纹扩展区域。相应的有效ΔK可能落入材料的近门槛值范围。在这种情况下,一些对恒幅近门槛疲劳有重要意义的疲劳裂纹扩展迟滞机制在高载后的区域也起作用。对于许多合金来说,这些附加的迟滞机制一般包括第Ⅰ阶段裂纹扩展,氧化物诱导和粗糙度诱导的裂纹闭合。图2-21给出了7010-T7铝合金在ΔK_B为$7 \sim 10 \mathrm{MPa} \cdot \mathrm{m}^{1/2}$和应力比$R$为0.33的恒幅疲劳裂纹扩展中,每8000个循环承受单次拉伸高载($K_{2max} = 1.8 K_{1max}$)时,氧化层在断裂平面形成的例子,氧化带的间距为$0.3 \sim 0.4 \mathrm{mm}$(在恒幅疲劳情况下,潮湿空气环境下的氧化物诱导裂纹闭合对这个范围的裂纹扩展几乎无影响)。这张图中所观察到的每条氧化物黑带对应于1次拉伸高载后受迟滞的裂纹扩展。

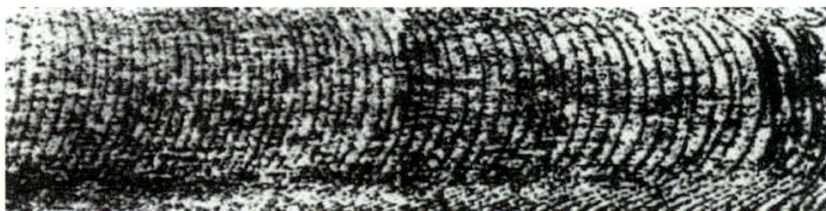

图2-21　7010-T7铝合金在潮湿空气中疲劳断裂表面上形成的氧化带

近门槛机制在高载后的激活并非导致迟滞效应的主要原因,而是起到延长迟滞进程的作用。这种解释与观察到的迟滞延长现象一致,因为在材料的典型近门槛扩展和闭合机制开始影响高载破坏之前,裂纹顶端的ΔK应首先被其他过程降到近门槛水平(在目前的讨论中,氧化物诱导和粗糙度诱导的裂纹闭合被认为是近门槛机制,主要因为它们在低ΔK水平对裂纹扩展有较强的影响)[2]。

2.2　构造对疲劳的影响

2.2.1　板件厚度

苏通大桥钢箱梁共有 143 个,梁段包含 A、B1、B2、C1、C2、D、E、F、G、H、I、J、K、L、M、N、O、P、Q 共 19 种类型。其中,A、B1、B2 为零号段梁段,H、I、J、K、L、M、N 为边跨梁段,C1、C2、D、E、F 为标准梁段,O 为跨中合龙段,P、Q 为边跨合龙段,如图 2-22 所示。不同梁段中钢桥面板顶板、横隔板、纵隔板等构件参数有所不同。

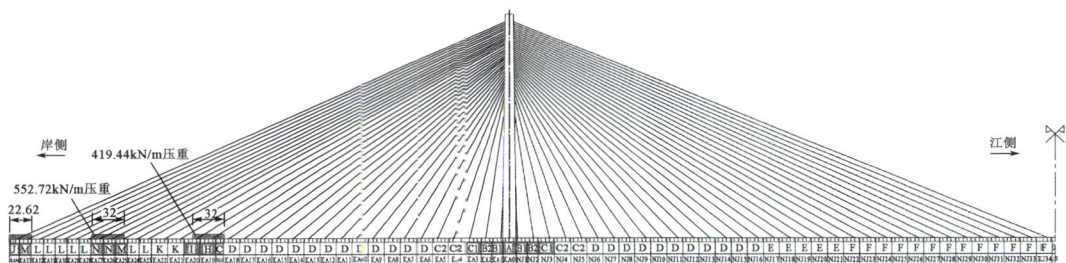

图 2-22　苏通大桥梁段分布(尺寸单位:m)

顶板采用了 14mm、16mm、18mm、20mm、24mm 共 5 种不同的厚度,索塔附近顶板厚度最大,向两侧依次递减。U 肋厚度根据其所支承顶板厚度的不同,在 8 ~ 10mm 之间变化(20mm、24mm 厚顶板采用 10mm 厚加劲肋,14mm、18mm 厚顶板采用 8mm 厚加劲肋)。横隔板在非吊点处一般为 10mm 厚,拉索吊点处一般为 16mm 厚,在支座、临时墩、主塔附近采用了横隔板加厚尺寸。钢箱梁内横向设置两道纵隔板,除了竖向支承区、压重区和索塔区 A、B1、B2、C1 梁段采用实腹板式外,其余均为桁架式。桁架式纵隔板上、下弦杆为 T 形截面,板厚为 14mm;斜撑为 160mm×14mm 角钢,节点板厚 14mm。实腹式纵隔板采用整体式,由上、下两块板组成,上下板熔透对接,索塔区板厚一般为 24mm,压重区板厚为 14mm。

考虑到钢箱梁中各构件之间相互约束,受力复杂,板厚的选择将影响各构件之间的刚度分配,若板厚不足将引起车辆荷载作用下钢桥面板局部变形过大,引起次应力以及局部应力集中,从而影响钢桥面板的疲劳性能[4]。因此,有必要分析板件厚度对钢桥面板疲劳性能的影响,明确易疲劳部位。

1)顶板-U 肋厚度的影响

通过数值模拟分析顶板-U 肋厚度对典型疲劳细节受力的影响。参照苏通大桥实桥尺寸建立全桥模型,如图 2-23 所示。采用子模型分析方法,建立钢桥面板节段模型,如图 2-24 所示,将全桥模型在自重作用和斜拉索作用下的受力作为节段模型的边界条件。在节段模型中施加荷载并改变顶板-U 肋厚度分别为 14mm/8mm、16mm/8mm、18mm/8mm、20mm/10mm、24mm/10mm 来分析顶板-U 肋厚度对钢桥面板疲劳细节受力的影响。

图 2-23　全桥模型

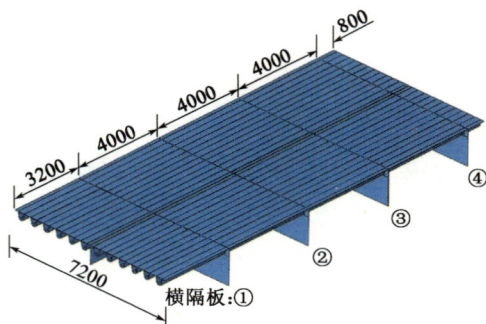

图 2-24　节段模型(尺寸单位:mm)

分别提取不同顶板-U 肋尺寸下顶板焊趾、焊根处主应力最大值,如图 2-25 所示。由图 2-25a)可知,顶板-U 肋尺寸越大,对顶板焊趾处应力的影响越大,且主压应力值呈现减小的趋势,对于 14mm/8mm、16mm/8mm、18mm/8mm 三种不同尺寸的顶板-U 肋模型,其顶板焊趾疲劳节点的应力呈线性减小,下降幅度约为 16.0%、当尺寸为 20mm/10mm 时,应力相较于 14mm/8mm 时减小了 50.5%;当尺寸为 24mm/10mm 时,应力相较于 20mm/10mm 时减小了 57.0%。由图 2-25b)可知,顶板-U 肋焊根处应力随顶板厚度增加而降低,结构尺寸为 24mm/10mm 时节点应力最大值减小最多。由此可见,增大顶板-U 肋厚度能够改善顶板-U 肋焊缝疲劳细节的疲劳性能。

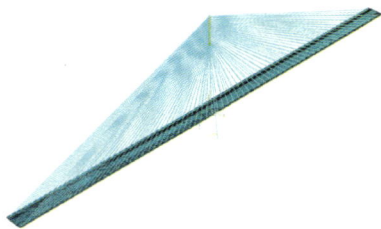

a)顶板焊趾侧

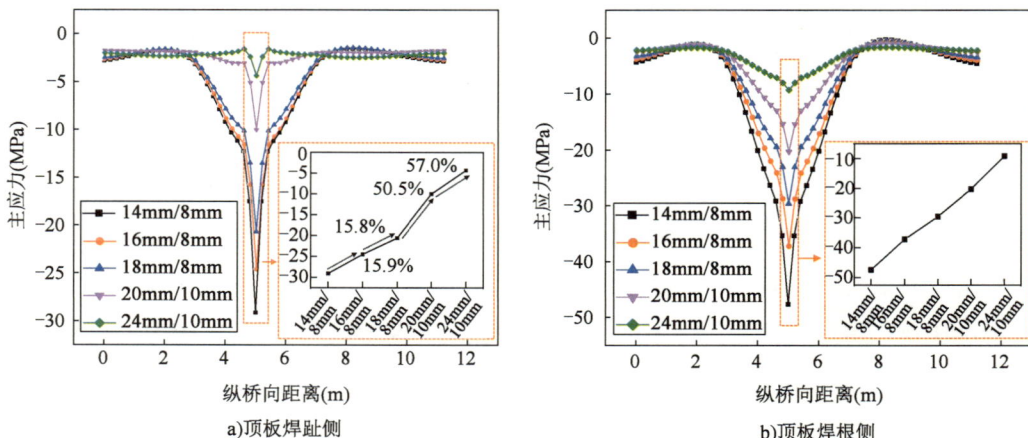

b)顶板焊根侧

图 2-25　顶板-U 肋尺寸对焊缝的影响

2)横隔板厚度的影响

控制模型中其他构造参数不变,分别计算横隔板厚度为 10mm、12mm、14mm、16mm、20mm、24mm、30mm、36mm 的横隔板(分别记作 HGB10、HGB12、HGB14、HGB16、HGB20、HGB24、HGB24、HGB30、HGB36)弧形缺口围焊端 U 肋焊趾、横隔板焊趾以及弧形缺口的应力,如图 2-26所示。

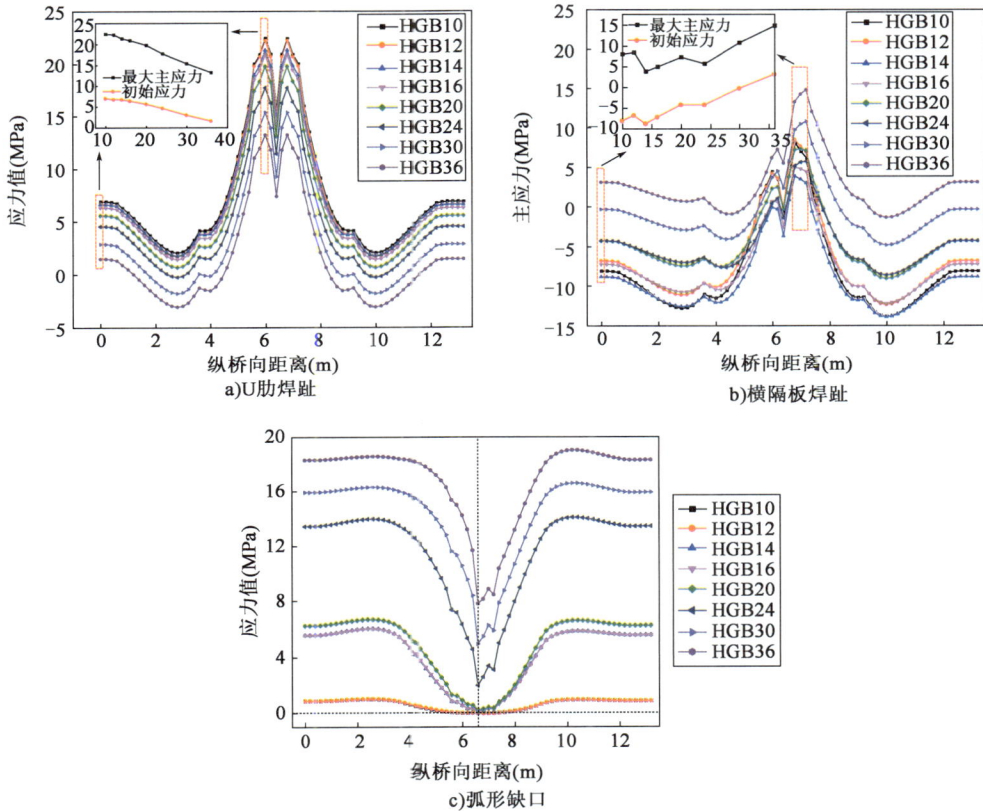

图 2-26　横隔板厚度对围焊端的影响

由图 2-26a)可知,在荷载作用下,横隔板弧形缺口围焊端 U 肋焊趾处的主应力随着横隔板厚度的改变呈双峰值分布,且当荷载作用在疲劳节点两侧取到峰值,应力曲线在横隔板疲劳关键节点处呈对称分布,其变化形态表现为两次波动:首轮下降后触底回升,继而二次下降后再度上升。随着横隔板厚度的增大,初始应力与主应力最大值都相应地减小。因此,横隔板厚度的增加可以降低 U 肋焊趾处的应力水平,减小此处疲劳开裂的概率。

由图 2-26b)可知,在荷载作用下横隔板弧形缺口围焊端横隔板焊趾处的主应力,随着横隔板厚度的变化,应力时程变化趋势一致,在疲劳节点一侧处主应力取到最大值。随着横隔板厚度的增加,初始应力与主应力最大值呈现增大的趋势,而当横隔板厚度为 14mm

与24mm时,应力值有一定的减小。说明横隔板厚度的增大对横隔板焊趾处疲劳节点存在不利影响,增大了该位置疲劳开裂的概率,这可能是由于横隔板厚度的增加,提高了横隔板焊趾路径两端节点处的应力集中水平,从而提高了该位置的应力水平,增大开裂的概率。

由图2-26c)可知,随着横隔板厚度的变化,弧形缺口处应力时程变化依然一致,都呈现拉应力状态。但是随着横隔板厚度的增加,该节点处的应力变化速率增大,即横隔板越厚,应力值增大或减小越快。和横隔板焊趾一样,随着横隔板厚度的增加,该疲劳节点的初始应力与应力峰值都呈现增大的趋势。因此,横隔板厚度的增加对弧形缺口最不利截面疲劳节点受力不利。

3) 纵隔板厚度的影响

斜拉桥的纵隔板连接顶板和底板,使得顶、底板能协同受力,传力线路明确,并分担部分轴向压力[5]。通常,斜拉桥纵隔板可分为实腹式纵隔板和桁架式纵隔板,其中实腹式纵隔板常存在厚度变化,所以以实腹式纵隔板为例分析纵隔板厚度变化对钢桥面板局部受力的影响。

借助有限元分析软件建立钢箱梁节段模型,模型采用壳单元,横桥向宽为35400mm,共包含58道U肋,每道U肋中心线的间距为600mm,U肋上开口宽度为300mm,底部宽度为180mm,厚度为8mm。纵桥向长17000mm,纵桥向包含5道横隔板,每道横隔板间距为4000mm,其中1号和5号横隔板的厚度为12mm,剩余横隔板厚度为10mm。顶板厚度为14mm,底板厚度为12mm,采用Q345钢材,弹性模量为2.06×10^5MPa,泊松比为0.3,仅考虑材料的弹性性能。

设置实腹式纵隔板厚度为14~24mm,间隔为2mm。采用《公路钢结构桥梁设计规范》(JTG D64—2015)[6]疲劳荷载模型Ⅲ中的单侧双车轮进行加载,并计算不同厚度纵隔板下横隔板围焊端和顶板-U肋焊缝疲劳细节处的正应力幅,分别如图2-27、图2-28所示。由图2-27可以看出,随着纵隔板厚度的增加,围焊端U肋焊趾和横隔板焊趾处的正应力幅均有所增加,但增加的幅度较小。对于U肋焊趾,纵隔板厚度从14mm增加到24mm,正应力幅由78.2MPa增加到79.1MPa,应力幅增加了1.2%;对于横隔板焊趾,正应力幅由59.2MPa增加到60.1MPa,应力幅增加了1.5%。由此可见,纵隔板厚度的增加对于相邻U肋远离纵隔板一侧围焊端疲劳细节的影响基本可以忽略不计,这主要是由于围焊端疲劳细节处受力是横隔板面外变形和U肋鼓曲共同作用导致的,尽管实腹式纵隔板能够限制靠近纵隔板侧横隔板的变形,但对于远离纵隔板侧横隔板变形的限制能力较弱,并且对U肋的扭转变形限制较小。

由图2-28可知,随着纵隔板厚度的增加,顶板-U肋焊缝焊根和焊趾处的正应力幅均有所下降。对于焊趾侧,纵隔板厚度从14mm增加到24mm,正应力幅由47.9MPa减小到

35.5MPa,应力幅减小了 25.9%;对于焊根侧,正应力幅由 22.3MPa 减小到 16.0MPε,应力幅减小了 28.3%。由此可见,纵隔板厚度的增加能够有效地降低顶板-U肋焊缝处的正应力幅,降低细节处开裂的可能性。这主要是由于纵隔板厚度的增加,导致纵隔板附近局部刚度增大,在分担车辆荷载的同时,减小了顶板的相对变形,进而降低了疲劳细节处的应力幅。

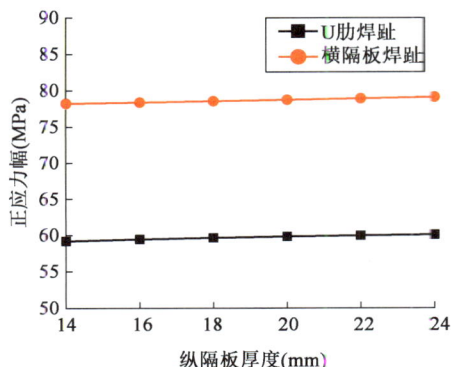

图 2-27 横隔板围焊端正应力幅

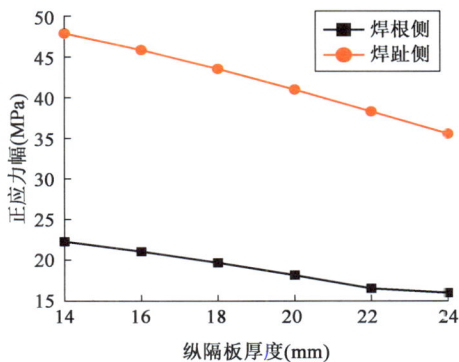

图 2-28 顶板-U 肋焊缝疲劳细节应力幅

2.2.2 构件参数

在正交异性钢桥面板结构中,横向通过 U 肋两侧腹板对顶板形成弹性支撑的作用;纵向通过横隔板对 U 肋和顶板产生协同支撑的作用。因此,U 肋开口宽度、U 肋高度以及横隔板的间距等参数对顶板的受力影响较大,有必要对其影响进行分析研究。

1)U 肋开口宽度对疲劳的影响

钢桥面板节段有限元模型中,保持其他构造参数不变,U 肋开口宽度从 300mm 增至 500mm,每级增大 50mm,顶板焊根及焊趾的热点应力随 U 肋开口宽度的变化如图 2-29 所示。

可以发现,随着 U 肋开口宽度增大,顶板焊根和焊趾的热点应力均呈增大趋势。开口宽度每增大 50mm,焊趾热点应力增大 10%~23%,焊根热点应力增大 3%~15%。当开口宽度从 300mm 增大到 500mm 时,焊趾热点应力增大 43%,疲劳损伤程度加重至 2.9 倍,焊根热点应力增大 28%,疲劳损伤增大 2.1 倍。随开口宽度增大,焊根热点应力(σ_{root})与焊趾热点应力(σ_{toe})的比值($\sigma_{root}/\sigma_{toe}$)从 0.92 减小到 0.73,表明出现顶板焊趾裂纹的概率增大。由于增大 U 肋宽度对顶板疲劳细节受力不利,当采用大断面 U 肋构造时,须配合采用较厚的顶板。

朱艳梅[7]的研究中,将 U 肋开口宽度分别设置为 200mm、250mm 和 300mm 进行计算分析,得到了 U 肋开口宽度的影响,计算结果见表 2-1。

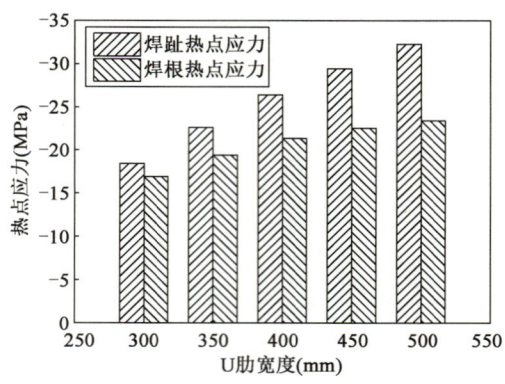

图 2-29　U 肋开口宽度对顶板热点应力的影响

正交异性钢桥面板各疲劳细节处最大主应力计算结果　　　　表 2-1

U 肋开口宽度（mm）	顶板-U 肋焊缝最大主应力（MPa）	横隔板-U 肋焊缝最大主应力（MPa）	横隔板-顶板焊缝最大主应力（MPa）	横隔板弧形缺口最大主应力（MPa）
200	6.505	17.419	5.655	6.169
250	8.656	18.320	8.967	4.324
300	12.582	14.209	9.199	5.559

从表 2-1 中所得数据可知,减小 U 肋开口宽度,顶板与 U 肋连接处的最大主应力逐渐减小,且变化较大,说明减小 U 肋开口宽度,可有效改善此处的受力;而在 U 肋与横隔板连接处,减小 U 肋开口宽度,其最大主应力值反而增大,并且在 U 肋开口宽度为 250mm 时,此处的应力最大,达到 18.320MPa,说明 U 肋开口宽度小于 300mm 时,此处的受力反而不利;在横隔板与顶板连接处,通过减小 U 肋开口宽度,其上应力值逐渐减小,且降低的幅度较大,说明减小 U 肋开口宽度可有效改善此处的受力;在横隔板弧形孔处,改变 U 肋开口宽度,其应力变化幅值较小,且应力水平也较低,改变 U 肋开口宽度对其受力影响不大。

综上所述,增大 U 肋开口宽度对顶板与 U 肋疲劳细节以及顶板与横隔板疲劳细节的受力不利,对 U 肋与横隔板疲劳细节有利,对横隔板弧形缺口影响不大。减小 U 肋开口宽度的同时,钢桥面板中 U 肋的数量以及焊缝的数量会增加,对疲劳产生不利影响,因此,应综合考虑各细节的受力状态以及经济指标确定合理的 U 肋开口宽度,建议采用 300mm 宽 U 肋构造;当采用大断面 U 肋时,应增加顶板厚度,以改善顶板与 U 肋细节的疲劳性能。

2)U 肋高度对疲劳的影响

为研究 U 肋高度的影响,在有限元模型中取 U 肋开口宽度 500mm,保持其他构造参数不变,U 肋高度从 300mm 增至 450mm,每级增加 50mm,顶板焊根及焊趾热点应力随 U 肋高度的变化如图 2-30 所示。

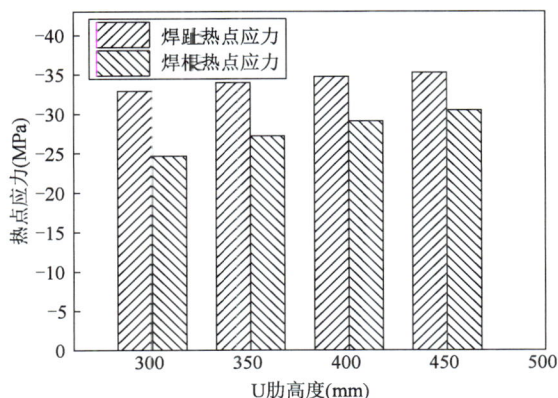

图 2-30　U 肋高度对顶板热点应力的影响

由图 2-30 可以发现,随着 U 肋高度增大,顶板焊根和焊趾的热点应力呈增大趋势,但变化幅度不大。U 肋高度每增大 50mm,焊趾热点应力增大 1.5% ~ 3.3%,焊根热点应力增大 5% ~ 10%。当高度从 300mm 增大到 500mm 时,焊趾热点应力增大 9%,疲劳损伤增大到 1.3 倍,焊根热点应力增大 30%,疲劳损伤增大到 2.2 倍。随 U 肋高度增大,焊根热点应力(σ_{root})与焊趾热点应力(σ_{toe})的比值($\sigma_{root} / \sigma_{toe}$)从 0.73 增大到 0.87,表明出现顶板焊根裂纹的概率增大。

李善群[8] 的研究中,分析了 U 肋高度变化对 4 个指标的具体影响,分析指标包括:横隔板弧形孔自由边的最大主拉应力(指标 A)、U 肋与横隔板竖向焊缝末端的最大主拉应力(指标 B)、顶板与 U 肋连接焊缝处的最大主拉应力(指标 C)和横隔板间跨中 U 肋腹板最大主拉应力(指标 D)。U 肋高度由 240mm 到 320mm,每级增大 20mm。图 2-31 给出了各指标随 U 肋高度的变化曲线。

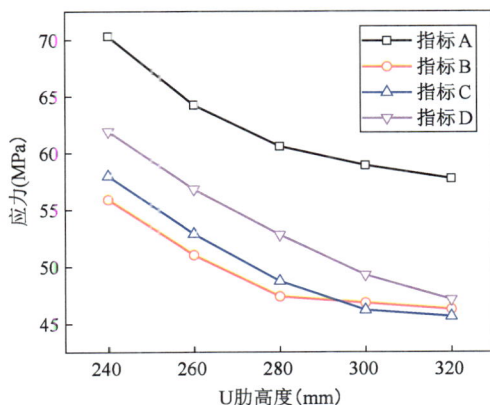

图 2-31　U 肋高度对各指标的影响

计算结果表明,随着 U 肋高度增大,各指标均呈下降趋势,指标 A 从 70.4MPa 下降至 57.8MPa,减少约 17.9%,平均每级降幅为 4.5%;指标 B 由 56.0MPa 下降到 46.3MPa,降幅为 17.3%,平均每级降幅为 4.3%;指标 C 从 58.1MPa 下降到 45.7MPa,降幅为 21.3%,平均每级降幅约为 5.3%;指标 D 从 62.1MPa 下降到 49.2MPa,降幅达到 20.7%,平均每级降幅约为 5.2%。总的来看,U 肋高度对各指标的影响较大。对于指标 D 以外的 3 个指标,当 U 肋高度 <280mm 时,下降速度较快;h >280mm 时,下降趋势平缓。对于指标 B 与指标 C,当 U 肋高度 ≥300mm 时,U 肋高度变化对指标 B、指标 C 基本无影响。

综上所述,增大 U 肋高度可有效减小顶板与 U 肋疲劳细节、U 肋与横隔板焊缝末端、横隔板弧形缺口以及 U 肋腹板的应力幅,但当 U 肋高度大于 300mm 时,其对顶板与 U 肋疲劳细节以及 U 肋与横隔板焊缝末端应力的影响很小。

3) 横隔板间距对疲劳的影响

钢桥面板节段有限元模型中,保持其他构造参数不变,顶板焊根及焊趾热点应力随横隔板间距的变化如图 2-32 所示。

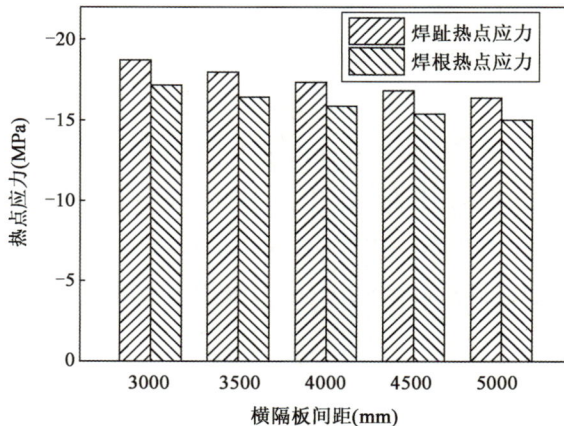

图 2-32 横隔板间距对顶板热点应力的影响

从图 2-32 可以发现,随着横隔板间距增大,顶板焊根和焊趾处的热点应力呈下降趋势。横隔板间距每增大 500mm,焊趾及焊根热点应力降低约 1.7% ~ 3.5%。当横隔板间距从 3000mm 增大到 5000mm 时,焊趾及焊根热点应力降低 12% 左右,疲劳寿命增大到 1.47 倍。随着横隔板间距的增大,焊根热点应力(σ_{root})与焊趾热点应力(σ_{toe})的比值($\sigma_{root}/\sigma_{toe}$)保持在 0.915 左右。总体来说,增大横隔板间距,顶板焊根及焊趾处热点应力呈下降趋势,但应力变化很小。顶板与 U 肋细节的疲劳开裂主要与其横向弯曲有关,因此横隔板间距变化引起的纵桥向受力变化对其影响较小。

宋永生[9]的研究中,模型 Ⅱ 和模型 Ⅲ 仅横隔板间距不同,分析横隔板间距对疲劳细节应力幅的影响,计算得到单轮荷载作用下的等效应力幅,结果见表2-2。

分析模型参数及计算结果   表2-2

分析模型	U肋厚度 (mm)	横隔板间距 (mm)	等效应力幅(MPa)	
			顶板-U肋焊缝疲劳细节	U肋对接焊缝疲劳细节
Ⅱ	8	3750	16.2	33.7
Ⅲ	8	3220	16.1	31.8

对比模型Ⅱ和模型Ⅲ可知,顶板-U肋焊缝疲劳细节的等效应力幅分别为16.2MPa和16.1MPa,无明显变化,U肋对接焊缝疲劳细节则分别为33.7MPa和31.8MPa,相对变化为5.6%。可见,横隔板间距对这两种细节疲劳效应的影响均较小。对于顶板-U肋焊缝疲劳细节,其横桥向应力主要受顶板厚度、纵肋开口宽度和横桥净距等横桥向几何参数的影响,而对横隔板间距变化不敏感。而对于U肋对接焊缝疲劳细节,尽管横隔板间距会对U肋纵桥向应力产生影响,但由于模型中横隔板间距仅差530mm,相对变化为14%,同时,由于正交异性钢桥面板应力分布的局部效应,使得横隔板间距的较小变化对U肋对接焊缝疲劳细节的影响也较小。

综上所述,横隔板间距变化对顶板与U肋对接焊缝疲劳细节影响较小,随着横隔板间距的增加,U肋对接焊缝疲劳细节应力有所增大,但减小横隔板间距,横隔板与焊缝的数量也会增加。因此,应综合考虑这些因素,选择合理的横隔板间距。

2.2.3 构造形式

1)横隔板过焊孔对疲劳的影响

由于早期焊接技术不够成熟,为尽量避免焊缝交叉,在横隔板上需要设置U肋和顶板的过焊孔,若在该部位保留过焊孔,则纵肋与横肋焊缝顶端会产生疲劳裂纹,裂纹可能起源于U肋,也可能起源于横隔板。另外,在横隔板截面,该过焊孔也会导致U肋和顶板焊缝产生疲劳裂纹,如图2-33和图2-34所示。

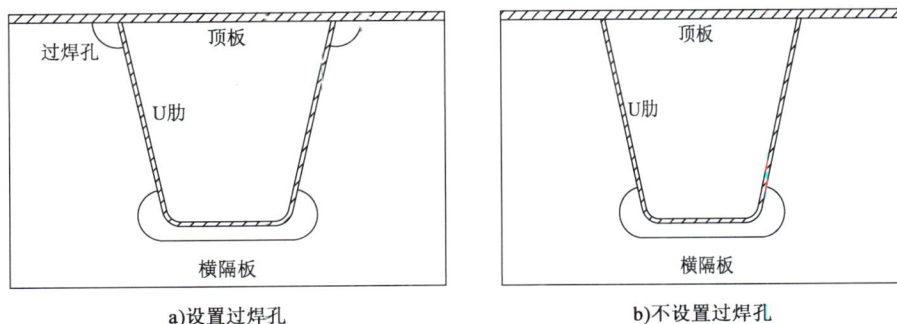

a)设置过焊孔   b)不设置过焊孔

图2-33 过焊孔构造示意

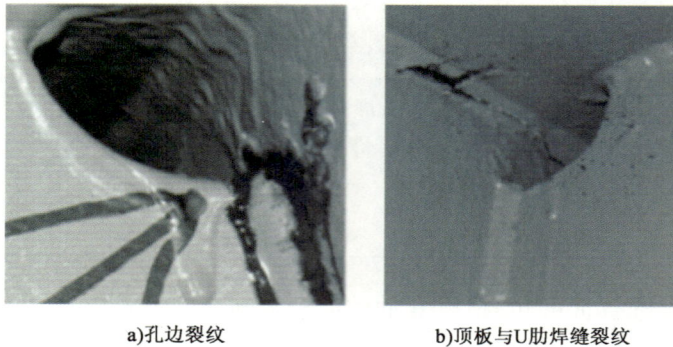

a)孔边裂纹　　　　　　　　　　　b)顶板与U肋焊缝裂纹

图2-34　过焊孔处疲劳裂纹

参考国内某跨江大桥钢桥面板构造,建立钢桥面板壳单元节段模型,分析设置35mm过焊孔与不设置过焊孔两种情况下顶板的受力情况,荷载位置及过焊孔附近应力分布分别如图2-35、图2-36所示,横隔板截面顶板底部应力分布如图2-37a)所示,过焊孔附近顶板应力分布情况如图2-37b)所示。

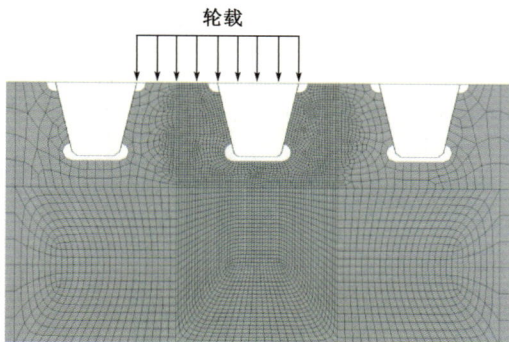

图2-35　荷载位置

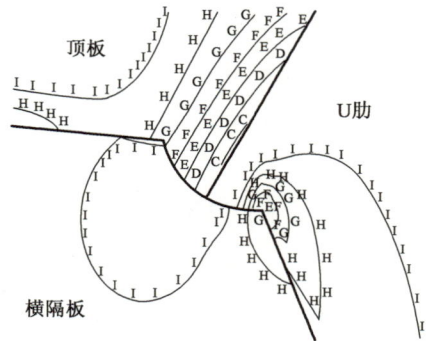

图2-36　过焊孔附近应力分布

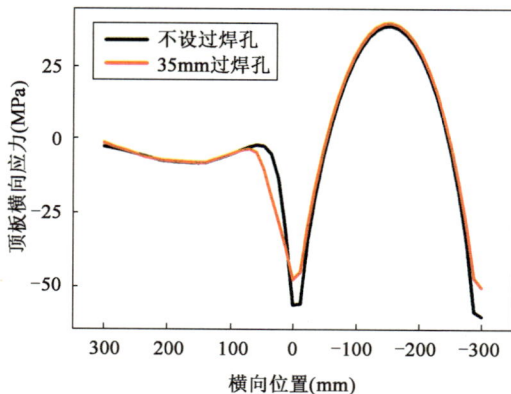

a)横隔板截面顶板底部应力分布

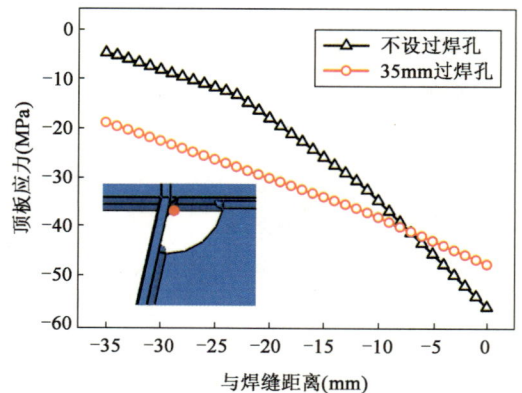

b)过焊孔附近顶板底部应力分布

图2-37　过焊孔设置对顶板应力的影响

从过焊孔附近应力分布可以看出,轮载作用下过焊孔与顶板焊缝、过焊孔与U肋焊缝处存在应力集中,此为孔边裂纹的主要成因。由图2-37a)可知,设置过焊孔与不设置过焊孔两种情况下,顶板横向应力分布基本相同,但在过焊孔局部位置存在差异。由图2-37b)可知,过焊孔范围内顶板应力水平比不设过焊孔时高,因过焊孔削弱了横隔板对顶板的支撑作用,降低了此处顶板的刚度。在接头附近,设置过焊孔时顶板应力低于不设过焊孔构造,即不设过焊孔时接头处应力集中比设置过焊孔时明显。

对有限元模型施加移动轮载,计算得到过焊孔半径对顶板与U肋连接处应力幅的影响,如图2-38所示。从图中可以看出,过焊孔半径变化对顶板、U肋及横隔板交叉部位顶板疲劳细节的应力幅值有较大影响。总体上,顶板疲劳细节应力幅随过焊孔半径增加呈先下降后上升的趋势。不设置过焊孔(半径为C)时,分析位置的应力幅值为37.67MPa;当过焊孔半径为5mm时,应力幅下降到最小值11.33MPa;过焊孔半径从5mm增加到15mm时,应力幅快速增长,半径为15mm时,应力幅值增加到128.52MPa。过焊孔半径超过15mm后,应力幅增长缓慢。以上分析说明,增大过焊孔半径对顶板疲劳细节的受力不利。

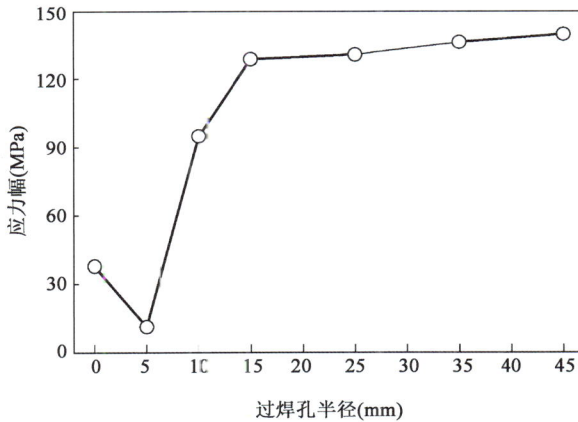

图2-38 过焊孔半径对顶板疲劳细节应力幅的影响

2)纵隔板形式对疲劳的影响

不同形式纵隔板的刚度和抵抗变形能力有所不同,对于相邻U肋上的疲劳细节可能存在影响[10]。因此,为分析纵隔板形式对于围焊端细节处各节点的影响,参照苏通大桥实桥尺寸建立节段模型,设置实腹式纵隔板和桁架式纵隔板,如图2-39所示。提取荷载作用下远离横隔板侧各关注节点的应力时程曲线,如图2-40、图2-41所示。

(1)横隔板围焊端细节。

不同纵隔板形式下,横隔板围焊端横隔板焊趾、U肋焊趾处应力时程曲线如图2-40所示。由图可知,纵隔板形式的变化并不改变各节点处应力的变化趋势,各疲劳细节应力均呈现双峰值分布,当荷载作用在节点正上方时应力有所下降。相较于桁架式纵隔板,实腹式纵隔板处各关注节点的正应力幅均有所增大:围焊端横隔板焊趾处正应力幅由51.6MPa增大到59.2MPa,增加了14.7%;围焊端U肋焊趾正应力最大值由69.7MPa增大到78.2MPa,增加了12.2%。由此可知,实腹式纵隔板的设置会引起围焊端各疲劳细节处应力幅增大,增大了开裂的可能性。

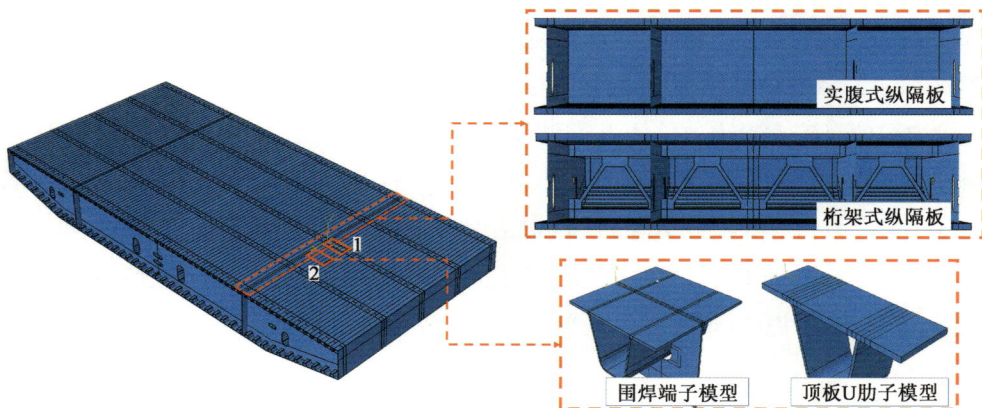

图2-39 节段模型

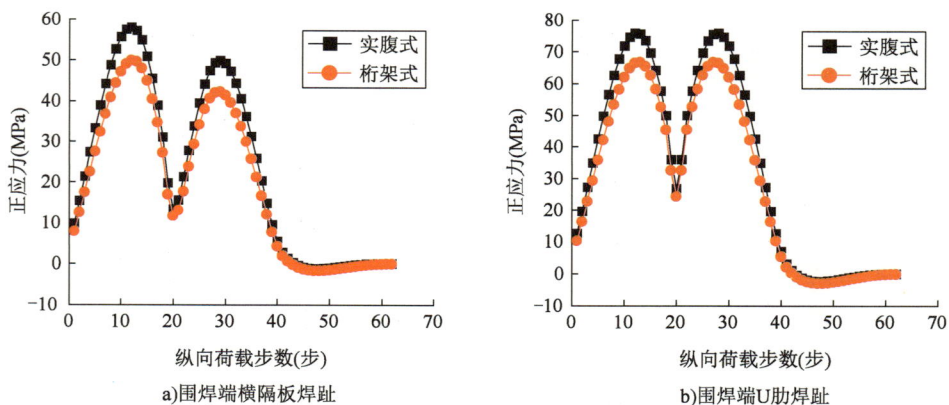

a)围焊端横隔板焊趾

b)围焊端U肋焊趾

图2-40 横隔板围焊端正应力

(2)顶板-U肋焊缝疲劳细节。

不同纵隔板形式下,顶板-U肋焊缝焊趾和焊根处应力时程曲线如图2-41所示。由图可知,实腹式纵隔板处焊趾和焊根处正应力幅相较于桁架式有所减小,焊趾处由50.1MPa减少到40.0MPa,减小了20.2%,焊根处由27.4MPa减少到18.5MPa,减小了32.5%。由此可见,实腹式纵隔板的设置能够有效地减小相邻顶板-U肋焊缝顶板焊趾和焊根处的正应力幅,降低开裂风险,其中焊根处受纵隔板形式的影响相对较大。

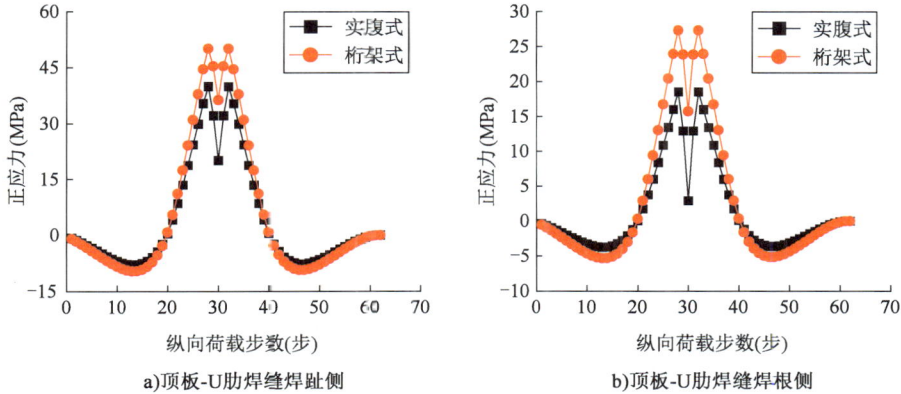

a)顶板-U肋焊缝焊趾侧　　　　　　　　b)顶板-U肋焊缝焊根侧

图2-41　顶板-U肋焊缝正应力

2.3　铺装层对疲劳的影响

2.3.1　铺装层参数

铺装层铺设在钢桥面板上方,具有一定的厚度与刚度,能够与钢桥面板共同受力,从而降低钢桥面板疲劳细节处的应力幅,改善钢桥面板的疲劳性能。本节针对铺装层的厚度、刚度以及泊松比三个参数对其影响进行分析。

1)铺装层厚度的影响

针对铺装层厚度的影响,李丽娟[11]通过数值模拟计算了不同铺装厚度下钢桥面板四种疲劳细节(图2-42)处的等效疲劳应力。由图2-43可知,随着铺装层厚度增加,四种疲劳细节的等效疲劳应力幅逐渐减小,且基本呈线性递减趋势;当铺装层厚度从30mm增至80mm时,疲劳细节A(横隔板处U肋与顶板焊缝)的疲劳应力幅从20.5MPa降至14.2MPa,降低了30.7%;疲劳细节B(横隔板间跨中处U肋与顶板焊缝)的疲劳应力幅从15.1MPa降至8.6MPa,降低了43.1%;疲劳细节C(U肋对接焊缝)的疲劳应力幅从17.4MPa降至13.2MPa,降低了24.1%;疲劳细节D(横隔板与U肋焊缝焊趾)的疲劳应力幅从41.6MPa降至29.0MPa,降低了30.3%。综上可知,铺装层厚度越大,关注疲劳细节的疲劳性能越好。

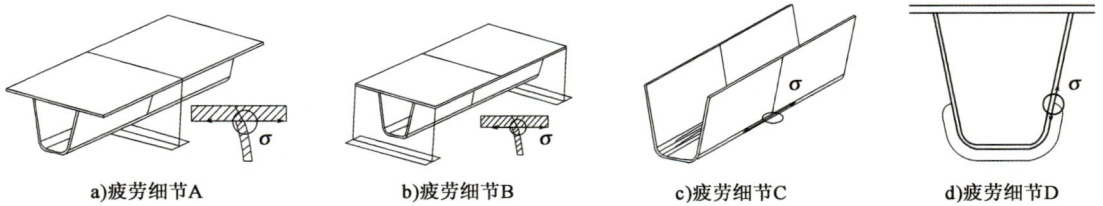

a)疲劳细节A   b)疲劳细节B   c)疲劳细节C   d)疲劳细节D

图 2-42 四种疲劳细节

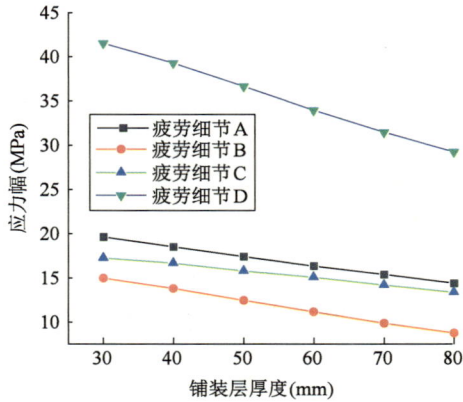

图 2-43 应力幅随铺装层厚度变化趋势图

2)铺装层弹性模量的影响

沥青混凝土桥面铺装层弹性模量对温度非常敏感,其变化范围为 500~15000MPa。分别取以下 10 种铺装层弹性模量值进行对比分析:500MPa、1000MPa、1500MPa、3000MPa、4500MPa、6000MPa、7500MPa、9000MPa、10000MPa、15000MPa。铺装层厚度取 60mm。上述 10 种弹性模量下,4 种关注疲劳细节疲劳应力幅变化结果如图 2-44 所示。

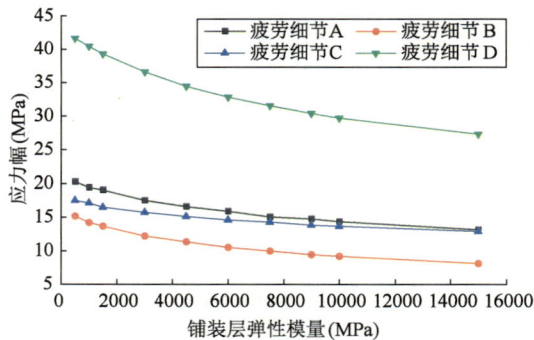

图 2-44 应力幅随铺装层弹性模量变化趋势图

由图 2-44 可知,随着铺装层弹性模量的增大,四种疲劳细节的等效疲劳应力幅逐渐减小,且基本呈非线性变化关系;当弹性模量值增大到 8000MPa 后,疲劳细节的等效疲劳应力幅的下降趋势逐渐趋于平缓;当铺装层弹性模量从 500MPa 增至 15000MPa 时,疲劳细节 A (横隔板处 U 肋与顶板焊缝)的疲劳应力幅从 20.2MPa 减至 12.8MPa,减小了 36.6%;疲劳细节 B(横隔板间跨中处 U 肋与顶板焊缝)的疲劳应力幅从 15.2MPa 减至 8.0MPa,减小了 47.4%;疲劳细节 C(U 肋对接焊缝)的疲劳应力幅从 17.5MPa 减至 12.7MPa,减小了 27.4%;疲劳细节 D(横隔板与 U 肋焊缝焊趾)的疲劳应力幅从 41.7MPa 减至 27.1MPa,减小了 35.1%。综上,随着铺装层弹性模量增大,各个细节的应力幅均呈现一定幅度的降低,其中靠近顶板部位的疲劳细节 A 和 B 的应力下降幅度比远离顶板部位的疲劳细节 C 和 D 大。由此可见,增大铺装层的弹性模量有利于改善各疲劳细节的疲劳性能,且对靠近顶板部位的疲劳细节具有更好的优化作用。

3) 铺装层泊松比的影响

沥青混合料的泊松比与外界温度成正比,范围为 0.25 ~ 0.50。为研究桥面铺装层泊松比对疲劳细节应力幅的影响,铺装层泊松比分别取 0.25、0.35、0.45 进行对比分析。桥面铺装为常温下的沥青混合料,弹性模量取 1000MPa,铺装厚度取 50mm。计算得到不同顶板厚度(12mm、14mm、16mm)时疲劳细节 d1(横隔板处顶板 U 肋焊缝)和 d3(横隔板间顶板 U 肋焊缝)位置处的等效应力幅,如图 2-45 所示。

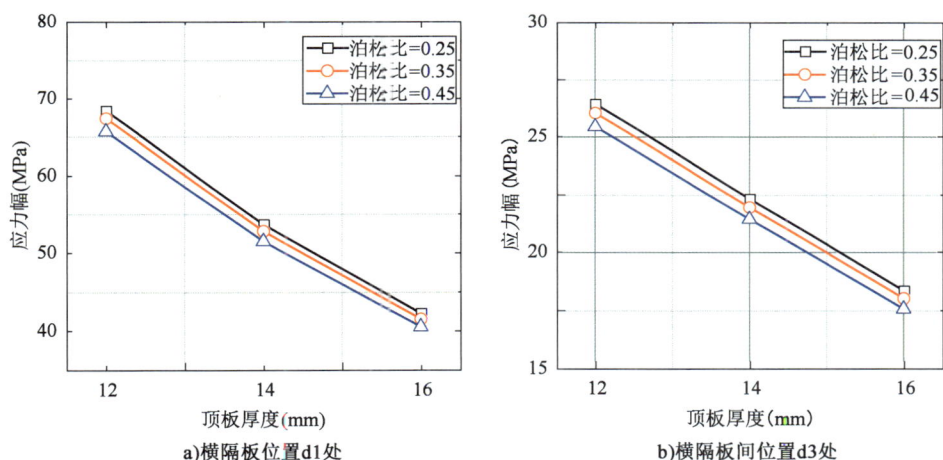

a)横隔板位置d1处   b)横隔板间位置d3处

图2-45 疲劳细节应力幅随桥面铺装泊松比变化

图 2-45 表明,对于不同顶板厚度的疲劳细节,其应力幅随着桥面铺装泊松比的增大而略有下降。不同顶板厚度对应的疲劳细节,其应力幅值受桥面铺装泊松比的影响程度接近。顶板厚度为 12mm 时,桥面铺装泊松比从 0.25 增大到 0.45,疲劳细节应力幅降幅约为 3.95%;顶板厚度为 16mm 时,疲劳细节应力幅降幅约为 3.89%,降幅都接近于 4.0%。

综上所述,铺装层泊松比对钢桥面板顶板处疲劳细节的应力幅影响很小,应从铺装层刚度和厚度等方面改善钢桥面板的疲劳性能。

2.3.2 铺装层摊铺荷载

苏通大桥在通车多年后,钢桥面铺装层出现了不同程度的病害,如图 2-46 所示。为提高行车的舒适性,延长钢箱梁的服役寿命,苏通大桥公司于 2021 年、2022 年开展了集约化养护工程,更换钢桥面沥青铺装层。整个铺装层更换期间,涉及原有铺装起刨、黏结层铺设、新铺装摊铺等主要步骤。其中,铺装摊铺过程中,部分施工机械直接作用在钢桥面板上且荷载作用面积与常规车辆不同,可能对顶板-U 肋焊缝等疲劳细节的受力产生影响。因此,为评估摊铺过程中施工机械对顶板-U 肋焊缝受力的影响,开展了实桥应力监测。

图 2-46　钢桥面铺装局部病害

1)测点布置

对"铺装去除前有车"和"铺装摊铺"两个阶段的顶板-U 肋焊缝应变进行了监测,比较不同阶段顶板-U 肋焊缝的应变,来评估摊铺施工机械对其受力的影响。监测对象选择苏通大桥 NJ22 号节段 4 号舱室下游侧的 U 肋 U10、U11,其中 U11 上存在顶板-U 肋焊缝裂纹且加固后发生了二次扩展,应变片布置在距离扩展裂纹尖端 10mm 处,用来评估施工机械对扩展裂纹的影响;U10 未发生疲劳开裂,在相同位置处布置应变片,应变片布置情况如图 2-47所示。

2)应变情况分析

(1)铺装去除前有车。

铺装去除前有车(即正常通车)情况下各测点的应变情况如图 2-48 所示。由图 2-48a)~b)可知,相比于无裂纹侧,有裂纹侧的顶板处应力幅达到了 35MPa,超出对比点位近 10MPa,且裂纹尖端顶板点位的拉应力幅较大,表明裂纹尖端在荷载的作用下受拉明显。因此,有裂纹侧即使有钢板加固来增大刚度抑制开裂,但对后期继续开裂的裂纹作用有限。由图2-48c)~d)可知,U肋变形对比点位处的瞬时最大压应力为45MPa,裂纹尖端U肋点位的瞬时最大压应力为40MPa,表明该部位疲劳细节多为受压状态,拉应力普遍较小。

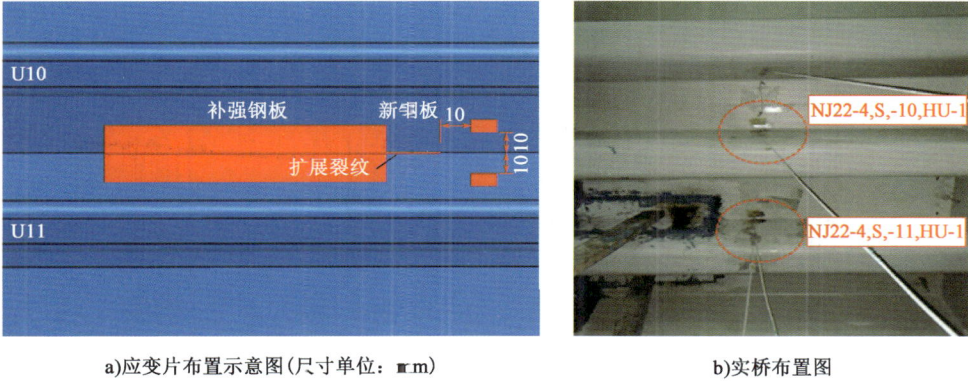

a)应变片布置示意图(尺寸单位:mm)

b)实桥布置图

图2-47 测点布置图

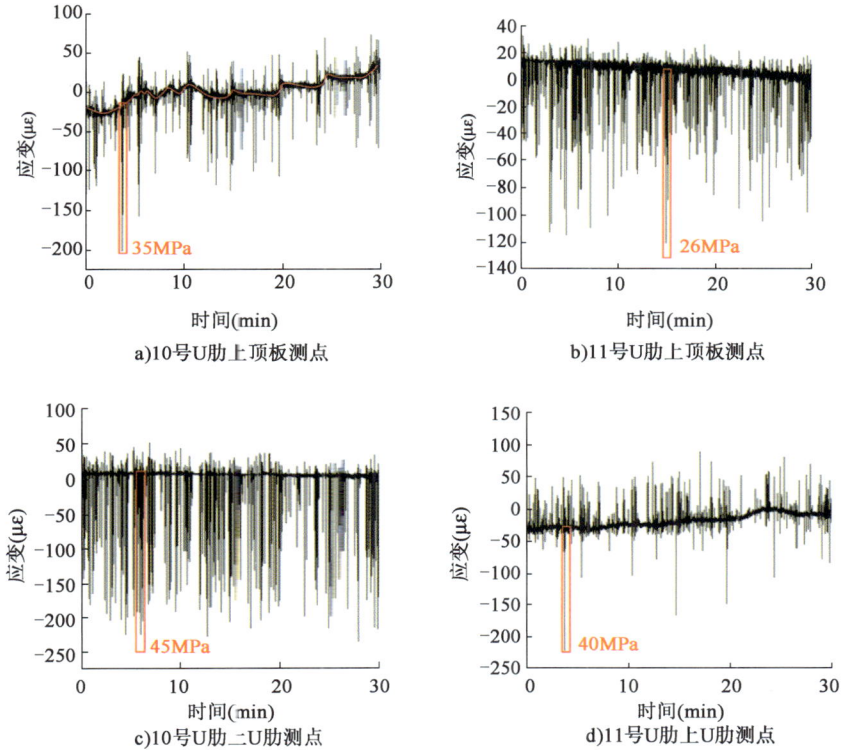

a)10号U肋上顶板测点

b)11号U肋上顶板测点

c)10号U肋二U肋测点

d)11号U肋上U肋测点

图2-48 铺装去除前有车时各测点应变时程

（2）铺装摊铺。

图2-49a）～d）为铺装摊铺第一层和第二层时测点的应变时程曲线。由图2-49a）～b）可知，摊铺碾压第一层时，顶板前后碾压时的最大压应力达到50MPa；摊铺碾压第二层时，最大压应力达到45MPa，表明铺装层碾压密实后顶板刚度增大，应力降低。由图2-49c）～d）可知，摊铺碾压第一层时，U肋前后碾压时的最大压应力达到48MPa；摊铺碾压第二层时，前后碾压时最大压应力达到42MPa。摊铺第一层时顶板处的应力峰值比正常通车大14MPa，由此可见摊铺施工机械对顶板-U肋焊缝顶板处受力的影响有限。

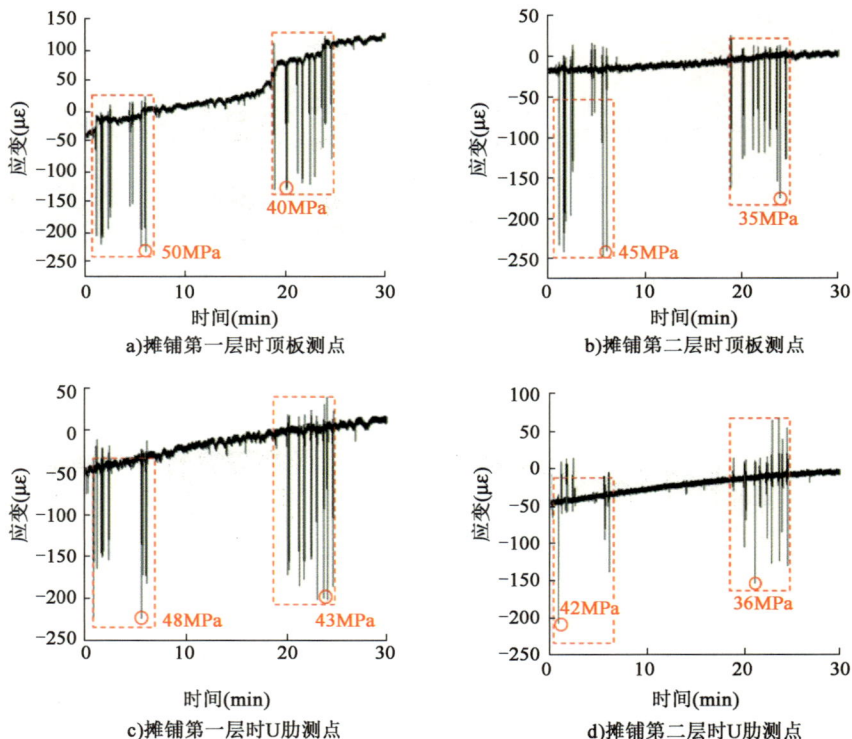

a)摊铺第一层时顶板测点　　　　　b)摊铺第二层时顶板测点

c)摊铺第一层时U肋测点　　　　　d)摊铺第二层时U肋测点

图2-49　摊铺过程中11号U肋上各测点应变时程

2.3.3　铺装层摊铺温度

目前苏通大桥主要采用沥青混凝土铺装形式，沥青混凝土在摊铺时温度较高，例如环氧沥青混凝土摊铺温度一般要求110～130℃，而浇注式沥青混凝土的摊铺温度可高达200～240℃。摊铺的高温再加上钢桥面板较大的导热系数及各向异性效应，会使钢桥面板结构在摊铺施工范围内受到高温作用而产生局部的温度变形，因此有必要监测并分析沥青摊铺过程中温度对于钢桥面板受力的影响。

为评估2021年集约化养护期间沥青摊铺全过程对钢箱梁温度和变形的影响，苏通大桥公司联合中路交科在钢箱梁内部布置了温度监测系统与力学响应监测系统,实时监测施工过程中钢箱梁温度和挠度的变化情况。

1) 温度监测系统

(1)测点布置。

①纵断面。

温度纵断面监测段落选择北边跨上坡段环氧沥青、南边跨下坡段高韧树脂试验段、钢箱梁桥面板焊缝冷修复段共 3 个断面,具体点位如图 2-50 所示。

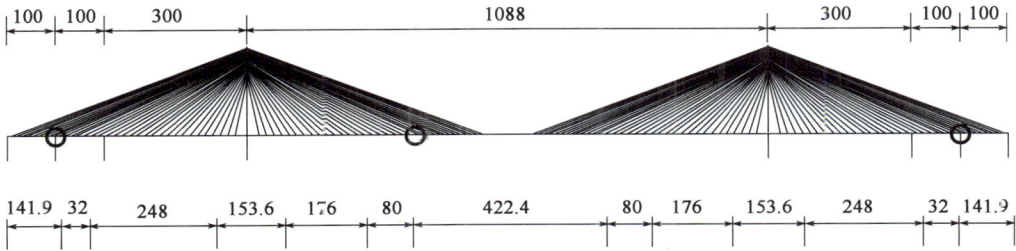

图 2-50　温度监测纵断面位置(尺寸单位:m)

②横断面。

a. 钢箱梁内部。

选取重车道和行车道的箱梁顶板、横隔板、顶板 U 肋以及箱梁内部 7 个位置分别布置温度传感器,如图 2-51 所示。

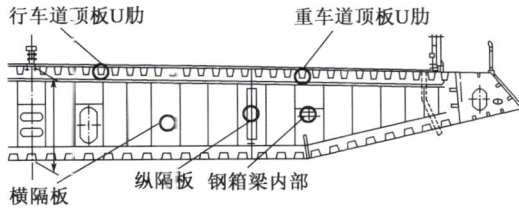

图 2-51　钢箱梁内部温度传感器布置

b. 铺装层内。

选择应急车道铺装下层、层间及铺装上层 3 个位置布设温度传感器,如图 2-52 所示。

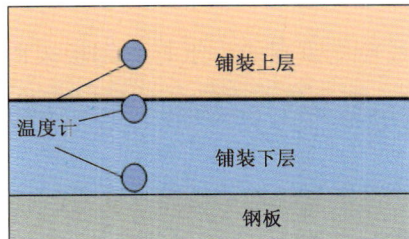

图 2-52　铺装层内温度传感器布置

（2）传感器技术指标。

钢桥面板及铺装层内埋入式温度传感器选择 PT100 铂丝热电阻传感器,其具有稳定性好、精度高等优点,具体参数见表 2-3。测量铺装层温度时,可将温度传感器探头用不锈钢封装,探头和不锈钢之间填充导热性介质用于传热。

PT100 热电阻传感器关键技术指标　　　　　　　　表 2-3

项目	技术指标	项目	技术指标
测量范围	−30 ~ 200℃	采样频率	50Hz
精度等级	A 级	尺寸	直径 5mm,长 100mm
0℃时电阻值	100Ω ± 0.06Ω	寿命	10 年

（3）采集仪技术指标。

温度采集仪选用大型结构在线分析系统,具体技术指标见表 2-4。该系统采用模块化设计,模块间可以任意组合,单台仪器可以测量振动、应变、振弦、位移、温度等,根据需要可以随意增加通道数量,并支持多台仪器并行工作,系统组成包括:

①采集系统模块,用于采集并输入温度传感器信号。

②电源控制模块,用于支持设备正常运行。

③不断电模块,用于紧急停电情况持续供电。

④机柜,用于保护采集系统不受破坏。

温度数据采集仪技术指标　　　　　　　　表 2-4

项目	技术指标	项目	技术指标
采样速率	50Hz	工作温度	−40 ~ 60℃
系统精度	0.1%	工作湿度	20% ~ 90%
系统不稳定度	不大于 0.05%	外形尺寸	236mm(宽) × 132mm(高) × 338mm(深)

（4）现场施工安装。

①传感器安装。

a. 打磨:用 220 号 ~ 400 号粒度范围的砂纸打磨钢板表面,区域大小为 8mm × 150mm（应变片规格为 5mm × 100mm）,打磨好后在贴片处轻轻打出与贴片方向呈 45°角的交叉条纹。

b. 清洗:用浸有丙酮或酒精的脱脂棉球清洗贴片处,直到棉球上看不见污渍,清洗时一定要沿单一方向进行,不要来回交替擦洗。

c. 粘贴:将不锈钢封装后的铂电阻温度传感器使用专用胶黏剂粘至钢板表面。

d. 保温处理：采用专用保温材料,将传感器与钢板接触面密封,防止温度损失。

②数据采集设备安装。

a. 铺装层温度采集仪放置于护栏外侧,如图 2-53 所示。

b. 钢桥面系温度采集仪放置于箱梁内,如图 2-54 所示。

图 2-53　铺装层温度采集仪

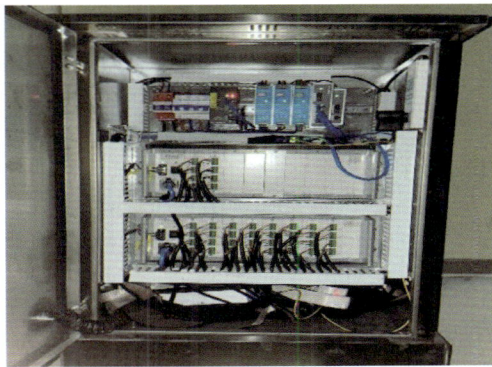

图 2-54　钢桥面系温度采集仪

2)力学响应监测系统

(1)应变测点布置。

①纵断面。

为了充分掌握不同桥面系结构段落的桥面板结构响应特征,考虑到苏通大桥桥面板有 14mm/16mm/18mm/20mm/24mm 多种厚度,桥面板结构响应纵断面监测段落选择北边跨 14mm/16mm 刚度过渡区、跨中 14/18rr.m 刚度过渡区、南边跨高韧树脂 14mm/16mm 刚度过渡区、EA(环氧沥青黏结层)+ESMA(环氧改性沥青玛𬭩脂铺装层)20mm/24mm 刚度过渡区、典型钢箱梁桥面板焊缝冷修复段 NJ22-4 共 5 个断面进行桥面板应变的监测。具体点位如图 2-55 所示。

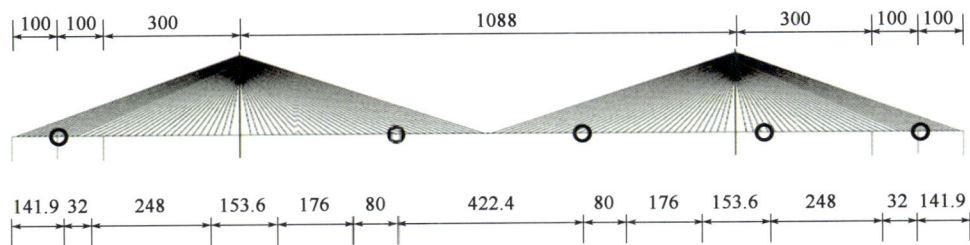

图 2-55　力学响应监测纵断面位置(尺寸单位：m)

②横断面。

由于正交异性钢桥面板疲劳损伤容易出现在轮迹带 U 肋焊缝及横隔板焊缝位置,故选取高韧树脂铺装层和环氧沥青铺装层对应的轮迹带为监测断面,测点布置如图 2-56 所示。

图 2-56　应变传感器横断面位置

（2）挠度测点布置。

①纵断面。

桥面板挠度纵断面监测段落选择北边跨 14/16mm 刚度过渡区、跨中 14/18mm 刚度过渡区、南边跨高韧树脂 14/16mm 刚度过渡区、EA + ESMA 20/24mm 刚度过渡区、典型钢箱梁桥面板焊缝冷修复段 NJ22-4 共 5 个断面进行铺装体系肋间相对挠度的监测。

②横断面。

考虑到肋间相对挠度反映正交异性板桥面系刚度的大小，关系到桥面系的变形能力，影响钢桥面系的使用寿命，因此重点关注桥面系由轮载作用引起的肋间相对挠度。以高韧树脂铺装和环氧铺装车道的轮迹带为监测断面，测点布置如图 2-57 所示。

图 2-57　挠度传感器横断面位置

（3）应变传感器技术指标。

应变传感器采用电阻式应变传感器，具体技术指标见表 2-5。

应变传感器技术指标　　　　表 2-5

项目	技术指标	项目	技术指标
长度	5mm	应变率系数	2.1
宽度	2.1mm	使用温度范围	$-100 \sim 150℃$
量程	$10000\mu\varepsilon$	响应频率	50000Hz
电阻值	120Ω	寿命	大于 1200 万次（ $\pm1500\mu\varepsilon$ ）

（4）位移传感器技术指标。

大跨径钢箱梁桥正交异性板挠度较小，属于 0.1mm 级，故选择灵敏度高、精度高、采样频率高的电阻式位移传感器，具体技术指标见表 2-6。

位移传感器技术指标　　　　　　　　　　　表 2-6

项目	技术指标	项目	技术指标
测量行程	0~10mm	工作温度	-45~125℃
线性精度	0.1%(Full Scale)	正常工作震动频率	10~1500Hz
重复精度	0.01%	寿命	大于1000万次(±2mm)
采样频率	50Hz		

（5）采集仪技术指标。

力学响应数据采集仪选用集成式采集仪系统，具体技术指标见表 2-7。该系统采用模块化设计，模块间可以任意组合，单台仪器可以测量振动、应变、振弦、位移、温度等，根据需要可以随意增加通道数量，并支持多台仪器并行工作，系统组成包括：

①采集系统模块，用于采集并输入应变传感器信号。

②电源控制模块，用于支持设备正常运行。

③不断电模块，用于紧急停电情况持续供电。

④机柜，用于保护采集系统不受破坏。

采集仪技术指标　　　　　　　　　　　　表 2-7

项目	技术指标	项目	技术指标
采样速率	50Hz	工作温度	-40~60℃
系统精度	0.1%(Full Scale)	工作湿度	20%~90%
系统不稳定度	不大于0.05%	外形尺寸	236mm(宽)×132mm(高)×338mm(深)

（6）现场施工安装。

①应变传感器安装。

a. 打磨：用 220 号~400 号粒度范围的砂纸打磨钢板表面，区域面积为 3mm×10mm（应变片规格为 2.1mm×5mm），打磨好后在贴片处轻轻打出与贴片方向呈 45°角的交叉条纹。

b. 清洗：用浸有丙酮或酒精的脱脂棉球清洗贴片处，直到棉球上看不见污渍为止，清洗时一定要沿单一方向进行，不要来回交替擦洗。

c. 贴片：蘸取强力黏合胶高强环氧树脂材料，轻轻甩掉多余的胶液，然后将片子放于规定的粘贴位置，盖上一层聚四氟乙烯膜，沿应变片轴线方向用手指滚压 3~4 次，排净气泡并挤出多余胶液,约1min后从无引线端慢慢揭下聚四氟乙烯膜,下次继续使用。

　　d. 焊线:用20W电烙铁及焊锡焊接。

　　e. 绝缘处理:用绝缘胶带将焊接裸露处与构件隔绝,同时将两线隔绝。

　　f. 固线:用胶带将线固定在钢板上,同时留有松弛段,胶带包紧即可,切忌过厚。

　　g. 涂胶:用AZ-709胶均匀涂一薄层于应变片裸露部分,对裸露部分进行防护。

　　h. 包扎:用绝缘胶带包住片子,包住即可,切忌太厚、太紧。

　　i. 检测:用万用表的电阻挡(200Ω量程)检测,正常电阻值一般为120Ω左右。

　　②位移传感器安装。

　　a. 将与U肋下口同宽的强力磁铁条吸附在U肋底部钢板上。

　　b. 在U肋底部的延长磁体上开孔,攻螺纹,安装一个可供调节高度的支杆。

　　c. 在支杆位置安装定制型高精度的小型顶杆位移传感器,使位移传感器顶端与顶板下表面在U肋与顶板焊缝处接触、与顶板下表面在相邻U肋间距中点处接触。

　　③数据采集设备安装。

钢桥面板结构响应数据采集仪安装于箱梁内,与传感器安装位置处于同一横断面,采用集成式采集仪,布置位置如图2-58所示。

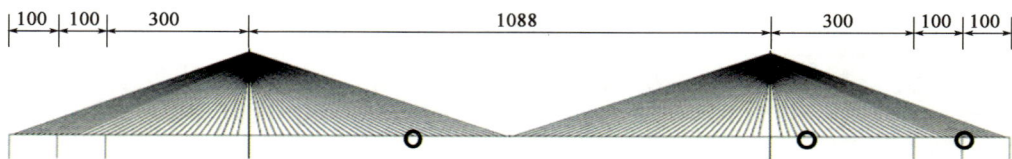

图2-58　数据采集仪安装位置(尺寸单位:m)

3) 监测结果

（1）温度变化。

基于温度监测系统,提取摊铺过程中钢板温度的变化趋势,如图2-59所示。从图中可以看出,双层EA(环氧沥青混合料)热拌环氧施工,钢板温度从55.6℃上升到最高温度84.5℃,提高了28.9℃,在30min左右达到温度最大值;全厚式EA摊铺过程中,钢板温度从20.3℃上升到92.8℃,提高了72.5℃。由此可见,各铺装结构的升温速率并不相同,达到的最高温度也不相同,在此之后,桥面板处于降温状态,且降温速率明显低于升温速率。

（2）应变变化。

提取摊铺过程中钢板应变的变化趋势,如图2-60所示。从图中可以看出,双层EA、全厚式EA在摊铺过程中的钢板温度变化速率大于冷拌RAC(浇注式沥青混凝土)结构,双层

EA 结构、全厚式 EA 结构在摊铺过程中,桥面板-U 肋焊缝应变均在 19min 左右发生跃迁式增长,到 25min 左右达到最大值。其中,双层 EA 结构在摊铺过程中焊缝应变增长速率为 25.98με/min,全厚式 EA 结构增长速率为 29.21με/min,而 RAC 结构采取冷拌摊铺,焊缝应变变化速率在 3 种结构中最低,呈稳步上升趋势,其值为 15.44με/min。由此可见,温度越高,桥面板-U 肋焊缝应变值越大,应变增长速率越快,但在整个摊铺过程中构件的应变均在可接受范围内,最大近 260MPa(平均 53.56MPa),对钢箱梁结构整体受力影响有限。

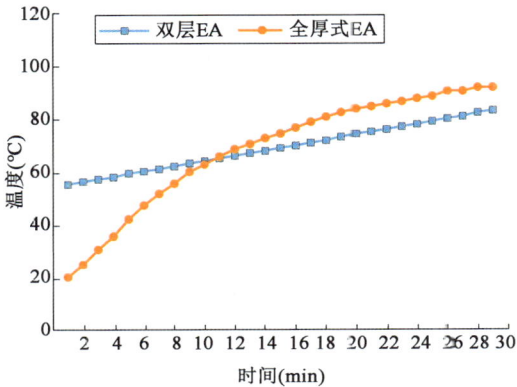

图 2-59　摊铺过程中钢桥面板温度变化曲线　　　　图 2-60　摊铺过程中钢板焊缝应变变化曲线

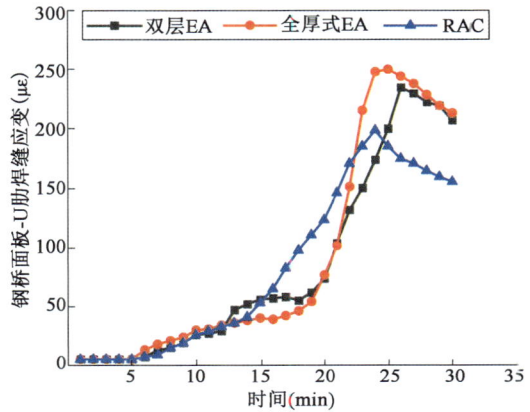

（3）挠度变化。

统计施工期内不同铺装结构钢桥面板肋间挠度分布,如图 2-61 所示。由图可知,浇注式沥青混凝土摊铺过程中,因箱梁顶板处不均匀受热,箱梁顶板会发生一定程度的翘曲变形,RAC 铺装重车道最大挠度约为 0.56mm;EA 铺装重车道最大挠度为 0.49mm;RAC 铺装 80% 以上挠度不高于 0.1mm,EA 铺装重车道、行车道最大挠度不高于 0.1mm 的分布频率分别为 72% 和 81%,两种铺装结构的肋间挠度不高于 0.3mm 的分布频率范围均达到 99% 以上。结合摊铺时温度变化情况,得出温度越高,升温速率越快,钢板形变就越大。

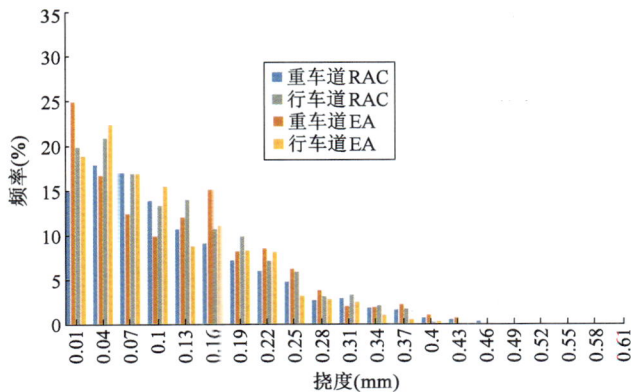

图 2-61　不同铺装结构钢桥面板肋间挠度分布

2.4 钢箱梁疲劳细节及特征

2.4.1 正交异性钢桥面板疲劳细节及特征

正交异性钢桥面板由相互垂直的横、纵向加劲肋(横梁、纵梁)和桥面板通过焊接形成,不仅承受车轮直接的荷载作用,还作为主梁的一部分参与共同受力。正交异性钢桥面板构造复杂,在焊接残余应力、焊接缺陷等不利因素影响下易产生疲劳损伤。据目前正交异性钢桥面板疲劳裂纹检测资料统计结果可知,正交异性钢桥面板内易产生疲劳裂纹的位置主要有[12-13]:一是纵肋对接焊缝部位,二是顶板与纵肋焊缝部位,三是横纵联结系焊缝或母材部位,如图 2-62 所示。目前常用的纵肋可分为开口纵肋和闭口纵肋,其中,开口纵肋主要应用于钢桁架桥和钢拱桥中,而闭口纵肋在钢箱梁中应用最为普遍。横纵联结系包括横隔板和纵隔板。

a)纵肋对接焊缝部位

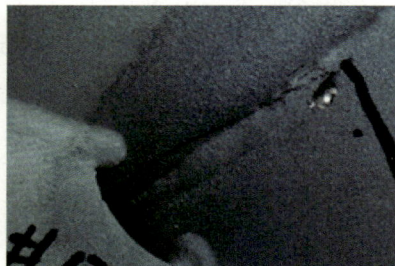

b)顶板与纵肋焊缝部位

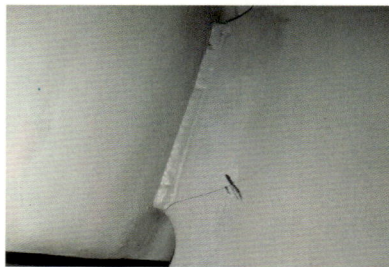

c)横纵联结系焊缝或母材

图 2-62 钢箱梁典型疲劳细节

1)纵肋对接焊缝部位

(1)开口纵肋上对接焊缝(OR)的疲劳裂纹一般只有一种形式,如图2-63所示。

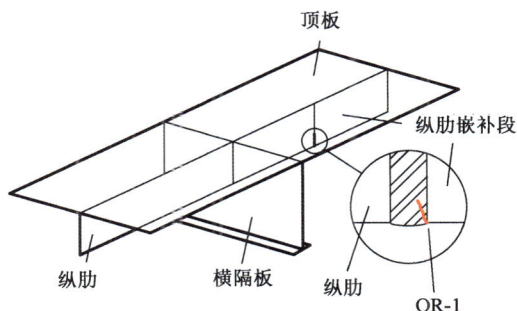

图2-63 开口纵肋对接焊缝裂纹分布特征

OR-1,裂纹起源于纵肋最下端的焊趾处,大致沿着焊缝的方向向上扩展。

(2)闭口纵肋(U肋)对接焊缝上的疲劳裂纹有3种主要的分布特征,以常见的闭口U肋对接焊缝(UR-BW)为例,如图2-64所示。

①UR-BW-1,裂纹起源于U肋下翼缘板与钢衬垫板定位焊缝处,大致沿着焊缝方向向外扩展。

②UR-BW-2,裂纹起源于U肋下翼缘板与对接焊缝焊根处,大致沿着焊缝方向向外扩展。

③UR-BW-3,裂纹起源于U肋下翼缘板与对接焊缝焊趾处,大致沿着焊缝方向向内扩展。

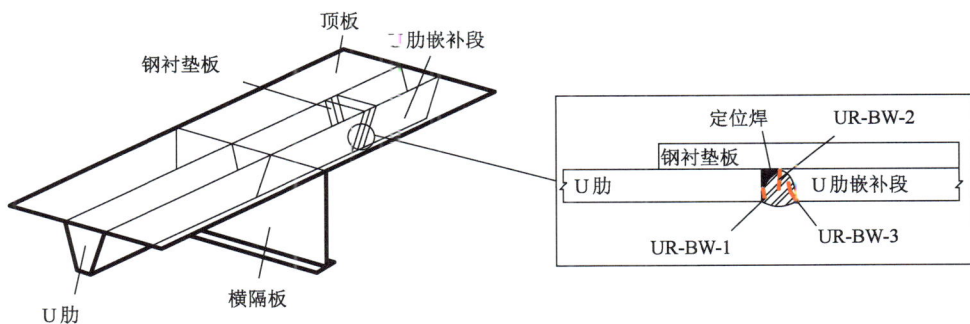

图2-64 U肋对接焊缝部位裂纹分布特征

2)顶板-纵肋焊缝部位

(1)开口纵肋与顶板焊缝部位(OR-D)的疲劳裂纹主要有3种形式,如图2-65所示。

①OR-D-1,裂纹起源于焊根,大致沿着焊喉方向扩展。

②OR-D-2,裂纹起源于焊根,在面板内向面板上表面方向扩展。

③OR-D-3,裂纹起源于焊趾,在面板内向面板上表面方向扩展。

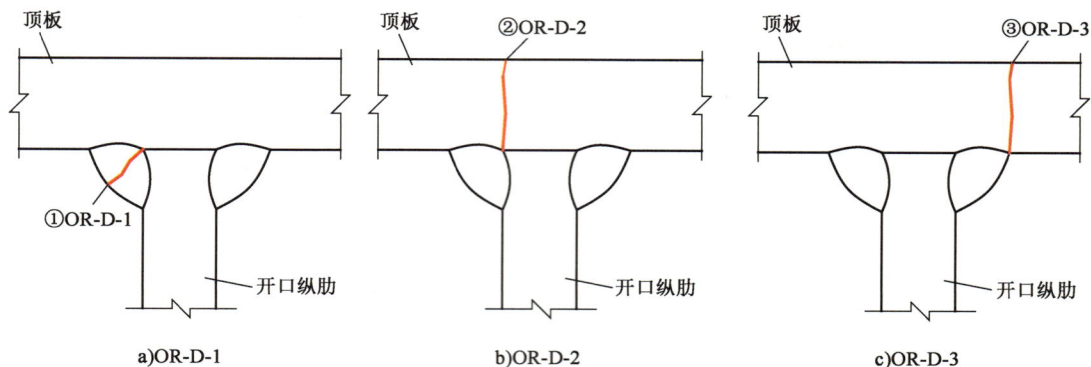

a)OR-D-1　　　　　　　b)OR-D-2　　　　　　　c)OR-D-3

图 2-65　开口纵肋与顶板焊缝部位裂纹分布特征

（2）闭口纵肋（U 肋）与顶板焊缝部位（UR-D）的疲劳裂纹主要有 5 种形式，如图 2-66 所示。

①UR-D-1，裂纹起源于焊根，大致沿着焊喉方向扩展。

②UR-D-2，裂纹起源于焊根，在面板内向面板上表面方向扩展。

③UR-D-3，裂纹起源于焊趾，在面板内向面板上表面方向扩展。

④UR-D-4，裂纹起源于焊趾，在焊缝内向焊根方向发展。

⑤UR-D-5，裂纹起源于焊趾，在 U 肋内向 U 肋内表面方向扩展。

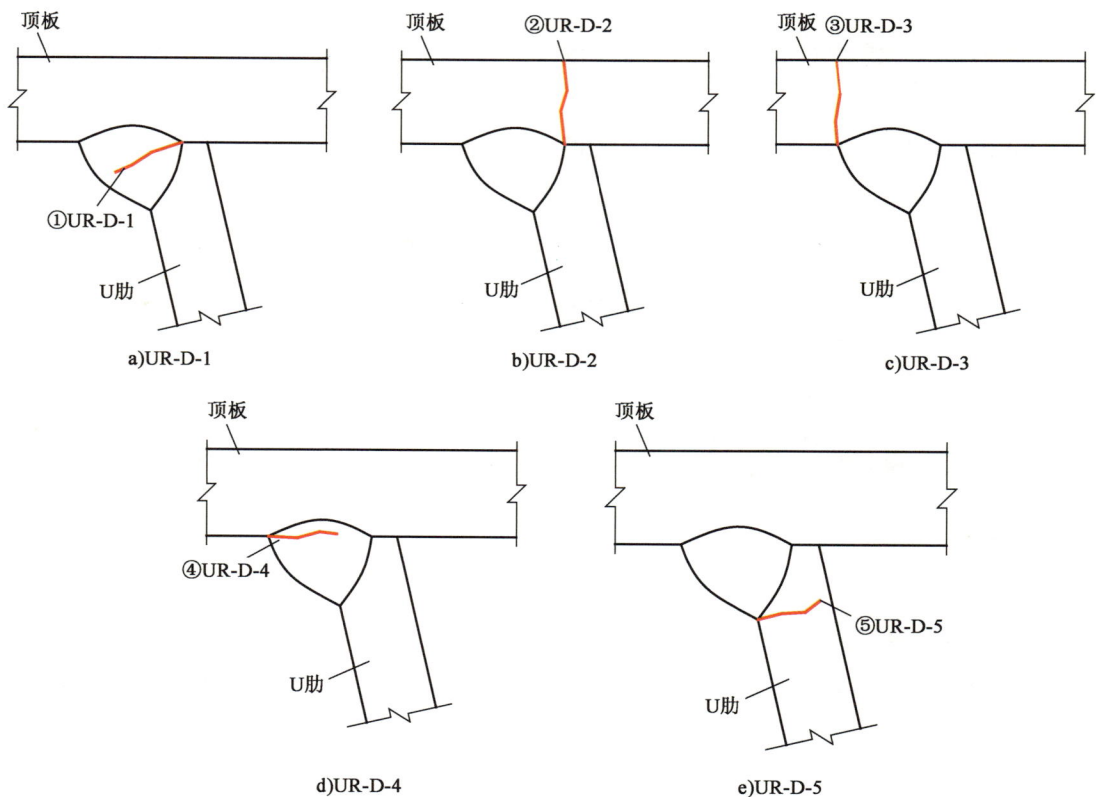

a)UR-D-1　　　　　　　b)UR-D-2　　　　　　　c)UR-D-3

d)UR-D-4　　　　　　　e)UR-D-5

图 2-66　闭口纵肋与顶板焊缝部位裂纹分布特征

其中,UR-D-1 和 UR-D-2 裂纹的起始点位于焊根,容易形成内部裂纹,这两种裂纹都是难以检测的,其潜在危害性大。UR-D-3、UR-D-4、UR-D-5 裂纹都起源于焊趾,较易形成表面可见裂纹,便于发现和修复,危害性相对较小。

3) 横纵联结系焊缝或母材部位

横纵联结系焊缝或母材部位的疲劳裂纹主要有两个分布位置,即横隔板与顶板、纵肋、纵隔板、相邻横隔板之间焊缝部位(C-WJ)以及横隔板开孔部位,包括过焊孔部位、纵肋底部开孔部位(C-BM)。

(1)开口纵肋与横纵联结系焊缝(OC-WJ)或母材部位(OC-BM)的疲劳裂纹主要有 7 种,如图 2-67 所示。

①OC-BM-1,裂纹起源于纵肋下端横隔板弧形开口处,大致沿着横隔板横向或斜向扩展。

②OC-WJ-1,裂纹起源于纵肋下端横隔板与纵肋连接焊缝部位,大致沿着焊缝方向向上扩展。

③OC-WJ-2,裂纹起源于纵肋下端横隔板与纵肋连接焊缝部位,沿着焊缝包脚处在纵肋面内扩展,大致呈 U 形。

④OC-WJ-3,裂纹起源于横隔板与顶板焊缝部位,沿着顶板向内部扩展。

⑤OC-WJ-4,裂纹起源于横隔板与顶板过焊孔部位,沿着顶板向内部扩展。

⑥OC-WJ-5,裂纹起源于横隔板与顶板过焊孔部位,沿着焊缝方向大致水平扩展。

⑦OC-WJ-6,裂纹起源于横隔板与顶板焊缝部位,沿着焊缝方向大致水平扩展。

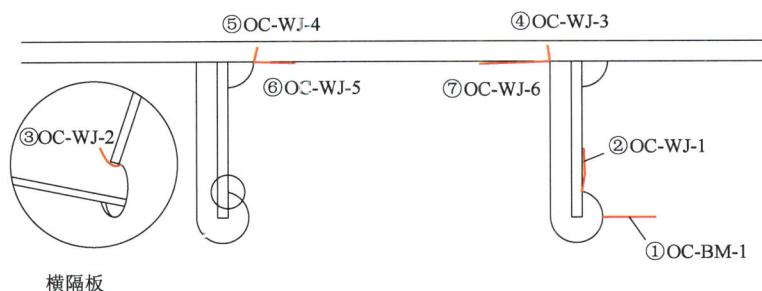

图 2-67　开口纵肋横纵联结系焊缝或母材裂纹分布特征

(2)闭口纵肋(U 肋)与横纵联结系焊缝(CC-WJ)或母材部位(CC-BM)的疲劳裂纹主要有 7 种,如图 2-68 所示。

①CC-BM-1,裂纹起源于 U 肋下端横隔板弧形开口处,大致沿着横隔板横向或斜向扩展。

②CC-WJ-1,裂纹起源于 U 肋下端的横隔板弧形开口部位,大致沿着焊缝的方向向上扩展。

③CC-WJ-2,裂纹起源于 U 肋下端的横隔板弧形开口部位,沿着焊缝包脚处在 U 肋面内扩展,大致呈 U 形。

④CC-WJ-3,裂纹起源于横隔板与顶板连接焊缝的过焊孔部位,沿着顶板向内部扩展。

⑤CC-WJ-4,裂纹起源于横隔板与顶板连接焊缝的过焊孔部位,沿着焊缝方向大致呈水平扩展。

⑥CC-WJ-5,是采用多块横隔板通过焊接方式进行拼接时,在焊接部位的端部容易产生的疲劳裂纹,大致沿着焊缝的方向扩展。若采用整体式横隔板,则无此裂纹。

⑦CC-WJ-6,钢箱梁内除了横隔板外,还设有纵隔板,两者在交界处通过焊缝连接。在这种结构中,由于焊缝区域的应力集中,在该部位容易产生疲劳裂纹,且通常沿着焊缝的方向扩展。当无纵隔板时,则无此裂纹。

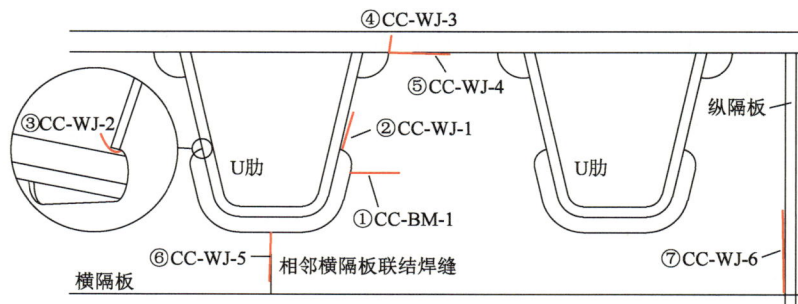

图 2-68　横纵联结系焊缝或母材裂纹分布特征

通过对比可以发现,开口纵肋与横纵联结系以及闭口纵肋(U肋)与横纵联结系的疲劳裂纹分布情况基本相似。这些裂纹都较容易形成表面裂纹,用磁粉或超声波探伤就可找到裂纹位置。修复方便,危害性小于纵肋与顶板焊缝的内部裂纹和隐蔽裂纹。

2.4.2　钢锚箱疲劳细节及特征

钢锚箱主要用于传递拉索的水平分力,由于其具有受力方式明确、施工方便等优点,已在国内外许多缆索支承桥梁中得到了应用。但钢锚箱的各个连接件通过焊接方式进行连接,在拉索索力不断变化的情况下,局部承受较大的应力集中,同其他钢结构一样容易产生疲劳裂纹[14-15]。目前,钢锚箱大致可分为梁式和柱式两类。

梁式锚箱疲劳裂纹的发生位置可以按支承板的周边和桥面板的焊接来分类,如图2-69所示。在支承板周围发生的裂纹中,裂纹 No. 1、裂纹 No. 2 在加载板的下方,产生于相当早的阶段,且全部分布在锚箱腹板、隔板与支承板的熔透焊缝的末端,裂纹 No. 3、裂纹 No. 8 产生于支承板和锚箱下翼缘的焊缝末端,试验中的加载板较大,支承板因受载而发生弯曲变形,从而在此位置产生裂纹;裂纹 No. 4 产生于加载板角正下方的支承板表面,并向板边扩展,由于加载板和支承板处于接触状态,加载板的正下方有数值较大的局部压应力存在;裂纹 No. 5 产生于锚箱前翼缘同桥面板的熔透焊缝的末端;裂纹 No. 6、裂纹 No. 7 产生于桥面板的双重角焊缝(堆焊)的末端。

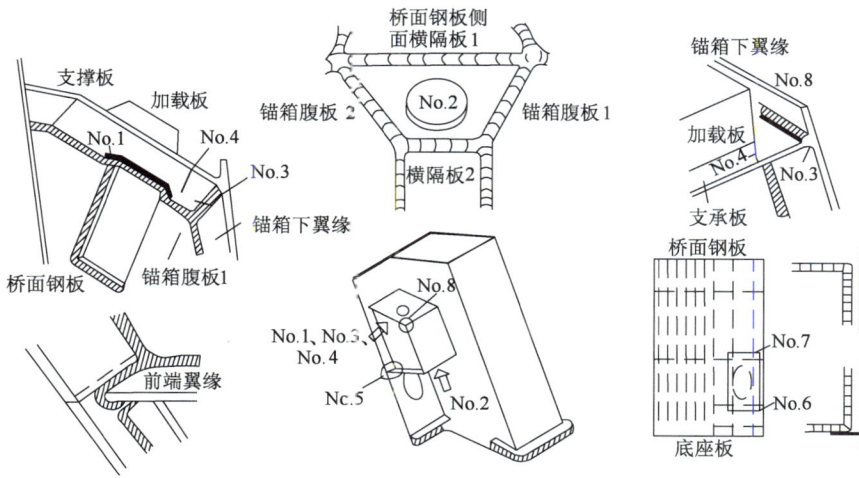

图 2-69 梁式锚箱的裂纹分布

柱式钢锚箱的裂纹分布情况如图 2-70 所示。裂纹 No.1 产生于支承板和主梁腹板的熔透焊缝的末端,由支承板弯曲而产生。因为加载板尺寸较大,靠近主梁腹板和支承板的区域也会受荷载作用,加之加劲板和主梁腹板不能焊接,导致该部位裂纹主要由板弯曲引起。裂纹 No.2 产生在支承板和锚板 2 的熔透焊缝处,其产生原因和梁式锚箱一样,由支承板的弯曲引起。裂纹 No.3、裂纹 No.4 产生在支承板、锚板的加劲肋角焊缝处,是由于从加载板传来的轴向压力而产生的。

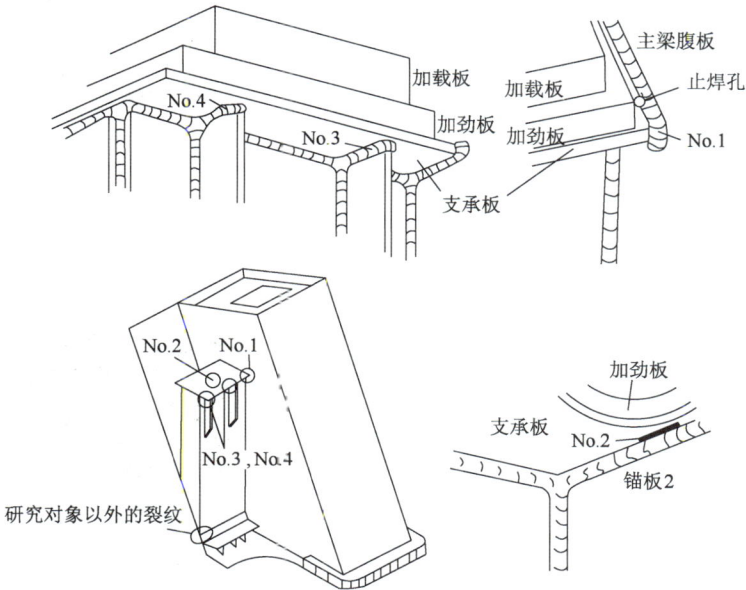

图 2-70 柱式锚箱的裂纹分布

2.4.3　苏通大桥疲劳细节及特征

苏通大桥自2008年建成通车以来，车流量和重载货车数量日益增加。截至2022年，苏通大桥日均车流量已超10万辆，且客货比高达6:4。在长期大流量、重载荷的车辆荷载作用下，苏通大桥钢箱梁的疲劳病害问题日益突显。

1）疲劳开裂概况

根据苏通大桥历年年检裂纹统计数据可知，大桥的疲劳裂纹按照位置分布主要分为6大类：①横隔板-U肋焊缝裂纹；②顶板-U肋焊缝裂纹；③桁架式纵隔板斜撑裂纹；④U肋内封板裂纹；⑤底板横隔板-U肋焊缝裂纹；⑥顶板-横隔板焊缝裂纹。其中，①和②是苏通大桥典型的疲劳开裂部位，两处疲劳裂纹总数之和占全桥的90%以上。苏通大桥典型疲劳开裂部位见表2-8。

苏通大桥典型疲劳开裂部位　　　　　　　　　　　　　　　表2-8

序号	裂纹位置	裂纹形态	实桥检测图
1	横隔板-U肋焊缝裂纹	横隔板焊趾	
		U肋焊趾	
2	顶板-U肋焊缝裂纹	表面裂纹	
		焊根裂纹	
3	桁架式纵隔板斜撑裂纹		

序号	裂纹位置	裂纹形态	实桥检测图
4	U 肋内封板裂纹		
5	底板横隔板-U 肋焊缝裂纹		
6	顶板-横隔板焊缝裂纹		

2）典型部位疲劳开裂特征

（1）横隔板-U 肋焊缝裂纹。

①开裂特征。

对苏通大桥钢箱梁横隔板-U 肋焊缝裂纹进行统计后发现：横隔板-U 肋焊缝处疲劳裂纹开裂的形式主要有 U 肋焊趾裂纹、横隔板焊趾裂纹。实桥图片如图 2-71 所示。

典型疲劳裂纹

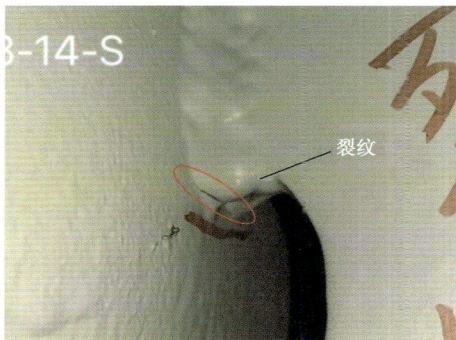

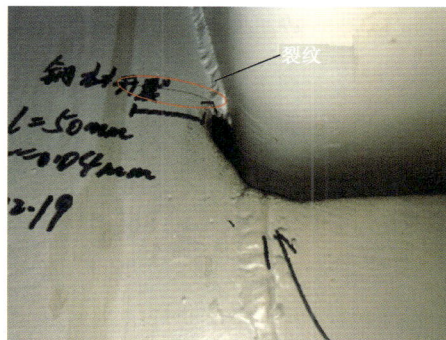

a)U肋焊趾裂纹　　　　　　　　　　b)横隔板焊趾裂纹

图 2-71　顶板-U 肋弧形缺口裂纹类型

②分布特征。

a.宏观分布。

以苏通大桥主桥钢箱梁中心轴为界，以西为上游、以东为下游。以苏通大桥主桥钢箱梁主跨跨中为界,以南为南侧、以北为北侧。针对横隔板-U 肋焊缝处裂纹进行全桥上下游占比与南北侧占比统计,得到的统计图如图 2-72 所示。由图 2-72a) 可知,苏通大桥上游侧横隔板-U 肋焊缝处裂纹占 46.75%,下游侧裂纹占 53.25%,下游裂纹比例比上游裂纹多 6.5 个百分点。由图 2-72b) 可知,苏通大桥横隔板-U 肋焊缝处裂纹中,南侧裂纹占 46.07%,北侧裂纹占 53.93%,北侧裂纹比例比南侧裂纹多 7.86 个百分点。

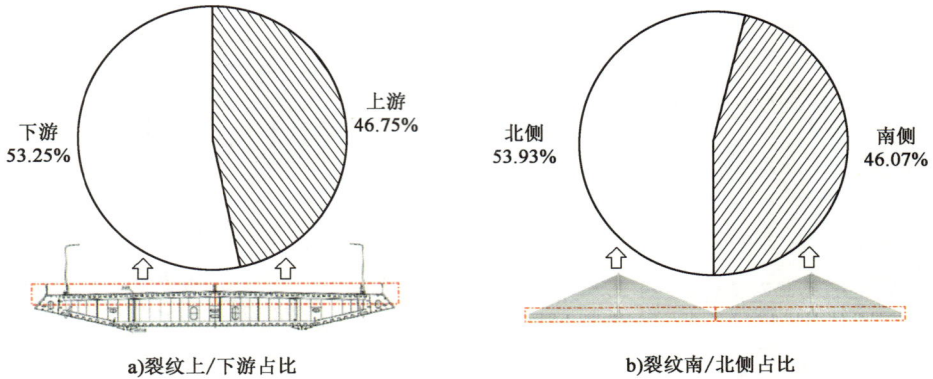

a) 裂纹上/下游占比　　　　　　　b) 裂纹南/北侧占比

图 2-72　横隔板-U 肋焊缝裂纹全桥占比

b. 长度分布。

将苏通大桥钢箱梁横隔板-U 肋焊缝裂纹按长度范围划分成 7 个区间(1 ~ 5mm、6 ~ 10mm、11 ~ 15mm、16 ~ 20mm、21 ~ 25mm、26 ~ 30mm、31mm 及以上,裂纹长度均取整数),对每个区间内裂纹数量占比进行统计,如图 2-73 所示。由图可知,不同长度范围中,6 ~ 10mm 范围内的裂纹数量占比最大,占裂纹总数的 50.44%;其次是 1 ~ 5mm 范围内的裂纹数量,占裂纹总数的 36.15%。随着裂纹长度增加,裂纹数量逐渐减少,其中裂纹长度在 30mm 以上的数量最少,占总数的 0.76%。总体来看,裂纹长度在 10mm 以内数量最多,占总数的 86.59%。

c. 萌生位置分布。

随机抽取苏通大桥横隔板-U 肋焊缝裂纹 50 条,统计 U 肋焊趾和横隔板焊趾处两类裂纹的占比情况,如图 2-74 所示。由图可知,裂纹萌生在 U 肋焊趾处的有 43 条,占统计裂纹总数的 86%;萌生在横隔板焊趾处的有 7 条,占统计裂纹总数的 14%。实桥检测和裂纹统计显示,苏通大桥横隔板-U 肋焊缝裂纹较多萌生于 U 肋焊趾处。根据实测与有限元分析结果,围焊端处 U 肋焊趾的主应力大于横隔板焊趾处的主应力值,U 肋腹板没有设置横向支撑,导致 U 肋变形大于横隔板腹板,所以裂纹容易萌生于 U 肋焊趾。同时,据国内某大跨径跨海斜拉桥横隔板弧形缺口处裂纹萌生位置统计,其萌生于横隔板焊趾处的裂纹多于萌生于 U 肋焊趾处的裂纹,主要因为该斜拉桥在 U 肋与横隔板连接处设置了 U 肋内隔板,这一构造增大了 U 肋的刚度,限制了 U 肋腹板的面内外变形,导致横隔板围焊端的应力重分布,将应力较大的位置从 U 肋焊趾转移至横隔板焊趾。

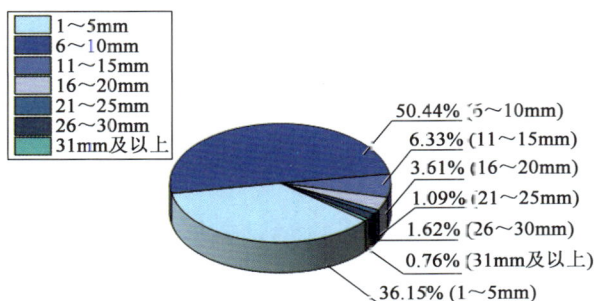

图 2-73 横隔板-U 肋焊缝裂纹长度分布

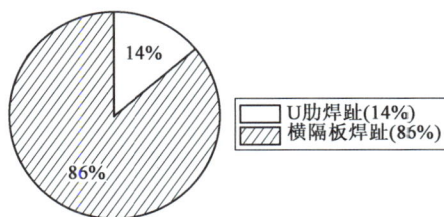

图 2-74 裂纹萌生位置占比

d. 纵桥向位置分布。

对苏通大桥横隔板-U 肋焊缝裂纹进行全桥分布统计,如图 2-75 所示。由图可知,横隔板-U 肋焊缝裂纹集中分布在南北侧辅助墩间、边跨 1/2 附近、主跨 1/4 附近,其中主跨纵桥向裂纹分布较为集中,可能是该位置焊接初始缺陷导致的。纵桥向,裂纹在南北侧合龙段、南北塔以及跨中附近出现数量少,其中出现在钢箱梁 ST0 处的裂纹数量最少。考虑由于在桥塔位置设置了实腹式纵隔板,增大了钢箱梁整体刚度,从而使得裂纹数量有所减少。

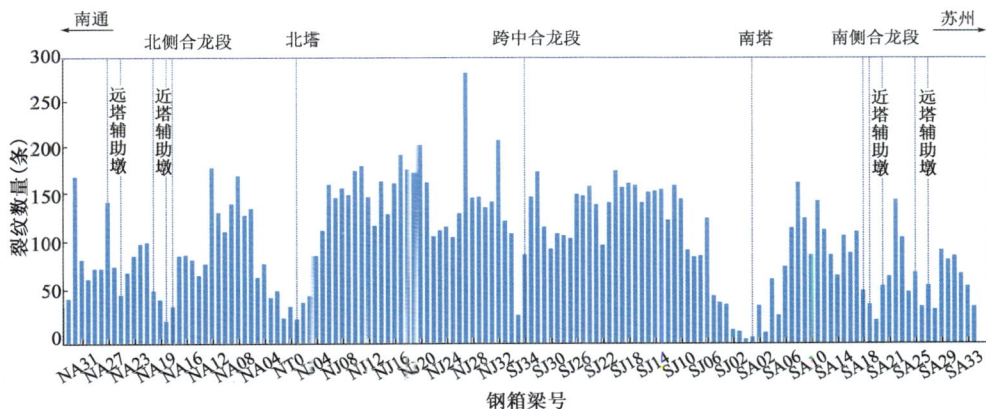

图 2-75 全桥裂纹纵桥向分布

e. 横桥向位置分布。

对苏通大桥钢箱梁横隔板-U 肋焊缝处裂纹进行横桥向统计,如图 2-76 所示。由图 2-76 可知,横隔板-U 肋焊缝裂纹横桥向集中分布在重车道与中间车道附近正下方的 U 肋两侧,紧急停车带中下方 U 肋两侧的裂纹分布较少,快车道正下方 U 肋两侧裂纹由桥梁中心线向两侧递增。由于重车道与中间车道内重载车辆最多,而重载车辆对钢箱梁局部构造形成较大的疲劳应力,在重载的循环往复作用下,重车道与中间车道正下方的顶板-U 肋焊缝疲劳细节疲劳损伤较为严重,特别是在轮迹正下方 U 肋上的疲劳细节的损伤更为严重,疲劳裂纹数量更多。

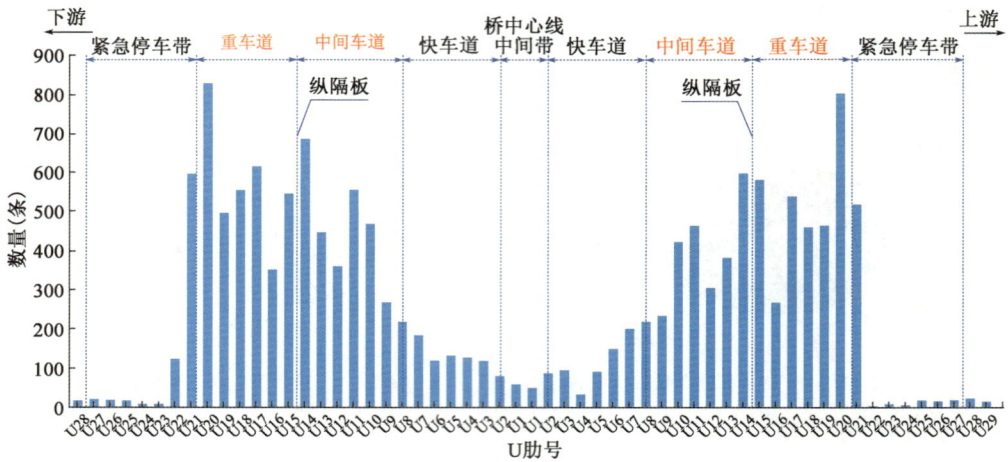

图 2-76　全桥裂纹横桥向分布

（2）顶板-U 肋焊缝表面裂纹。

①开裂特征。

实桥观测发现苏通大桥钢箱梁顶板-U 肋焊缝表面裂纹有两种开裂形态,一是沿焊缝表面延伸开裂,二是沿焊缝开裂延伸至 U 肋腹板裂纹,如图 2-77 所示。实桥观测发现该位置的疲劳裂纹会在同一条焊缝出现多条疲劳裂纹,并且多条裂纹最后会扩展形成一条裂纹,这可能是因为同一条焊缝出现多个焊接缺陷,且多个焊接缺陷短时间内接连发生疲劳开裂,形成多条疲劳裂纹。

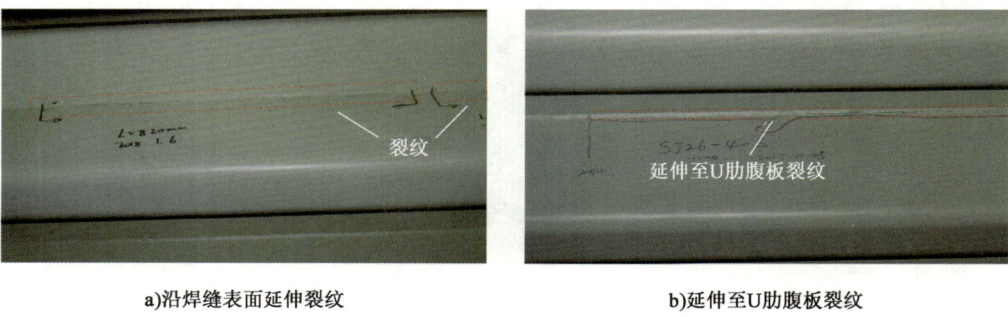

a)沿焊缝表面延伸裂纹　　　　　　　　　　　　　b)延伸至U肋腹板裂纹

图 2-77　顶板-U 肋焊缝表面裂纹类型

②分布特征。

a. 裂纹长度占比统计。

将苏通大桥钢箱梁顶板-U 肋焊缝表面裂纹根据长度范围划分 11 个区段,以 100mm 为区间长度,对每个区间范围内裂纹长度进行统计,如图 2-78 所示。由图可知,不同区间段内裂纹数量呈现先增加后减少再增加的趋势,存在少数长度大于 1000mm 的裂纹。与横隔板-U 肋焊缝裂纹长度分布有所不同的是,顶板-U 肋焊缝裂纹长度集中分布在 10mm 以内,而顶板-U 肋角焊缝裂纹没有出现集中分布的情况。

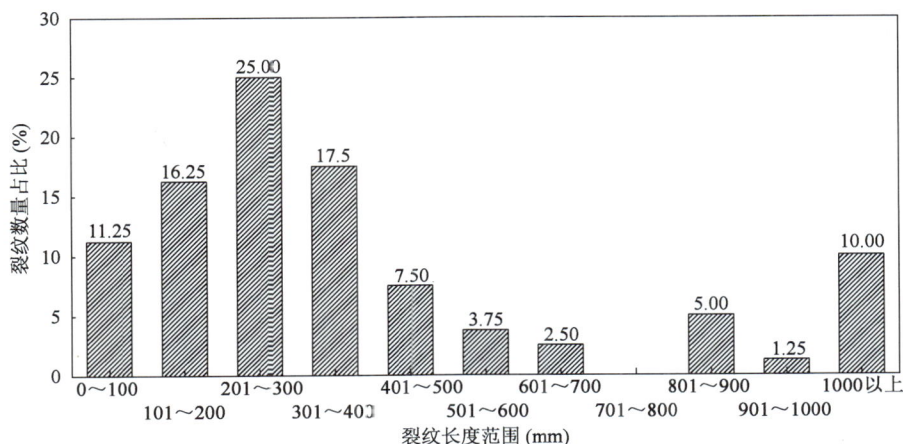

图 2-78　裂纹长度占比

b. 裂纹纵桥向统计。

对苏通大桥钢箱梁顶板-U 肋焊缝表面裂纹按纵桥向进行分布统计,如图 2-79 所示。由图可知,纵桥向顶板-U 肋焊缝表面裂纹主要集中在几个钢箱梁段内,其中 NJ22 号钢箱梁裂纹数量最多,其次是钢箱梁 NJ23 号。跨中以北的裂纹数量占总数的 80%,跨中以南的裂纹数量占总数的 20%,裂纹整体分布较为集中,可能是裂纹集中分布在节段中的焊缝初始缺陷导致的。

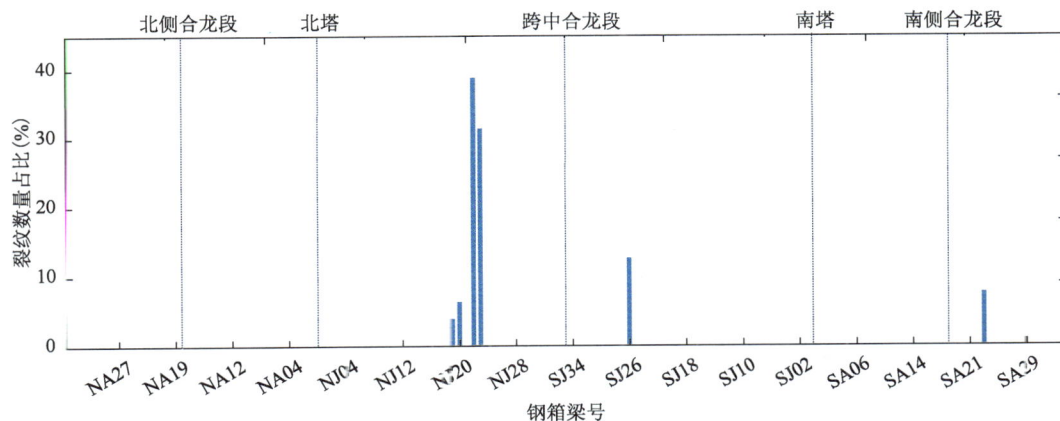

图 2-79　裂纹纵桥向分布

c. 裂纹横桥向统计。

对苏通大桥钢箱梁顶板-U 肋焊缝表面裂纹按横桥向进行分布统计,如图 2-80 所示。由图可知,裂纹横桥向主要分布在重车道与中间车道正下方 U 肋两侧,与横隔板弧形缺口围焊端裂纹横桥向分布较为相似,也是集中分布在重车道与中间车道的轮迹正下方。以钢箱梁桥中心为分界线,下游的裂纹数量占总数的 66.25%,上游的裂纹数量占总数的 33.75%,下游的裂纹数量比上游的裂纹数量多,这与横隔板弧形缺口围焊端处裂纹横桥向分布较为相似。

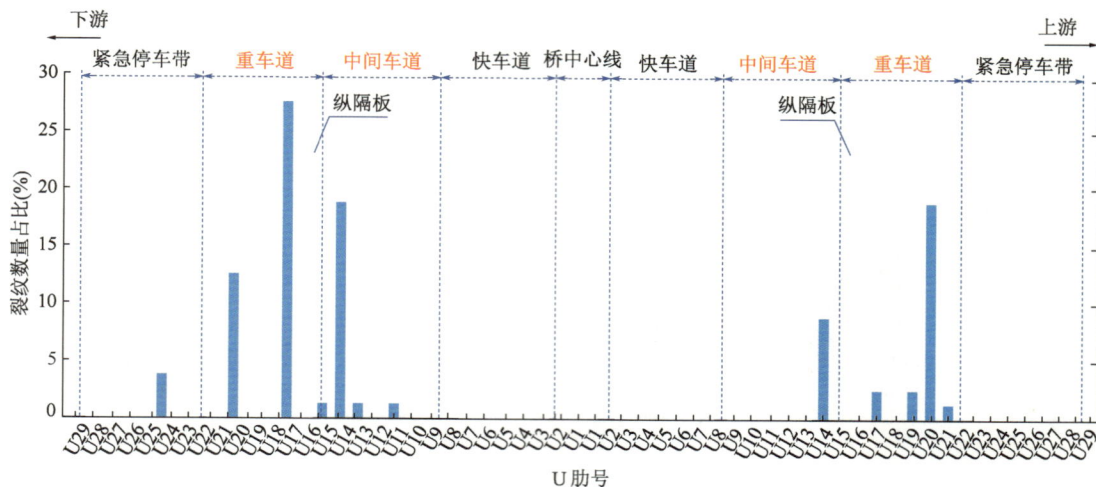

图 2-80　裂纹横桥向分布

（3）顶板-U 肋焊缝焊根裂纹。

2021 年、2022 年苏通大桥公司开展了集约化养护工程,针对钢桥面铺装病害进行集中处治,其间联合中国船级社开展了钢桥面板顶板-U 肋焊缝焊根裂纹的检测工作。借助 TOFD 检测技术,对苏通大桥钢桥面板中间车道和重车道轨迹线下方 U 肋两侧焊缝进行了检测,检测结果显示苏通大桥存在顶板-U 肋焊缝焊根裂纹,如图 2-81 所示。检测完成后,联合河海大学开展了顶板-U 肋焊缝焊根裂纹的特征分析。

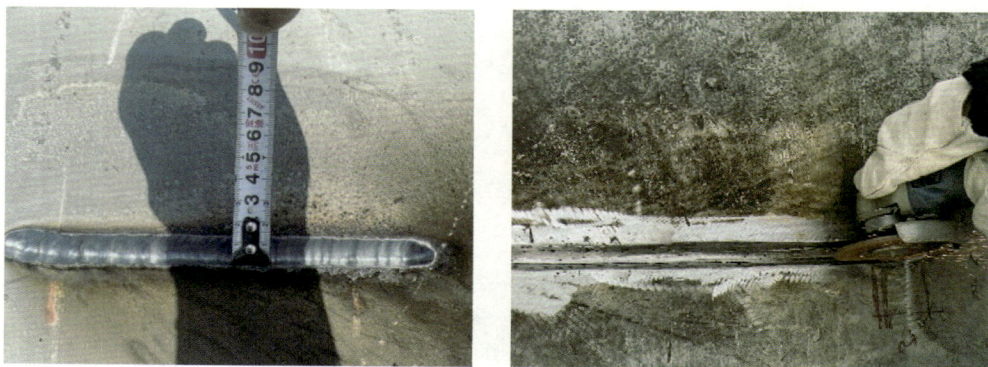

图 2-81　顶板-U 肋焊缝焊根裂纹

①纵桥向分布。

分别统计苏通大桥南通方向与苏州方向各梁段的裂纹数量并绘制裂纹纵桥向分布图,如图 2-82所示。由图 2-82a)可知,南通方向南岸侧检出裂纹占总数的 20.3%,北岸侧检出裂纹占总数的 21.9%,北江侧检出裂纹占总数的 30.2%,南江侧检出裂纹占总数的 27.1%,跨中合龙段检出裂纹占总数的 0.5%。由图 2-82b)可知,苏州方向南岸侧检出裂纹占总数的 21.7%,北岸侧检出裂纹占总数的 22.4%,北江侧检出裂纹占总数的 28.2%,南江侧检出裂纹占总数的 26.9%,跨中合龙段检出裂纹占总数的 0.8%。总体上,裂纹分布较为均匀,南北侧裂纹分布差异相对较小,江侧裂纹数目略多于岸侧。

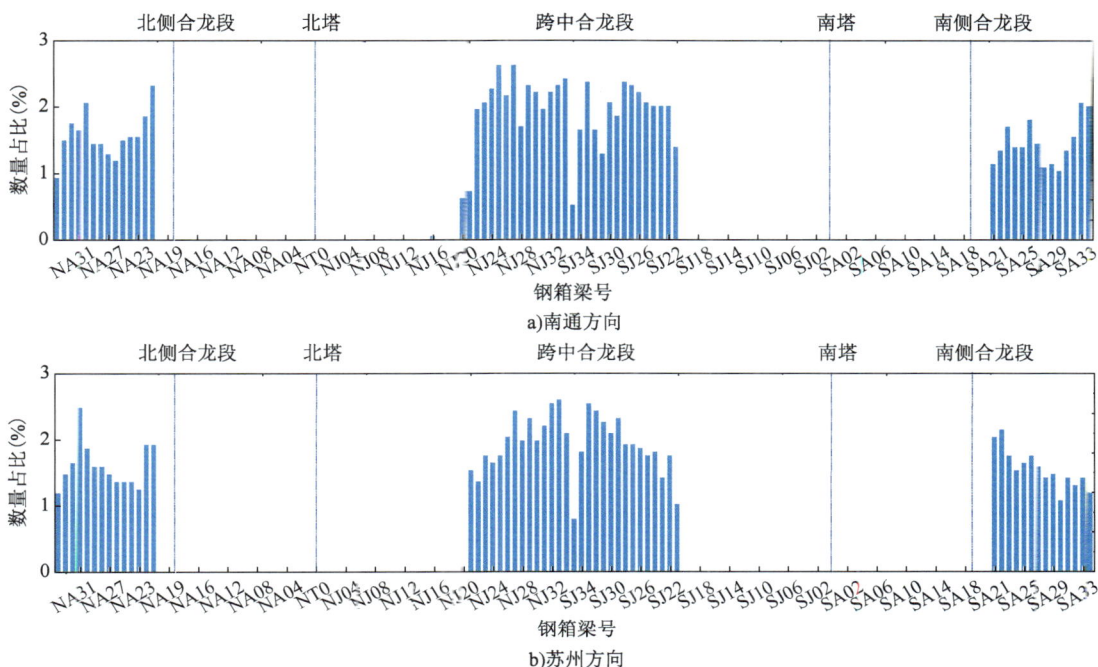

图 2-82 顶板-U 肋焊缝焊根隐蔽裂纹纵桥向分布

② 横桥向分布。

统计南通与苏州方向各 U 肋处裂纹的数量,并绘制钢箱梁横桥向分布图,如图 2-83 所示。由图可知,上下游侧裂纹均集中分布在中间车道和重车道轨迹线下方,上下游侧裂纹数量相差约 10%,分析其原因可能与车流密度、荷载分布影响有关。同时纵桥向桁架两侧 U 肋处裂纹数量占比较少,可能是由于纵隔板的设置使区域局部刚度增大,减小了裂纹萌生的概率。

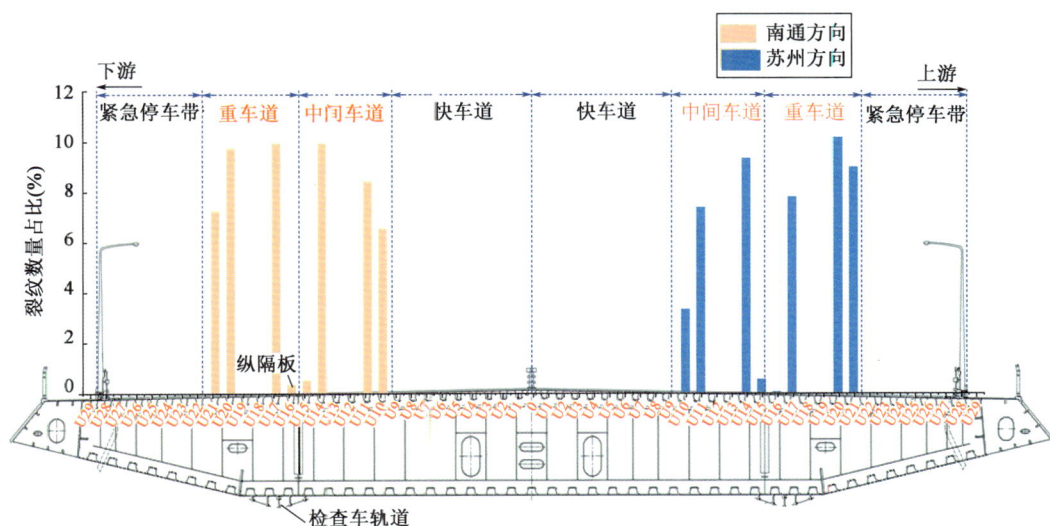

图 2-83 顶板-U 肋焊缝焊根隐蔽裂纹横桥向分布

③裂纹长度、深度分布。

a. 长度分布。

以 20mm 为区间统计南通方向与苏州方向各长度区间内裂纹数量占比,如图 2-84 所示。由图 2-84a)可知,南通方向跨中以北岸侧裂纹长度集中分布在 60～100mm 范围内,裂纹整体长度适中,存在较少裂纹长度大于 200mm 的裂纹;苏州方向岸侧裂纹集中分布在 80～100mm 范围内。由图 2-84b)可知,南通方向与苏州方向跨中以北江侧裂纹长度均集中分布在 80～120mm 范围内。由图 2-84c)可知,南通方向与苏州方向跨中以南岸侧裂纹长度均集中分布在 80～100mm 范围内。由图 2-84d)可知,南通方向跨中以南江侧裂纹集中分布在 80～100mm 内,但有一定数量大于 200mm 的长裂纹;苏州方向江侧裂纹长度集中分布在 80～120mm。

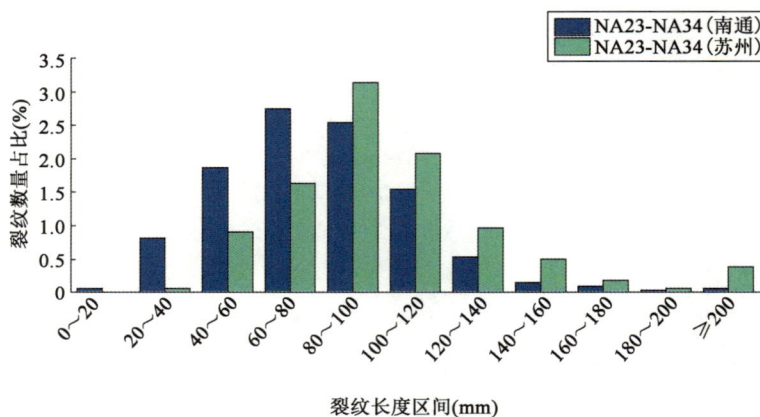

a)NA23-NA34节段裂纹长度分布

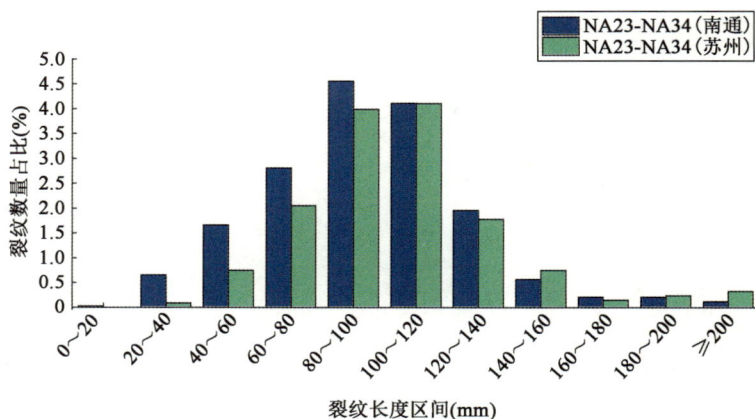

b)NJ22-NJ34节段裂纹长度分布

图 2-84

c) SA23-SA34 节段裂纹长度分布

d) JH0/SJ34-SJ22 节段裂纹长度分布

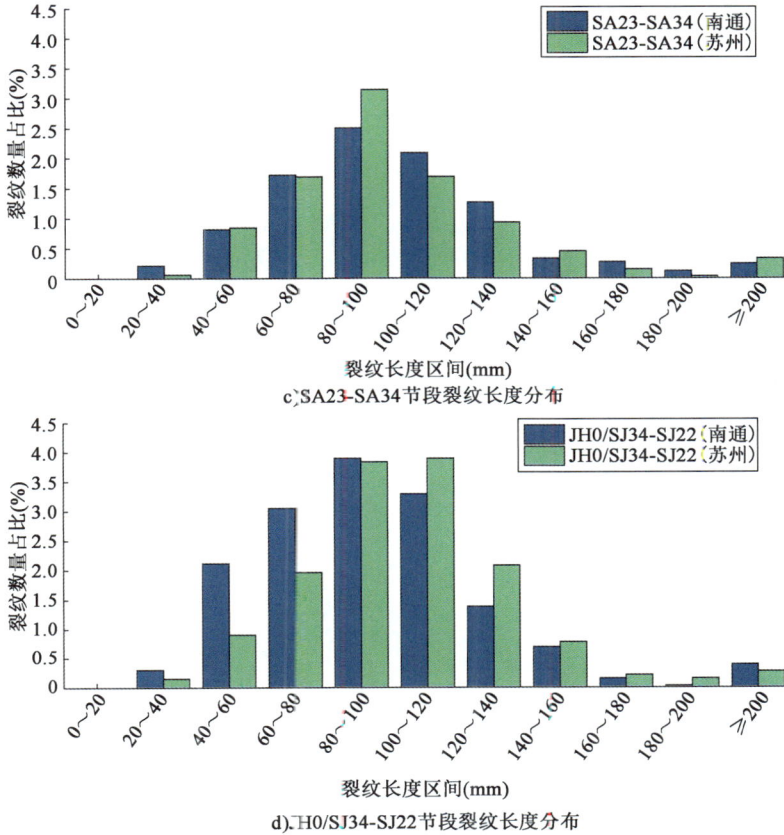

图 2-84　各节段裂纹长度分布

b. 深度分布。

由图 2-85a) 可知,南通方向跨中以北岸侧的裂纹深度集中分布在 0.4~0.6 倍板厚,苏州方向跨中以北岸侧裂纹的深度集中在 0.6~0.8 倍板厚。由图 2-85b) 可知,南通方向跨中以北江侧的裂纹深度集中分布在 0.5~0.6 倍板厚,苏州方向江侧裂纹的深度主要分布在 0.6~0.8 倍板厚。由图 2-85c) 可知,南通方向跨中以南岸侧裂纹深度集中分布在 0.5~0.7 倍板厚,苏州方向岸侧裂纹深度集中在 0.6~0.7 倍板厚。由图 2-85d) 可知,南通方向跨中以南江侧裂纹集中分布在 0.5~0.6 倍板厚,苏州方向集中分布在 0.6~0.7 倍板厚。

④长短轴分布。

以南通方向为例,统计裂纹的长短轴分布情况,如图 2-86 所示。由图 2-86 可知,江侧和岸侧节段裂纹的长短轴比例都集中分布在 1/6~1/5 范围内,其中江侧长裂纹相对多,考虑是江侧变形相对较大,裂纹向长度方向扩展能力较强;岸侧深裂纹相对多,考虑是由于岸侧辅助墩的支承作用,向下挠曲变形能力减小,长度方向扩展能力下降,深度方向扩展能力增强。

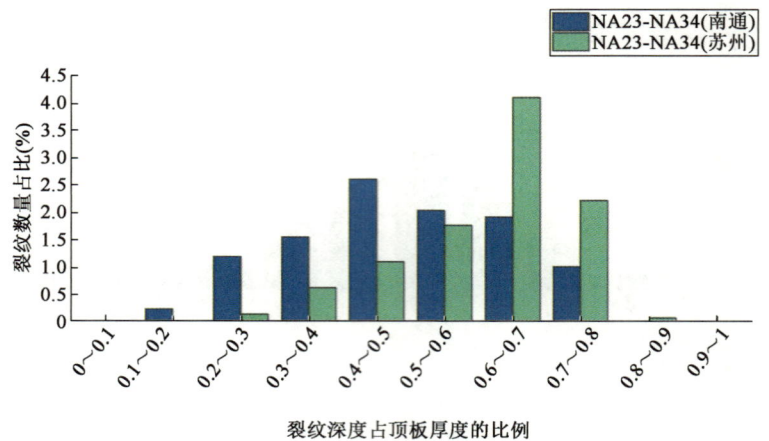

a)NA23-NA34节段裂纹深度分布

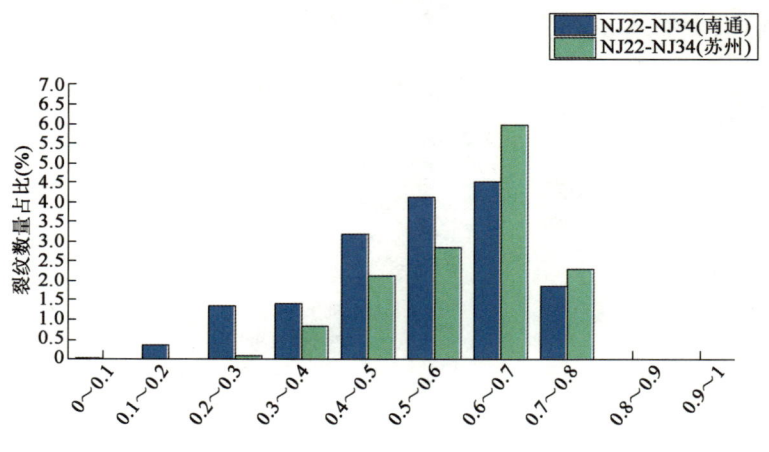

b)NA22-NA34节段裂纹深度分布

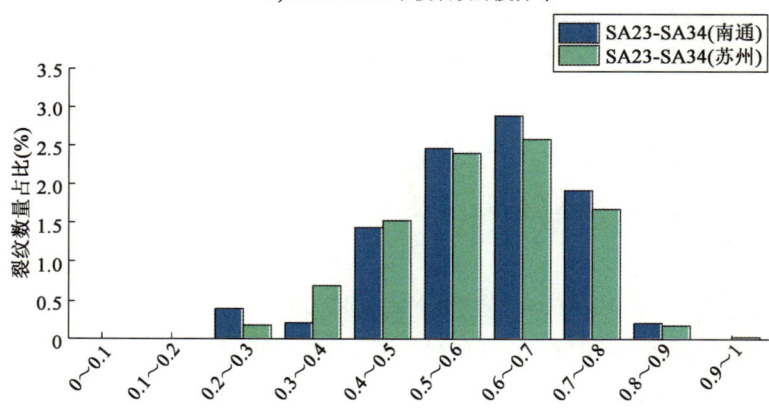

c)SA23-SA34节段裂纹深度分布

图 2-85

d)JH0/SJ34-SJ22节段裂纹深度分布

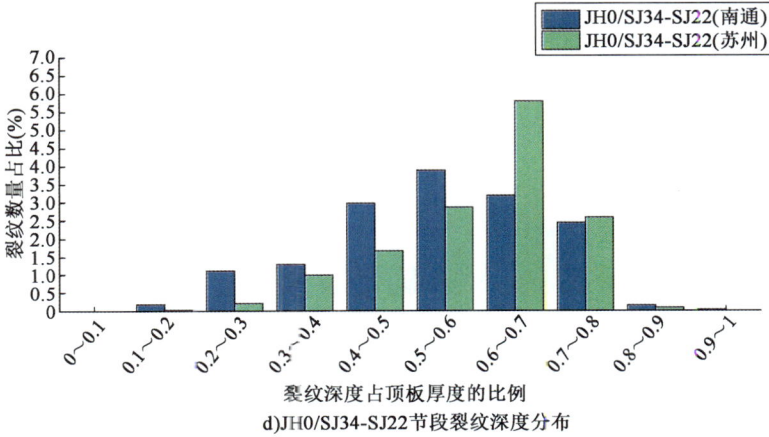

图2-35　各节段裂纹深度分布

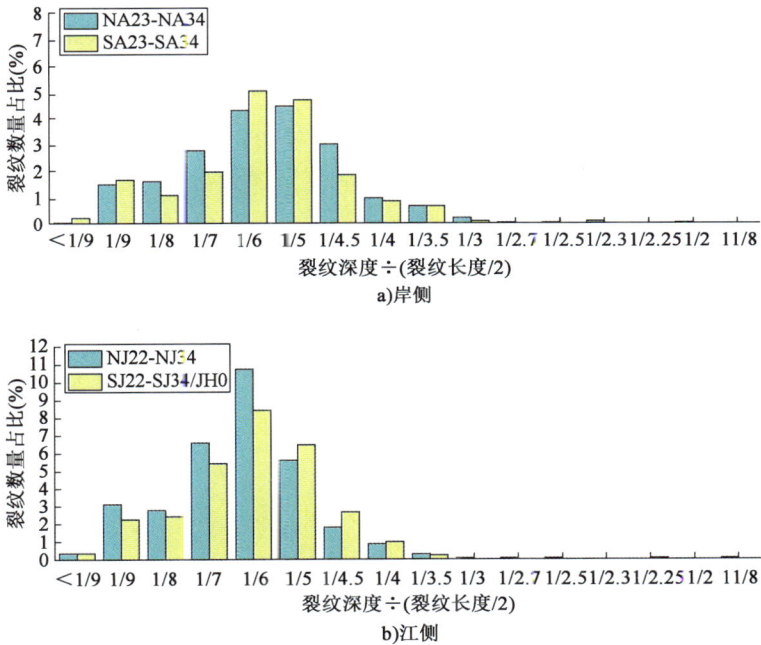

a)岸侧

b)江侧

图2-86　裂纹长短轴比分布

⑤节段内分布。

以南通方向为例,统计检测梁段内横隔板处和非横隔板处裂纹的数量,如图2-87所示。由图可知,SA33-SA21梁段非横隔板处裂纹与横隔板处裂纹数量相差不大,SJ21-SJ34/JH0梁段非横隔板处裂纹数量明显多于横隔板处裂纹数量,约为横隔板处裂纹数量的两倍。NJ34-NJ20/NJ16梁段以及NA21-NA33梁段非横隔板处裂纹数量均多于横隔板处裂纹数量。

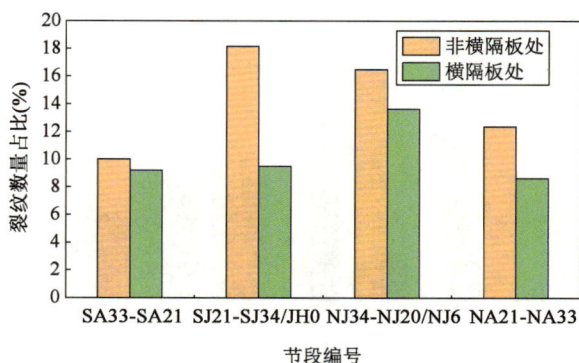

图 2-87 节段内裂纹分布

为进一步分析裂纹在节段内的纵向分布情况,以下游侧 SA21-SA33 梁段为例,统计裂纹在节段中的纵向位置分布情况,如图 2-88 所示。由图 2-88 可知,SA21-SA33 梁段非横隔板处的裂纹大多位于横隔板左右两侧各 200mm 范围内,这一区域内的裂纹数量占非横隔板裂纹总数的 90% 左右。横隔板左右各 100mm 范围内的裂纹约占裂纹总数的 76%,考虑是横隔板的存在约束了顶板-U 肋的变形,进而导致焊根处应力有所增大,而非横隔板处顶板-U 肋缺乏横隔板的约束,焊根与焊趾处均会产生应力集中,且顶板与 U 肋的变形相对协调了应力,U 肋的面外鼓曲大大减轻了焊根处的应力集中,因此导致非横隔板处焊根应力有所减小,裂纹更易在有横隔板的焊根处萌生。

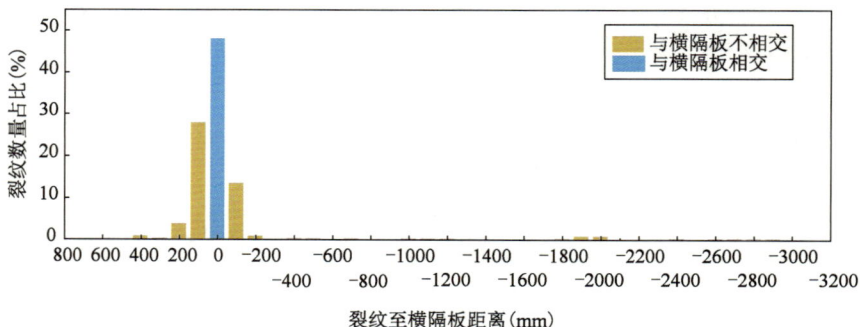

图 2-88 SA33-SA21 节段中裂纹分布情况

本章参考文献

[1] 束德林. 工程材料力学性能[M]. 北京:机械工业出版社,2003.

[2] SURESH S. 材料的疲劳[M]. 王中光,译. 2 版. 北京:国防工业出版社,1999.

[3] 钟群鹏,赵子华.断口学[M].北京:高等教育出版社,2006.

[4] 徐灏.疲劳强度设计[M].北京:机械工业出版社,1981.

[5] 连恒亮.钢箱梁纵隔板疲劳裂纹分析[J].钢结构,2014,29(8):18-20.

[6] 中交公路规划设计院有限公司.公路钢结构桥梁设计规范:JTG D64—2015[S].北京:人民交通出版社股份有限公司,2015.

[7] 朱艳梅.青草背长江大桥正交异性钢桥面板受力特性的研究[D].重庆:重庆交通大学,2014.

[8] 李善群.构造细节及关键设计参数对于正交异性钢桥面板疲劳性能的影响研究[D].成都:西南交通大学,2014.

[9] 宋永生,丁幼亮,王高新,等.正交异性钢桥面板疲劳性能的局部构造效应[J].东南大学学报(自然科学版),2013,43(2):403-408.

[10] 高玉强,吉伯海,曹雪坤,等.正交异性钢桥面板纵隔板构造参数对疲劳受力特征影响[J].沈阳建筑大学学报(自然科学版),2022,38(4):690-698.

[11] 李丽娟.铺装层对正交异性钢桥面板疲劳性能影响的研究[D].成都:西南交通大学,2014.

[12] 曾志斌.正交异性钢桥面板典型疲劳裂纹分类及其原因分析[J].钢结构,2011,25(2):9-15,26.

[13] 向桂兵.悬索桥吊索疲劳裂纹扩展行为研究[D].长沙:长沙理工大学,2009.

第 3 章

钢箱梁疲劳评估

3.1 疲劳评估方法

3.1.1 应力评估

钢桥疲劳损伤过程中,焊缝局部最大应力起着主导作用。由于焊趾或焊根处存在缺口,焊趾或焊根附近沿板厚方向的应力分布会受到干扰,存在应力集中,因此焊趾或焊根通常为疲劳裂纹萌生的关键部位。图 3-1 展示了焊趾处板截面上的正应力沿板厚方向的非线性分布,可分解为 3 种应力之和:薄膜应力(σ_{men})、弯曲应力(σ_{ben})与非线性应力峰值(σ_{nlp})。

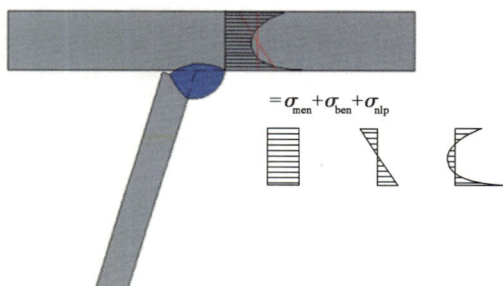

图 3-1 焊趾处沿板厚方向的正应力分布

其中,薄膜应力(σ_{men})沿板厚为常数,大小为截面正应力沿板厚方向的平均值;弯曲应力(σ_{ben})沿板厚呈线性分布,在板的中间其值为 0,在板的上下表面达到最大值;剩余的部分即为非线性应力峰值(σ_{nlp}),非线性应力峰值的大小取决于焊缝的几何形状、尺寸以及焊趾的几何形状。若已知沿板厚方向的应力分布,可以通过式(3-1)求得各应力分量:

$$
\begin{cases}
\sigma_{men} = \dfrac{1}{t} \displaystyle\int_{x=0}^{x=t} \sigma(x)\,\mathrm{d}x \\[3mm]
\sigma_{ben} = \dfrac{6}{t^2} \displaystyle\int_{x=0}^{x=t} \left[\sigma(x) - \sigma_{men}\right]\left(\dfrac{t}{2} - x\right)\mathrm{d}x \\[3mm]
\sigma_{nlp}(x) = \sigma(x) - \sigma_{men} - \left(1 - \dfrac{2x}{t}\right)\sigma_{ben}
\end{cases}
\tag{3-1}
$$

式中:t——板厚;

  x——至焊根距离;

$\sigma(x)$——正应力。

在焊接过程中,焊缝的几何形状、尺寸、缺陷等具有一定的随机性,因此精确计算焊趾或焊根处的最大应力是很困难的。为了分析焊缝附近的应力状态、评估焊接结构的疲劳强度,国际焊接学会(IIW)[1]推荐利用名义应力法、热点应力法、缺口应力法等方法进行疲劳应力分析。

1) 名义应力法

名义应力定义为潜在裂纹处,依据弹性理论计算得到的母材或焊缝应力[2],该应力包含构件宏观几何形状引起的应力集中,但不包含焊接接头对应力集中的影响,如图3-2所示。

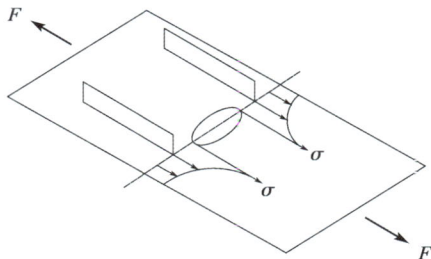

名义应力法是最早形成的疲劳应力分析方法。对于受力明确的构件,名义应力法忽略了焊缝固有几何形状,使用简便且较为合理。在名义应力法中,影响焊接接头疲劳强度的主要因素是应力幅、结构构造和应力循环次数,以名义应力法为基础的焊接结构疲劳设计规范大多采用应力幅和结构构造作为疲劳强度设计指标。

对于简单结构,其名义应力可以采用材料力学公式(3-2)计算获得。但对于复杂结构形式的名义应力,不可以使用解析方法,在排除任何可能引起应力增加的焊接接头结构后,可以采用有限元方法计算。

图 3-2　名义应力

$$\sigma_{\mathrm{W}} \text{ 或} \tau_{\mathrm{W}} = \frac{F}{A_{\mathrm{W}}} = \frac{F}{a \cdot l_{\mathrm{W}}} \tag{3-2}$$

式中:σ_{W}——焊缝位置的正应力;

　　A_{W}——焊缝面积;

　　F——作用力;

　　τ_{W}——焊缝位置切应力;

　　a——焊喉长度;

　　l_{W}——焊缝长度。

在钢桥疲劳评估中,该方法将桥梁不同疲劳细节处的名义应力作为评估的主要依据,并联合 S-N 曲线进行疲劳评估。各类细节对应的 S-N 曲线则通过大量试件的疲劳试验获得。根据疲劳细节的差异,对不同的疲劳细节进行分类,并分别赋予其对应的名义应力 S-N 曲线。该方法由于操作简单、使用便捷,在钢梁评估中应用较为广泛,并且已普遍收录于各国的钢结构设计规范之中。此外,随着当前健康监测技术以及数值仿真技术的发展,基于监测技术或者数值仿真技术可以较为准确地获取桥梁结构中各细节位置处的名义应力,继而使基于名义应力法的疲劳评估结果更加可靠和准确。

2) 热点应力法

热点指结构中由于焊接接头的几何形状、尺寸以及应力波动等综合效应引起的疲劳裂纹萌生点。根据热点的位置,可以将热点分为两类:a 类,位于板表面焊趾;b 类,位于板边缘焊趾,如图3-3所示。

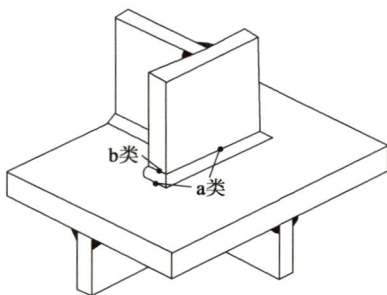

图3-3　热点类型

热点应力即热点处应力，也称之为结构应力或几何应力，考虑了由结构宏观几何特征变化与焊接接头带来的结构不连续引起的应力集中效应，但不考虑焊缝处局部几何特征变化引起的缺口效应。因此，热点应力（σ_{hs}）包括线性分布的膜应力（σ_m）与弯曲应力（σ_b），而不包括缺口引起的非线性应力峰值，外推公式见式（3-3）。但值得注意的是，热点应力并非结构真实的应力，而是人为假想的。

$$\sigma_{hs} = \sigma_m + \sigma_b \tag{3-3}$$

热点应力法是以疲劳裂纹萌生点处的应力作为基准应力，并基于热点位置的 S-N 曲线对该热点位置进行疲劳评估。相较于名义应力，热点应力能够更加细致地表征结构易损区域的应力状态，对疲劳细节的评估更加准确、可靠。

除了某些简单的情况，几乎没有现成的公式来计算结构的热点应力，使用通常采用的解析法计算复杂结构的热点应力是不可行的，所以只能采用有限元法来计算结构的热点应力。要把缺口引起的非线性应力峰值分离出来，可以通过沿板厚方向应力线性化法或表面应力外推法。对于板结构来说，现有 4 种方法能够得到焊趾处的热点应力。

（1）表面应力外推法。

表面应力外推法即根据离焊趾适当远处点的板表面应力，采用外推法得到焊趾处的热点应力，如图 3-4 所示。通常，距离焊趾 $0.3t \sim 0.4t$（t 为板的厚度）处的节点应力不受缺口效应的影响。

对于位于板件表面的 a 类热点来说，IIW[1] 建议焊趾处第一个单元的长度不得超过 $0.4t$，采用两点线性外推法时，参考点应位于距焊趾 $0.4t$ 和 $1.0t$ 远处的节点上，外推公式见式（3-4）。

$$\sigma_{hs} = 1.67\sigma_{0.4t} - 0.67\sigma_{1.0t} \tag{3-4}$$

式中：$\sigma_{0.4t}$——距离焊趾 0.4 倍板厚处的应力；

$\sigma_{1.0t}$——距离焊趾 1.0 倍板厚处的应力。

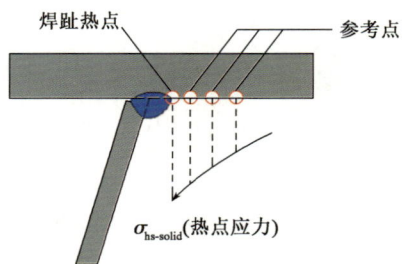

图3-4　焊趾附近板垂直于焊缝方向应力的变化

挪威船级社[3] 建议以距焊趾 $0.5t$ 和 $1.5t$ 处为参考点，该方法适用于较为粗糙的有限元模型，外推公式见式（3-5）。

$$\sigma_{hs} = 1.5\sigma_{0.5t} - 0.5\sigma_{1.5t} \tag{3-5}$$

式中：$\sigma_{0.5t}$——距离焊趾 0.5 倍板厚处的应力；

$\sigma_{1.5t}$——距离焊趾 1.5 倍板厚处的应力。

当焊趾附近的应力呈非线性增长，所施加外力的方向剧烈变化或厚板已知时，IIW[1] 推荐采用3节点2次曲线外推法计算结构的热点应力,3个参考点的位置应与距离热点$0.4t$、$0.9t$、$1.4t$的3个节点重合。热点应力可由式(3-6)得到。

$$\sigma_{hs} = 2.52\sigma_{0.4t} - 2.24\sigma_{0.9t} + 0.72\sigma_{1.4t} \tag{3-6}$$

式中:$\sigma_{0.9t}$——距离焊趾0.9倍板厚处的应力;

$\sigma_{1.4t}$——距离焊趾1.4倍板厚处的应力。

挪威船级社建议以距热点$0.5t$、$1.5t$和$2.5t$处为参考点,外推公式见式(3-7)。

$$\sigma_{hs} = 1.875\sigma_{0.5t} - 1.25\sigma_{1.5t} + 0.375\sigma_{2.5t} \tag{3-7}$$

式中:$\sigma_{2.5t}$——距离焊趾2.5倍板厚处的应力。

对于位于板件边缘的b类热点来说,其焊趾处结构应力分布不依赖于构件厚度,外推点位置以绝对数值确定[4],IIW[1]建议焊趾处前3个单元长度应等于或小于4mm。3个参考点的位置应与距离热点4mm、8mm、12mm的三个节点重合。采用2次曲线外推法的公式见式(3-8)。

$$\sigma_{hs} = 3\sigma_{4mm} - 3\sigma_{8mm} + \sigma_{12mm} \tag{3-8}$$

式中:σ_{4mm}——距离热点4mm处的应力;

σ_{8mm}——距离热点8mm处的应力;

σ_{12mm}——距离热点12mm处的应力。

挪威船级社建议以距热点5mm和15mm处为参考点,采用两点线性外推的公式见式(3-9)。

$$\sigma_{hs} = 1.5\sigma_{5mm} - 0.5\sigma_{15mm} \tag{3-9}$$

式中:σ_{5mm}——距离热点5mm处的应力;

σ_{15mm}——距离热点15mm处的应力。

(2)应力线性化法。

如前所述,板厚方向热点应力(σ_{hs})可以分解为呈线性分布的膜应力(σ_m)和弯曲应力(σ_b)之和。线性化法即将板厚方向的非线性应力在保证合力和合力矩不变的情况下进行线性化,从而得到膜应力和弯曲应力[5]。

(3)Dong法。

Dong提出以离焊趾δ(δ为任一微小距离,如取$\delta = 2mm$)远处的应力为依据,根据平衡条件得到焊趾处的热点应力,计算原理如图3-5与式(3-10)所示,此法对网格的划分不敏感[6]。

$$\begin{cases} \sigma_m = \dfrac{1}{t}\int_0^t \sigma_x(y)\,dy \\ \sigma_m \dfrac{t^2}{2} + \sigma_b \dfrac{t^2}{6} = \int_0^t \sigma_x(y)y\,dy + \delta\int_0^t \tau_{xy}(y)\,dy \end{cases} \tag{3-10}$$

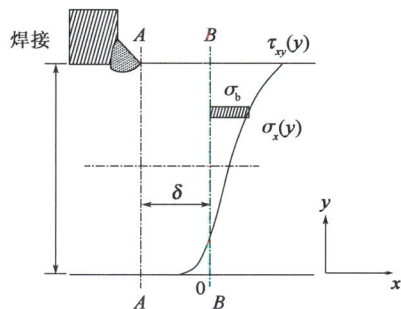

图3-5　Dong法计算原理

式中：$\sigma_x(y)$——B—B 参考面上 x 方向沿板厚方向分布的应力；

$\tau_{xy}(y)$——B—B 参考面上沿板厚方向分布的剪应力。

求解该式即可得到膜应力（σ_m）和弯曲应力（σ_b），从而得到热点应力 σ_{hs}。

（4）表面以下 1mm 法。

Xiao 和 Yamada 建议以焊趾处表面 1mm 以下节点的应力作为热点应力。对于焊根-顶板裂纹，此方法可消除板厚对热点应力强度的影响[7]。

（5）等效热点应力法。

由于非线性应力峰值具有自平衡特性，所以在焊趾厚度方向上必然存在一点，该点处的非线性应力值为零，因此可以利用此点作为热点应力评定的参考点。

3）缺口应力法

热点应力法考虑了焊接接头整体几何形状和尺寸所产生的全部应力集中效应，但不考虑焊缝本身形状尺寸、裂纹或缺口等引起的局部应力增大[8-9]。然而，这些未考虑的因素往往会显著影响疲劳寿命。因此，为更加准确地评估疲劳寿命，提出了考虑局部应力增大的应力指标——缺口应力。依据国际焊接学会的技术文件，缺口应力定义为焊趾或焊根处的热点应力与非线性应力峰值的总和，考虑焊趾局部缺口形状引起的应力集中，如式（3-11）和图 3-6 所示。缺口应力是焊接结构应力集中区的峰值应力。

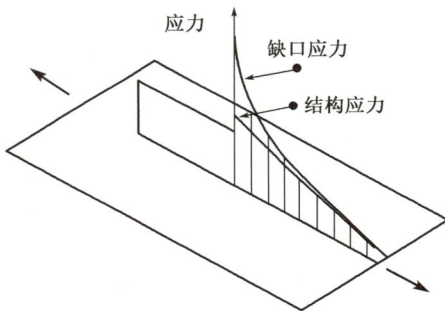

图3-6　缺口应力与结构热点应力

$$\sigma = \sigma_{hs} + \sigma_{nl} = \sigma_m + \sigma_b + \sigma_{nl} \qquad (3\text{-}11)$$

式中：σ_{nl}——非线性应力峰值。

焊接结构中若由于焊缝质量导致尖锐缺口，不仅会降低整个结构的强度，更会引起强烈的应力集中。但是，当缺口的曲率无限大时，缺口应力可能会达到很高的水平，这种具有奇异性的应力不能直接用来进行疲劳评估。因此，为了评估焊趾及焊根处的缺口效应，Radaj[10]提出了有效缺口应力的概念，用虚拟的缺口替代实际的焊缝轮廓，计算替代后的有效缺口应力。通过引入虚拟缺口曲率半径来反映焊趾及焊根的缺口效应，虚拟缺口曲率半径 ρ_f 可基于公式（3-12）获得。

$$\rho_f = \rho + s\rho^* \qquad (3\text{-}12)$$

式中：ρ——实际缺口曲率；

s——约束系数；

ρ^*——材料微观结构尺度。

IIW[1]推荐采用虚拟缺口曲率半径 $\rho_f = 1mm$ 的圆孔模拟缺口，对于厚度小于 5mm 的构件，Takeshi[11]建议采用虚拟缺口曲率半径 $\rho_f = 0.5mm$ 的圆孔模拟缺口。

有效缺口应力或应力集中系数可以通过参数方程、有限元或边界元计算得到，虚拟缺口尖端应与实际缺口根部一致。通过引入虚拟缺口曲率半径 ρ_f，可以对各种类型接头的缺口应力进行分析，从而将用名义应力表示的焊接接头整体疲劳强度转化为用缺口应力表示的局部疲劳强度。IIW 给出了有效缺口应力的 S-N 曲线[12-13]，对于虚拟缺口曲率半径为 1mm 的构造，当采用主应力进行评估时，设计有效缺口应力幅统一为 225MPa；当采用 Mises 应力进行评估时，设计有效缺口应力幅统一为 200MPa。对于虚拟缺口曲率半径为 0.5mm 的构造，当采用主应力进行评估时，设计有效缺口应力幅统一为 630MPa；当采用 Mises 应力进行评估时，设计有效缺口应力幅统一为 560MPa。

由上述可知，在疲劳应力分析中，每种方法都需要考虑不同的应力集中类型，有各自不同的控制参量，即选取的评价应力各不相同，得到控制参量的计算方法也不尽相同，见表3-1。

不同应力评估方法的比较　　　　　　　　　　　表 3-1

类型	疲劳评价方法	考虑应力集中	控制参量	计算方法
I	名义应力法	构件的宏观几何效应，但不包括焊接接头本身引起的应力集中	母材上的名义应力	材料力学公式计算（简单构件）或有限元计算（复杂构件）获得
II	热点应力法	1. 构件的宏观几何效应，但不包括焊接接头本身引起的应力集中 2. 焊接接头带来的结构不连续，但不包括焊趾的缺口效应	焊趾或焊根热点应力	试验测试或数值分析方法并由表面外推法获得，或者由名义应力乘以热点应力集中系数获得
III	缺口应力法	1. 构件的宏观几何效应，但不包括焊接接头本身引起的应力集中 2. 焊接接头带来的结构不连续，但不包括焊趾的缺口效应 3. 焊缝缺口引起的缺口应力集中	焊趾或焊根及微观结构特征影响的最大缺口应力	拟定虚拟缺口曲率半径，用数值分析方法计算局部最大非线性应力

3.1.2　断裂力学评估

断裂力学是一门研究含裂纹的物体在外界条件（荷载、温度、介质腐蚀、中子辐射等）作用下裂纹扩展、传播、失稳断裂和止裂规律的学科。这里所说的裂纹是指在材料制造、加工和使用过程中形成的类裂纹缺陷，除了物体中因开裂而产生的裂纹，还包括材料冶炼过程中的夹渣、气孔、刀痕、刻槽等。对于钢桥的细节构造，尤其是焊接构造，微裂纹总是天然存在的。

疲劳开裂问题是断裂力学的主要应用领域之一。19 世纪 60 年代,Paris 等人将疲劳裂纹扩展数据与应力强度因子幅值联系起来,从而开创并奠定了疲劳断裂理论。

1)线弹性断裂力学理论

(1)裂纹分类。

断裂力学中根据裂纹的受力及扩展途径,将裂纹分为 Ⅰ 、Ⅱ、Ⅲ 型。

① Ⅰ 型裂纹:张开型裂纹[图 3-7a)],裂纹受垂直于裂纹面的拉应力作用,裂纹上下表面沿作用力的方向张开。

② Ⅱ 型裂纹:滑开型裂纹[图 3-7b)],裂纹受平行于裂纹面且垂直于裂纹线的剪应力作用,裂纹上下表面相对滑开。

③ Ⅲ 型裂纹:撕开型裂纹[图 3-7c)],裂纹受平行于裂纹面且平行于裂纹前沿线的剪应力作用,裂纹上下表面相对错开。

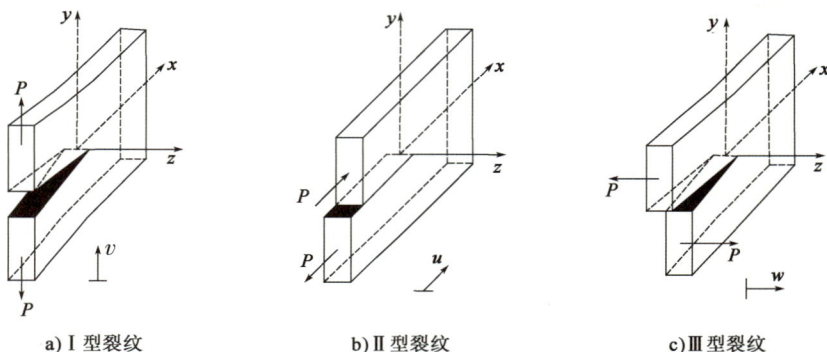

a)Ⅰ型裂纹   b)Ⅱ型裂纹   c)Ⅲ型裂纹

图 3-7　不同开裂模式的裂纹

(2)裂纹尖端的应力场与位移场。

① Ⅰ 型裂纹。

设一无限大板,中心有一裂纹,长为 $2a$,受双轴拉应力作用,如图 3-8 所示。按弹性力学的平面问题求解,得出裂纹尖端附近的应力场和位移场如图 3-9、式(3-13)、式(3-14)、式(3-15)所示。

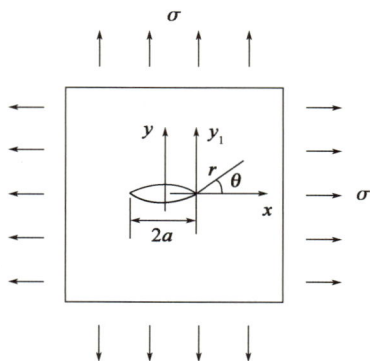

图 3-8　带中心裂纹无限大板受双轴拉应力 图 3-9　裂纹尖端附近的应力场和位移场

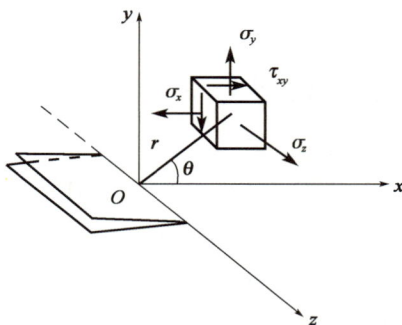

$$\begin{cases} \sigma_x = \dfrac{K_{\mathrm{I}}}{\sqrt{2\pi r}}\cos\dfrac{\theta}{2}\left(1 - \sin\dfrac{\theta}{2}\sin\dfrac{3\theta}{2}\right) \\[3mm] \sigma_y = \dfrac{K_{\mathrm{I}}}{\sqrt{2\pi r}}\cos\dfrac{\theta}{2}\left(1 + \sin\dfrac{\theta}{2}\sin\dfrac{3\theta}{2}\right) \\[3mm] \tau_{xy} = \dfrac{K_{\mathrm{I}}}{\sqrt{2\pi r}}\cos\dfrac{\theta}{2}\sin\dfrac{\theta}{2}\cos\dfrac{3\theta}{2} \\[3mm] \tau_{xz} = \tau_{yz} = 0 \\[2mm] \sigma_z = \nu(\sigma_x + \sigma_y)（平面应变）\\[2mm] \sigma_z = 0（平面应力） \end{cases} \quad (3\text{-}13)$$

$$\begin{cases} u = \dfrac{2(1+v)\,K_{\mathrm{I}}}{4E}\sqrt{\dfrac{r}{2\pi}}\left[(2k-1)\cos\dfrac{\theta}{2} - \cos\dfrac{3\theta}{2}\right] \\[3mm] v = \dfrac{2(1+v)\,K_{\mathrm{I}}}{4E}\sqrt{\dfrac{r}{2\pi}}\left[(2k+1)\sin\dfrac{\theta}{2} - \sin\dfrac{3\theta}{2}\right] \\[3mm] w = 0（平面应变）\\[2mm] w = -\displaystyle\int\dfrac{v}{E}(\sigma_x + \sigma_y)\,\mathrm{d}z（平面应力） \end{cases} \quad (3\text{-}14)$$

$$k = \begin{cases} 3-4v（平面应变）\\[2mm] \dfrac{3-v}{1+v}（平面应力） \end{cases} \quad (3\text{-}15)$$

式中：　　　　r、θ——裂纹尖端附近点的极坐标；

$\qquad\qquad u$、v、w——位移分量；

σ_x、σ_y、σ_z、τ_{xy}、τ_{xz}、τ_{yz}——应力分量；

$\qquad\qquad\qquad E$——弹性模量；

$\qquad\qquad\quad K_{\mathrm{I}}$——裂纹尖端应力强度因子。对于无限大板有中心裂纹、受双轴拉应

力的情况为：

$$K_{\mathrm{I}} = \sigma\sqrt{\pi a} \quad (3\text{-}16)$$

②Ⅱ型裂纹。

设一无限大板，中心有一裂纹，长为 $2a$，无穷远处受剪应力作用，如图 3-10 所示。按弹性力学的平面问题求解，得出裂纹尖端附近的应力场和位移场，如式(3-17)、式(3-18)、式(3-19)所示。

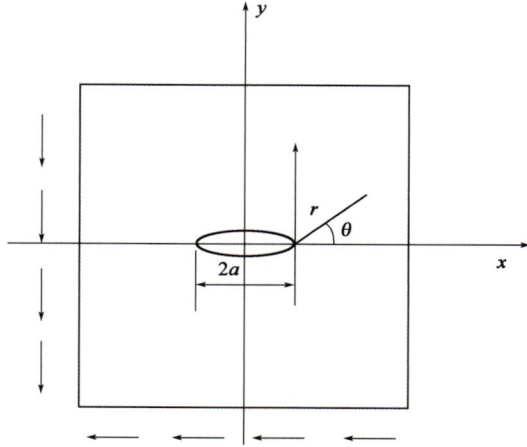

图 3-10　带中心裂纹无限大板受剪应力

$$\begin{cases} \sigma_x = \dfrac{-K_{\mathrm{II}}}{\sqrt{2\pi r}}\sin\dfrac{\theta}{2}\left(2+\cos\dfrac{\theta}{2}\cos\dfrac{3\theta}{2}\right) \\[2ex] \sigma_y = \dfrac{K_{\mathrm{II}}}{\sqrt{2\pi r}}\sin\dfrac{\theta}{2}\cos\dfrac{\theta}{2}\cos\dfrac{3\theta}{2} \\[2ex] \tau_{xy} = \dfrac{K_{\mathrm{II}}}{\sqrt{2\pi r}}\cos\dfrac{\theta}{2}\left(1-\sin\dfrac{\theta}{2}\sin\dfrac{3\theta}{2}\right) \\[2ex] \tau_{xz} = \tau_{yz} = 0 \\[1ex] \sigma_z = v(\sigma_x+\sigma_y)\,(\text{平面应变}) \\[1ex] \sigma_z = 0\,(\text{平面应力}) \end{cases} \tag{3-17}$$

$$\begin{cases} u = \dfrac{2(1+v)\,K_{\mathrm{II}}}{4E}\sqrt{\dfrac{r}{2\pi}}\left[(2k+3)\sin\dfrac{\theta}{2}+\sin\dfrac{3\theta}{2}\right] \\[2ex] v = \dfrac{2(1+v)\,K_{\mathrm{II}}}{4E}\sqrt{\dfrac{r}{2\pi}}\left[(2k-2)\cos\dfrac{\theta}{2}+\cos\dfrac{3\theta}{2}\right] \\[2ex] w = 0\,(\text{平面应变}) \\[1ex] w = -\displaystyle\int \dfrac{v}{E}(\sigma_x+\sigma_y)\,\mathrm{d}z\,(\text{平面应力}) \end{cases} \tag{3-18}$$

$$K_{\mathrm{II}} = \tau\sqrt{\pi a} \tag{3-19}$$

式中：　　　　τ、θ——裂纹尖端附近点的极坐标；

u、v、w——位移分量；

σ_x、σ_y、σ_z、τ_{xy}、τ_{xz}、τ_{yz}——应力分量；

E——弹性模量；

K_{II}——裂纹尖端应力强度因子。

③Ⅲ型裂纹。

设一无限大板,中心有一裂纹,长为$2a$,无穷远处受沿z轴方向的均匀剪切应力,如图3-11所示。按弹性力学的反平面应变问题求解,得出裂纹尖端附近的应力场和位移场,如式(3-20)、式(3-21)、式(3-22)所示。

$$\begin{cases} \tau_{xz} = -\dfrac{K_{\text{Ⅲ}}}{\sqrt{2\pi r}}\sin\dfrac{\theta}{2} \\[3mm] \tau_{yz} = \dfrac{K_{\text{Ⅲ}}}{\sqrt{2\pi r}}\cos\dfrac{\theta}{2} \\[3mm] \sigma_x = \sigma_y = \sigma_z = \tau_{xy} = 0 \end{cases} \quad (3\text{-}20)$$

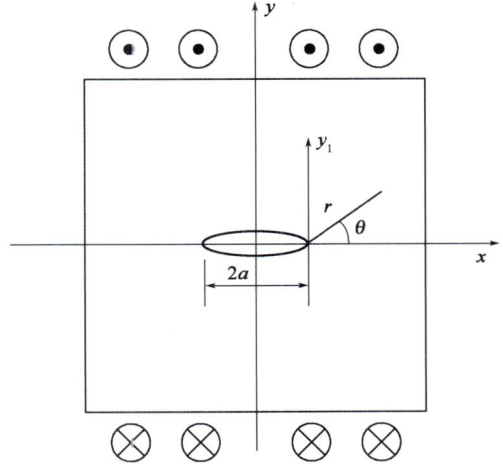

图3-11 苛中心裂纹无限大板受z轴方向剪应力

$$\begin{cases} w = \dfrac{K_{\text{Ⅲ}}2(1+v)}{E}\sqrt{\dfrac{2r}{\pi}}\sin\dfrac{\theta}{2} \\[3mm] v = u = 0 \end{cases} \quad (3\text{-}21)$$

$$K_{\text{Ⅲ}} = \tau\sqrt{\pi a} \quad (3\text{-}22)$$

式中: τ、θ——裂纹尖端附近点的极坐标;

u、v、w——位移分量;

σ_x、σ_y、σ_z、τ_{xy}、τ_{xz}、τ_{yz}——应力分量;

E——弹性模量;

$K_{\text{Ⅲ}}$——裂纹尖端应力强度因子。

(3)应力强度因子与断裂韧性。

3种类型的裂纹尖端邻域的应力场与位移场公式有相似之处,可把它们写成如式(3-23)所示形式:

$$\begin{cases} \sigma_{ij}^{(N)} = \dfrac{K_N}{\sqrt{2\pi r}}f_{ij}^N(\theta) \\[3mm] u_i^{(N)} = K_N\sqrt{\dfrac{r}{\pi}}\,g_i^N(\theta) \end{cases} \quad (3\text{-}23)$$

式中:$\sigma_{ij}(i,j=1,2,3)$——应力分量;

$u_i(i=1,2,3)$——位移分量;

N——裂纹类型,取Ⅰ、Ⅱ、Ⅲ;

$f_{ij}(\theta)$、$g_i(\theta)$——极角θ的函数。

其中,应力场公式有如下特点:

①应力与$\sqrt{r}$成反比。在裂纹尖端处($r=0$),应力为无限大,即在裂纹尖端应力出现奇点,应力场具有$1/\sqrt{r}$的奇异性。只要存在裂纹,不管外载荷多么小,裂纹尖端应力总是无限大,按照传统的观点,就应该发生破坏,当然这与事实不符。这意味着,不能再用应力的大小来判断裂纹是否扩展、破坏是否发生。

②应力与参量K_N成正比。同一变形状态下,不论其他条件如何不同,只要K值相同,则裂纹尖端邻域的应力场强度完全相同。所以,应力强度因子$K_N(N=\text{Ⅰ},\text{Ⅱ},\text{Ⅲ})$反映了裂纹尖端邻域的应力场强度。

式(3-16)、式(3-19)与式(3-22)所示3种类型的K值公式仅适用于载荷或位移对于裂纹中点的坐标轴是对称的或反对称的简单情况,且所研究的问题限于无限大板穿透裂纹。对于一般的裂纹问题,应力强度因子由相应的应力场和位移场公式定义,见式(3-24)。

$$
\begin{cases}
K_\text{Ⅰ} = \lim_{r=0} \sqrt{2\pi r}\ \sigma_y(r,\theta) \\[2mm]
K_\text{Ⅱ} = \lim_{r=0} \sqrt{2\pi r}\ \tau_{xy}(r,\theta) \\[2mm]
K_\text{Ⅲ} = \lim_{r=0} \sqrt{2\pi r}\ \tau_{yz}(r,\theta)
\end{cases}
\tag{3-24}
$$

也可表达为:

$$
K = Y\sigma\sqrt{\pi a}
\tag{3-25}
$$

式中:Y——形状系数;

σ——名义应力;

a——裂纹尺寸。

K值一般无法通过解析法得到,工程中广泛采用有限单元法求解。

由式(3-24)可见,K_N与裂纹尖端邻域内点的位置坐标(r,θ)无关,它只是表征裂纹体弹性应力场强度的量,而不表征各种裂纹变形状态下的应力分布。由于K_N由远场边界条件确定,所以与受载方式、荷载大小、裂纹长度及裂纹体的形状有关,有时还与材料的弹性性能有关。

应力强度因子是反映裂纹尖端弹性应力场强弱的物理量,可作为判断裂纹是否进入失稳状态的一个指标。对于Ⅰ型裂纹,当$K_\text{Ⅰ}$达到临界值——材料固有的抵抗脆性断裂的能力时,裂纹发生失稳扩展,即失稳扩展的临界条件见式(3-26)。

$$
K_\text{Ⅰ} = K_\text{IC}
\tag{3-26}
$$

式中:K_IC——材料的断裂韧性(或称临界应力强度因子),是与试验温度、板厚、变形速度等参量有关的数值,一旦这些外部因素固定时,K_IC即为表示材料性质的常数。

对于Ⅱ型裂纹问题和Ⅲ型裂纹问题,有类似的临界条件,分别见式(3-27)、式(3-28)。

$$K_{\text{Ⅱ}} = K_{\text{ⅡC}} \tag{3-27}$$

$$K_{\text{Ⅲ}} = K_{\text{ⅢC}} \tag{3-28}$$

但需注意,应力强度因子 K 和材料的临界应力强度因子 K_c 是两个不同的概念。前者是由外荷载引起的反映力学效应(即裂纹尖端邻域应力场强弱)的一个参量,后者是反映材料性能的一个参量[7]。

2)疲劳裂纹扩展与疲劳寿命预测

(1)裂纹扩展速率。

载荷交变一次产生的裂纹长度增加量称为裂纹扩展速率,按导数的含义,记为 $\mathrm{d}a/\mathrm{d}N$。将载荷的一次循环中Ⅰ型应力强度因子的最大值、最小值及幅度值分别记为 K_{Imax}、K_{Imin} 和 ΔK_{I},应力 σ 的幅值记为 $\Delta\sigma$,则有:

$$\Delta K_{\text{I}} = K_{\text{Imax}} - K_{\text{Imin}} = Y\Delta\sigma\sqrt{\pi a} \tag{3-29}$$

在实际应用中,如果应力强度因子出现负值,则幅值的计算只取正值部分。

在常幅和不变频率条件下,纯Ⅰ型裂纹试样的疲劳试验结果表明,裂纹扩展速率与应力强度因子幅之间存在确定的关系。在 $\mathrm{d}a/\mathrm{d}N\text{-}\Delta K_{\text{I}}$ 的双对数坐标系中,这个关系如图 3-12 所示。图中 $\lg\mathrm{d}a/\mathrm{d}N\text{-}\lg\Delta K_{\text{I}}$ 曲线明显分为 3 段,即低速段、中速段和高速段,分别用点Ⅰ以下部分、点Ⅰ与点Ⅱ之间部分和点Ⅱ与点Ⅲ之间部分表示对应的 3 个区间。

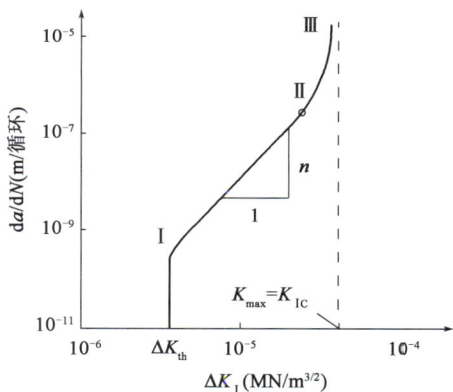

图 3-12　$\lg\mathrm{d}a/\mathrm{d}N\text{-}\lg\Delta K_{\text{I}}$ 曲线

在中速段,$\lg\mathrm{d}a/\mathrm{d}N$ 与 $\lg\Delta K_{\text{I}}$ 呈直线关系,可用式(3-30)来表述,即 Paris 公式:

$$\frac{\mathrm{d}a}{\mathrm{d}N} = C(\Delta K_{\text{I}})^n \tag{3-30}$$

式中:C、n——材料常数,分别为 $\mathrm{d}a/\mathrm{d}N\text{-}\Delta K_{\text{I}}$ 平面上直线的截距和斜率。它们与环境介质及试验温度等有关。

在低速段,$\mathrm{d}a/\mathrm{d}N$ 与 ΔK_{I} 的关系可以用修正的 Paris 公式描述,见式(3-31)。

$$\frac{\mathrm{d}a}{\mathrm{d}N} = C[\Delta K_{\text{I}}(1-R)^{m-1}]^n \tag{3-31}$$

式中:R——应力比;

m——与材料和环境介质有关的常数。

在实际问题中,可以认为低于 10^{-8} m/次的扩展速率近似为零,即认为不扩展。这样一来,与它对应的 ΔK_I 值可以由式(3-32)算出,并记为 ΔK_{th}。

$$\Delta K_{th} = \Delta K_0 (1 - R)^{\gamma} \tag{3-32}$$

式中:ΔK_0——其值为 $[h/C]^{1/n}$;

$\quad\quad\gamma$——其值为 $1 - m$。

称 ΔK_{th} 为裂纹扩展应力强度因子的门槛值。而 ΔK_0 为 $R = 0$,即脉冲循环时对应的门槛值。按门槛值的含义,当 $\Delta K_I < \Delta K_{th}$ 时,裂纹扩展速率为零,即不扩展。

高速段从 $\lg da/dN$-$\lg\Delta K_I$ 曲线出现转折点 Ⅱ 开始,裂纹扩展速率随 ΔK_I 的增加而快速增加。一般地说,转折处应力强度因子幅 ΔK_C 约为 K_{IC} 值的 2/3。

研究疲劳裂纹的扩展速率,一般通过两种途径:一种是通过实验观察,根据实验结果,直接总结出表达裂纹扩展规律的经验公式;另一种是结合微观实验研究,提出裂纹扩展机理的假设模型,推导出裂纹扩展规律的理论公式。

(2)疲劳寿命预测。

从 Paris 公式出发,导出裂纹从初始长度 a_0 扩展到 a 相应的应力循环次数 N,将式(3-30)改写为式(3-33)。

$$N = \int_{a_0}^{a} \frac{da}{C(Y\Delta\sigma\sqrt{\pi a})^n} \tag{3-33}$$

这就是所要求的裂纹的初始长度 a_0、扩展后的长度 a 和相应的应力循环次数 N 的关系。它联系了 N、a、a_0、$\Delta\sigma$、C、n 和 Y 共 7 个变量。

由式(3-33)可以求出裂纹从初始长度 a_0 扩展到构件断裂相应的应力循环次数 N_C,即构件的疲劳寿命。设断裂对应的裂纹长度为 a_C,则 K_I 为:

$$K_I = Y\sigma\sqrt{\pi a_C} = K_{IC} \tag{3-34}$$

那么由式(3-33)得到 N_C[14]:

$$N_C = \int_{a_0}^{a_C} \frac{da}{C(Y\Delta\sigma\sqrt{\pi a})^n} \tag{3-35}$$

3.1.3　损伤力学评估

在损伤力学理论中,认为结构微观缺陷是始终存在的,并且在外部荷载的反复作用下,这些微观缺陷会逐步地萌生、扩展,并进一步引起材料或者结构的宏观力学性能发生不可逆的变化。材料或者结构宏观力学性能的劣化程度称为损伤。与断裂力学中将已存在的宏观裂纹作为起始点不同,损伤力学则是从能量的角度出发,将微观损伤的萌生以及扩展过程看作随着损伤累积而不断发生的能量耗散过程,损伤的累积过程更侧重于宏观裂纹的萌生过程。在基于损伤力学法对疲劳状态进行评估时,损伤变量以及损伤演化过程模型是损伤力学的两大关键问题。损伤变量是材料或者结构宏观力学性能的劣化程度的相对度量。很多学者根据实际情况提出了多种表征方法,如有效应力(实际应力或净应力)法、材料的微裂纹密度参数、自振频率变化率以及刚度退化率等,其中用刚度退化率来表征损伤的方法在疲劳试验中应用最多。目前比较经典的疲劳损伤演化模型有 Lemaitre 疲劳模型和 Chaboche 疲劳模型。Lemaitre 疲劳损伤模型为:

$$D = \frac{\sigma_{eq}^2 \ |\sigma_{eq} - \overline{\sigma}_{eq}|^\beta}{B} \frac{R_V |\sigma_{eq}|}{(1-D)^{\alpha_2}} \tag{3-36}$$

式中:D——损伤度;

　　σ_{eq}——疲劳细节的 von Mises 应力;

　　R_V——三轴度系数;

B、α_2、β——材料常数。

　　Chaboche 疲劳模型为:

$$\frac{dD}{dN} = \left[1 - (1-D)^{1+\beta}\right]^\alpha \frac{\sigma_a}{M_0(1 - B_0\sigma_m)(1-D)} \tag{3-37}$$

式中:B_0、α、β、M_0——材料参数;

　　　　σ_a——应力幅值;

　　　　σ_m——平均应力。

　　在役钢结构桥梁的疲劳问题往往属于高周疲劳问题,其疲劳损伤过程往往对应于车流荷载等其他荷载耦合作用下的微观塑性应变的累积过程。对于新建桥梁结构而言,其宏观缺陷或者裂纹基本可以忽略,而在加工、焊接过程中引入的微缺陷以及微伤则不可避免。研究表明,在构件的整个疲劳寿命中,疲劳裂纹的萌生以及扩展过程达到了整个疲劳寿命的90%左右,而从宏观裂纹出现至试件破坏的过程只占疲劳寿命的10%左右[15]。因此,使用损伤力学法更有利于新建桥梁中关键细节的疲劳性能的评估。

　　相较于应力、断裂力学的评估方法,基于损伤力学的评估方法通过引入损伤变量实现对疲劳损伤对结构或者材料宏观性能(强度或者刚度)影响程度的表征。同时,该方法可以建立起结构不同部位的损伤程度与该部位的疲劳寿命之间的对应关系模型,继而能够更直观地观察不同构造位置的疲劳损伤随服役时间的损伤演化过程。基于断裂力学的评估方法和基于损伤力学的评估方法均能够真实地反映外部荷载作用顺序对疲劳状态的影响,且更能够真实地反映疲劳损伤的非线性累积过程。

3.2 疲劳荷载模型

3.2.1 国内外疲劳荷载模型

1) Eurocode 规范

欧洲 Eurocode 规范给出了 5 种用于桥梁抗疲劳设计的疲劳荷载模型,其中用于一般疲劳评估的疲劳荷载模型Ⅲ,是由两辆四轴标准疲劳车组成的双车模型,第二辆车的轴距参数与第一辆车相同,但轴重为 36kN,且两车车头间距不小于 40m,如图 3-13 所示。使用时须结合规范定义的慢车道货车年交通量,见表 3-2,快车道的交通量是慢车道的 10%。在计算时,将疲劳荷载模型Ⅲ加载在桥梁单一车道中计算截面受到的最大应力和最小应力,相减得到应力幅以评估桥梁疲劳寿命。

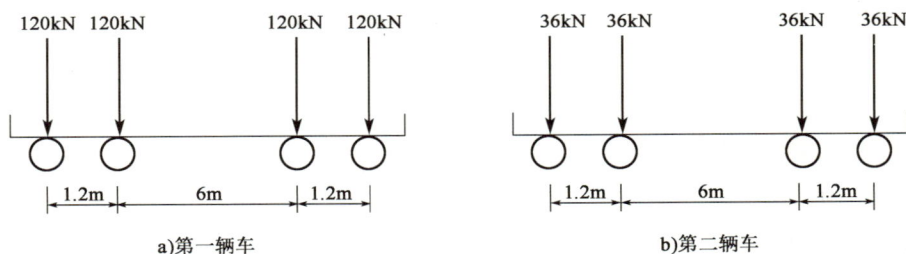

图 3-13 Eurocode 规定的疲劳荷载模型Ⅲ

Eurocode 规范规定的慢车道货车年交通量   表 3-2

车辆种类	单向慢车道的年货车流量(辆)
货车流量高且单向车道数≥2 的公路或高速公路	2×10^6
货车流量较高的公路或高速公路	0.5×10^6
货车流量较少的主要干道	0.125×10^6
货车流量较少的区域道路	0.05×10^6

2) AASHTO 规范

美国 AASHTO 规范中针对钢桥疲劳验算采用的疲劳荷载模型,如图 3-14 所示。中轴和后轴轴重为 145kN,轴距为 9m,车轮着地面积为 0.51m(横向)×0.25m(纵向),同时规定考虑 0.15 的车辆冲击系数。

AASHTO 定义正常交通状态下单向单车道的车流量上限值是 20000 辆/d,不同等级公路的货车交通量占总交通量比重见表 3-3,由此可估算不同等级公路的货车交通量。此外,规定标准疲劳车在桥梁加载长度中每次仅加载一辆车,并以疲劳细节处产生最大疲劳应力幅为原则,忽略行车道中心线位置。

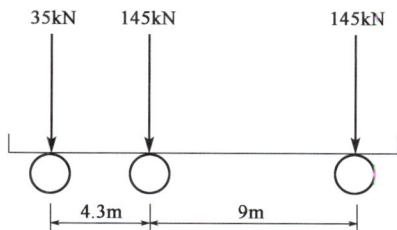

图 3-14　AASHTO 规范规定的疲劳荷载模型

各等级公路中货车交通量比重　　　　　　表 3-3

公路等级	农村州际公路	城市州际公路	其他乡村公路	其他城市公路
货车比重	0.20	0.15	0.15	0.10

3) BS5400 规范[16]

对高速公路桥梁,BS5400 规范中规定总重为 320kN 的四轴卡车为标准疲劳荷载模型,如图 3-15 所示。BS5400 规范仅对车辆荷载导致的疲劳验算进行了规定,对于风致疲劳、波浪导致的疲劳、腐蚀疲劳没有相应的规定。同时,BS5400 对铁路桥梁规定了疲劳荷载模型以及铁路车辆荷载谱。

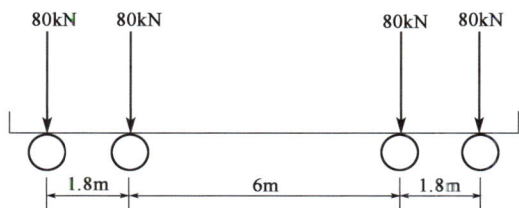

图 3-15　BS5400 规定的疲劳荷载模型

4) 中国规范[17]

我国颁布的《公路钢结构桥梁设计规范》(JTG D64—2015)参考欧洲规范给出了 3 种疲劳荷载模型。我国规范疲劳荷载模型Ⅰ与 Eurocode 规范的疲劳荷载模型Ⅰ相似,采用强度设计车辆荷载乘以折减系数作为疲劳验算荷载,集中荷载的折减系数也取 0.7,均布荷载的折减系数取 0.3,均布荷载和集中荷载按公路一级车道荷载标准取值,并考虑多车道的影响。我国规范疲劳荷载模型Ⅱ参考了 Eurocode 规范的疲劳荷载模型Ⅲ的相关规定,在车道上采用双车模型前后布置,两辆模型车轴距和轴重相同,加载时两车模型的中心距不得小于 40m,单车模型如图 3-16 所示。我国规范疲劳荷载模型Ⅲ同样参考了欧洲规范模型Ⅲ,除了轮胎着地面积不一样外,其他均一致,如图 3-17 所示。

实际上,我国幅员辽阔,不同地域的车辆荷载存在一定差异,不能简单套用欧美标准,应根据各地车辆荷载的实际情况,给出合适的疲劳荷载模型。具体到对在役桥梁进行疲劳寿命评估,至关重要的是获得其日常运营的车辆荷载,尤其是对于某些超载严重地区的桥梁。

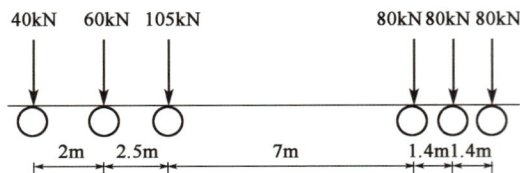

图 3-16　我国规范疲劳荷载模型 Ⅱ

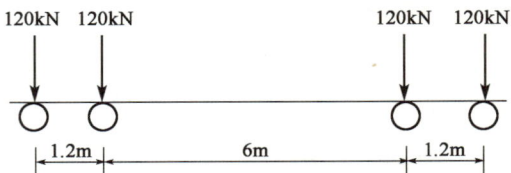

图 3-17　我国规范规定的疲劳荷载模型

3.2.2　动态荷载监测系统

为获取苏通大桥日常运营期间的车辆荷载情况,苏通大桥公司装设了高速动态称重仪,对桥面荷载进行实时监控,分析车辆轴载、交通量等车辆荷载的数据变化。

1)测点布置

(1)纵断面。

为了避免安装过程中对主桥铺装的开挖破坏,选择北引桥桥头主伸缩缝附近位置安装动态称重系统,如图3-18所示。

图 3-18　苏通大桥动态称重系统纵断面位置

(2)横断面。

为了得到系统、全面的动态车辆荷载数据,动态称重系统横桥向覆盖苏通大桥桥面双向6个车道,如图3-19所示。

苏通大桥交通荷载动态监测总体测点布置见表3-4。

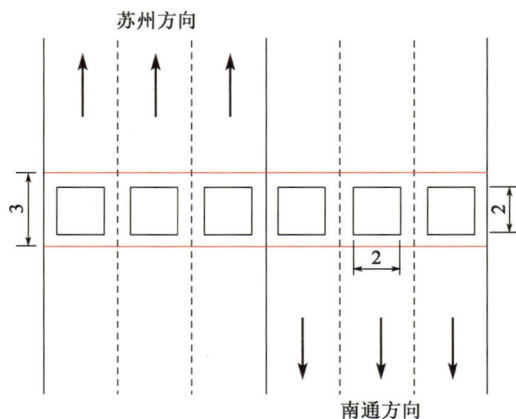

图 3-19　苏通大桥动态称重系统横断面位置示意图(尺寸单位:m)

交通荷载测点布置汇总表　　　表 3-4

使用参数	交通荷载(视频监控)
纵桥向	引桥桥头
横桥向(6 车道)	双向重车道
	双向行车道
	双向超车道
小计	纵向 1 个断面,横向 6 车道,小计 6 车道

2) 传感器指标

动态称重系统传感器监测通过车辆的相关数据,如图 3-20 所示,用于评估通过此桥的车辆轴载对正交异性钢桥面板健康状态的影响。

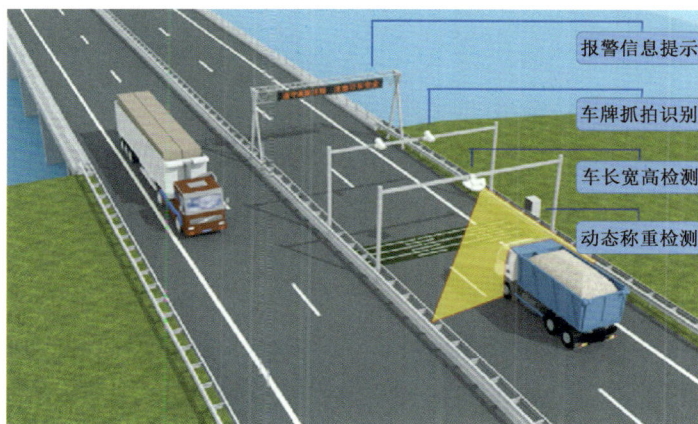

图 3-20　动态称重系统

动态称重系统可获取的数据包括单轴重、轴数、轴组重、总车重、等效单轴负载、轴间距、总轴距、车速、车间距时间、车流量、行驶方向等参数,见表 3-5。

动态称重系统监测关键指标　　　表 3-5

序号	指标	作用
1	单轴重	监测分析交通荷载大小
2	轴数	
3	轴组重	
4	总车重	
5	等效单轴负载	
6	轴间距	监测分析荷载作用形式
7	总轴距	

序号	指标	作用
8	车速	监测分析车速,提供实时温度特性分析所需的车速数据
9	车间距时间	
10	车流量	监测交通量大小,提供车辆荷载作用次数数据,分析疲劳特性
11	行驶方向	

　　动态称重系统采用压电薄膜传感器,如图 3-21 所示。压电薄膜由压电材料组成,其电阻根据力的变化而变化,当力作用于材料上时,输入电压或电荷会变化,可通过电压的变化计算出力的大小。还可以用于检测车辆的速度、轴距等数据的测量,其技术参数见表 3-6。

图 3-21　压电薄膜传感器

压电薄膜传感器技术参数　　　　　　　　　　　　　　　　　　　　　表 3-6

项目	技术标准
线芯	16AWG 扁平编织镀银铜芯线
压电材料	极化压电聚合物涂层
外护套	0.4mm 黄铜管
外形尺寸	<8mm×3mm
路面开槽尺寸	25mm×25mm(深×宽)
绝缘电阻	>500mΩ
压电常数	200×10^{-10} C/N
无源信号电缆	RG58
车速范围	5～180km/h
精度误差	长度方向 ±7%
工作温度	−40～80℃
温度灵敏度	0.2%/℃
传感器寿命	4000 万～1 亿次(等效轴载)
传感器安装破坏路面程度	每车道≤0.5m²

3)传感器安装

(1)画线及刻槽。

　　首先在安装传感器处按施工尺寸在铺装上画线标记。画线尺寸控制应精确。压电传感器安装位置画红线,地感线圈安装位置画白线。

①压电传感器埋设槽:当画线结束后,使用路面切割机严格按照红标线开槽。埋置压电传感器的切槽应保证有 20mm 宽、至少 20mm 深。开槽后使用尺子检查刻槽深度。

②地感线圈埋设槽:使用一个 5mm 宽的刀片,严格地沿白标线进行感应线圈开槽,感应线圈的开槽深度一般是 30 ～ 50mm。尽量减少对铺装层的破坏,切槽尺寸为 5mm(宽)×30mm(深)。开槽后使用尺子检查刻槽深度。

(2)清洗和准备工作。

开槽结束后,使用高压水枪冲洗开槽内杂物,然后用吹风枪将开槽面吹干;在槽口两侧粘贴宽胶带,防止对路面造成污染,如图 3-22 所示。

(3)安装传感器和密封。

将传感器安放入槽内距离路面 10mm 处,并保持水平一致,将电缆线固定至槽内,使用专用密封胶密封槽口,如图 3-23 所示。待密封胶固化完全后,使用砂轮机打磨表面。

图 3-22 粘贴胶带

图 3-23 铺设传感线

(4)安装后调试。

安装完成后(图 3-24)使用电容表测试传感器是否正常工作,使用感抗表测量地感线圈是否安装正确,使用标准车标定、调试精度。

图 3-24 安装完成

3.2.3 实桥车辆荷载模型

1）车辆荷载谱

车辆荷载谱的主要参数是荷载强度与加载频率。疲劳荷载谱的研究不仅要关注车辆荷载本身,还应考虑结构对车辆加载的响应特征。当一辆货车通过时,远离轮载作用的构件,如拉索、吊杆、主梁等受力构件,一般只经历一次应力循环;而直接承受或传递轮载的构件,如桥面板、伸缩缝等,可能发生多次应力循环。前者的疲劳荷载模型对应到车重级别即可,而后者则应细化到轴重和轴距。因此,车辆荷载模型的特征参数应包括车重、轴距和轴重等。以苏通大桥 2018 年车辆荷载信息为例计算车辆荷载谱。

（1）各轴车数量。

根据大桥监测系统的数据可知,苏通大桥车辆大致可分为 5 类车,按轴数可分为 2 ~ 6 轴车。以 2018 年为例,各轴数车辆的总交通量如图 3-25 所示。

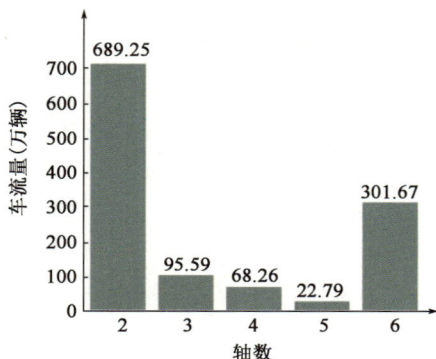

图 3-25　2018 年不同轴数车辆总交通量

由图 3-25 可知,2 轴车总量为 689.25 万辆,3 轴车总量为 95.59 万辆,4 轴车总量为 68.26 万辆,5 轴车总量为 22.79 万辆,6 轴车总量为 301.67 万辆。2 轴车作为主要车型,在其他大跨径桥梁中的占比也是最高的。但 6 轴车数目也相对较多,且 6 轴车的重量较大,是苏通大桥主要的车辆类型之一。

（2）车重。

车重可以直接反映荷载强度,是桥梁主要受力构件疲劳评定的重要参数,同时不同类型车辆的车重分布反映了大桥整体车流量的水平以及各车型的载重占比。按照疲劳损伤等效原则,计算各类车的等效车重 L_{ej}（式 3-38）,仅考虑 3t 以上的车辆。各类车的等效车重如图 3-26a）~ e）所示。

$$L_{ej} = \frac{\sum L_i \times f_i}{f} \tag{3-38}$$

式中：L_i——车辆的车重；

　　　f_i——不同车重区间内车辆的交通量；

　　　f——车辆的总交通量。

由图 3-26a）~ e）可知,2 轴车的等效车重为 84.28kN；3 轴车的等效车重为 183.26kN；4 轴车的等效车重为 279.3kN；5 轴车的等效车重为 301.84kN；6 轴车的等效车重为 429.24kN。

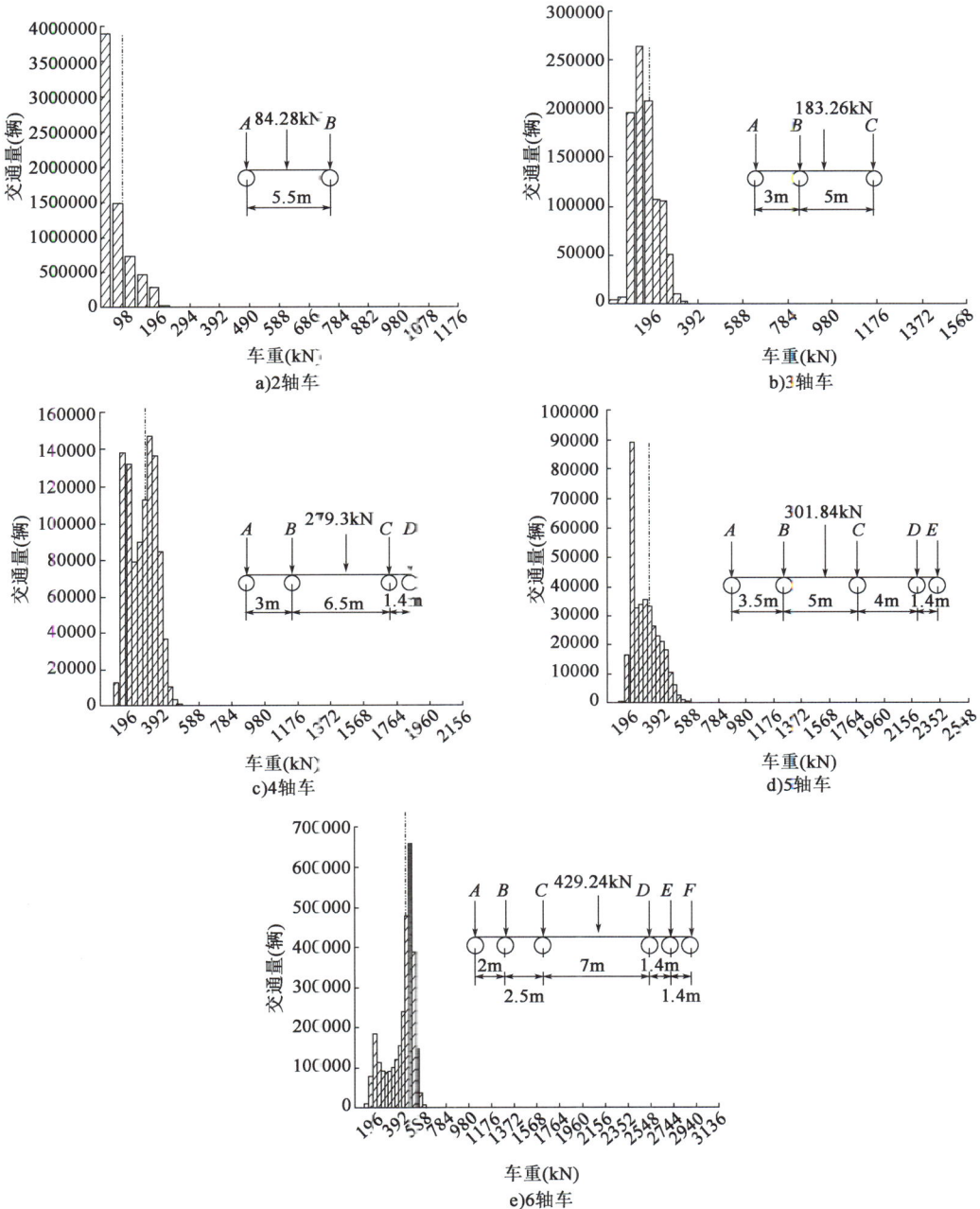

图 3-26　各轴车车重分布

（3）轴距。

参考相关文献资料[18]，查取各类车型的轴距尺寸，如图 3-27 所示。

（4）轴重。

由于正交异性钢桥面板构造复杂，车辆荷载引起的应力影响线较短，一辆 6 轴货车通过时可能在疲劳细节位置引起多次应力循环，从而出现多个应力幅，因此车辆荷载作用下的疲劳应力幅数与车辆荷载的轴数相关,而应力幅的大小直接取决于轴重,因此需要对各轴车的轴重进行分析。根据等效疲劳损伤原理,求出每种车各个轴的等效轴重,疲劳车等效轴重的计算公式见式(3-39)。

$$W_{ej} = \left[\ \sum (f_i W_{ij}^3)\ \right]^{\frac{1}{3}} \tag{3-39}$$

式中:W_{ej}——该类车辆的第 j 个轴的等效轴重;

f_i——同一类车辆中的第 i 辆车的相对频率;

W_{ij}——第 i 辆车的第 j 个轴的轴重。

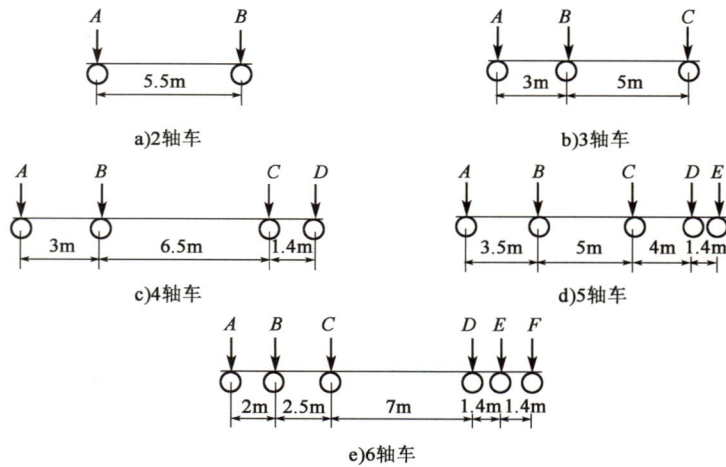

图 3-27　代表车型荷载模型示意图

根据公式计算出的各类车的等效轴重见表 3-7。由表可知,2 轴车的整体重量以及轴重较小,对钢箱梁疲劳损伤的贡献值较小,在基于实测车流分析大桥钢箱梁疲劳损伤情况时着重考虑重载车的影响;3 轴车的重量主要集中在货仓的后轴上;4 轴车的重量主要集中在后两轴上,货仓最大的轴重达到了 102.9kN;对于常见的 6 轴车,后 4 轴主要承担货仓的重量,轴重较大且分布相对均匀,均超过 78.4kN 但未达到 98kN;而 5 轴车除了第 2 轴轴重超过了 9t,其他轴的轴重相对较小。

各类车等效轴重表(单位:kN)　　　　　　　　　　　表 3-7

车型	轴 1	轴 2	轴 3	轴 4	轴 5	轴 6
2 轴车	31.2424	56.1246				
3 轴车	45.4426	45.4034	101.5868			
4 轴车	54.7820	64.8466	107.3296	89.6994		
5 轴车	52.7338	88.3764	67.6984	67.5808	67.375	
6 轴车	53.0572	66.3068	86.7986	79.5564	79.625	79.625

2）车辆荷载模型

根据以上统计的各轴车等效轴重以及大桥车载类型,计算代表大桥实际车流情况的各轴车的车辆荷载模型,如表3-8和图3-28所示。

标准疲劳车等效轴重(单位:kN)　　　　　　　表3-8

车型	轴1	轴2	轴3	轴4	轴5	轴6
2轴车	30	55				
3轴车	45	45	100			
4轴车	55	65	105	90		
5轴车	50	90	65	65	65	
6轴车	50	65	85	80	80	80

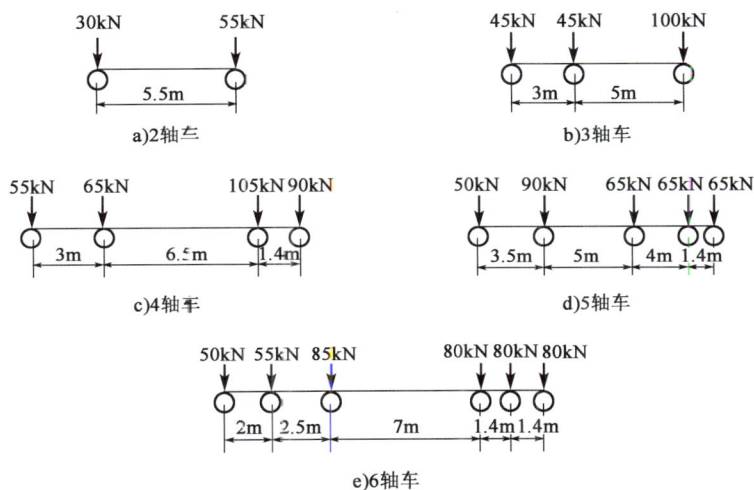

图 3-28　代表车型的车辆荷载模型示意图

3.3　实桥疲劳损伤分析

3.3.1　疲劳损伤分析基本理论

疲劳问题可分为高周疲劳问题与低周疲劳问题。高周疲劳的循环次数一般大于10^4次,作用的循环应力水平较低,最大循环应力不超过材料的屈服应力,也称为应力疲劳;低周疲劳问题的循环次数一般小于 10^4 次,最大循环应力大于材料的屈服应力,由于材料屈服后应变变化较大,应力变化相对较小,故选用更为合适的应变作为疲劳控制参量。因此,低周疲劳也称为应变疲劳[21]。

钢桥疲劳问题属于高周疲劳问题,传统的高周疲劳评估理论建立在 S-N 曲线和 Miner 线性累积损伤准则的基础上,通过大量的疲劳试验获得各疲劳细节的疲劳寿命曲线,通过对载荷谱的分析,按照一定的损伤累积法则来计算结构的疲劳寿命。

1)S-N 曲线

S-N 曲线也称伍勒(Wöhler)曲线,是以应力幅 S 为纵坐标、疲劳寿命 N_f 为横坐标建立的关系曲线,如图 3-29 所示。为获得 S-N 曲线,需要对特定的疲劳细节进行常幅疲劳试验,测得其在不同应力幅下发生疲劳破坏时所对应的疲劳寿命值。然后,利用回归分析的方法,将得到的大量试验数据转化成相应的 S-N 曲线。

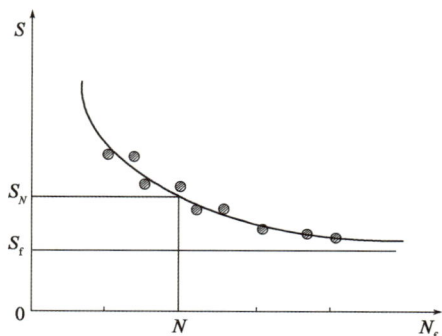

图 3-29 S-N 曲线

由 S-N 曲线确定的对应于疲劳寿命 N 的应力,称为疲劳寿命为 N 下的疲劳强度,记作 S_N。疲劳寿命 N 趋于无穷大时所对应的应力 S 的极限值 S_f,称为材料的疲劳极限。由于疲劳极限是由试验确定的,试验不可能一直做下去,故在许多试验研究的基础上,所谓的"无穷大"一般被定义为:钢材,1×10^7 次循环;焊接件,2×10^6 次循环。

通常,将试验得到的 S-N 曲线拟合成数学表达式,方便应用。常用以下 3 种形式:

(1)幂函数式。

描述材料 S-N 曲线的最常用形式是幂函数式,即:

$$S^m N = C \tag{3-40}$$

式中:m、C——与材料、应力比、加载方式等有关的参数。

两边取对数:

$$\lg S = A + B \lg N \tag{3-41}$$

式中:A、B——参数,$A = \lg C/m$,$B = -1/m$。

式(3-40)表示应力 S 与疲劳寿命 N 之间存在对数线性关系,可通过观察试验数据 S、N 在双对数图上是否线性而确定。

(2)指数式。

指数式的 S-N 曲线表达为:

$$e^{ms} N = C \tag{3-42}$$

两边取对数后成为：

$$S = A + B\lg N \tag{3-43}$$

式中：A、B——材料参数，$A = \lg C/(m\lg e)$，$B = 1/(m\lg e)$。

式（3-43）表示在疲劳寿命取对数、应力不取对数的图中，S 与 N 之间存在线性关系，通常称为半对数线性关系。

（3）三参数式。

有时在 S-N 曲线中考虑疲劳极限 S_f，写成：

$$(S - S_f)N = C \tag{3-44}$$

式（3-44）比式（3-40）、式（3-43）多一个参数，即疲劳极限 S_f，且当 S 趋近于 S_f 时，N 趋于无穷大。

3 种形式中最常用的是幂函数式表达的 S 与 N 之间的双对数线性关系。值得注意的是，S-N 曲线描述的是高周应力疲劳，故其使用下限为 $10^3 \sim 10^4$，上限则由疲劳极限定义。

2）疲劳累积损伤准则

对于常幅循环载荷下的疲劳破坏，利用 S-N 曲线可以估计特定应力水平下的疲劳寿命，即通过给定的设计寿命，可计算容许应力水平。然而，桥梁所受的实际载荷是变幅载荷，如图 3-30 所示，基于 S-N 曲线的疲劳寿命评估方法并不适用。因此，针对变幅荷载下的疲劳寿命评估问题，提出了疲劳累积损伤理论。

（1）线性疲劳累积损伤理论。

目前，应用最为广泛的疲劳累积损伤理论是线性疲劳累积损伤理论。该理论认为构件在循环载荷作用下，其疲劳损伤是可线性累加的，各个应力之间相互独立且互不相关，当疲劳损伤累积达到某一数值时，就认为结构构件发生疲劳破坏。

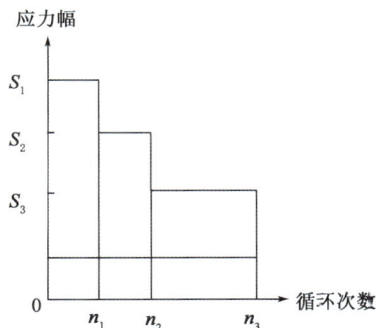

图 3-30 变幅载荷谱

线性疲劳累积损伤理论中，最经典也最常用的是由 Palmgren 于 1924 年提出的线性疲劳累积损伤理论。1945 年，在 Palmgren 的研究基础上，Miner 将其用公式进行了表达，故该理论被称为 Palmgren-Miner 理论，简称 Miner 理论。根据 Miner 理论可知，构件在某恒幅应力水平 $\Delta\sigma_i$ 作用下，经受 n_i 次循环时的损伤为：

$$D_i = \frac{n_i}{N_i} \tag{3-45}$$

式中：D_i——损伤度；

n_i——应力幅 $\Delta\sigma_i$ 的循环次数；

N_i——按常幅应力幅 $\Delta\sigma_i$ 进行疲劳试验时,构件发生破坏时的循环次数。

若 $n_i = 0$,则 $D_i = 0$,构件未受疲劳损伤;若 $n_i = N_i$,则 $D_i = 1$,构件发生疲劳破坏。

任意构件在变幅应力幅($\Delta\sigma_i, n_i, i = 1, 2, \cdots, k$)作用下的损伤度 D 可定义为:

$$D = \sum_1^k D_i = \sum_1^k n_i / N_i (i = 1, 2, \cdots, k) \tag{3-46}$$

根据 Miner 准则可知,当损伤度累积达到 1 时,就认为构件发生疲劳破坏,从而其临界损伤度 D_{cr} 为:

$$D_{cr} = \frac{\sum_1^k n_i}{N_i} = 1 \tag{3-47}$$

线性疲劳累积损伤理论存在以下几个假设:

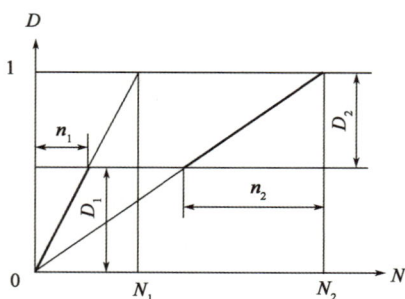

图 3-31　线性累积损伤

①荷载必须是对称循环荷载。

②忽略荷载作用次序对疲劳损伤的影响。

③任意应力幅值对结构产生的疲劳累积损伤速率与结构的荷载史无关,即认为每次循环产生的疲劳损伤值相同。

图 3-31 示出了最简单的变幅荷载(两水平荷载)下的累积损伤。从图中坐标原点出发的射线,是给定应力水平 $\Delta\sigma_i$ 下的损伤线。

(2)相对 Miner 理论。

由于 Miner 理论只是一种近似的简单形式的累积疲劳损伤理论,对于实际受变幅荷载作用的构件,D_{cr} 可能大于 1,也可能小于 1,其具体取值与荷载作用次序及材料分散性有关。Walter Schutz 提出的相对 Miner 理论考虑了载荷次序的影响,将式(3-47)修改为:

$$D_{cr} = \frac{\sum_1^k n_i}{N_i} = Q \tag{3-48}$$

对某具体构件,Q 的取值可以借鉴过去的、类似构件的使用经验或试验数据而确定,这样估计的 Q 值可以反映实际载荷次序的影响。

相对 Miner 理论的实质是:取消损伤和 $D = 1$ 的假定,由试验或过去的经验确定 Q,并由此估算疲劳寿命。其使用条件一是构件相似,主要是疲劳破坏发生的高应力区几何相似;二是载荷谱相似,主要是载荷谱型(次序)相似,载荷大小可以不同。对于许多改进设计,借鉴过去的原型,这两点常常是可以满足的。

3)疲劳应力谱计算

将应变时程数据乘以钢的弹性模量便可以得到相应的应力时程数据。根据应力时程曲线,只能看到某一时间区间内结构构件应力随时间的变化趋势,无法知道各级应力幅对结构构件作用的循环次数。为了获得各级应力幅所对应的循环次数,目前普遍采用的计数方法是雨流计数法。

雨流计数法又称为"塔顶法",是20世纪50年代由M. Matsuiski和T. Endo共同提出来的。他们认为结构之所以会产生疲劳损伤,是因为其具有塑性特性,具体表现在应力-应变的迟滞回线上。如图3-32所示,把应变-时间历程数据记录旋转90°,时间轴竖直向下,数据记录犹如一系列屋面,雨水顺着屋面往下流,故称为雨流计数法。图3-32中,1、2、3等表示应力极值点序号;2′、5′等表示雨滴流动中遇到上面流下的雨滴而停止的位置。

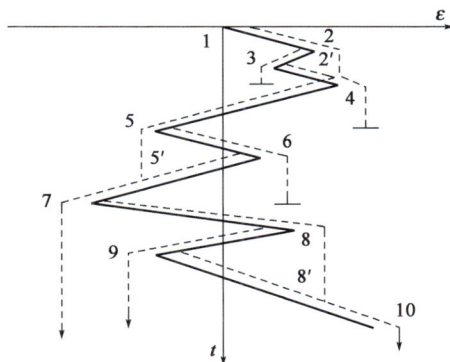

图3-32 雨流计数法

雨流计数法的规则如下:

(1)雨流在时程曲线的起点和终点依次在每一个峰值的内边(左半部)开始,亦即从1、2、3等尖点开始。

(2)雨流在流到峰值处竖直下滴,直到对面有一个比开始时最大值(或最小值)更大的最大值(或更小的最小值)为止。

(3)雨流在遇到上面屋顶流下的雨滴时就会停止,即构成了一个循环。

(4)根据雨滴流动的起点和终点,画出各个循环,将所有循环逐一取出来,并记录其峰值、谷值。

(5)可以将每一次雨流的水平长度作为该循环的幅值。

根据雨流计数法,可在计算机上编制相应的程序以实现各级应力幅循环次数的统计。所使用的雨流计数法程序事先不设定应力幅的等级,计数后得到的每个应力幅对应的循环次数有两个值:如果是全循环则为1,如果是半循环则为0.5。所以在计数后,需要将应力幅划分为若干区段,以将应力幅对应的循环数归并为若干应力幅等级,所得到的直方图即为疲劳应力谱。

3.3.2 应力监测方案

为评估苏通大桥局部构造细节的损伤状态,明确重点养护部位,优化日常养护工作,开展了实桥应力监测,获取车辆荷载作用下的局部应力时程曲线,并借助疲劳累积损伤理论进行评估。为获得苏通大桥局部构造细节在车辆荷载作用下的疲劳应力时程,首先进行测点的布置,在测点处布设应变传感器,获得其应变时程曲线,再根据应力、应变之间的关系,将应变时程曲线转化成相应的应力时程曲线。

1)应力测点布置

根据苏通大桥钢箱梁疲劳裂纹分布可知,苏通大桥疲劳裂纹以顶板横隔板-U 肋焊缝裂纹、顶板-U 肋焊缝裂纹、桁架式纵隔板斜撑裂纹为主,针对这 3 种疲劳裂纹在全桥纵横向的分布进行测点布置,疲劳应力监测位置如图 3-33 所示。

a)纵桥向测点布置图

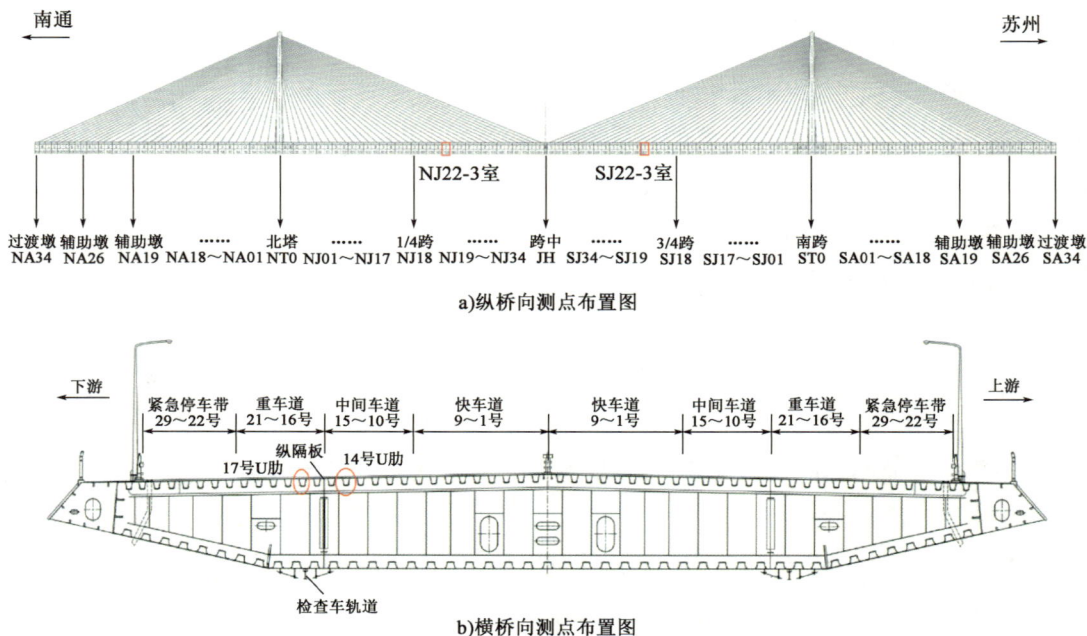

b)横桥向测点布置图

图 3-33　测点位置布置图

顶板横隔板-U 肋焊缝横隔板焊趾处均贴有三向应变片,共 4 处,分别为苏通大桥钢箱梁下游侧 SJ22-3 室南侧横隔板 14 号 U 肋上游侧、17 号 U 肋上游侧,NJ22-3 室北侧横隔板 14号 U 肋上游侧、17 号 U 肋上游侧,依次记为测点 1~测点 4。顶板横隔板-U 肋焊缝 U 肋焊趾处均贴有三向应变片,共 2 处,分别为苏通大桥钢箱梁下游侧 SJ22-3 室南侧横隔板 17 号U 肋上游侧、NJ22-3 室北侧横隔板 17 号 U 肋上游侧,分别记为测点 5、测点 6。横隔板弧形缺口处均贴有单向应变片,共 4 处,分别为苏通大桥钢箱梁下游侧 SJ22-3 室南侧横隔板 14号 U 肋上游侧、17 号 U 肋上游侧和 NJ22-3 室北侧横隔板 14 号 U 肋上游侧、17 号 U 肋上游侧,依次记为测点 7~测点 10。顶板-U 肋焊缝 U 肋焊趾处均贴有三向应变片,共 4 处,位于距离南北侧横隔板 2000mm 位置,分别为苏通大桥钢箱梁下游侧 SJ22-3 室南侧横隔板 14 号U 肋上游侧、17 号 U 肋上游侧和 NJ22-3 室北侧横隔板 14 号 U 肋上游侧、17 号 U 肋上游侧,依次记为测点 11~测点 14。纵隔板斜撑与上节点板焊缝处均贴有三向应变片,共 2 处,分别为苏通大桥钢箱梁下游侧 NJ22-3 室桁架式纵隔板左侧斜撑与上节点板连接焊缝、右侧斜撑与上节点板连接焊缝,分别记为测点 15、16。具体点位见表 3-9。

测点统计 表3-9

监测对象	箱室-舱室	U肋号	测点点位
顶板横隔板-U肋焊缝横隔板焊趾	SJ22-3	14	1
		17	2
	NJ22-3	14	3
		17	4
顶板横隔板-U肋焊缝U肋焊趾	SJ22-3	17	5
	NJ22-3	17	6
横隔板弧形缺口	SJ22-3	14	7
		17	8
	NJ22-3	14	9
		17	10
顶板-U肋焊缝U肋焊趾	SJ22-3	14	11
		17	12
	NJ22-3	14	13
		17	14
纵隔板斜撑	NJ22-3	北侧斜撑	15
		南侧斜撑	16

2) 应变片测点布置

应变片粘贴在各个构件的名义应力测点处,以获取构件在车辆荷载作用下的名义应力时程曲线。横隔板-U肋焊缝横隔板焊趾位置应变片粘贴在距焊缝10mm处,横隔板-U肋焊缝U肋焊趾位置应变片粘贴在距U肋焊趾10mm处,横隔板弧形缺口位置应变片粘贴在距缺口边缘10mm处,顶板-U肋焊缝U肋焊趾位置应变片粘贴在距焊缝10mm处,桁架式纵隔板斜撑位置应变片粘贴在距角钢边缘10mm处(图3-34)。

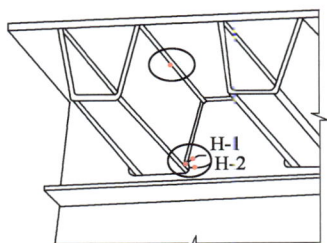

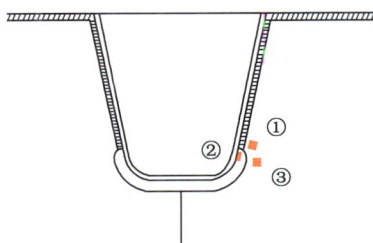

a)测点布置   b)横隔板-U肋焊缝/弧形缺口测点布置

图 3-34

c)顶板-U肋焊缝U肋焊趾测点布置

d)桁架式纵隔板斜撑测点布置

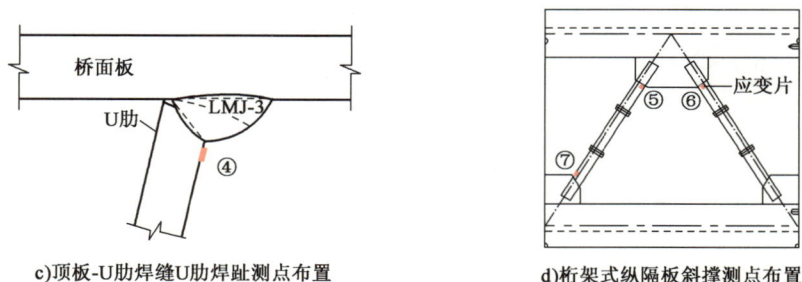

图 3-34   测点部位布置图

3) 应力监测流程

采集实桥钢箱梁疲劳细节应变数据须携带应变采集仪、笔记本电脑、延长线插座、打磨器、三向应变片、胶水等,主要应变监测设备如图 3-35 所示。

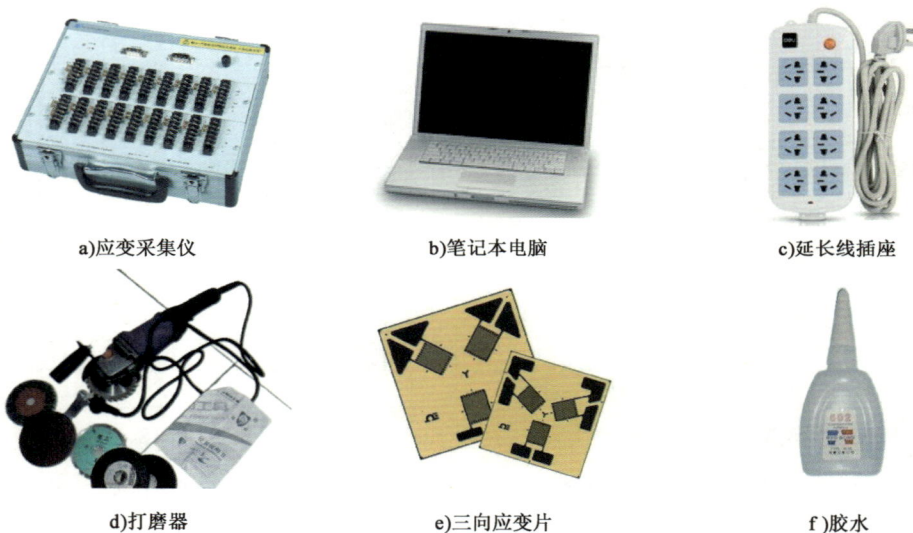

a)应变采集仪

b)笔记本电脑

c)延长线插座

d)打磨器

e)三向应变片

f)胶水

图 3-35   应力监测仪器

在大桥正常通车运营情况下,对各测点进行了疲劳应力监测。试验现场使用 uT 7832 智能信号采集仪连续采集 5h 的动态应变,采样频率为 512Hz。

现场应力监测的流程如图 3-36 所示。

(1)表面处理:首先用马克笔画出打磨区域,然后用打磨机将构件表面打磨干净,完成后用酒精擦拭构件表面,保证打磨区域内无杂质。

(2)粘贴应变片:在测点位置用马克笔标记应变片的粘贴位置,用 502 胶水将应变片粘贴至标记点位,并在应变片表面涂抹硅胶保护应变片。

(3)导线连接:将应变片接线端与长导线一侧连接并用绝缘胶带粘牢或用接线装置进行连接,另一侧连入应变采集仪相应通道上,注意分清楚各测点连接的导线两端,以免接线错误导致应力数据采集不正确,同时应注意及时用透明胶带或磁铁挂钩固定导线,以免导线将上部应变片扯下而耽误采集进度。

(4)数据采集:打开电脑上的应变采集软件,将其和动态应变采集仪连接。待连接成功后,首先设置采集数据保存位置,然后进行参数设置,调整采集频率,平衡后点击示波选项,待看到各通道均出现较为完整的波形后即可开始采集。采集工作开始后,不应再动应变片,以免数值出现问题。待连续采集一段时间后即可保存文件,结束采集工作。

(5)后处理:用打磨机清除构件表面残存的胶水和应变片碎片,清理完成后向打磨区域重新喷涂涂层。

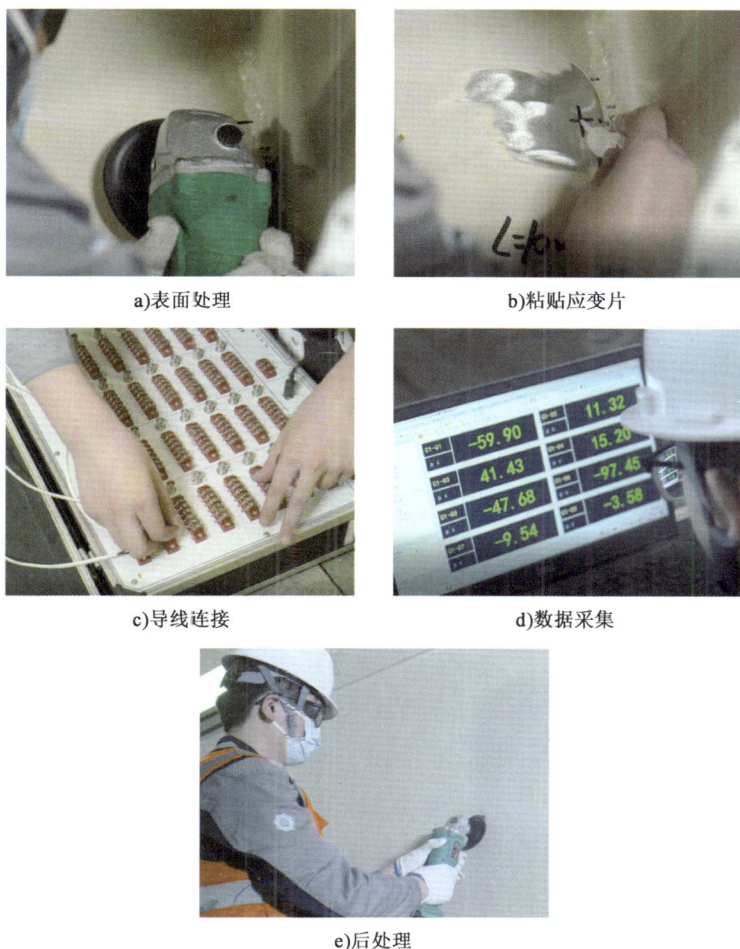

a)表面处理

b)粘贴应变片

c)导线连接

d)数据采集

e)后处理

图3-36 应力监测现场照片

实桥应力监测

试验过程中,由于风荷载、温度荷载以及各种噪声的干扰,实测数据会出现一定的误差。实测应变时程曲线中的应变幅包括:

(1)车辆通过时产生的主要应变幅,由于车辆载荷和车速等的随机性,引起的应变幅是变幅随机的。

（2）由于电磁干扰引起的远高于材料产生屈服时的应变幅。它不属于结构响应，应予以剔除。

（3）当车辆通过后，桥梁结构的高阶振动还会产生一部分低幅值应变幅。由于这类应变幅对疲劳损伤基本没有贡献，故不需要考虑。

（4）由桥梁构件的低阶回弹振动引起的应变幅，范围较小，也可不用考虑。

桥梁结构的疲劳损伤与应力幅大小有关，而应力幅主要由车辆荷载引起。为保证试验结果的可靠性，利用动静态应变采集分析系统对实测数据进行滤波处理，提取出代表车辆经过时的应变时程，减少各环境因素产生的影响。

3.3.3　疲劳损伤分析

1）应力时程分析

对钢箱梁典型的易疲劳开裂位置进行应力时程分析，每一个典型的位置各取一个测点进行分析，以测点 4、6、10、13、15 为具体研究对象，取 30min 时间间隔为数据分析时间段，经数据分离、提取、滤波后得到典型的应力时程曲线，以三向应变片平行于焊缝为 0°，以垂直于焊缝为 90°。

（1）横隔板-U 肋焊缝横隔板焊趾。

横隔板-U 肋焊缝横隔板焊趾处取测点 4 为研究对象，三向片粘贴位置如图 3-37a）所示，得到的应力时程曲线如图 3-37b）～d）所示。由图 3-37b）～d）可知，在车辆荷载的作用下，横隔板-U 肋焊缝横隔板焊趾平行于焊缝的应力为负，属于压应力循环，与焊缝成 45°方向和垂直于焊缝方向的应力循环为拉压循环。其中，平行于焊缝方向的压应力均值在6.5MPa 左右，最大值达到了 20MPa；与焊缝成 45°方向的拉应力均值在 7MPa 左右，峰值为21MPa，压应力均值在 4MPa 左右，峰值为 14MPa，可见该方向的应力由拉应力主导；垂直于焊缝方向的拉应力均值在 5MPa 左右，峰值为 13MPa，压应力均值在 10MPa 左右，峰值为20MPa，可见该方向的应力由压应力主导，且存在拉压循环，易产生疲劳开裂。综合 3 个方向应力值的大小，垂直于焊缝方向的应力最大，是导致该细节处疲劳开裂的主要原因，方向与实桥焊缝开裂方向垂直，符合实桥开裂特征。考虑到横隔板与 U 肋通过焊接的方式连接，焊缝附近存在大量残余拉应力，因此横隔板-U 肋焊缝在压应力作用下也会产生疲劳开裂。

（2）横隔板-U 肋焊缝 U 肋焊趾。

横隔板-U 肋焊缝 U 肋焊趾处取测点 6 为研究对象，应变片粘贴位置以及得到的应力时程曲线如图 3-38 所示。由图 3-38b）～d）可知，横隔板弧形缺口围焊端 U 肋焊趾处的名义应力点,在车轮循环荷载作用下,0°方向的应力为压应力,均值为 20MPa,峰值为 37MPa;45°方向的应力为拉压循环,主导应力为压应力,峰值达到了 25MPa,其中拉应力峰值为 10MPa;90°方向的应力为拉压循环,主导应力为拉应力,峰值为 16.5MPa,其中压应力的峰值在 10MPa 左右。可见压应力中 0°方向最大,45°方向次之,90°方向最小,说明该处的裂纹开裂方向平行于围焊端焊缝,与实桥裂纹开裂方向相符。

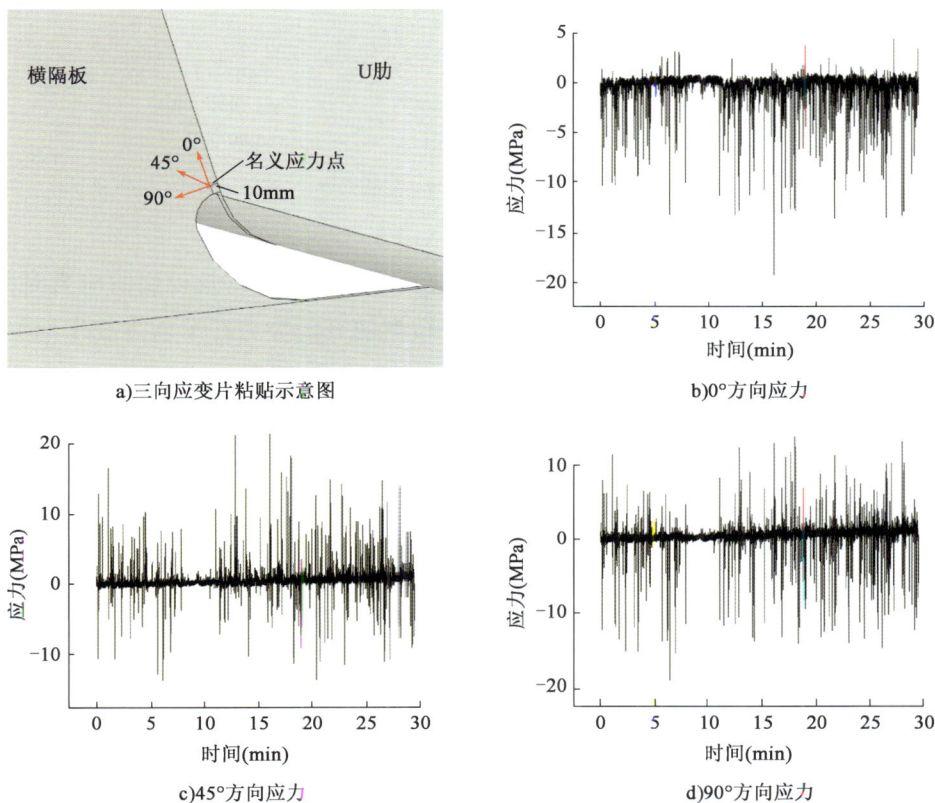

a)三向应变片粘贴示意图　　b)0°方向应力

c)45°方向应力　　d)90°方向应力

图 3-37　测点 4 应力时程曲线

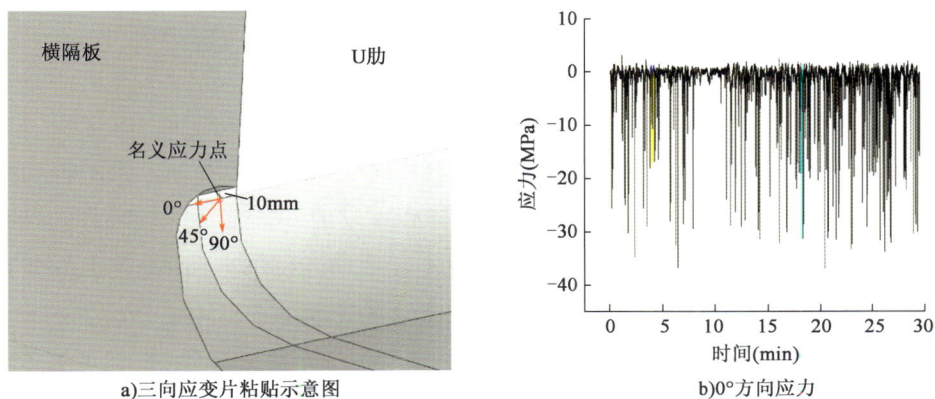

a)三向应变片粘贴示意图　　b)0°方向应力

图　3-38

c)45°方向应力

d)90°方向应力

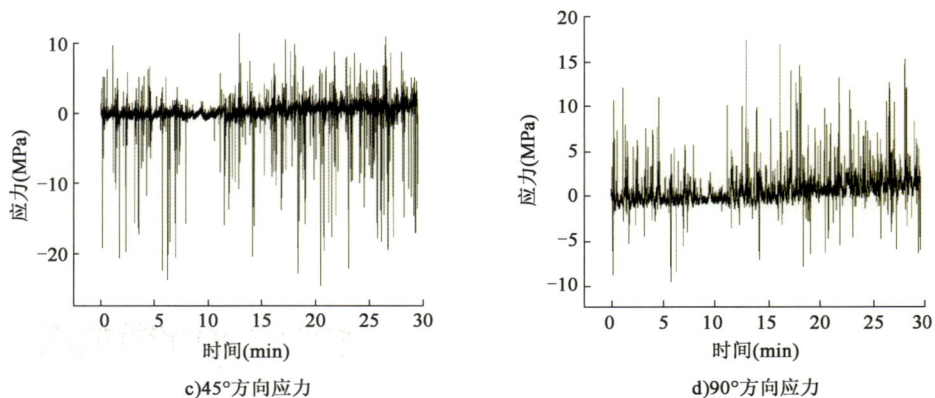

图3-38　测点6单轴应力时程曲线

（3）横隔板弧形缺口。

横隔板弧形缺口处取测点10为研究对象，应变片粘贴位置以及得到的应力时程曲线如图3-39所示。由图3-39b）可知，横隔板弧形缺口倒圆处的应力在车辆荷载作用下，以压应力为主导，应力峰值达到了45MPa；拉应力出现次数较少，应力峰值在15MPa左右。由于弧形缺口处存在残余拉应力，同时考虑到残余应力和活荷载耦合作用，可能产生疲劳开裂。

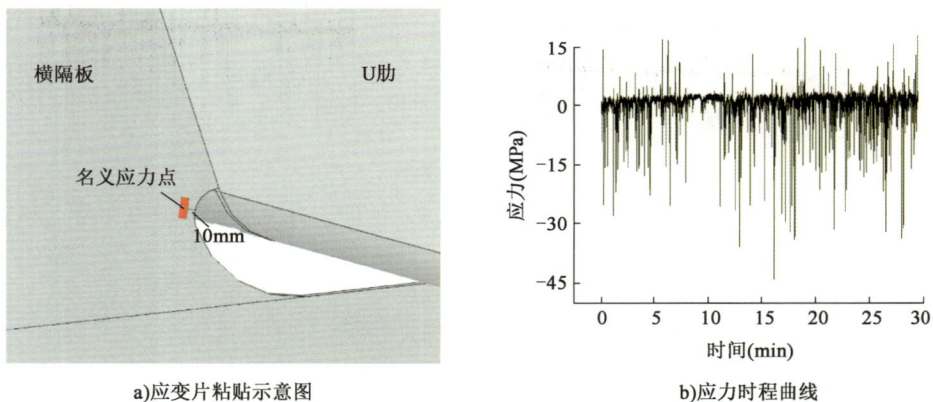

a)应变片粘贴示意图

b)应力时程曲线

图3-39　测点10单轴应力时程曲线

（4）顶板-U肋焊缝。

顶板-U肋焊缝处取测点13为研究对象，应力时程曲线如图3-40所示。由图3-40b）～d）可知，平行于焊缝的应力为压应力，且应力幅在15MPa以内。45°方向和90°方向既有拉应力，也有压应力。比较45°与90°方向应力值的大小，可以看出90°方向（垂直于顶板-U肋焊缝方向）的应力均值和峰值都大于45°方向，拉应力的峰值达到了23MPa，压应力的峰值达到了47MPa左右，拉应力与压应力的峰值为70MPa，应力幅较大是导致实桥裂纹开裂的主要原因；90°方向的应力值最大，同时与实桥裂纹方向垂直。

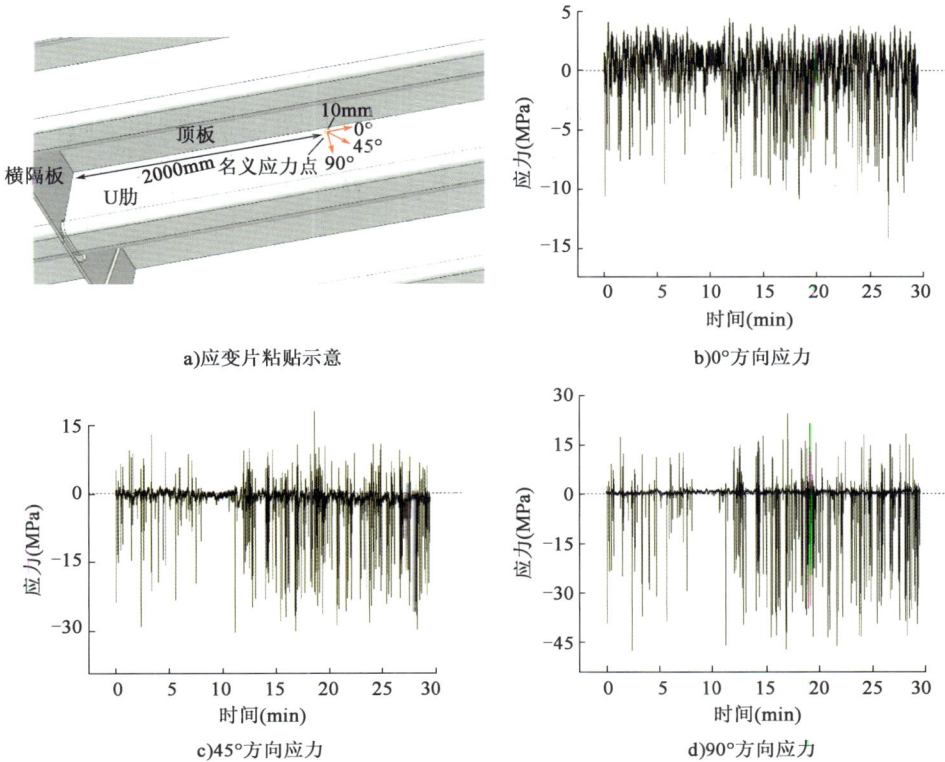

a)应变片粘贴示意

b)0°方向应力

c)45°方向应力

d)90°方向应力

图3-40 测点13单轴应力时程曲线

（5）桁架式纵隔板斜撑与上节点板连接焊缝。

桁架式纵隔板斜撑与上节点板连接焊缝处取测点15为研究对象，应变片粘贴位置与得到的应力时程曲线如图3-41所示。由图可知，该处3个方向的应力均为拉压循环，是导致该处产生疲劳裂纹的主要原因，其90°方向的应力值较大，拉应力峰值达到了30MPa左右，而压应力的峰值达到了40MPa以上，峰值在70MPa以上，应力方向与实桥该细节处产生疲劳裂纹扩展的方向垂直，比较合理地解释了该处产生疲劳裂纹并扩展的原因。

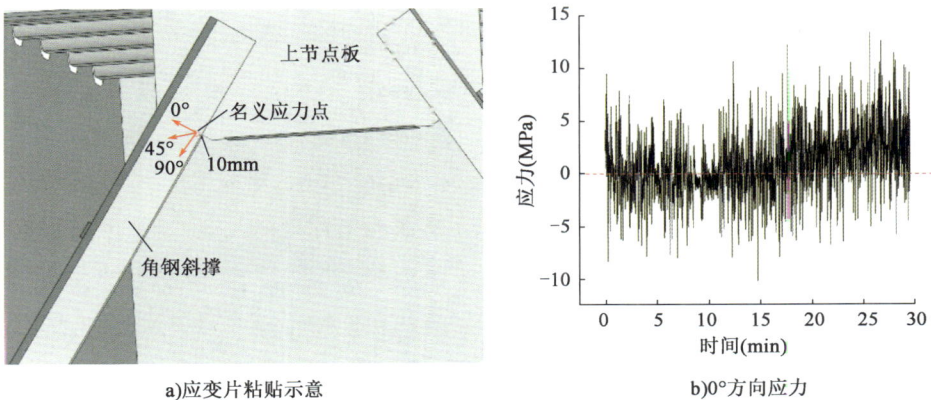

a)应变片粘贴示意

b)0°方向应力

图 3-41

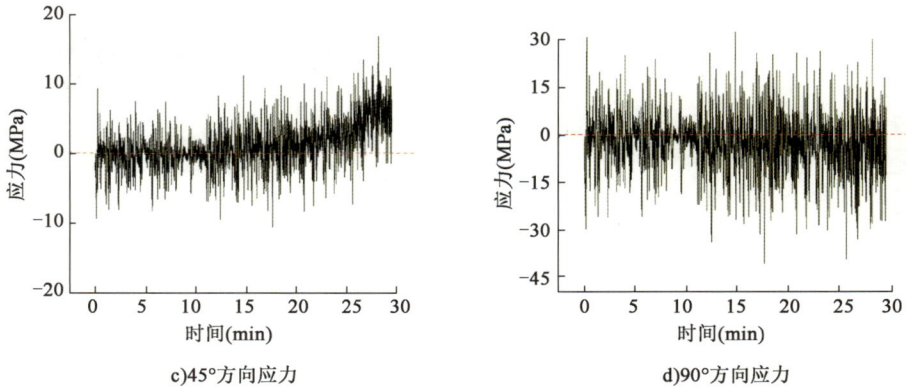

c)45°方向应力

d)90°方向应力

图 3-41 测点 15 单轴应力时程曲线

2)疲劳应力谱分析

基于各测点所测得的应力时程数据,通过雨流计数法计算测点 24h 内的疲劳应力幅,如图 3-42 所示。考虑到车辆荷载作用下各测点应力水平 4MPa 及以下情况对测点位置的疲劳损伤度影响较小,以及低应力幅值容易受其他干扰因素影响,仅提取应力水平 4MPa 以上情况下的应力幅。在疲劳应力谱中,划分应力幅的区段长度定为 2MPa。

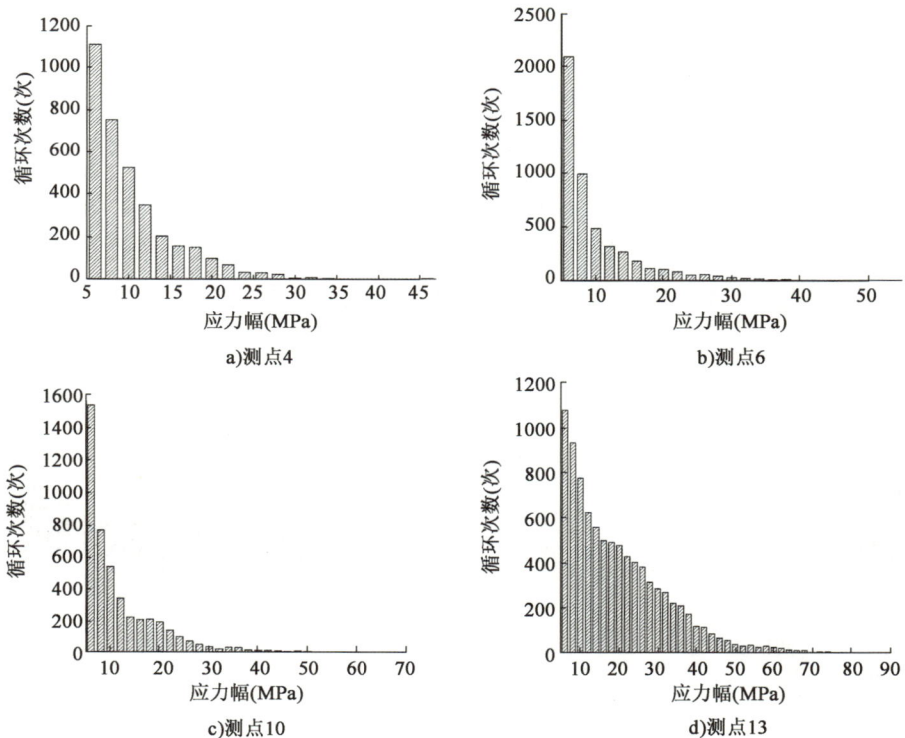

a)测点4

b)测点6

c)测点10

d)测点13

图 3-42

e)测点15

f)测点3

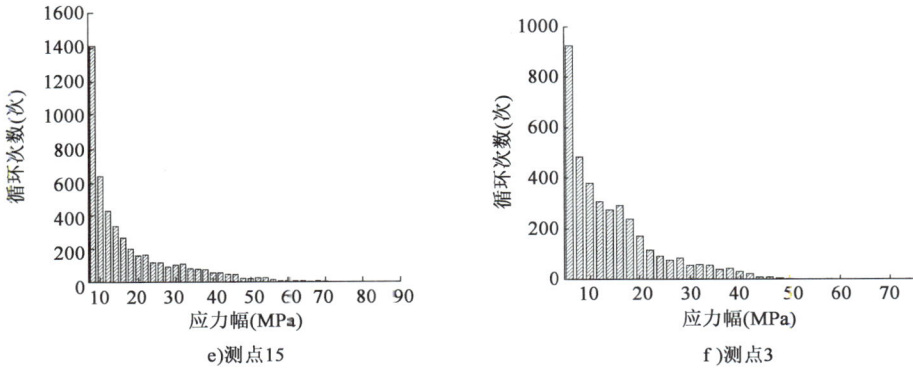

图 3-42 各测点疲劳应力幅

由图 3-42 可知,各个测点的应力幅变化趋势相同,循环次数均随着应力幅的增大而逐渐减少,但不同的测点在相同的应力幅情况下,循环次数差异较大。除了测点 13(顶板 U 肋角焊缝)处,其他测点处 10MPa 以内的应力幅值循环次数占总循环次数的 90% 以上,说明各测点大部分时间经历的都是低幅值应力循环。而对于测点 13 来说,应力幅值达到 40MPa 以后,应力循环次数有所降低,在较大的应力幅作用和焊接残余应力、焊缝质量的综合影响下,疲劳裂纹容易在此处萌生并扩展。

为了进一步了解横隔板-U 肋焊缝处疲劳应力幅分布的情况,对测点 4(横隔板焊趾)、测点 6(U 肋焊趾)的应力幅谱进行对比,如图 3-43 所示。由图可知,应力幅在 10MPa 与 20MPa 之间,横隔板焊趾的应力循环次数较多;当应力幅大于 20MPa 时,U 肋焊趾的应力循环次数较多。在高应力幅的作用下,横隔板弧形缺口围焊端 U 肋焊趾处的疲劳损伤程度高于横隔板焊趾,U 肋焊趾处易发生疲劳开裂现象,这与实桥检测的疲劳裂纹数量分布一致。

为进一步了解不同车道下的测点疲劳损伤情况,对测点 4(重车道下)、测点 3(中间车道下)的应力幅谱进行对比,如图 3-44 所示。由图可知,在去除低应力幅之后,随着应力幅的增大,重车道与中间车道测点的应力循环次数逐渐减少。在低应力幅的情况下,重车道与中间车道车流量相近,而随着应力幅的逐渐增大,重车道应力循环次数明显高于中间车道,考虑到高应力幅更易导致疲劳开裂,因此应重点关注重车道构造细节是否出现疲劳。

3)疲劳损伤评估

根据疲劳应力幅的计算公式,得到横隔板弧形缺口围焊端、横隔板弧形缺口最小净截面、顶板与 U 肋连接焊缝、桁架式斜撑与上节点板连接焊缝单轴疲劳损伤度,见表 3-10 ~表 3-13。

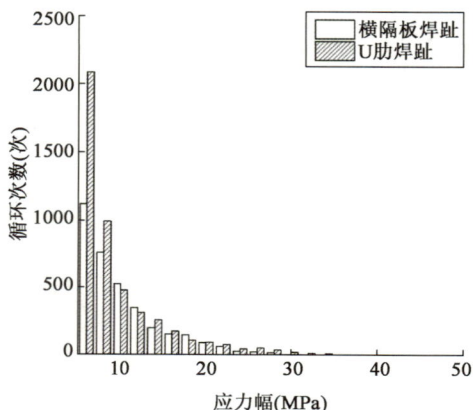

图 3-43　不同焊趾应力幅谱

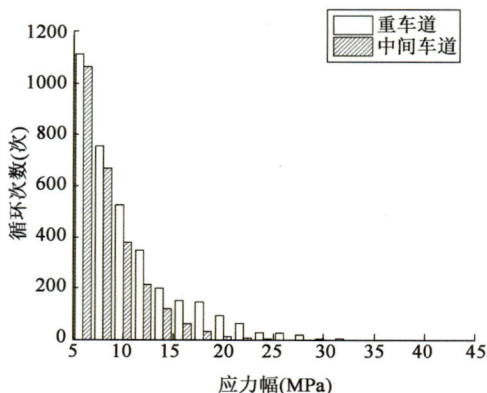

图 3-44　不同车道测点应力幅谱

横隔板-U 肋焊缝疲劳累计损伤表　　　表 3-10

箱室-舱室	测点位置	U 肋编号	测点	累计损伤度(D_i)
SJ22-3	横隔板焊趾	14	1	1.189×10^{-6}
SJ22-3		17	2	6.113×10^{-6}
NJ22-3		14	3	4.169×10^{-5}
NJ22-3		17	4	1.053×10^{-5}
SJ22-3	U 肋焊趾	17	5	5.216×10^{-5}
NJ22-3		17	6	4.048×10^{-5}

横隔板弧形缺口疲劳累计损伤表　　　表 3-11

箱室-舱室	U 肋编号	测点	累计损伤度(D_i)
SJ22-3	14	7	7.372×10^{-4}
SJ22-3	17	8	1.262×10^{-4}
NJ22-3	14	9	3.092×10^{-5}
NJ22-3	17	10	3.668×10^{-5}

顶板-U 肋焊缝 U 肋焊趾疲劳累计损伤表　　　表 3-12

箱室-舱室	U 肋编号	测点	累计损伤度(D_i)
SJ22-3	14	11	1.056×10^{-5}
SJ22-3	17	12	6.502×10^{-5}
NJ22-3	14	13	2.360×10^{-5}
NJ22-3	17	14	4.910×10^{-5}

桁架式纵隔板斜撑与上节点板连接焊缝疲劳累计损伤表　　　　　　表3-13

箱室-舱室	测点	累计损伤度（D_i）
NJ22-3	15	1.165×10^{-4}
NJ22-3	16	1.136×10^{-4}

注：桁架斜撑编号中 E1 表示左侧斜撑、E2 表示右侧斜撑。

由表3-10、表3-11可知，对于横隔板-U肋焊缝横隔板焊趾侧与U肋焊趾，同一根U肋上，主跨跨中以北的疲劳累计损伤度高于南侧，同一箱室不同U肋，重车道侧疲劳损伤度大于中间车道侧。对于SJ22-3-17号U肋，横隔板焊趾侧累计损伤度为6.113×10^{-6}，U肋焊趾侧的累计损伤度为5.216×10^{-5}，U肋焊趾侧累计损伤度高于横隔板焊趾侧，说明U肋焊趾处易发生疲劳开裂现象。同一个箱室内，不同横隔板弧形缺口在重车道侧的疲劳损伤度大于中间车道侧。由表3-12可知，对于顶板-U肋焊缝U肋焊趾，重车道侧17号U肋累计损伤度高于14号U肋，即重车道侧高于中间车道，重车道侧下方的U肋无论是弧形缺口围焊端，还是顶板-U肋角焊缝，都是易产生疲劳裂纹的位置，因此，实桥观测与检测须对重车道侧的U肋、横隔板做重点检查。

综合上述苏通大桥各疲劳细节的损伤评估结果和苏通大桥疲劳裂纹的分布情况可知，苏通大桥北跨重车道下方U肋是损伤重点部位，在后续的日常养护过程中应重点关注，尤其是NJ22节段中顶板-U肋焊缝处裂纹萌生、扩展和处治情况。

本章参考文献

[1] HOBBACHER A F. Recommendations for fatigue design of welded joints and components[M]. 3rd ed. [S. l.]:Springer,2024.

[2] British Standars Institution. Eurocod 3:Design of steel structures—Part 1-9:Fatigue[S]. London:British Standards Institution,2005.

[3] DNV GL. Fatigue design of offshore steel structures[R]. Oslo:DNV GL,2011.

[4] 文铖. 正交异性钢桥面板结构热点应力分析及可靠度评估[D]. 兰州:兰州理工大学,2014.

[5] RADAJ D,STALLMEYER J E. Design and analysis of fatigue resistant welded structures[J]. Design & Analysis of Fatigue Resistant Welded Structures,1990:66-97.

[6] DONG P. A structural stress definition and numerical implementation for fatigue analysis of welded joints[J]. International Journal of Fatigue,2001,23(10):865-876.

[7] XIAO Z G,YAMADA K. A method of determining geometric stress for fatigue strength evalua-

tion of steel welded joints[J]. International Journal of Fatigue,2004,26(12):1277-1293.

[8] GURNEY T R. Fatigue of welded structures[M]. New York:Cambridge University Press,1968.

[9] MADDOX S J. Fatigue strength of welded structures[M]. Woodhead Publishing,1991.

[10] RADAJ D,SONSINO C M,FRICKE W. Fatigue assessment of welded joints by local approaches[M]. Cambridge:Woodhead Publishing Ltd. ,2006.

[11] MORI T,SHIGIHARA S,NAKAMURA H. Fatigue tests on welded connections between deck plate and trough rib in steel plate deck in consideration of weld penetration[J]. Doboku Gakkai Ronbunshuu:A,2006,62(3):570-581.

[12] HOBBACHER A. Recommendations for fatigue design of welded joints and components[R]. Shaker Heights, OH:Welding Research Council,2009.

[13] FRICKE W. Guideline for the fatigue assessment by notch stress analysis for welded structures[R]. International Institute of Welding,2008.

[14] 张晓敏,严波,张培源. 断裂力学[M]. 北京:清华大学出版社,2012.

[15] 石永久,贺小平,王元清,等. 建筑用铝合金的疲劳性能试验[J]. 清华大学学报(自然科学版),2009,49(9):1437-1440.

[16] British Standards Institution. Steel,concrete and composite bridges:Code of practice for fatigue[S]. [London]:British Standards Institution,1980.

[17] 中交公路规划设计院有限公司. 公路钢结构桥梁设计规范:JTG D64—2015[S]. 北京:人民交通出版社股份有限公司,2015.

[18] 陈传尧. 疲劳与断裂[M]. 武汉:华中科技大学出版社,2002.

第 4 章
裂纹检测技术

4.1　渗透检测技术

4.1.1　检测原理与常用方法

1）检测原理

渗透检测是一种以毛细作用原理为基础的检测技术，主要用于检测非疏孔性的金属或非金属部件表面的开口缺陷。检测时，将溶有荧光染料或着色染料的渗透液涂覆到零部件表面，由于毛细作用，渗透液渗入细小的表面开口缺陷中；清除附着在工件表面的多余渗透液，经干燥后再喷涂显像剂，缺陷中的渗透液在毛细现象的作用下被重新吸附到零件表面上，就形成放大了的缺陷显示，即可检测出缺陷的形状和分布状态[1-2]。

2）常用方法

（1）根据渗透液的种类分类。

根据渗透液中所含染料的成分，渗透检测可分为着色法、荧光法和荧光着色法3大类。着色法是采用含有红色染料的渗透液，在白光或日光下对缺陷进行观察的检测方法。荧光法是采用紫外线照射，观察缺陷处含有荧光染料的渗透液有无黄绿色荧光显示的检测方法。荧光着色法兼具荧光法和着色法的特点，即缺陷的显示图像在白光下显色，而在紫外线的照射下又能激发出荧光显色。

（2）根据表面多余渗透液的去除方法分类。

根据表面多余渗透液的去除方法，可将渗透检测分为水洗型、后乳化型和溶剂去除型3大类。水洗型渗透检测法所用的渗透液中含有一定量的乳化剂，工件表面多余的渗透液可直接用水清洗掉。后乳化型渗透检测法的渗透液中不含乳化剂，不能直接用水从工件表面清洗掉，必须经过一道专门的乳化工序，使工件表面多余的渗透液乳化之后才能用水清洗掉。溶剂去除型渗透检测法中的渗透液也不含乳化剂，工件表面多余的渗透液用有机溶剂擦洗去除。

（3）根据渗透液的种类和去除方法分类。

根据渗透液的种类和表面多余渗透液的去除方法，可分为水洗型荧光渗透检测、亲油性后乳化型荧光渗透检测、溶剂去除型荧光渗透检测、亲水性后乳化型荧光渗透检测、水洗型着色渗透检测、后乳化型着色渗透检测、溶剂去除型着色渗透检测等,见表4-1。

渗透检测方法分类 表4-1

检测方法	方法代号	GJB 2867A 代号
水洗型荧光渗透检测	FA	Ⅰ类A
亲油性后乳化型荧光渗透检测	FB	Ⅰ类B
溶剂去除型荧光渗透检测	FC	Ⅰ类C
亲水性后乳化型荧光渗透检测	FD	Ⅰ类D
水洗型着色渗透检测	VA	Ⅱ类A
后乳化型着色渗透检测	VB	Ⅱ类B
溶剂去除型着色渗透检测	VC	Ⅱ类C

4.1.2 影响因素

影响渗透检测的因素主要包括毛细现象、试块、检测工艺、环境温度以及油污浸润堵塞等。

1) 毛细现象

液体渗透时,毛细管直径越小、管越细,则毛细现象越显著。对于一定尺寸的裂纹,渗透液液体密度越小,液体毛细上升高度越高,渗透现象越明显,因此采用油性探伤剂比水性探伤剂好。另外,不同的裂纹类型、大小、形状等均会影响毛细现象,且裂纹越大,毛细现象越不明显。

2) 试块

国内渗透检测常用试块有铝合金淬火试块(A 型)、不锈钢镀铬辐射状裂纹试块(B 型)和黄铜板镀铬裂纹试块(C 型)。渗透检测的灵敏度是通过与标准试块上人工裂纹的检测结果对比来验证,因此,标准试块的种类、人工裂纹的加工方法直接影响对检测灵敏度的评价及实际裂纹检测的可靠性。

3) 检测工艺

渗透检测的方法很多,并且每种方法采用的探伤剂、清洗方法和显像方法不同,其灵敏度相差很大,在实际探伤时必须谨慎选择。

渗透检测主要操作步骤应符合相关标准的要求,其中涉及操作方法、操作工艺参数及操作注意事项等。渗透检测适用于表面开口裂纹,裂纹内不能有任何杂质,以防止影响毛细作用,因此,在渗透前须对表面进行预清洗。如清洗不干净,裂纹内有油污、物料等杂质,则很大程度上会影响检测结果。

4)环境温度

根据物体热膨胀原理,工件表面温度升高,则缺陷受热膨胀,开口张大,裂纹宽度增加,会提高渗透剂的渗透能力,这在检测微细裂纹时较为明显。如果裂纹开口过宽,则会因丧失毛细作用而对探伤效果产生负作用。另外,温热工件能提高涂覆在工件表面的渗透剂的温度,使其黏度下降,增强其流动性,提高渗透能力。众所周知,气体的平均动能只与温度有关,即与绝对温度成正比。工件温度提高,裂纹中气体分子运动加剧,内压升高,部分气体便从裂纹处排出。一旦温度偏低的渗透液封闭裂纹的开口,裂纹内气压下降,则会形成轻度负压,提高渗透剂渗透能力。因此试样温度对渗透检测结果有很大的影响,过低的温度导致难以清晰地显示缺陷,而在实际现场探伤时经常存在环境温度低于标准规定温度范围(15～50℃)的情况,这样必然会影响探伤结果。

5)油污浸润堵塞

毛细现象是渗透探伤的物理原理,如果工件长时间处于油脂中,可能被渗透力较弱的油脂侵入,形成浸润堵塞。通用的清理方法很难清除缺陷中的油脂,这必然会影响渗透剂的渗入,对探伤结果产生很大的影响。

4.1.3 检测流程

渗透检测只能用于表面裂纹的检测,在钢箱梁内应用时,其流程如图4-1所示。

图4-1 渗透检测流程

1)表面准备和预清洗

渗透检测最重要的要求之一是使渗透液能最大限度地渗入构件表面的开口缺陷中,使检验人员能够清晰地识别缺陷,而工件表面的污染物将严重影响这一过程。因此在涂覆渗透液之前,必须对被检工件的表面进行预清洗,清洗的范围应比要求检测的部位大一些。《渗透检验》(GJB 2367A—2005)规定,清洗范围应从检测部位四周向外扩展25mm。

表面准备和预清洗的方法主要有机械清理、溶剂清洗和化学清洗3种,其中机械清理和溶剂清洗适用于钢箱梁表面。当箱梁钢材表面有严重的锈蚀、飞溅、毛刺、涂料等覆盖物时,可首先考虑采用机械清理的方法。常用的机械清理方法有振动光饰、抛光、喷砂、喷丸、砂轮打磨及超声波清洗等。溶剂清洗包括溶剂液体清洗和溶剂蒸汽除油等方法,常用于钢箱梁中钢材表面的局部区域清洗,主要用于清除各类油、油脂及某些油漆。通常可采用的溶剂有汽油、醇类(甲醇、乙醇)、苯、甲苯、三氯乙烷以及三氯乙烯等。

2)渗透

涂覆渗透液常用的方法有刷涂法、浸涂法、喷涂法和浇涂法等,其中刷涂法和喷涂法适用于钢箱梁表面检测。刷涂法即用软毛刷或棉纱布、抹布将渗透液刷涂在箱梁钢材表面上;喷涂法即采用喷灌喷涂、静电喷涂等方法,将渗透液喷涂在被检测部位的表面上。涂覆渗透液时,应保证被检部位完全被渗透液覆盖,并在整个渗透时间内保持湿润状态。

渗透温度一般控制在 10~50℃ 的范围内。若温度过高,渗透液容易在工件表面上干燥,给清洗带来困难;同时,渗透液受热后,某些成分蒸发,会使其性能下降。若温度太低,会使渗透液变稠。在晴朗天气下,箱梁内部顶板温度较高,按《渗透检验》(GJB 2367A—2005)的规定,其渗透时间不得少于 10min。为防止钢箱梁渗透检测时的温度过高,建议在阴天进行钢箱梁渗透检测。

3)去除表面多余的渗透液

去除多余渗透液的关键是保证不过洗而又清洗充分,这在一定程度上要凭借操作者的经验。理想状态下,应当全部去除构件表面多余的渗透液,保留已渗入缺陷中的渗透液,但实际上这难以做到,因此检验人员应根据检查的对象,尽力改善工件表面的信噪比,提高检验的可靠性。去除表面多余渗透液时,对于水洗型渗透液可直接用水去除;对于亲油性后乳化型渗透液应先乳化,再用水去除;对于亲水性后乳化型渗透液应先进行预水洗,然后乳化,最后用水去除;对于溶剂去除型渗透液应采用溶剂擦拭去除。

4)干燥

去除表面多余渗透液后,在钢箱梁内必须进行干燥处理,除去箱梁表面的水分,使渗透液能充分渗入缺陷中或被显像剂所吸附,同时防止钢箱梁腐蚀。采用溶剂去除钢材表面多余的渗透液时,不必进行专门的干燥处理,只需自然干燥 5~10min 即可。用水清洗的表面,如采用干粉显像或非水基湿式显像剂,则在显像之前必须进行干燥处理。若采用水基湿式显像剂,水洗后可直接显像,然后进行干燥处理。

常用的干燥方法有用干净布擦干、压缩空气吹干、热风吹干、热空气循环烘干等。实际钢箱梁检测中,常将多种方法结合起来使用。例如,对于 U 肋与面板的连接焊缝,经水洗后,可先用干净的布擦去表面明显的水分,再用经过过滤的干燥压缩空气吹去焊缝表面的水分。在干燥过程中,干燥的温度不宜超过 80℃,干燥时间不宜过长,否则会将缺陷中的渗透液烘干,在涂覆显像剂后,缺陷中的渗透液不能被吸附到表面上,从而不能形成缺陷显示。

5)显像

常用的显像方法有干式显像、速干式显象、湿式显象和自显像等。钢箱梁渗透检测显像建议采用干式显像法。在焊缝表面经过清洗并干燥后立即涂覆干粉显像剂,因为热的表面能够得到较好的显像效果。涂覆干粉显像剂可采用喷枪或静电喷粉等方法。一次喷粉可显像一整条焊缝,检测效率很高;同时,经干粉显像的焊缝,检查完后很容易去除显像粉。

依据《渗透检验》(GJB 2367A—2005)的规定,干粉显像的时间为10min。显像时间不能太长或太短:太长则缺陷显示被过度放大;太短则缺陷显示不完全,导致图像失真,降低分辨力,造成缺陷、漏检。

6)检验

显像以后要进行检验,以便对显示进行解释,判别其真伪;对判定为缺陷的显示,要测定其位置和尺寸等。

缺陷显示的观察,应在涂覆显像剂之后10～30min内进行。如显示的大小不发生变化,则可超过上述时间。

检验时,钢箱梁内应保持足够的照度,这对于提高工作效率、确保检测灵敏度是非常重要的。

着色检测应在白光下进行。缺陷显示为红色图像(图4-2),被检焊缝表面上的白光照度应符合有关规定要求。

荧光检测应在黑暗条件(关闭钢箱梁内的灯光)下采用紫外灯进行观察,缺陷显示为明亮的黄绿色图像(图4-3)。为确保足够的对比度,要求检测环境足够暗。检测时应避免照射到荧光物质,因为在黑光灯下,荧光物质发光会增加白光的强度,影响检测灵敏度。

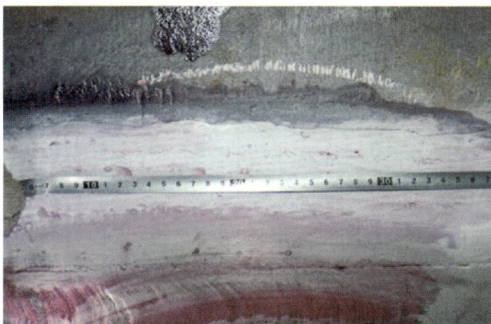

图4-2　着色检测

图4-3　荧光检测

4.2　磁粉检测技术

4.2.1　检测原理与常用方法

1)检测原理

磁粉检测是通过磁粉在缺陷附近漏磁场中的堆积以检测铁磁性材料表面或近表面处缺陷的一种无损检测方法[3-9]。将待测物体置于强磁场中或通以大电流使之磁化,若物体表面或表面附近有缺陷存在,由于缺陷是非铁磁性的,对磁力线的阻力很大,从而在缺陷附近会产生漏磁。

磁粉检测

当将导磁性良好的磁粉(通常为磁性氧化铁粉)涂覆在物体上时,缺陷附近的漏磁场就会吸住磁粉,堆积形成可见的磁粉迹痕,从而把缺陷显示出来。

原理:由于铁磁性材料的磁导率远大于非铁磁材料的磁导率,根据工件被磁化后的磁通密度 $\rho = \mu H$(其中,μ 是磁导率,H 是磁场强度)来分析,在工件的单位面积上穿过 ρ 根磁线,而在缺陷区域的单位面积上不能容许 ρ 根磁力线通过,就迫使一部分磁力线被挤到缺陷下面的材料里,其他磁力线被迫逸出工件表面以外形成漏磁,磁粉将被漏磁所吸引,如图4-4所示。

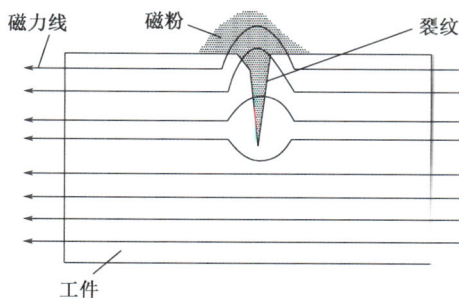

图4-4　磁粉探伤原理

2)磁粉检测常用方法

根据涂覆磁粉介质的种类及涂覆磁粉的时间,检验方法可分为湿法、干法、连续法、剩磁法、橡胶铸型法和磁橡胶法等。

(1)湿法磁粉检测。

湿法磁粉检测又叫磁悬液法。它是在工件探伤过程中,将磁悬液(一种磁粉和分散剂均匀混合的液体)浇到工件表面上,利用分散剂的流动和漏磁场对磁粉的吸引,显示出缺陷的形状和大小。对于湿法用的黑磁粉和红磁粉,粒度范围为 $1 \sim 10\,\mu m$ 时效果较好,且检测灵敏度随着粒度的减小而提高。

（2）干法磁粉检测。

干法磁粉检测又叫干粉法，在不能用湿法磁粉检测进行探伤的特殊场合下使用。采用特制的干磁粉直接涂覆在磁化的工件上，工件的缺陷处即显示出磁痕。对于干法磁粉检测用的干磁粉，一般粒度范围为 $10 \sim 60 \mu m$ 时效果较好。对于铸钢、锻钢或焊等表面粗糙的工件上的大裂纹，由于能产生较大的漏磁场，因而能吸附较粗的磁粉并形成较大的磁痕显示。如果采用直流磁场磁化，结合使用干磁粉，有利于发现工件表面下较深的缺陷，但它发现工件表面微小缺陷的灵敏度低。使用干法磁粉检测时，要求零件洁净、干燥，磁粉的粒度均匀、干燥，因此磁粉在使用前应加以烘焙。

（3）连续法磁粉检测。

连续法磁粉检测是在工件磁化的同时涂覆磁粉或磁悬液，形成磁痕后立即观察和判定。连续法磁粉检测适用于任何铁磁性材料的探伤，能进行复合磁化，并具有最高的检测灵敏度。但是，连续法磁粉检测的检测效率相对较低，磁痕容易出现杂乱现象，影响缺陷的观察和判定。

（4）剩磁法磁粉检测。

剩磁法是在停止磁化后，再将磁悬液喷涂到工件上进行磁粉检测的方法。凡经过热处理的高碳钢和合金结构钢，都可进行剩磁法磁粉检测。剩磁法磁粉检测可用来检测因工件几何形状限制而使连续法难以检验的部位，以及评价连续法磁粉检测检验出的磁痕显示性质，判断其属于表面还是近表面缺陷显示。

（5）橡胶铸型法磁粉检测。

橡胶铸型法磁粉检测是将磁粉检测显示出来的缺陷磁痕显示"镶嵌"在室温硫化硅橡胶加固化剂后形成的橡胶铸型表面，然后对磁痕显示用目视或光学显微镜观察，进行磁痕分析。

（6）磁橡胶法磁粉检测。

磁橡胶法磁粉检测是将磁粉弥散在失稳硫化硅橡胶液中，加入固化剂后，再倒入受检部位。磁化工件后，在缺陷漏磁场的作用下，磁粉在橡胶液内重新迁移和排列。橡胶铸型固化后即可获得一个含有缺陷磁痕显示的橡胶铸型，进行磁痕分析。

4.2.2　影响因素

磁粉检测的影响因素大致可分为自身因素与现场因素。自身因素主要包括：磁化强度及方向、漏磁场、磁粉、灵敏度试片以及操作工艺等。现场因素主要包括：涂层厚度、检测部位、初始划痕、焊缝光滑度等。

1）自身因素

（1）磁化强度及方向。

裂纹漏磁场强度与工件的磁化程度有关，外加磁场强度一定要大于产生最大磁导率对应的磁场强度，从而使磁导率减小，磁阻增大，漏磁场增大，检测可靠性也相应增强。磁化强度过小，磁粉附着在钢板表面，难以移动，造成漏检。磁化方向与裂纹垂直时灵敏度最高，与裂纹平行时灵敏度最低，如图4-5所示。

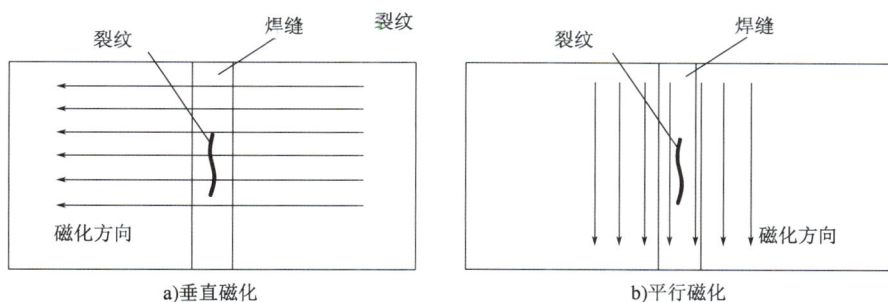

图4-5 磁化方向

（2）漏磁场。

①位置及形状。

a. 裂纹埋藏深度。

裂纹埋藏深度会对漏磁场产生很大影响。同样的裂纹，位于工件表面时，产生的漏磁场强度大；位于工件近表面时，产生的漏磁场强度显著减小；而位于工件深处时，几乎没有漏磁场漏出工件表面。随着裂纹埋藏深度的增加，磁粉探伤灵敏度逐渐降低。

b. 裂纹方向。

裂纹与工件表面垂直时，漏磁场强度最大；与工件表面平行时，几乎不产生漏磁场；当裂纹与工件表面由垂直逐渐倾斜成某一角度而最终变为平行时，漏磁场强度由最大值下降为接近零。

②涂层或覆盖层厚度。

涂层越厚，漏磁场越小，磁粉越难以聚集。如图4-6所示，在钢板表面上施加同样大小的漏磁场，裂纹a上没有覆盖层，磁痕显示浓密清晰；裂纹b上有一层较薄的覆盖层，也产生磁痕显示，但不如裂纹a清晰；裂纹c上有较厚的表面覆盖层，漏磁场不能泄漏到覆盖层上，不吸附磁粉，没有磁痕显示，缺陷不能被检测出来。通常，建议在检测前对被检部位进行打磨。

（3）磁粉。

磁粉应具有高磁导率、低矫顽力及低剩磁，磁粉粒度应适中。磁粉的密度对检测也有一定的影响,密度大则易沉淀,悬浮性差。只有磁粉的颜色与工件表面颜色形成很大的对比度时,磁痕才能容易观察,裂纹容易被发现。通常采用的办法是在喷涂磁粉前,用反差增强剂先喷涂检测部位,再喷涂磁粉。

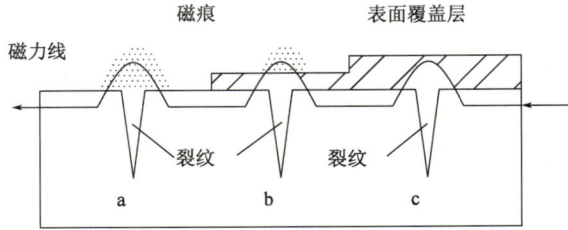

图 4-6　表面覆盖层对漏磁场的影响

(4)灵敏度试片。

在磁粉检测前,须在标准试片上进行灵敏度试验。标准试片的使用、加工方法和选材将直接影响检测结果。目前,A 型和 C 型灵敏度试片多由冷轧退火电磁软铁制造,磁导率高,用较弱磁场就可以磁化。但灵敏度试片在现场使用后,若由于保护不当或未用清洗剂擦干并涂防锈油而致使受损或表面锈蚀,将不利于人工缺陷的显示,降低检测灵敏度。

(5)操作工艺。

预处理时,应清除油污、铁锈、氧化皮以保证检测顺利进行。在磁化方法上,优先选择旋转磁场,再考虑纵向磁化和周向磁化,防止漏检。开始检测前,应进行水断试验,确保磁悬液能充分润湿钢板表面。

2)现场因素

(1)涂层厚度。

由于涂层存在带来的附加气隙会使磁阻增大,按磁路欧姆定律,则其磁通将变小,从而使磁扼提升力成比例下降和缺陷处的磁感应强度下降,最终导致探伤灵敏下降。

对于同一缺陷,其漏磁场的形状和磁通量的大小都会随涂层厚度发生显著变化。在一定范围内,缺陷形成的漏磁场的最大漏磁感应强度与涂层厚度的平方成反比,即随着涂层厚度的增加,漏磁场的磁感应强度将急剧下降,致使漏磁场的最大值不能作用于磁粉,使探伤灵敏度下降。

涂层通常为油漆、环氧树脂等有机物,由于其表面物理特性与工件金属表面存在一些差异,因此对磁粉的堆积、运动也有较大影响。影响磁粉运动的主要因素是摩擦力。通过实测,涂层的摩擦系数一般比光滑钢表面的大,比少许生锈的金属表面还大。因此,涂层将增大磁粉运动和聚集的阻力,使探伤灵敏度进一步下降。

(2)检测部位。

磁粉或渗透检测需采用相关的液体试剂作为辅助。在钢箱梁检测中,尤其是顶板的疲劳裂纹检测,喷涂上去的渗透剂、磁悬液或反差增强剂都会因重力作用而向下流淌,导致检测效果较差,如图 4-7 所示。在底面上进行磁粉或渗透检测时,试剂能够良好附着在钢材表面,检测效果良好,如图 4-8 所示。

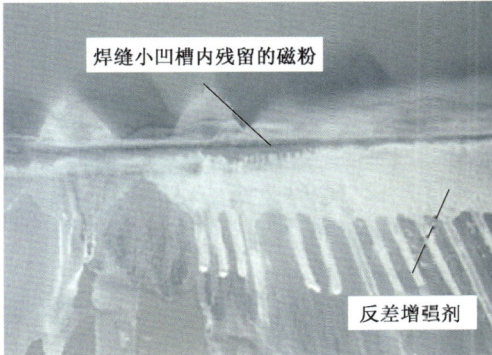

图 4-7　实桥顶板焊缝磁粉检测效果　　　　　图 4-8　试件底板焊缝磁粉检测效果

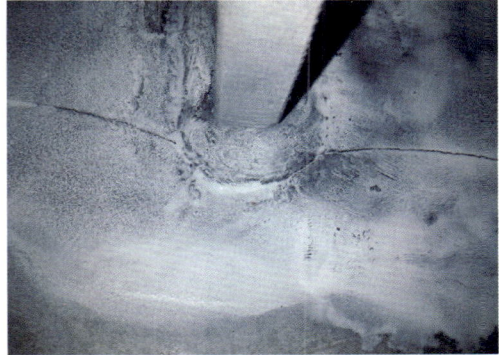

（3）初始划痕。

理论上,磁粉检测的灵敏度可以达到微米级别。但在实桥检测中,以目测为主,观察裂纹开口处产生的锈迹来判断其是否存在疲劳裂纹,而渗透和磁粉探伤主要作为目测法的补充,用于检测肉眼看不见的微裂纹。但钢材表面往往会因钢箱梁制造及拼接过程而存在划痕,这些划痕会对渗透或磁粉检测效果造成影响。在划痕附近会产生漏磁场,如果磁化电流大,磁粉会在划痕处聚集,干扰检测结果。

（4）焊缝光滑度。

钢箱梁角焊缝和对接焊缝焊接完毕后,若未进行细致的光滑处理,其表面有不规则的小凹槽,当喷涂磁悬液后,磁粉容易集中在小凹槽内,磁化后不容易发生流动,从而造成误判,如图 4-9 所示。

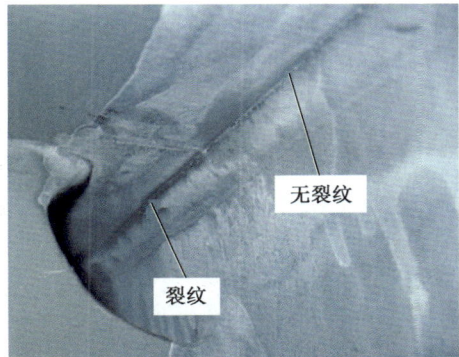

图 4-9　有裂纹和无裂纹段磁粉检测差异

4.2.3　实桥检测

1）预处理

磁粉检测只适用于表面或近表面的裂纹。在磁粉检测前,首先要进行箱梁表面的预处理。预处理可采用清除、打磨、分解、封堵、涂覆 5 种方法,其中清除和打磨是钢箱梁内采用磁粉检测前的必需步骤。此外,表面预处理时须注意以下事项:

（1）使用水磁悬液时，应去除构件表面的油污。

（2）使用油性磁悬液时，钢材表面不应有水分。

（3）采用干法检验时，保证钢材表面干净和干燥。

（4）钢箱梁钢材表面存在覆盖层，对有非导电覆盖层的钢材进行通电磁化时，必须将与电极接触部位的非导电覆盖层打磨掉。

2）检测

在钢箱梁内部进行磁粉检测时，面板和 U 肋焊缝连接部位的裂纹通常存在于顶部，因此只能采用磁悬液。另外，受钢箱梁内部形状复杂以及钢材特性等因素的限制，只能采用连续法磁粉检测，并不适合剩磁法磁粉检测。

连续法磁粉检测时，先用磁悬液润湿钢材表面，在通电磁化的同时喷磁悬液，停止喷磁悬液后再通电数次，待磁痕形成并滞留下来时停止通电，然后进行检验，如图 4-10 所示。由于钢箱梁顶板和 U 肋焊缝连接处裂纹种类复杂，开裂方向不定，在使用磁粉检测时，磁化方法宜用交叉磁轭法（图 4-11）。该方法可以检测出非常小的缺陷，由于在磁化循环的每一时刻都使磁场方向与缺陷延伸方向相垂直，所以一次磁化就可检测出焊缝连接处附近钢板表面上所有方向的缺陷，检测效率很高。

图 4-10　连续法磁粉检测

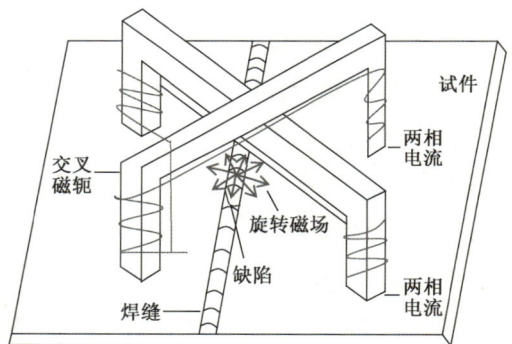

图 4-11　交叉磁轭法

磁粉检测完毕后，须进行退磁处理。因为钢材上的剩磁会给清除磁粉带来困难，还会吸附铁屑和磁粉，影响下次磁粉检测；吸附在表面的磁粉容易吸收钢箱梁内部的水分，产生腐蚀（图 4-12、图 4-13），对箱梁造成损害。

3）磁痕观察与记录

磁痕观察和记录一般在磁痕形成后立即进行。使用非荧光磁粉检测时，被检钢材表面应有充足的日光灯照明，并应避免强光和阴影。使用荧光磁粉检测时采用黑光灯照明，应在黑暗条件下进行，被检钢材表面的黑光辐照度不应小于 $1000\mu W/cm^2$。

根据检测要求，工件上的磁痕需要保存下来，作为永久性记录。钢箱梁内磁痕记录的方法主要采用照相法。用照相摄影来记录缺陷的磁痕时，应尽可能把工件的全貌和实际尺寸拍摄下来，也可以拍摄工件的某一特征邹位，同时把刻度尺拍摄进去。

图 4-12　磁粉检测完毕寸情况

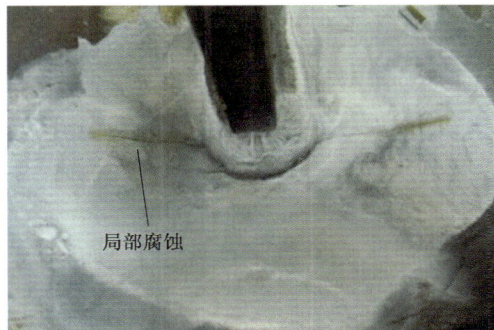

图 4-13　2h 后情况

如果使用黑色磁粉，最好先在钢材或焊缝表面喷一层反差增强剂，以便拍出清晰的缺陷磁痕照片。

如果使用荧光磁粉，不能采用一般的照相方法，因为观察磁痕要在黑暗条件下使用黑光灯照明，所以应在照相机镜头上加装滤光片，滤去散射的黑光，使其他可见光进入镜头。

4）后处理

后处理主要是清洗掉钢箱梁表面、孔中、裂纹和通路中的磁粉。如果涂覆了反差增强剂，应清洗掉。另外，为防止钢箱梁钢材生锈，如果使用水磁悬液进行检验，一般要用脱水防锈油进行处理。

4.3　超声波检测技术

4.3.1　常规超声波检测

1）检测原理

超声波检测是利用超声波能透入金属材料的深处，由一截面进入另一截面时在界面边缘发生反射的特点来检查零件缺陷的一种方法。当超声波束自零件表面由探头进入金属内部，遇到缺陷与零件底面时分别

超声波双探头探测

生成反射波,在荧光屏上形成脉冲波形,可以据此来判断缺陷的位置和大小[10-19]。

2)常用方法

对于常规超声波检测,目前常用的方法有脉冲反射法、穿透法和共振法 3 种。

(1)脉冲反射法。

脉冲反射法利用超声波探头发射脉冲波到被检测工件内,根据反射波情况来检测工件缺陷。脉冲反射法又包括:缺陷回波法、底波高度法和多次底波法。

①缺陷回波法。

缺陷回波法是根据仪器示波屏上显示的缺陷波形进行判断的检测方法。当构件完好时,只存在始波 T 和底面回波 B 两个信号,如图 4-14a)所示;当存在缺陷时,在 T 波和 B 波之间存在表示缺陷的回波 F,如图 4-14b)所示。

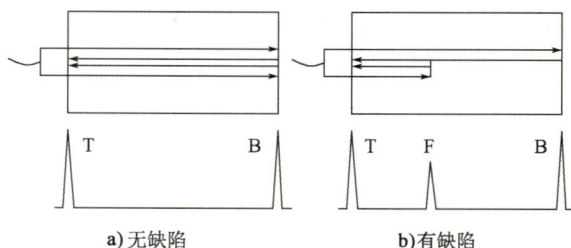

a)无缺陷   b)有缺陷

图 4-14   缺陷回波法

②底波高度法。

底波高度法根据底波回波高度的变化判断工件内部的缺陷情况。当工件材质和厚度不变时,底面回波高度应基本不变;但如果内部存在缺陷,则底面回波高度会下降甚至消失,如图 4-15 所示。

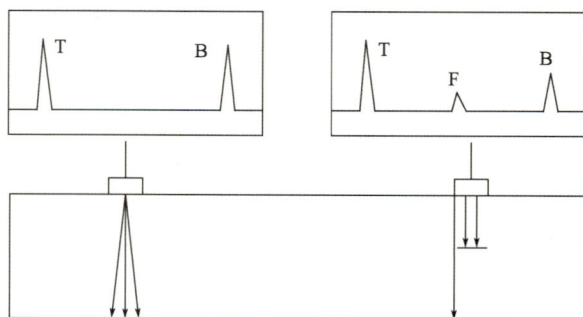

图 4-15   底波高度法

③多次底波法。

多次底波法根据底面回波次数判断工件有无缺陷。当超声波能量较大时,声波可在探测面与底面之间往复传播多次,示波屏上会出现多次底波 B1、B2、B3……如果存在缺陷,会增强声能的耗散,底面回波次数减少,同时打乱了各自底面回波高度依次衰减的规律,显示出缺陷回波,如图4-16所示。

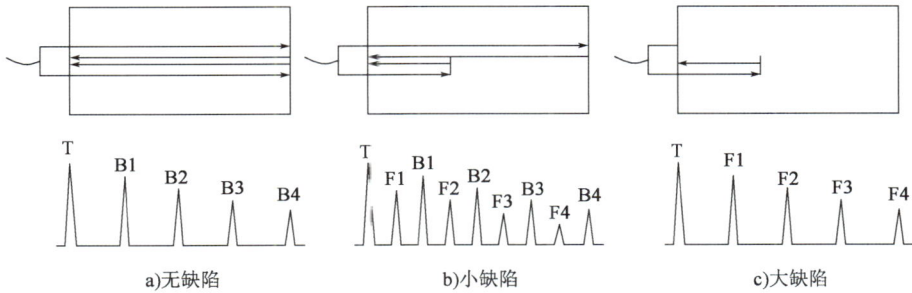

a)无缺陷　　　　　　b)小缺陷　　　　　　c)大缺陷

图4-16　多次底波法

（2）穿透法。

穿透法是依据脉冲波或连续波穿透工件后的能量变化来判断缺陷情况的一种方法。穿透法常采用两个探头,一个用于发射,另一个用于接收,分置在工件两侧进行探测。存在缺陷时,接收探头收到的能量会减弱甚至消失,如图4-17所示。

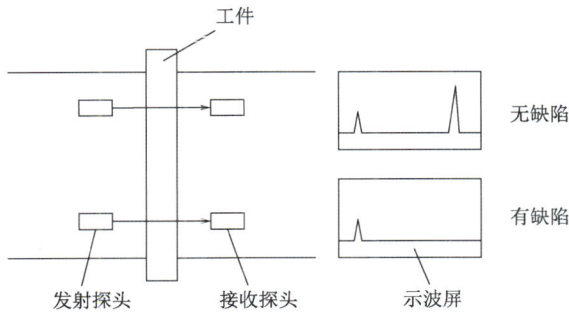

图4-17　穿透法

（3）共振法。

工件的厚度为超声波半波长的整数倍时,将发生共振。当工件内存在缺陷或工件厚度发生变化时,工件的共振频率将改变,可以根据工件共振频率的变化来判断缺陷,即为共振法。

3）影响因素

常规超声波检测的影响因素主要包括耦合剂材料、对探头施加外力大小、仪器和探头。

（1）耦合剂材料。

耦合剂的作用在于排除探头与工件表面之间的空气,使超声波能有效地传入工件。常用的耦合剂有机油、水、甘油、化学浆糊。耦合剂应能满足如下要求:

①能润湿工件和探头表面，流动性、黏度和附着力适当，易于清洗。

②声阻抗高，透声性能好。

③来源广，成本低，且对工件无腐蚀，对人体无害。

④性能稳定，不易变质，可长期保存。

钢箱梁超声波检测建议采用化学浆糊，其流淌性较弱，能够让探头吸附在钢板表面。化学浆糊的耦合效果比水、机油、甘油好。但化学浆糊容易增大探头与钢板表面之间的摩擦力，不利于探头移动。

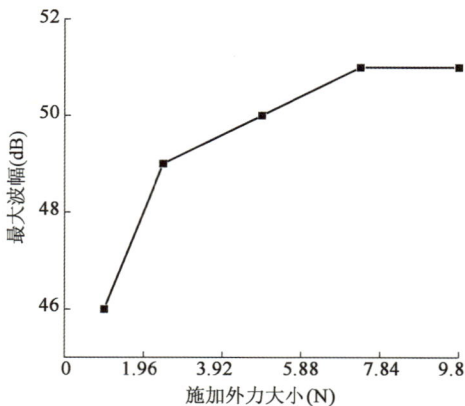

图4-18　外力与最大波高关系

（2）探头施加外力大小。

采用同种耦合剂进行手工超声波检测时，施加在探头上的外力越大，得到的缺陷反射回波越强。对于同一裂纹，分别采用0.98N、2.45N、4.9N、7.35N、9.8N外力施加在探头上，其最大波高与外力关系如图4-18所示。

从图中看出，施加在探头上的外力小于2.45N时，反射波高降低较快；大于7.35N时，反射波高增长较慢；相对于检测仪器衰减精度而言，两者间的差值可以忽略不计。因此，在实际检测中，建议对探头均匀施力，大小控制在2.45～7.35N之间。

（3）仪器和探头。

钢箱梁疲劳裂纹超声波检测对仪器及探头有特殊的要求。钢箱梁结构复杂，钢板厚度通常在十几毫米，在选择仪器和探头时应特别注意。

水平线性、垂直线性、动态范围、灵敏度余量、盲区、分辨力为超声波探伤仪性能评定的主要指标，因此在选择仪器时，应选择水平线性误差小、垂直线性好、衰减器精度高、灵敏度余量大、信噪比高、功率大、盲区小、分辨力强的仪器。另外，在现场检测时，宜应选择重量轻、荧光屏亮度好、抗干扰能力强的便携式超声波探伤仪。

超声波检测的常用频率在0.5～10Hz，选择范围较大。频率对超声波检测有很大影响，主要表现在：

①由于波的绕射，使超声波检测灵敏度约为波长的一半，提高频率有利于发现更小的缺陷。

②频率高，脉冲宽度小，分辨力强，有利于区分相邻缺陷。

③频率越高，波长越短，半扩散角越小。

④频率越高，声束指向性越好，能量越集中，有利于发现缺陷并定位缺陷。

⑤频率越高,波长越短,近场区长度越大,对检测不利。

⑥衰减系数与频率的 4 次方呈正比,随着频率增加,衰减急剧增加。

因此,在实际检测中应综合考虑,在保证检测灵敏度前提下尽可能选用频率较低的探头。表4-2 给出超声波探头选择方案,供钢箱梁超声波检测人员参考。

超声波探头选择方案　　　　　　表 4-2

钢板厚度 （mm）	探头折射角的 正切值	探头频率 （MHz）	钢板厚度 （mm）	探头折射角的 正切值	探头频率 （MHz）
4 ~ 5	3.0	5	13 ~ 16	2.0	4
6 ~ 8	3.0	5	17 ~ 25	2.0	2.5 ~ 4
9 ~ 10	3.0	4 ~ 5	26 ~ 30	2.5	2.5
11 ~ 12	2.5	4			

4）检测流程

超声波检测流程一般可分为检测准备、涂覆耦合剂、检测、裂纹特征检测、后处理。

（1）检测准备。

检测前,应对探伤仪的时基线和探测灵敏度进行标定,并绘制与被检构件相对应的距离-波幅曲线。被检表面应平整,清除锈蚀、飞溅和污物等,必要时可打磨,表面粗糙度应符合检测要求。

（2）涂覆耦合剂。

检测前,在钢构件和检测探头之间均匀涂抹一层耦合剂,使整个检测面湿润,保证超声波在空气界面处不衰减。

（3）检测。

面板和 U 肋焊缝处的裂纹种类多且复杂,针对不同开裂模式的疲劳裂纹采用斜探头进行检测时,斜探头如图4-19 所示,斜探头的扫查方式主要有"前后""左右""转角""环绕"4种,找到缺陷的最大回波,然后进行缺陷类型的判别和缺陷参数的确定。

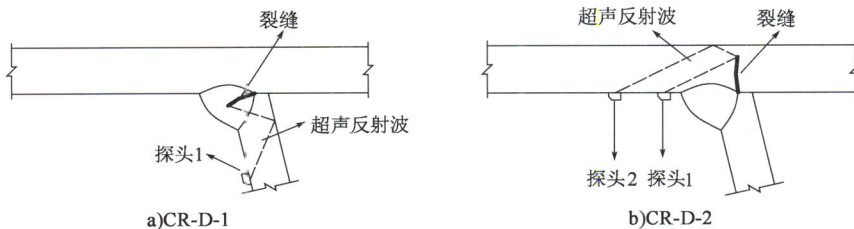

超声波检测

a)CR-D-1　　　　　b)CR-D-2

图 4-19

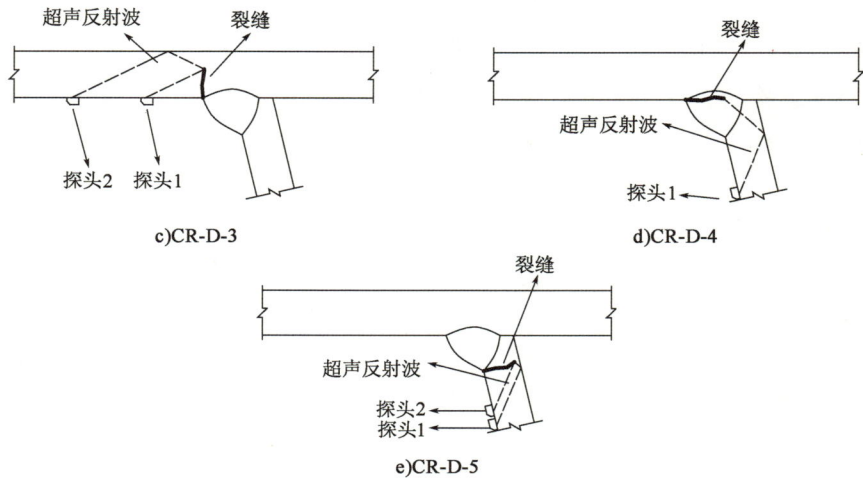

图 4-19　超声波检测斜探头位置

在钢箱梁内部检测,探头无法进入 U 肋内部,因此只能在焊缝外部的面板及 U 肋表面进行扫查。

①CR-D-1 只能采用一次反射法,分别探测裂纹的尖端和末端,位置如探头 1。

②CR-D-2 根据探头 K 值的大小,可采用直射法或一次反射法。K 值小的探头采用一次反射法;K 值大的探头采用直射法或一次反射法,位置如探头 1、探头 2。

③CR-D-3 采用直射法或一次反射法,跟 K 值无关,位置如探头 1、探头 2。

④CR-D-4 采用一次反射法,探测裂纹尖端,位置如探头 1。

⑤CR-D-5 可采用一次反射法,位置如探头 1;或采用直射法,位置如探头 2。

不同检测部位的波形图示例如图 4-20 所示。

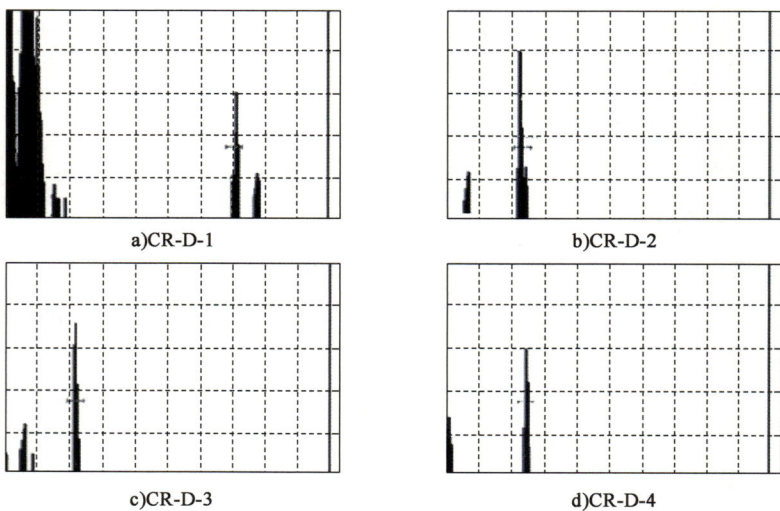

图　4-20

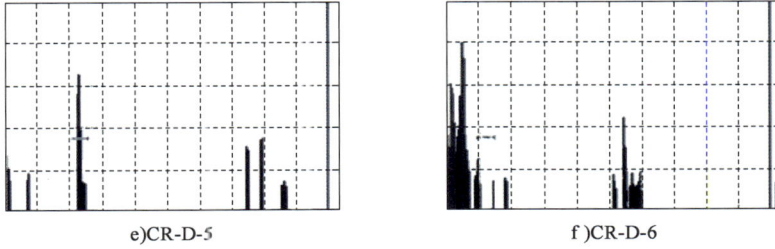

e)CR-D-5 　　　　f)CR-D-6

图4-20　不同检测部位的波形图示例

对于 CR-D-1 和 CR-D-4 两种裂纹,其开裂方向近似水平,相当于平行的面板边界,探头从面板底部进行探伤时,难以接收缺陷回波(图4-21),很难被检测到。在面板处使用斜探头探伤时,如探头前后移动未发现缺陷波,则可判定为焊缝处疲劳裂纹,而非面板处疲劳裂纹。图4-22 为实桥中发现的类似 CR-D-1 和 CR-D-4 的疲劳裂纹。

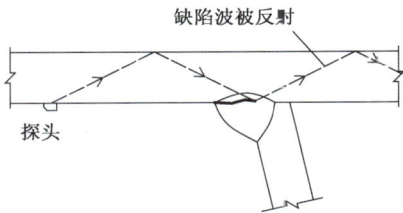

图4-21　无法接收缺陷波

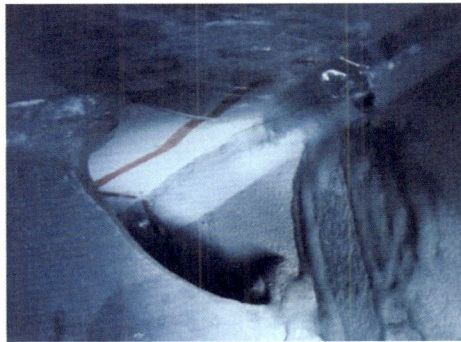

图4-22　过焊孔裂纹

在大桥疲劳裂纹检测中,对于图4-21 中的裂纹进行超声波检测,首先将探头置于面板底部,前后、左右移动探头,并做小角度摆动,并未检测到缺陷回波,如图4-23a)所示,则可判定该裂纹为焊缝处疲劳裂纹,并且由于裂纹开口可见,则很可能是 CR-D-4 类型的裂纹。将探头置于 U 肋处进行检测,得到明显回波,如图4-23b)所示。

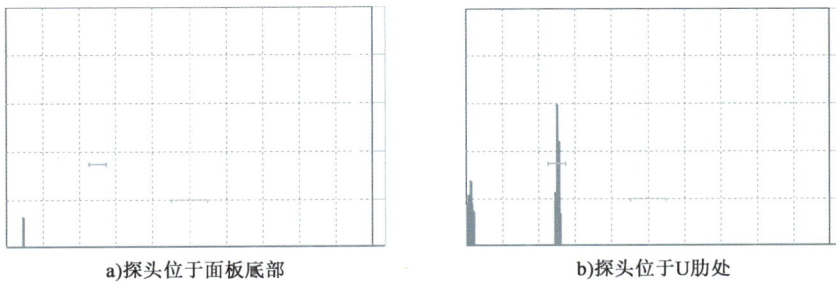

a)探头位于面板底部 　　　　b)探头位于U肋处

图4-23　CR-D-4 裂纹实桥探伤波形

（4）裂纹特征检测。

检出裂纹后，应在裂纹周围继续检测，以确定裂纹的延伸情况、裂纹的长度和深度等特征。疲劳裂纹尖端在母材上时，可采用绝对灵敏度法对疲劳裂纹进行测长，即移动探头使裂纹一次回波下降到探测灵敏度下满刻度的30%，或使裂纹一次回波是底波高度的50%。此时探头中心点可视为裂纹尖端，两个裂纹尖端之间的长度即为裂纹的指示长度，宜采用直射法对裂纹深度及距离进行检测。当采用二次波和底面二次波评定裂纹特征时，应以相应的二次波来校准。

（5）后处理。

检测完毕后，应对所有涂抹耦合剂的部位进行清洗，并做好被检表面的防护处理。

4.3.2　TOFD（超声波衍射时差法）检测

1）检测原理

TOFD 检测技术属于超声波无损检测的一种，该技术利用分布于焊缝两侧的发射探头和接收探头共两个广角超声波探头完成对较大范围内缺陷的定位与定量工作[20-24]。TOFD 检测的工作原理为发射探头发射的超声波一部分会沿着近表面传播至接收探头，这部分声波称为直通波；一部分声波进入待测工件中遇到缺陷后，在缺陷的上下两端分别发生衍射现象，产生衍射波，而后衍射波信号被接收探头接收，称为缺陷衍射波；还有一部分超声波会到达被检试样的下底面，经过反射后到达接收探头，称为底面反射波。TOFD 检测设备及其接收探头接收到的信号如图4-24 所示。

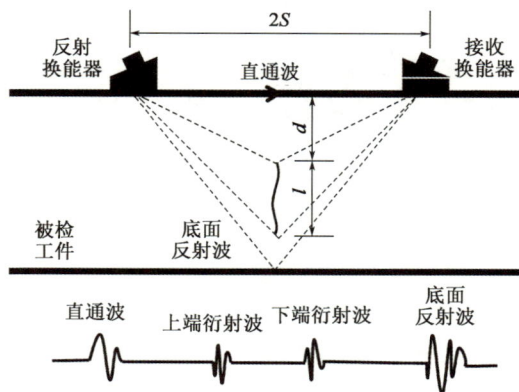

TOFD 检测

图 4-24　TOFD 检测技术原理

S-两探头间距的一半；d-曲线上尖端距顶板的距离；l-缺陷高度

由图可见，在使用 TOFD 检测技术进行检测时，接收探头会接收到直通波信号、缺陷上端衍射波信号、缺陷下端衍射波信号以及底面反射波信号等多个信号。

2) 常用方法

（1）根据扫查方式分类。

使用 TOFD 检测焊缝时通常采用非平行扫查（D 扫查）和平行扫查（B 扫查）两种方式完成对焊缝区域的扫查。

进行非平行扫查时，需将一对 TOFD 探头对称布置于焊缝两侧，并沿与超声波声束方向垂直的方向移动探头进行扫查，此时探头移动轨迹与焊缝平行，如图 4-25 所示。非平行扫查通常应用于对被检试样的初始扫查，目的为大致确定缺陷的位置和尺寸，但是这种扫查方式无法确定缺陷具体位置及尺寸信息。

进行平行扫查时，需将一对 TOFD 探头布置于焊缝的两边，并沿与超声波声束方向平行的方向移动探头进行扫查，此时探头移动轨迹与焊缝垂直，如图 4-26 所示。平行扫查的主要目的为对在初步扫查过程中发现的缺陷进行精确定位以及获取更多缺陷信息，从而判断缺陷的尺寸以及类型。

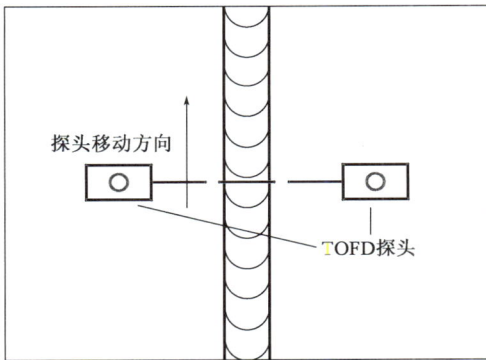

图 4-25　TOFD 检测非平行扫查示意图

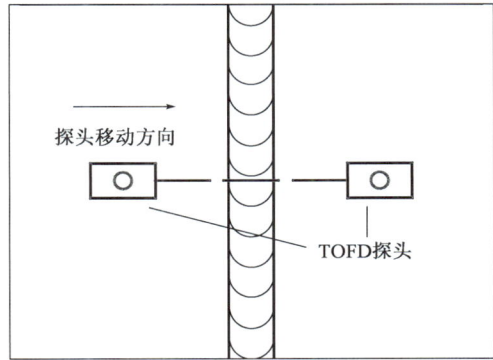

图 4-26　TOFD 检测平行扫查示意图

（2）根据结果显示方式分类。

TOFD 检测结果通常以 A 扫描信号和 TOFD 图像两种形式显示。A 扫描信号反映的是超声波回波信号的幅值与超声波传播时间之间的关系，如图 4-27 所示。

在 TOFD 的 A 扫描信号中，横坐标为超声波传播时间，纵坐标为回波信号的幅值。在 TOFD 检测的 A 扫描信号中可能出现直通波信号、缺陷上端衍射波信号、缺陷下端衍射波信号和底面反射回波信号。根据 A 扫描信号中各个信号波出现的横坐标（即超声波传播时间）进行计算，即可获得缺陷尺寸、埋藏深度等信息。

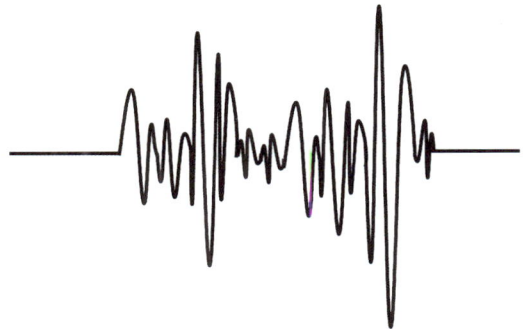

图 4-27　TOFD 检测 A 扫描信号

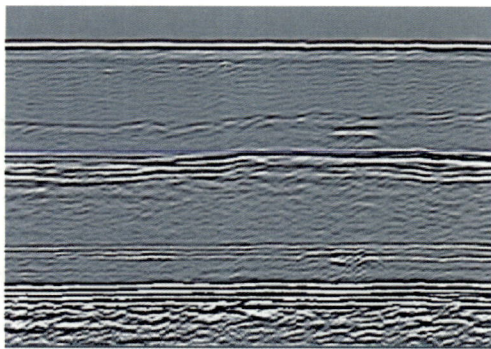

图 4-28　TOFD 图像

在进行 TOFD 检测时，能得到一系列的 A 扫描信号，可将这些 A 扫描信号通过数据处理拼接为一张二维图像，如图 4-28 所示。

在平行扫查的 TOFD 图像以及非平行扫查的 TOFD 图像中，横坐标表示在扫查过程中探头运动到的位置；纵坐标表示超声波传播的时间，与 A 扫描信号的横坐标相对应；以灰度（或颜色）表示回波信号的幅度，白色为正相位，强度越高则颜色越白，黑色表示负相位，颜色越黑则强度越高（以颜色表示回波信号幅度时，信号强度的表示遵从颜色叠加关系），与 A 扫描信号的纵坐标相对应。TOFD 图像与超声反射法检测中的 B 扫描图像（B 为 Brightness，即亮度）的制作及显示原理大致相同，但是 B 扫描图像通过缺陷反射波的强度（即图像中信号线条的亮度）来判断缺陷的尺寸等信息，而 TOFD 图像利用直通波信号、缺陷衍射波信号及底面反射波信号出现的时间（即图中信号线条出现的位置）来判断缺陷的尺寸等信息。

3）影响因素

TOFD 检测的影响因素主要包括扫查面平整度、底面未焊满、底面错边、母材偏析和检测面曲率等。

（1）扫查面平整度。

直通波与底面波是 TOFD 图像中的两个关键参考信号，合格的 TOFD 检测数据要求直通波、底面波尽量保证稳定、平直。但在实际检测过程中，由于焊缝两边不可避免地存在打磨、修补，对扫查面平整度造成影响，也会对 TOFD 数据评判造成一定影响。

①扫查面凹陷。

扫查面凹陷的显示非常直观，当扫查面上存在凹陷时在直通波信号与底面波信号上会同时出现波形凹陷，如图 4-29 所示，其产生原因为超声波在凹陷处耦合剂中的传播时间大于在钢材中的时间，导致直通波及底面波在接收时产生延迟。扫查面凹陷通常只在楔块下方时明显，一般不会对数据评判产生较大的影响。若影响较大，可以通过补焊的方式将凹陷填平，以此来降低对 TOFD 数据的影响。

②打磨。

图 4-30 为 T 形接头打磨位置扫查图。为了保证扫查数据采集精准，通常都需要对 T 形接头位置纵缝余高进行打磨去除，以便探头顺利通过。但是打磨后的扫查面凹凸不平，造成楔块下方耦合层厚度变化，对楔块延时造成了直接影响，从而导致 TOFD 图像中直通波与底面波凹凸不平。

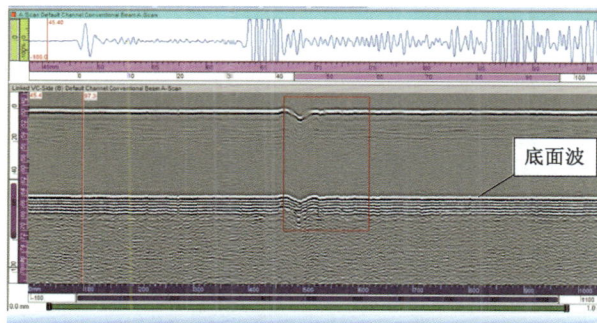

图4-29 扫查面凹陷扫查图

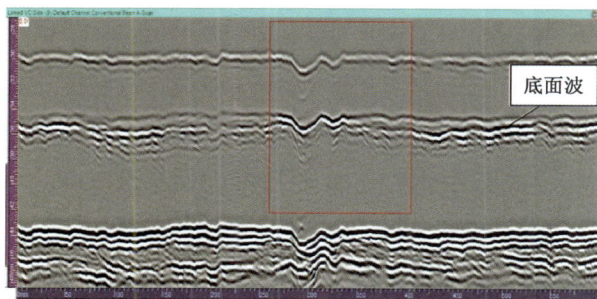

图4-30 T形接头打磨位置扫查图

（2）底面未焊满。

底面未焊满（内凹）不会对直通波产生影响，仅对底面波产生影响。如图4-31所示，该焊缝焊接工艺为埋弧焊，在底面搭接部位未能焊满，产生了内凹，该内凹处底面波是连续的，仅在内凹处产生了由于内凹反射回的信号，在数据评判时容易将该信号判断为根部未焊透缺陷或根部开裂。对于单V形坡口形式，在相位与直通波相反的情况下可以考虑未焊透的可能。

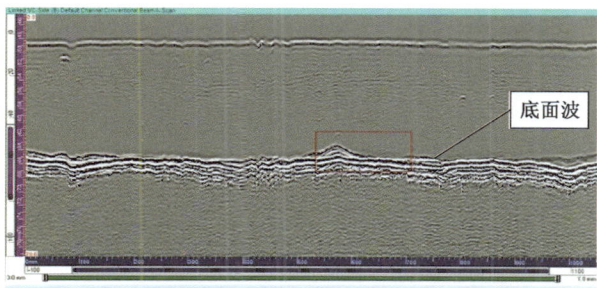

图4-31 底面未焊满扫查图

（3）底面错边。

底面错边一般会导致底面反射波声程缩短，同时在底面的低边与高边分别产生两个较强的底面回波，且这两个回波相位相同。底面错边的典型TOFD图像如图4-32所示，在底面回波处产生底波开口的现象。错边一般不影响缺陷评定,但是根部错边高度内的未焊透等缺陷可能被隐藏在底面回波中,评定时需要注意。

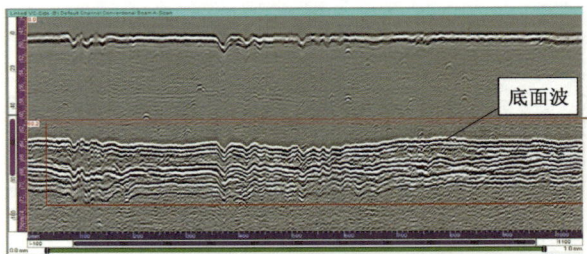

图 4-32　底面错边扫查图

（4）母材偏析。

母材偏析在 TOFD 检测中较为常见,通常出现在偏置扫查时,如果作为缺陷进行维修,对质量控制作用不大,且维修并不能除去母材偏析缺陷。图 4-33 为焊缝右偏置扫查的图像,在焊缝中部存在大量密集分布的缺陷信号。图 4-34 为同侧母材扫查图,在焊缝相同位置同样有大量密集分布的缺陷信号,从而证明了该缺陷信号并非焊缝中的缺陷。

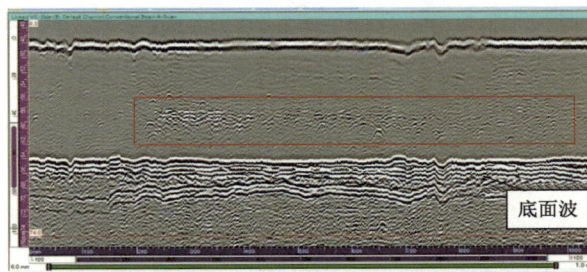

图 4-33　母材偏析焊缝扫查图

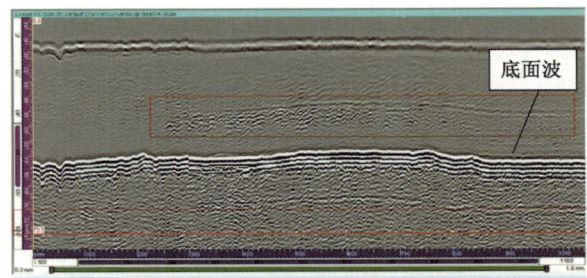

图 4-34　母材偏析母材扫查图

（5）检测面曲率。

在 TOFD 检测钢箱梁顶板-U 肋焊缝或 U 肋对接焊缝时,检测面曲率对 TOFD 检测数据评判也有一定的影响。图 4-35 为直径 800mm 焊缝扫查图,在对平板对接型焊缝进行检测时,通常的直通波波幅小于底面反射波波幅,直通波周期数小于底波周期数。但是在检测面存在弧度的情况下,通常直通波波幅都比较高,曲率减小,直通波波幅增加,底面波波幅减小,底面波周期数减少;曲率增大,直通波波幅减小,底面波波幅逐渐增大,周期数增加。

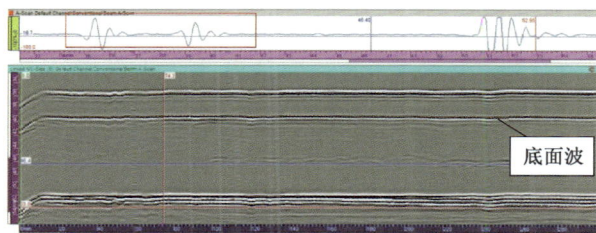

图 4-35 直径 800mm 焊缝扫查图

4)检测流程

TOFD 现场检测流程一般包括:预处理、耦合剂选用、检测仪器准备、检测、数据评判。

（1）预处理。

对钢箱梁疲劳裂纹进行 TOFD 检测前需要保证清洁度,比如其表面不能残留焊接时留下的飞溅物,外部不应有附着物、杂物,并按照探头值×焊件板厚×2+50mm 的尺寸修正焊缝两侧探伤面。也就是说,当焊件母材实际厚度为 10mm 时,则 TOFD 检测时必须在焊缝两侧分别打磨出宽 100mm 的探伤面,避免 TOFD 检测在高灵敏度下可能造成的缺陷夸大问题,如图 4-36 所示。表面清理完成后,应在复检工件扫查面上予以标记,标记内容至少包括扫查起始点和扫查方向。同时推荐在母材上距焊缝中心线规定的距离处画出一条线,作为扫查装置运动的参考,如图 4-37 所示。

图 4-36 表面抛光处理

图 4-37 画线定位

（2）耦合剂选用。

根据钢箱梁的具体情况,合理选择介质作为耦合剂。耦合剂选择是否得当直接关系到反射缺陷的产生。为保证探伤检测结果的精确度,必须选择透声性良好、流动性适当的液体耦合剂。液体耦合剂使用过程中不会对钢构件焊缝结构、探伤仪等造成损伤,且测后便于清理。根据实际应用情况,软膏、水、油料等均属于应用较广的耦合剂。

(3)检测仪器准备。

开展 TOFD 检测前,需要调校好相关的检查仪器,以保证钢箱梁检测结果的可靠性,如图 4-38 所示。检查仪器需要满足超声波发射与接收要求,同时可自动完成数据采集、记录、分析与显示。

图 4-38　扫查装置调校

前期准备工作中需要重视选择合适的探头,探头的选择应结合不同钢箱梁板件厚度的具体情况而定。如果板件厚度≤7.5mm,检测中可使用单探头;如果板件厚度 >7.5mm,可通过设置多个检测通道与组合探头,便于多角度实施钢箱梁裂纹检测,提高检测准确性。从钢箱梁的实际应用方面分析,目前大跨径桥梁所使用的钢箱梁板件厚度通常超过 7.5mm,所以在检测中需要使用组合探头,并根据具体的疲劳细节,合理调整探头的中心距。

(4)检测。

钢箱梁焊缝质量检测主要依据《钢结构工程施工质量验收标准》(GB 50205—2020),其中规定:焊缝探伤Ⅰ级但评定等级Ⅱ级的缺陷应进行 100% 超声波探伤;施工图要求的质量等级Ⅱ级但评定结果Ⅲ级的缺陷,必须按 20% 抽查探伤;Ⅲ级焊缝可不探伤。

TOFD 检测期间,需要执行有关检测技术的标准,保证操作流程、操作步骤等的合理性与规范性,提高检验过程的科学性。检测过程中,发射装置、接收装置、探头均应正常运行。检测过程中,直通波波幅要控制在满屏的 40% ~ 80%。TOFD 检测期间需要顺着钢箱梁焊接处实施扫描,如果检测后得到两个完整的超声波信号,则提示钢箱梁焊接处不存在缺陷;如果检测后接收到衍射波信号,可通过探头再次进行检测,通过检测后可获取参数,作为获取钢箱梁裂纹信息的依据。

(5)数据判断。

钢箱梁任何疲劳细节的焊缝质量无损检测完成后,必须做好记录,为焊接质量整体评价及缺陷对构件性能潜在危害程度的评估提供依据。在钢箱梁焊缝 TOFD 检测的基础上,进行实际检测波形分析。若焊缝缺陷处回波超出判废线，则应判定该焊缝存在裂纹，必须立即采取维修止裂措施；若焊缝缺陷处回波超出评定线而未超出判废线，则应根据具体情况判断此处为裂纹还是夹渣、气孔等焊缝缺陷；若焊缝缺陷处回波未超出评定线，则认为该焊缝质量良好，无须处理，仅进行相应记录即可。

4.3.3 相控阵检测

1）检测原理

相控阵检测基于惠更斯原理，各个阵元均能单独发射超声波声束，这些声束在空间中由于波的干涉现象，在预期设定的位置产生声场效果叠加，形成预期的声束信号。对每一个相控阵阵元施加同一频率的脉冲信号以激发阵元，并对每个阵元施加脉冲信号的时间进行控制，使各阵元的发射声波产生相位差，从而影响声束的干涉结果，就可以实现人为对合成声束的偏转、聚焦控制。各个阵元的激发延时一般被称为相控阵延时法则[25-29]。

超声相控阵技术与常规超声波检测技术的区别在于其换能器结构。常规超声波检测采用单晶探头或双晶探头，而相控阵检测探头的最大特点是换能器阵元不再是一个整体，而是由多个压电晶片组成，这些阵元晶片彼此之间相互独立，都可以进行能量转换，如图 4-39 所示。

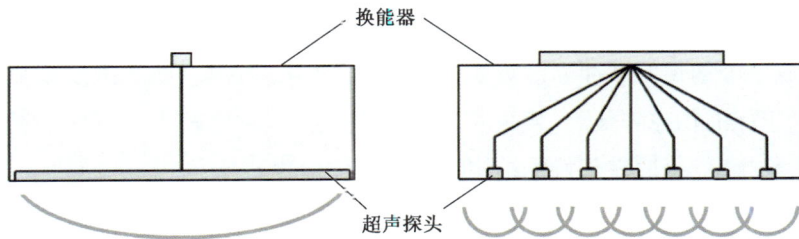

图 4-39 常规超声波检测与相控阵检测对比图

通过阵列换能器按照一定规律对阵元晶片的激励时间加以控制，就可以实现声束在空间中偏转某一角度，甚至产生聚焦。相控阵探头位置可以不发生移动，而是通过声束偏转以扩大波束的扫描范围，这是常规超声波检测不具备的特性。由于阵元晶片几何排列的多样性，便利了几何形状较为复杂的工件的检测过程，极大扩展了相控阵的应用范围。

2）常用方法

相控阵检测与常规超声波检测的区别主要体现在扫查方式上。常规超声波检测的扫查主要是通过手工移动探头改变超声波在被检工件内的传播路径，而相控阵检测则是通过控制相控阵的偏转、聚焦实现的，其本质都是覆盖整个检测截面，从多角度寻找缺陷的边沿反射信号，更好地对缺陷尺寸、深度、走向等进行判别。相控阵通过偏转、聚焦可以实现多种扫查方法,如扇形扫查、线性扫查、动态深度聚焦(DDF)和 3D 全聚焦(3D-TFM)等。

(1)扇形扫查。

扇形扫查是最常用的扫查方式。探头对于某个聚焦深度,在一定角度范围内偏转,形成一个扇形的扫查截面,如图 4-40 所示。扇形扫查适合检测几何形状复杂或空间受限的工件。

(2)线性扫查。

线性扫查也称电子扫查。类似于栅格扫查,在线性扫查中,相控阵探头发射的超声波波束不偏转,入射角是相同的,对每一个阵元晶片使用相同的聚焦法则,类似于多个单一的普通超声波检测仪同时工作,每一块阵元晶片可以虚拟成为一个虚拟探头,如图 4-41 所示。当使用楔块的时候,软件将会根据楔块的材料特性、声学特性、角度等对探头中不同阵元晶片楔块内不同的延时进行补偿,保证在被检介质内部的超声波波束不偏转。

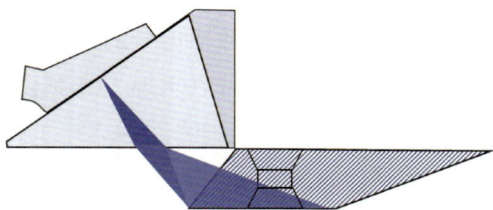

图 4-40　扇形扫查　　　　　　　　　　　图 4-41　线性扫查

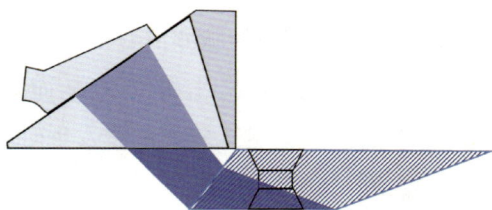

(3)动态深度聚焦(DDF)。

动态深度聚焦(DDF)是在声波发射时使用一种聚焦法则,但在接收时采用不同的聚焦法则,从而形成一个细长的脉冲回波聚焦区域,如图 4-42 所示。动态深度聚焦在聚焦区域的声波特性优于标准相控阵聚焦(声束宽度、半扩散角、信噪比较小),同时在扫查时可提高系统的脉冲重复频率,更适宜于特殊结构的重要部位检测。

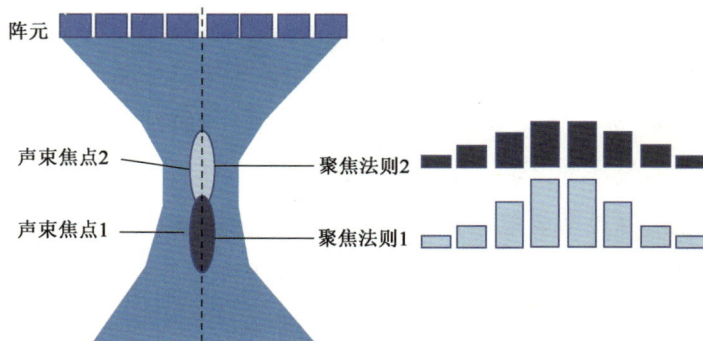

图 4-42　动态深度聚焦示意图

(4)3D 全聚焦(3D-TFM)。

3D 全聚焦是近年来发展出的最新相控阵技术,随着高速处理器的发展实现了大规模数据的同时处理。该技术依据特定的全矩阵聚焦法则,采集到全部数据后,通过高速处理器对大量数据进行运算处理,重构得到 3D 全聚焦图像。

3D 全聚焦的原理可以简单理解为以面阵探头($n \times n$ 阵元面阵)中心点建立平面坐标,使该平面坐标系垂直投影到延迟块与被检工件表面上,建立三维空间直角坐标系,如图 4-43 所示。E 点表示面阵任意阵元的三维坐标,I 点表示被检工件内任一点的三维坐标,R_1 点表示阵元 E 发射的超声波传入工件内 I 点的入射点坐标,R_2 点表示 I 点反射的超声波由工件入射到延迟块的入射点坐标。

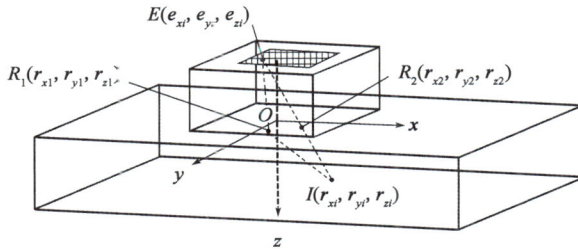

图 4-43　3D 全聚焦三维坐标系模型原理图

全聚焦(TFM)技术在目标成像区域对每个像素点进行独立动态聚焦计算,通过依次顺序激发每个阵元且所有阵元同时接收信号,重复此过程至激发整个阵列,之后采集到全矩阵数据,再采用现场可编程门阵列(FPGA)实时进行全聚焦运算,提取相应的有效回波数据后,在目标成像区域进行叠加重构成像。全聚焦(TFM)技术在面阵探头阵元足够与排布合理的情况下,能够提供被检工件的高分辨率成像检测结果,基本重构出工件内缺陷的真实形态与空间分布,实现检测结果的可视化。

采用 2D-TFM 和 3D-TFM 成象技术检测同一试件缺陷,结果显示基本与被检工件内部真实结构相同,如图 4-44 所示。对比采用的 B 型便携式相控阵试块是国际标准试块,符合 ASTME 2491-08 标准。缺陷为距离表面 10mm、按水平直线间距 5mm 均布、直径 1mm 的通孔,如图 4-45 所示。

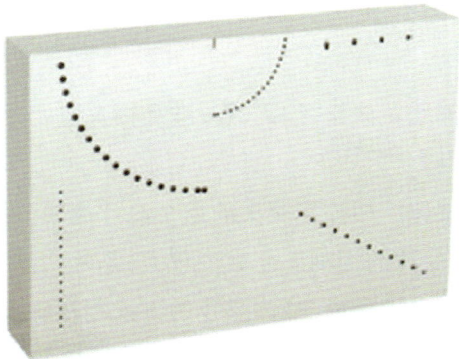

图 4-44　对比采用的 B 型便携式相控阵试块

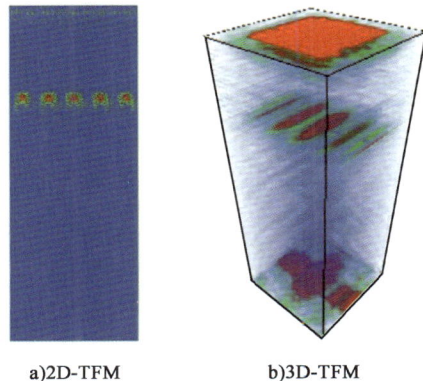

a)2D-TFM　　　　b)3D-TFM

图 4-45　TFM 技术检测通孔缺陷的 2D 和 3D 实例

3）检测影响因素

相控阵检测的影响因素主要包括焊缝缺陷、焊缝表面状态以及板厚等。

（1）焊缝缺陷。

目前，大型钢结构桥梁的焊缝主要采用机器人半自动焊和端头手工焊的焊接方式，不同的焊接方式或同一种焊接方式都有可能产生不同形式的未焊透形态，不同的未焊透形态对超声回波信号有不同的影响。

（2）焊缝表面状态。

焊缝表面状态主要影响探头的扫查及检测灵敏度的补偿。U 肋焊缝在焊接时会产生影响表面光洁度的杂物，焊缝成型时的焊趾高度影响探头的移动距离，造成同一前沿的探头可能无法检查到焊缝根部，同时不同的焊缝区域表面光洁度所需的灵敏度补偿也不一样。由于相控阵检测是基于脉冲反射的，其检测区域的表面粗糙度要求不大于 $6.3\mu m$，另外焊缝表面不得有弧坑、裂纹。

（3）板厚。

周一亮[27]进行了板厚试验研究，试图通过对比试验研究 U 肋板厚对检测数据的影响。试验采用经过标定的 U 肋试块（约定真值6.0mm），分别输入小于 U 肋板厚、等于 U 肋板厚、大于 U 肋板厚的数值，利用测厚仪测得试板板厚为 8.1mm，其焊缝熔深是 6.4mm，选用超声相控阵仪器进行重复检测，分析检测数据，观察输入的不同板厚对检测数据的影响。研究发现当输入板厚值小于实际 U 肋板厚，测量值比实际值（已知值）严重偏小；当输入板厚值等于实际 U 肋板厚，测量值与实际值偏差在 0.1～0.3mm；当输入板厚值大于实际 U 肋板厚，测量值情况与板厚值等于实际 U 肋板厚时一致。

4）检测流程

相控阵检测主要流程包括：仪器调试、表面处理、现场检测长度区域划分、涂抹耦合剂、检测、缺陷观察和记录等。

（1）仪器调试。

仪器调试主要包括探头选取、声速校准、时间增益修正、编码器校准和扫查速度计算。

①探头选取。

相控阵探头通常采用具有压电效应的材料制造。相控阵探头的单个晶片比单晶探头更小，材料压电效应的灵敏度要求会更高。小尺寸晶片的切割工艺难度较大，晶片切割为细小晶片后，整体的结构强度存在一定问题，因此采用电极分离、整体晶片的方式制造探头，这就要求压电材料的横向振动传递系数极低。复合压电材料由压电陶瓷 PZT5 的细丝和改性环氧树脂复合而成，能达到较高的机电转换效率，横向振动模量很低，并且材料的品质因数很低,是目前超声相控阵探头的主要材料[30]。

　　所有相控阵技术都建立在阵列探头的基础之上,阵列类型决定了相控阵技术的功能、性能和应用特点。相控阵探头可分平面探头、曲面探头和柔性表面探头。平面探头所有晶片的超声辐射面在一个平面上,适用于带楔块或耦合面为平面、相对曲率较小的光滑面检测。曲面探头一般用于管、棒、球面或转角工件的表面检测,各个尺寸、形状具有较强的针对性。柔性表面探头的适用范围较大,耦合更好,但对表面形状的变化要求更高。

　　平面探头按控制维度分为一维阵列和二维阵列,根据排列坐标系分为直角坐标系和极坐标系,形成一维环阵、一维线阵、二维矩阵和二维环阵共4种基本类型,其中二维矩阵通过两个维度的疏密度调整能产生很多变化,如图4-46所示。

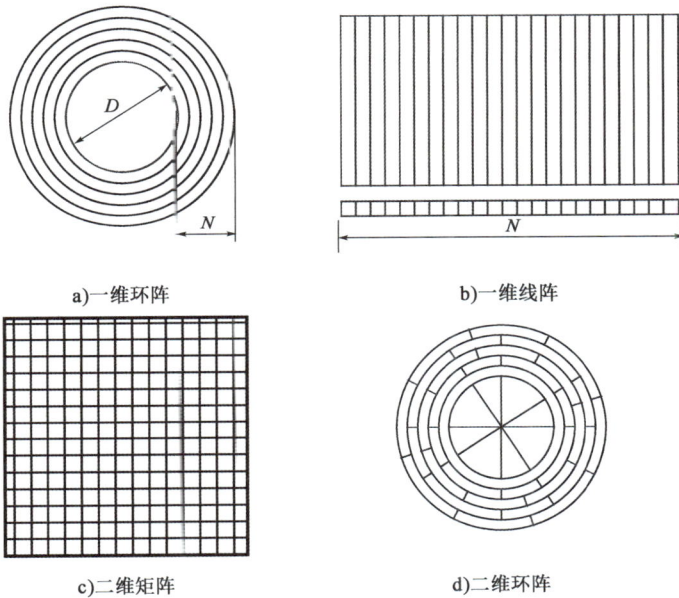

a)一维环阵　　　　　　　　　　b)一维线阵

c)二维矩阵　　　　　　　　　　d)二维环阵

图4-46　探头的各种线阵类型

　　线阵探头是桥梁钢结构最常使用的探头类型,因此下面主要针对线阵探头的参数进行阐述和分析。同一平面上多个晶片沿一条直线方向(控制方向)排列形成平面线阵探头。在探头平面上,晶片的排列方向(X轴)为主动方向,垂直于主动方向的为非主动方向(Y轴),主动方向和晶片中心的法线(Z轴)构成线阵探头主动平面,非主动方向和(Z轴)构成线阵探头非主动平面,如图4-47所示。

　　线阵探头参数如下:

　　a.探头频率。

　　相控阵探头的中心频率取决于晶片材料的声速和厚度。

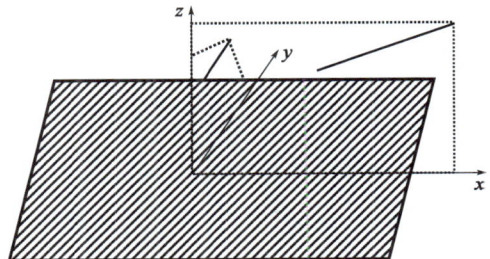

图4-47　线阵主动面和非主面方向示意图

b.探头带宽。

多数相控阵探头采用低品质因数的复合材料和高阻尼。背衬做成宽带探头,相对带宽50%以上,回波脉冲振荡周期少于3个。

c.晶片宽度。

线阵探头单元晶片在排列方向的宽度决定了晶片在主动平面内的指向性。

d.晶片间距。

晶片间距是指阵列中相邻晶片的中心间距,其最密时近似于晶片宽度,但总大于晶片宽度。由于晶片排列的周期性,声场会在特定角度出现能量副瓣,称为栅瓣,晶片间距越小,产生栅瓣的角度间距越大,通常设计晶片间距使栅瓣出现在检测角度范围之外。减少栅瓣方法有:降低频率,增大波长;减小中心距;增大带宽,以发散栅瓣;减小扫查范围(加用斜楔);单元缩小化(将阵列单元切成尺寸更小的单元);单元间距随机化(使单元位置不规则,以分离栅瓣)。

e.晶片数量。

相控阵探头的晶片数量会影响声束聚焦、偏转等操控能力。在相控阵检测中,会选取部分晶片组成"合成孔径"来合成声束,参与合成的晶片集合即为合成孔径。对于线阵探头,其合成孔径呈现一维特性,合成孔径的尺寸等于参与合成的晶片数量乘以晶片间距。当选择不同起点序号的晶片组成合成孔径时,合成孔径的中心位置发生移动,平行移动了声束的位置。

f.晶片长度。

线阵探头单元晶片在垂直于排列直线方向的尺寸,决定了晶片在非主动平面的指向性,所以晶片长度 b 又称为探头的非主动孔径。相控阵线阵在非主动平面上没有位置、方向和聚焦控制,和同尺寸单晶片矩形探头的指向性是一样的。

②声速校准。

为精确测量材料声速,确保深度和缺陷定位准确,须进行声速校准,且误差应不大于1%;否则应重新校准或检查耦合状态。

③时间增益修正。

补偿声速随深度的衰减,使相同尺寸缺陷的回波幅度一致。

④编码器校准。

确保扫查位置与超声数据同步,实现精确成像。

⑤扫查速度计算。

扫查时要保证耦合效果和满足数据采集的要求。最大扫查速度根据式(4-1)计算。

$$v_{max} = \frac{PRF}{N \cdot A} \Delta x \qquad (4\text{-}1)$$

式中:v_{max}——最大扫查速度(mm/s);

　　PRF——激发探头的脉冲重复频率(Hz);

　　Δx——设置的扫查步进值(mm);

　　N——设置的信号平均次数(次);

　　A——A扫描的数量。

(2)表面清理。

清除探头移动区域表面50mm范围内阻碍探头自由移动或者削弱超声波的焊接溅滴等,使探头与检测面充分接触且可以自由移动;清除焊缝上使缺陷信号模糊或者不能被发现的不规则形状。

(3)现场检测长度区域划分。

将检测对象按照1~2m的长度进行分段,在分段处做好标记,并统一编号,方便存储和记录,如图4-48所示。

(4)涂抹耦合剂。

在检测区域内均匀涂抹医用耦合剂,如图4-49所示。

图 4-48　检测长度区域划分

图 4-49　涂抹耦合剂

(5)检测。

每次扫查以划线处为起始,相邻检测区域要重叠50mm。扫查灵敏度在时间增益修正后增加相应的表面补偿和衰减补偿,补偿值按标准实测;每进行累计50m长度检测,需要在试块上进行灵敏度及熔深测量精度的校验,也可根据现场情况做适当调整。

(6)缺陷观察和记录。

扫描过程中用编码器记录完整的扫描数据,在缺陷的实际位置用记号笔标记缺陷,拍照存档,以供后续处理。所采集的数据要求当天完成判读。对于判读中遇到疑问的部位,应采用相控阵或其他适用的检测方法复检,确保检测质量。

本章参考文献

[1] 曹益平,李路明,黄刚,等.基于电磁检测原理的疲劳裂纹检测方法[J].清华大学学报(自然科学版),2005(11):1453-1455,1459.

[2] 莫国影,左敦稳,黎向锋.基于CCD图像的表面疲劳裂纹检测方法[J].机械制造与自动化,2008(6):55-57,59.

[3] 曹亚丹,李德刚,郭大勇,等.渗透探伤法在连轧坯和钢板表面质量检验中的应用[J].鞍钢技术,2008(2):31-33.

[4] 丁晓萍.荧光渗透探伤水基预清洗方法[J].无损检测,2001(12):523-525.

[5] 沈士杰.无损检测技术在建筑结构中的应用[J].中国建筑金属结构,2023(12):48-50.

[6] 赵志强,于鹏祖,王成,等.磁粉检测在焊缝缺陷检测中的应用[J].质量安全与检验检测,2021,31(1):22-24.

[7] 陆宝春,李建文,陈吉朋,等.荧光磁粉探伤自动缺陷识别方法研究[J].南京理工大学学报(自然科学版),2010,34(6):803-808.

[8] 陈亮.基于形态学的磁粉检测焊缝裂纹缺陷识别技术研究[D].大庆:东北石油大学,2016.

[9] 黄旭.浅谈磁粉探伤技术原理与在钢桥检测中的应用[J].建筑与预算,2021(11):98-100.

[10] 孙孝婷,汪锋,袁周致远,等.钢桥面板顶板与U肋焊缝超声波穿透法检测技术研究[J].武汉理工大学学报(交通科学与工程版),2020,44(5):850-853.

[11] 丁兵,陈家明,王芹.T型结构局部熔透角焊缝超声波检测方法探讨[J].无损探伤,2011,35(2):5-8.

[12] 张文科.超声波探伤中缺陷波和伪缺陷波的判别[J].无损检测,2005(1):47-50,54.

[13] 项东,罗辉,许斌.钢结构T型角焊缝超声波探伤[J].建筑技术开发,2002(6):14.

[14] 罗旭辉.钢箱梁U肋角焊缝的超声波探伤[J].广州建筑,2002(3):41-43.

[15] 拓凌玺,李磊,项鹏.铸钢件浅表层缺陷的超声波检测[J].铸造,2020,69(4):388-391.

[16] 张元华,王玲玲.铸件超声波探伤的缺陷分析研究——评《大型铸锻件及结构件超声波探伤》[J].铸造,2021,70(1):133.

[17] 李华,马英杰,邱建科,等.TC4钛合金显微组织对超声波探伤杂波水平的影响[J].稀有金属材料与工程,2013,42(9):1859-1863.

[18] 马剑民.金属部件表面开口裂纹深度超声测量[C]//陕西省机械工程学会无损检测分会.陕西省第九届无损检测年会.[S.l.:s.n.],2004:24-28.

[19] 中华人民共和国建设部.钢结构超声波探伤及质量分级法:JG/T 203—2007[S].北京:中国标准出版社,2007.

[20] 李立凡.基于超声TOFD检测技术的钢轨焊缝缺陷检测能力研究[D].北京:中国铁道科学研究院,2022.

[21] 刘赞.无损检测新技术在某钢结构桥梁中的应用研究[D].西安:长安大学,2011.

[22] 唐浩伟.超声TOFD焊缝缺陷检测成像技术研究[D].成都:西南交通大学,2020.

[23] 吴海丽.超声TOFD法在桥梁焊缝检测中的应用[J].交通世界,2022(12):42-43.

[24] 马晶晶,刁海波,白明辉,等.TOFD检测数据评判常见影响因素识别[J].石油和化工设备,2021,24(6):107-113.

[25] 潘云龙.桥梁碳素钢锚箱主焊缝的相控阵检测[D].南昌:南昌大学,2020.

[26] 毛伟.无损检测相控阵新技术在焊接钢桥检测中的应用研究[D].重庆:重庆交通大学,2020.

[27] 周一亮.U肋角焊缝的超声相控阵检测技术研究[D].哈尔滨:哈尔滨工业大学,2016.

[28] 姚蓓,朱飞.超声相控阵技术在苏通长江大桥维护检测中的应用研究[J].公路,2015,60(5):80-83.

[29] 张鹏,刘永伟,郭建康,等.桥梁钢箱梁U肋角焊缝的相控阵检测[J].无损检测,2020,42(1):71-74.

[30] 潘强华,孔祥夷,侯金刚,等.国内外超声相控阵探头测试与评价标准的比较与分析[J].无损检测,2019,41(7):57-62,66.

第 5 章

疲劳开裂处治技术

5.1 钻孔止裂技术

5.1.1 技术概况

钻孔止裂

钢结构疲劳裂纹扩展迅速且危害较大。在日常维护中,疲劳裂纹一旦产生,通常需要根据受损情况更换构件。但钢桥构造及制作工艺特殊,各构件通过焊缝连接且尺寸较大。此外,千米级大跨径桥梁通常是交通干道的重要组成部分,若中断交通更换构件将给社会带来巨大的经济损失。因此,损伤构件很难方便、及时地更换。技术人员一般对疲劳裂纹采取止裂或修复措施,以延长构件疲劳寿命,避免断裂及倒塌事故的发生[1-3]。

对于疲劳裂纹的处理,一般先采取钻孔止裂措施,以延缓裂纹的扩展,进而采取修复措施,对于钻孔后不再扩展的裂纹,可不采取修复措施。钻孔止裂技术,即在裂纹尖端钻孔消除应力集中,达到阻止或延缓裂纹进一步扩展、延长结构疲劳寿命的目的[4-5]。若无法确定裂纹尖端具体位置,也可以在裂纹扩展方向上与尖端一定距离处打止裂孔(图5-1)。此外,采用补焊法修复疲劳裂纹时,通常事先采用止裂孔进行临时止裂,再进行焊合修复处理。钻孔止裂技术原理简单,操作便捷,成本较低,在金属结构止裂维修中被大量采用[6-7],是《钢结构加固技术规范》(CECS 77—1996)[8]建议使用的一种应急方法。

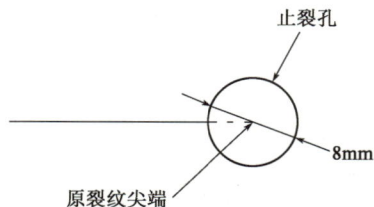

a)止裂孔示意图

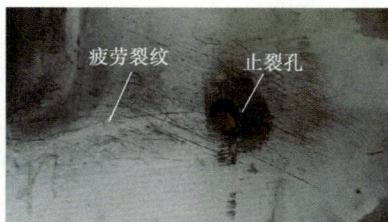

b)构件上的止裂孔

图5-1 止裂孔

止裂孔的作用在于去除裂纹尖端的奇异点(图5-2),止裂孔的曲率远小于原有裂纹尖端,这使得尖端的应力集中程度大幅下降;止裂孔还去除了裂纹尖端的塑性区,使尖端附近区域恢复弹性,承载性能得以加强。

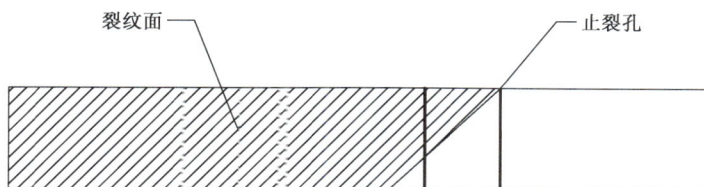

图 5-2　止裂孔去除裂纹尖端的奇异点

5.1.2　参数研究

1) 止裂孔孔径

(1) 分析模型。

采用 ASTM(美国材料试验协会)推荐的紧凑拉伸试样(CT 试样)模型(图 5-3)进行有限元建模[9]。由于模型具有对称性,有限元模型取模型的一半进行分析,在对称面上施加对称约束,在模型右侧施加完全约束。板厚取 5mm,裂纹长度取 50mm,在裂纹尖端设置止裂孔,止裂孔孔径取 6mm,使止裂孔圆心与裂纹尖端重合;弹性模量 $E = 206\text{GPa}$,泊松比 $\nu = 0.3$;荷载 $F = 125\text{kN}$。模型网格划分时,在尖端附近区域选用奇异单元,其他区域选用 8 节点平面四边形单元 PLANE183。

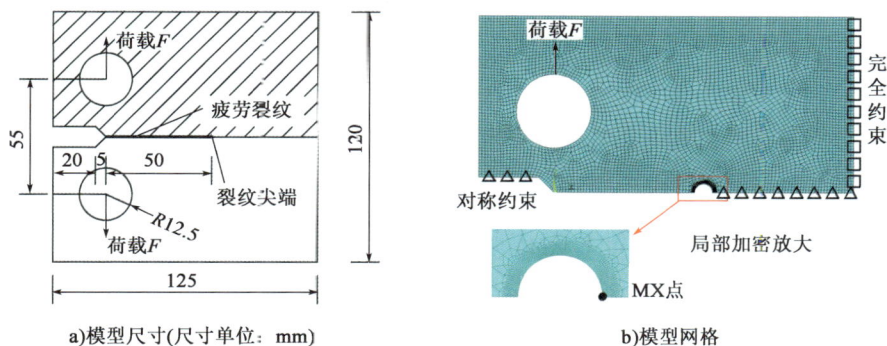

a)模型尺寸(尺寸单位: mm)　　　b)模型网格

图 5-3　有限元模型

(2) 结果分析。

为说明止裂孔孔径对钻孔止裂效果的影响,设置止裂孔圆心与裂纹尖端重合,选取不同孔径的止裂孔并计算不同孔径下模型的最大应力 $\sigma_{\max}$、应力集中系数 K_t 及疲劳缺口系数 K_f。其中,应力集中系数 K_t 代表缺口处峰值应力提高的程度,K_f 代表缺口处疲劳强度降低的程度[10],可分别由公式(5-1)和公式(5-2)计算得到[4]。通过分析模型的应力集中系数 K_t 和疲劳缺口系数 K_f 评价止裂孔的止裂效果,计算结果见表 5-1[11]。

$$K_t = \frac{\sigma_{max}}{\sigma_{nom}} \qquad (5\text{-}1)$$

式中：σ_{max}——实际最大应力，由计算得到；

σ_{nom}——名义应力，由公式（5-3）得到：

$$K_f = 1 + \frac{K_t - 1}{1 + \left(\dfrac{c}{\rho}\right)} \qquad (5\text{-}2)$$

式中：c——与材料有关的常数，对于 Q345qD 钢可近似取 0.45；

ρ——缺口曲率半径，这里指止裂孔半径。

$$\sigma_{nom} = \frac{2F(2W + a)}{t\,(W - a)^2} \qquad (5\text{-}3)$$

式中：F——施加荷载；

W——模型的宽度；

t——模型的厚度；

a——裂纹长度。

不同孔径下 MX 点应力结果 　　表 5-1

孔径 D（mm）	0	2	4	6	8	10	12	14	16	18
σ_{max}（MPa）	179.0	134.14	97.64	82.01	73.07	67.28	63.24	60.31	58.13	56.51
K_t	3.58	2.68	1.95	1.64	1.46	1.35	1.26	1.21	1.16	1.13
K_f	—	2.16	1.78	1.56	1.41	1.32	1.25	1.19	1.15	1.12

图 5-4 为不同孔径情况下的应力集中情况，其中 k 为最大应力 σ_{max} 随孔径变化曲线的斜率。随着止裂孔孔径逐渐增大，模型裂纹尖端处的应力集中系数 K_t 明显减小，且下降趋势逐渐减缓。当止裂孔孔径大于或等于 8mm 时，最大应力衰减渐缓。这说明随着孔径增大，塑性区逐渐被消除，塑性变形的影响逐渐减小；当塑性区完全被消除时，应力集中系数对孔径的变化就变得不敏感了。止裂孔在阻止裂纹扩展、延长结构疲劳寿命的同时，也会削弱止裂孔所在截面刚度。孔径过大时可能造成构件因强度不足而破坏，当孔径为 12mm 时，止裂孔对构件截面强度削弱已达到 10%。之后再增大孔径，虽然能够降低裂纹尖端处的应力集中系数，但是对于截面刚度的过度削减会给构件带来安全隐患，增大孔径的效果将显著降低。

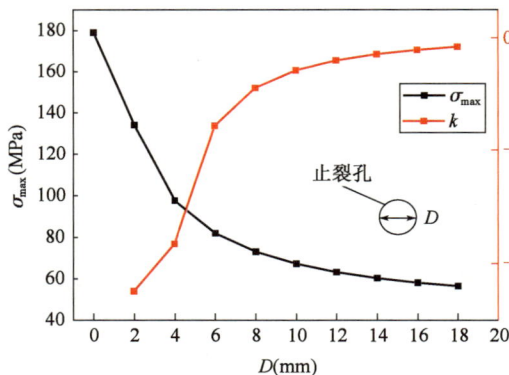

图 5-4 不同孔径对应的应力值

2）止裂孔数目

（1）分析模型。

在裂纹前方钻止裂孔时，止裂孔对于裂纹的扩展有一定的引导作用，裂纹有一定的概率会改变扩展方向，与止裂孔汇合，从而达到止裂的效果。更大的止裂孔直径会带来更好的止裂效果，但过多地削弱截面会影响结构的刚度。在工程实际应用中，桥梁维护人员对裂纹扩展路径判断存在不准确性，会导致钻孔止裂方法失效。

由于裂纹尖端的不确定性，单孔止裂改变裂纹扩展路径的概率较小，在考虑因判断和操作产生一定误差的情况下，裂纹两侧打孔止裂[12-13]和附加孔止裂[14-15]的方法可以有效止裂，如图5-5所示。附加孔方法相当于结合单孔止裂和侧孔止裂两种止裂形式。

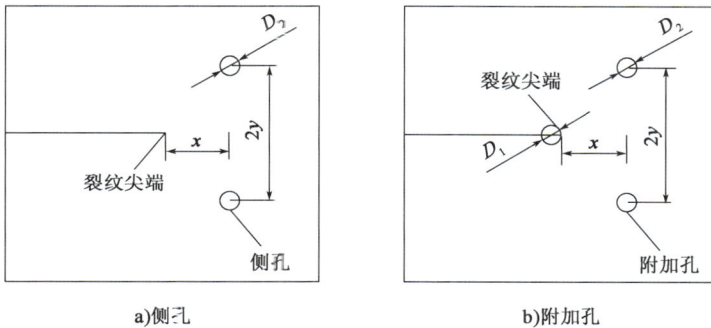

a)侧孔　　　　　　　　　　　　　　b)附加孔

图5-5　多孔布置方式

（2）侧孔。

考虑到双孔对截面的削弱作用较大，侧孔孔径取4mm、5mm和6mm，分析了不同孔位情况下的止裂孔止裂效果，如图5-6所示。图5-6中 y 为侧孔孔位至裂纹尖端垂直距离，上水平线表示未打孔情况下裂纹尖端应力集中系数，下水平线表示相应孔径单孔情况下的裂纹尖端应力集中系数。

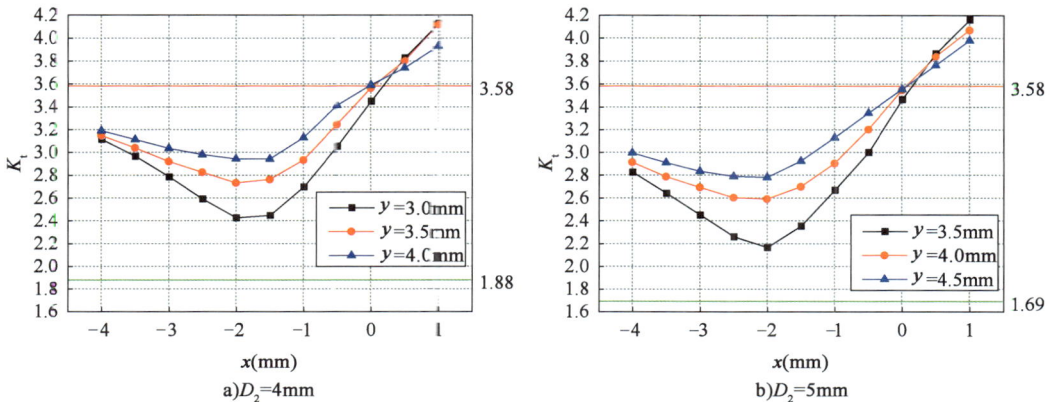

a)D_2=4mm　　　　　　　　　　　　b)D_2=5mm

图　5-6

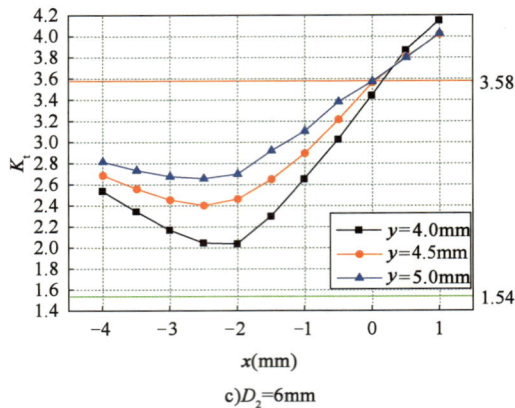

c)$D_2 = 6$mm

图5-6　侧孔不同孔位对应的应力集中系数

由图5-6可知,当孔位位于裂纹后侧($x<0$)时,裂纹尖端应力集中系数小于未打孔对应值,侧孔中心至裂纹尖端垂直距离(y)越小,应力集中系数越小,侧孔对裂纹止裂作用越明显。当孔位位于裂纹前方($x>0$)时,裂纹尖端应力集中系数大于未打孔对应值,侧孔的存在反而加剧了裂纹的扩展,且侧孔至裂纹尖端垂直距离越小,裂纹尖端与侧孔间的钢板越窄,应力集中系数越大。随着y值增大,最大应力集中系数对应的止裂孔中心位置向裂纹后侧移动,但趋势不明显。

侧孔孔位与裂纹尖端有一定的距离,起到了削弱构件截面整体刚度、增大截面应力的作用,对裂纹尖端的塑性变形区影响很小。单孔直接去除了尖端的塑性变形区,因而侧孔止裂时裂纹尖端的应力集中系数大于单孔止裂时的应力集中系数。虽然侧孔可起到二次止裂作用,但侧孔止裂效果在仅进行一次止裂的情况下不如单孔止裂效果好,故侧孔止裂效果不如单孔止裂直接。图5-7为$y=4$mm时,不同孔径的应力集中系数。当侧孔位于裂纹后侧($x<0$)时,侧孔孔径越大,应力集中系数越小,止裂效果越好。而当侧孔位于裂纹前方($x>0$)时,侧孔孔径增大使得应力集中系数增大。

（3）附加孔。

对于如图5-5b)所示的附加孔情况,当裂纹尖端孔径$D_1 = 4$mm时,不同附加孔孔径D_2对应的裂纹尖端应力集中系数如图5-8所示。图中水平线表示相应孔径单孔情况下裂纹尖端的应力集中系数。由于附加孔有3个孔,对截面削弱更严重,故孔径D_2取值较小,分别为3mm、4mm和5mm。

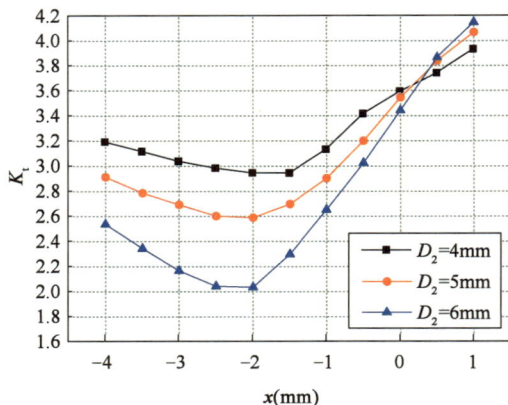

图5-7　侧孔不同孔径下应力集中
系数分布($Y=4$mm)

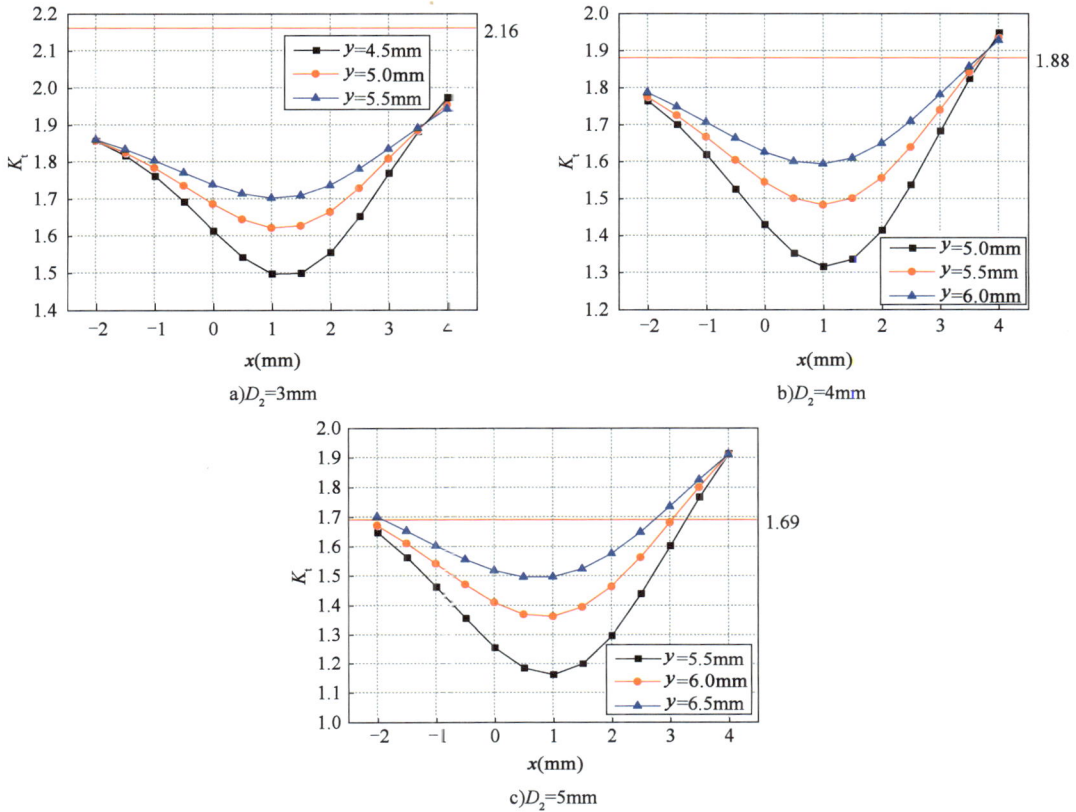

a)$D_2=3mm$

b)$D_2=4mm$

c)$D_2=5mm$

图5-8 附加孔不同孔径对应的应力集中系数

由于附加孔结合了尖端单孔和侧孔两种情况,故裂纹尖端应力集中系数的分布既有侧孔的特点,又具备单孔止裂的效果。由图5-8可知,附加孔离裂纹尖端较近的情况下,裂纹尖端应力集中系数基本小于单孔止裂结果,即使当附加孔位于裂纹前方($x>0$)时,仍起到了止裂的效果。

而附加孔离裂纹尖端前侧较远时,由于截面削弱,其止裂效果反而下降。相对于单孔,附加孔止裂效果明显。当孔径D_2足够大时,附加孔与止裂孔三孔间连接段被削减得很短,导致应力集中系数相比单孔情况增大,加剧裂纹扩展,贯穿连接段,这与侧孔止裂情形相似。

图5-9为$y=5.5mm$时不同附加孔孔径下的应力集中系数。从图中可知,相同孔位下,附加孔孔径越大,应力集中系数越小,止裂效果越好。与侧孔情况不同的是,附加孔中心位于裂纹前侧($x>0$)附近时止裂效果最佳。结合图5-8和图5-9可知,应力集中系数都在$x=1mm(D_1/4)$附近取得最小值,而与孔径D_2和垂直距离y无关。为了探讨测孔的最佳水平位置跟D_1值的关系,针对$y=5mm$、$D_1=D_2=4mm$,$y=7mm$、$D_1=D_2=6mm$,$y=9mm$、$D_1=D_2=8mm$共3种情形,分别计算不同孔位下裂纹尖端应力集中系数分布,如图5-10所示。

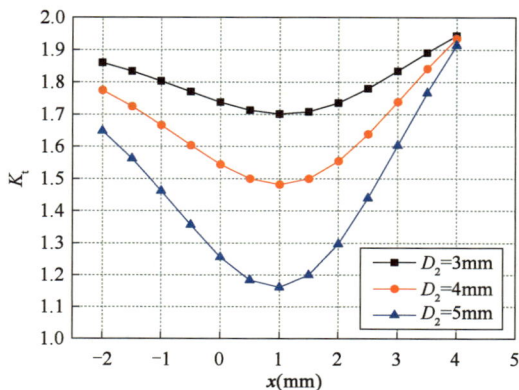

图 5-9　不同附加孔孔径下的应力集中系数

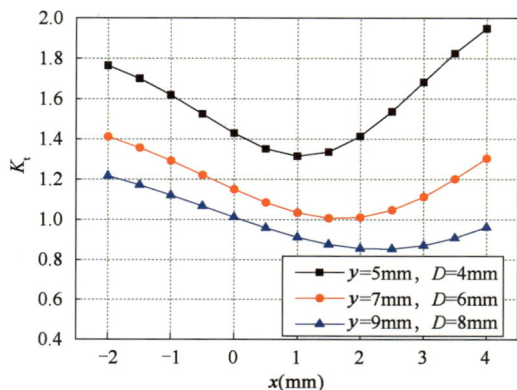

图 5-10　附加孔孔位与尖端孔径关系

从图 5-10 中可以看出,随着附加孔孔径 D 逐渐增大,应力集中系数最小值点(最佳位置)逐渐向右移,且 $D=4$mm 时,最低点在 1.0mm 附近; $D=6$mm 时,最低点在 1.5mm 附近; $D=8$mm 时,最低点在 2mm 附近。可以得出,在附加孔止裂措施中,两侧附加孔 D_2 的最佳水平位置在距离单孔前方 $D_1/4$ 位置处。

3)止裂孔位置

(1)分析模型。

为说明止裂孔位置与角度对止裂效果的影响,需要考虑沿板厚方向的应力,故建立有限元实体模型进行分析,如图 5-11 所示。平板的上下面受均匀拉应力作用,其大小为 75MPa,中间设有 1 条长度为 40mm 的裂纹,裂纹两端开设止裂孔,板厚为 12mm。为减小模型边界条件对止裂孔附近局部应力的影响,板的宽度取 400mm,高度取 500mm。考虑模型的对称性,采用 Solid95 单元建立 1/4 有限元实体模型进行分析。考虑实桥钻孔时的操作情况,分止裂孔不偏心、偏心两种情况对止裂效果进行分析。当止裂孔的圆心与裂纹扩展路径一致时,认为止裂孔不偏心,否则认为止裂孔偏心。

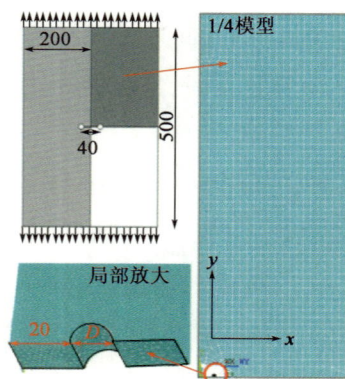

图 5-11　有限元实体模型(尺寸单位:mm)

(2)止裂孔不偏心。

在止裂孔不偏心的情况下,分别计算分析了止裂孔在裂纹内部、裂纹尖端、裂纹外部 3 种情况,计算结果如图 5-12 所示,L 为止裂孔圆心与裂纹尖端的水平距离。从图 5-12 中可以看出,当止裂孔在裂纹内部($L<0$)时,最大应力仍产生于裂纹尖端处,不能改善应力集中;当止裂孔在裂纹尖端处($L=0$)时,应力最小,表明在实际条件允许的情况下,止裂孔宜设置在裂纹尖端处;当止裂孔打在裂纹外部($L>0$)时,随着 L 增大,孔边应力变化存在一个明显的峰值,当 L 大于孔

径 D 后,应力值趋于稳定,对于一定厚度的钢板,止裂孔与裂纹尖端的水平距离均应大于孔径 D。

图 5-13 给出了不同 L 下裂纹引导路径上的应力变化规律。从中可以看出,随着 L 增大,裂纹引导路径处的应力变幅逐渐增大。当 $L=20\text{mm}$ 时,应力变化范围达到 335MPa,当在 $P1 \sim P2$ 间存在新的缺陷时,会导致该部位不能有效地控制裂纹向止裂孔位置扩展。如果不断增大止裂孔与裂纹尖端的距离 L,裂纹可能沿着其他方向继续扩展,造成止裂失败。

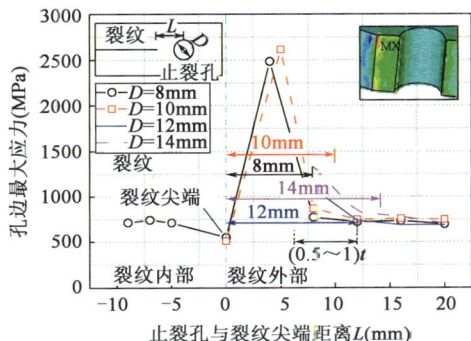

图 5-12 不同位置时的孔边最大应力

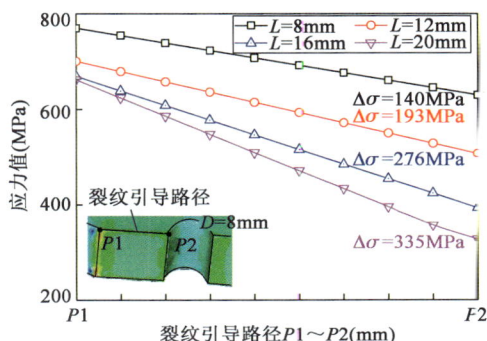

图 5-13 裂纹引导路径上的应力变化

(3)止裂孔偏心。

在上述模型的基础上,改变止裂孔圆心与裂纹尖端的距离 e,计算分析了在不同偏心距下的孔边应力变化情况,得到如图 5-14 所示的裂纹扩展路径上的孔边(B 点)最大应力变化曲线,以及如图 5-15 所示的 A 点处沿厚度方向的应力变化情况。

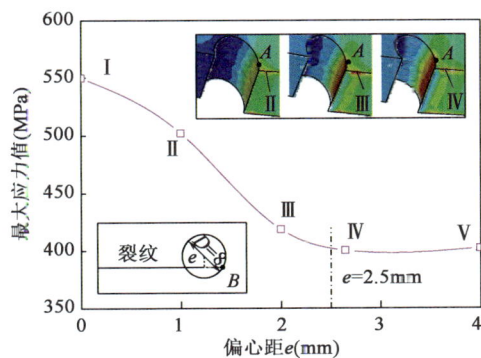

图 5-14 B 点最大应力变化规律

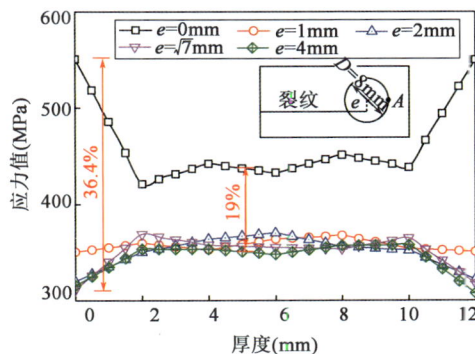

图 5-15 A 点沿厚度方向应力变化规律

从图 5-14 中可以看出,当偏心距 $e<2.5\text{mm}$ 时,孔边最大应力大幅度降低;当偏心距 $e>2.5\text{mm}$ 时,孔边最大应力趋于稳定,说明当止裂孔存在一定偏心距时,能进一步减弱裂纹扩展路径上的应力集中效应;当偏心距继续增大时,减弱程度逐渐变小。结合图 5-14 中的 A 点应力云图以及图 5-15,可以发现随着偏心距 e 的增大,A 点处应力得到了降低,表面应力降低程度达到 36.4%,内部应力降低程度达到 19%,并且在厚度方向上的应力分布更加均匀,材料的强度得到了更加充分的利用。

4)止裂孔角度

在钢桥疲劳裂纹中,特定构造细节处的疲劳裂纹在深度方向上并非垂直扩展,如图 5-16 所示。此类裂纹起裂于 N_{toe} 处,沿着角焊缝的边缘逐渐向两边的 N_b 位置扩展,越过 N_b 后沿垂直于焊缝的方向发展。受焊接的影响,N_{b1} 与 N_{b2} 之间的裂纹在深度方向并非竖向开裂,而是存在一定的倾斜角度,如果在 N_b 点进行钻孔止裂,传统的垂直止裂孔并不能有效地包裹住裂纹尖端,因此针对钢桥内这种类型的裂纹,必须采用具有一定倾斜角度的止裂孔。

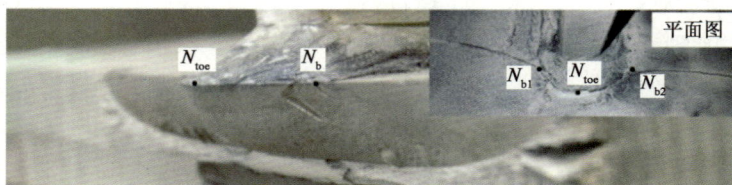

图 5-16　箱梁顶板竖向加劲肋处试件疲劳细节

针对上述情况,考虑了止裂孔的倾斜角度,采用有限元模型进行分析。建立如图 5-17 所示的 1/2 有限元模型。假设止裂孔的倾斜角度为 30°,在相同的拉应力下得到了沿孔边厚度方向的应力变化曲线,如图 5-18 所示。

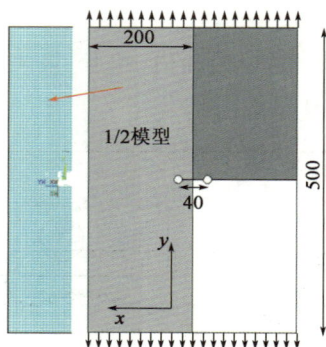

图 5-17　斜孔有限元模型(尺寸单位:mm)

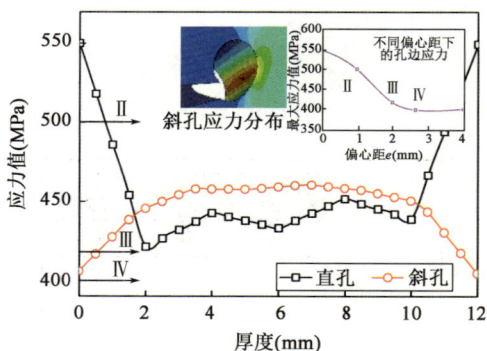

图 5-18　斜孔与直孔在厚度方向应力对比

从图 5-18 中发现,设置倾斜的止裂孔后,孔边表面的应力得到了显著的降低,斜孔内的应力比直孔略大,这是由于斜孔在均匀受拉的情况下自身存在一种扭转效应,导致了沿厚度方向应力的重分配。从减弱应力集中效应方面考虑,倾斜的止裂孔比垂直的止裂孔具有更好的止裂效果。图 5-18 中还给出了倾斜止裂孔的应力与偏心止裂孔的最大应力对比情况,发现随着偏心距增大,偏心止裂孔边的最大应力逐步逼近斜止裂孔的孔边应力(图 5-18 的 Ⅳ),说明在合理的偏心距下偏心止裂孔的受力状态与倾斜止裂孔具有一定的相似性。

5.1.3 实桥应用

目前,钻孔止裂技术主要用于苏通大桥横隔板-U 肋围焊端横隔板焊趾裂纹的处治。实桥应用时大致按照表面准备、确定技术参数、钻孔位置定位、钻孔、后处理、质量检验等步骤进行。

钻孔止裂

1)表面准备

钻孔前需采用擦洗、打磨等方法对表面进行适当清理,钻孔表面应无脏物、氧化皮、松散铁锈和任何其他外来物,以确保不出现钻头打滑、偏移现象,如图 5-19 所示。

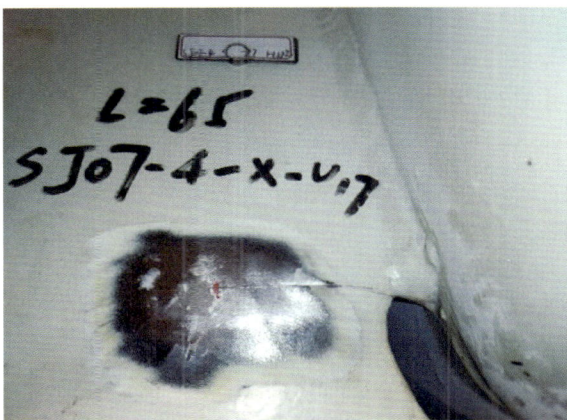

图 5-19 钻孔前表面打磨

2)确定技术参数

钻孔止裂的主要技术参数包括钻孔位置距离 l、钻孔孔径 D 和钻孔偏心距 e,如图 5-20 所示。

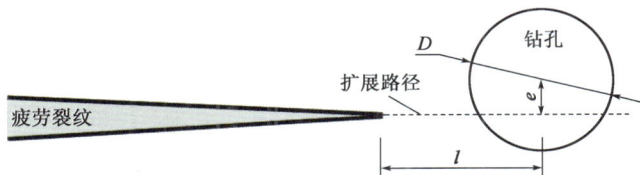

图 5-20 钻孔参数

应根据以下情况合理选择钻孔位置距离:

(1)一般情况下,钻孔位置距离 l 应不小于 $0.5D$(D 为孔径),且不大于 20mm。

(2)裂纹源尖端可见时,钻孔位置距离应取下限;裂纹源尖端不可见时,应适当增大钻孔位置距离。

(3)对于贯穿型疲劳裂纹,应以构件上下表面最远位置处的疲劳裂纹尖端作为钻孔位置距离参考,如图 5-21 所示。

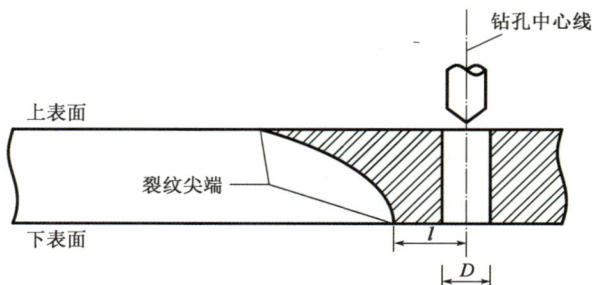

图 5-21　贯穿型疲劳裂纹钻孔位置距离确定方法

应根据疲劳裂纹长度选择合理的钻孔孔径,见表 5-2。

钻孔孔径　　　　　　　　　　　　　　　　　表 5-2

疲劳裂纹长度(mm)	孔径(mm)	疲劳裂纹长度(mm)	孔径(mm)
(0,100]	10	(200,+∞)	18
(100,200]	14		

钻孔时圆心宜在疲劳裂纹扩展路径上,最大允许偏差应不超过 5mm。

3)钻孔位置定位

在疲劳裂纹扩展路径上,依据所确定的钻孔位置距离,标记出圆心位置。采用对应孔径的圆形贴纸贴于所标记的圆心位置,用于钻孔定位,如图 5-22 所示。

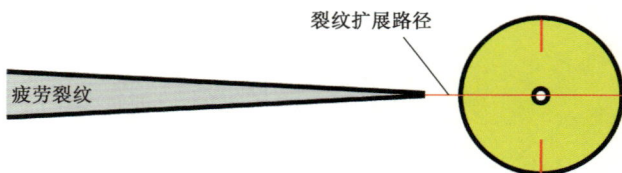

图 5-22　钻孔定位用的圆形贴纸

图 5-23　钻孔

4)钻孔

将钻头尖端对准圆形贴纸的圆心部位。钻机应保持稳定,确保一次钻透,如图 5-23 所示。对于贯穿型裂纹,观察条件允许时,宜先钻孔径为 4mm 的参考孔,以判断裂纹另一侧尖端是否能够被去除;若无法去除,则应适当调整钻孔距离。对于非贯穿型裂纹,可直接钻孔。

5)后处理

钻孔完毕后,应及时清除钢渣,并打磨两侧

孔边,打磨完成后喷涂防腐涂装。当孔径较大时,也可采用螺栓加固钻孔部位。必要时,可在原钻孔部位采用冷扩孔技术以进一步提升钻孔效果。

6)质量检验

钻孔操作完成后,要对所钻孔的区域进行质量检查,以确保钻孔对裂纹扩展的阻止效果并且避免新缺陷的引入。质量检查主要包括外观检查、尺寸检测。

（1）外观检查。

钻孔结束后应立即检查,靠近裂纹一侧的孔壁应有明显的断层,以确保裂纹尖端已经彻底去除;若仍残留裂纹尖端,可紧贴着打孔位置继续钻同尺寸的孔,或采用更大直径的钻头扩孔,直到裂纹尖端被去除。操作完成后,孔边应平整光滑、无杂物、无尖锐边缘。

（2）尺寸检测。

可利用钢尺等工具测量钻孔完成后的相关参数,主要包括钻孔位置、钻孔直径以及钻孔偏心距离,这些参数与钻孔技术参数的允许误差应不超过1mm。

5.2　螺栓加固止裂孔技术

5.2.1　技术概况

钻孔止裂技术作为一种临时处治措施,实桥应用时发现当裂纹长度超过一定范围后,钻孔后裂纹会发生二次扩展。为此,有学者提出在止裂孔中用栓接高强螺栓的方式提高钻孔止裂的效果,如图 5-24 所示。螺栓加固止裂孔后,螺栓的预紧力能够减缓止裂孔周边的应力集中,从而延缓疲劳裂纹的二次扩展。该技术作为一种简单有效的处治技术,有望成为今后钢桥疲劳裂纹维修加固的主要手段之一。

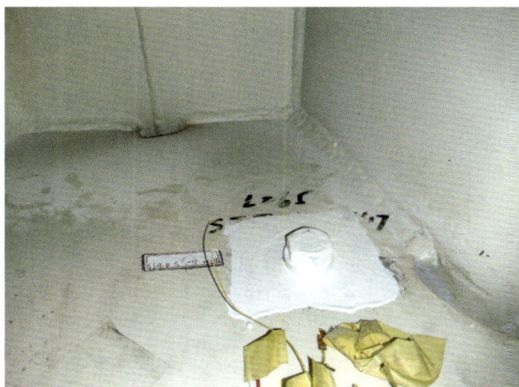

图 5-24　螺栓加固止裂孔

5.2.2 参数研究

1）试验、模型工况

开展疲劳试验和数值模拟，研究螺栓加固止裂孔技术各关键参数对加固效果的影响。试验共设计了 10 个试件，均采用尺寸为 700mm×340mm×12mm 的平板试件，在试件中间处预制裂纹和止裂孔，试件具体尺寸如图 5-25 ~ 图 5-27 所示。试件左侧用高强螺栓固定在试验基座上，在加载位置处布置疲劳试验机来施加循环荷载，如图 5-28 所示。

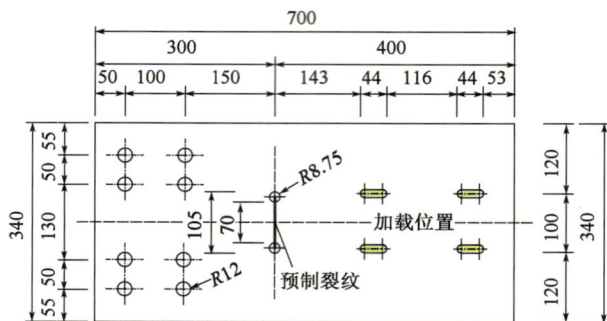

图 5-25 双孔试件设计尺寸（尺寸单位：mm）

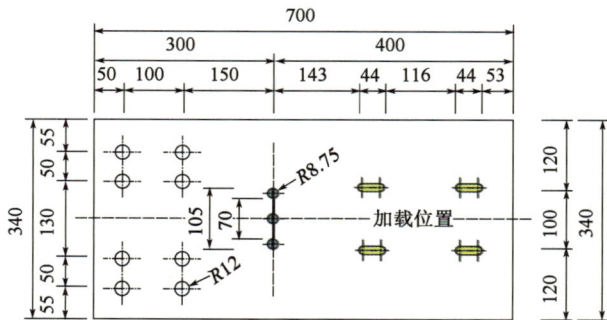

图 5-26 三孔试件设计尺寸（尺寸单位：mm）

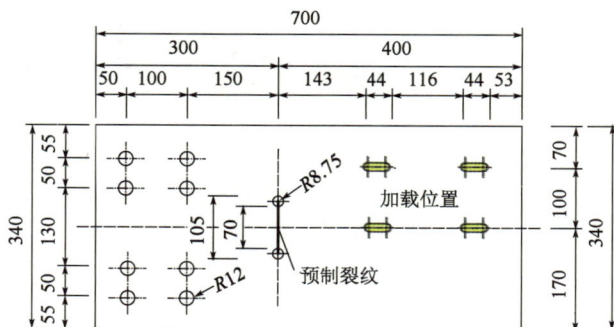

图 5-27 偏心加载试件设计尺寸（尺寸单位：mm）

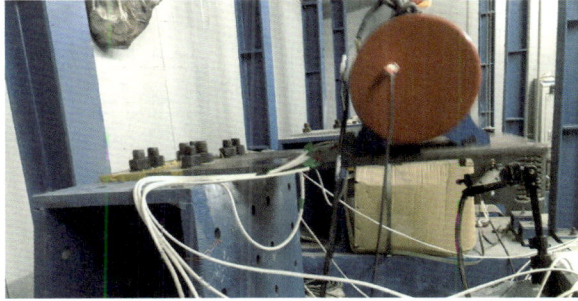

图 5-28　试验机加载示意图

试验中采用扭矩控制法施加预紧力。相比于其他加固方法,扭矩控制法操作便捷、应用广泛。它是当拧紧扭矩达到某一设定的控制值 T_c 时,立即停止拧紧的控制方法。扭矩扳手设置的扭力终拧值 T 可通过式(5-4)计算获得。

$$T = KdN \tag{5-4}$$

式中:K——扳手的扭矩系数,其值主要由接触面之间、螺纹牙之间的摩擦阻力来决定,通常
　　　　在 0.2~0.4 之间;

　　d——高强螺栓的公称直径;

　　N——高强螺栓的预紧力。

利用数值分析软件 ABAQUS 按照试验中试件的实际尺寸建立带孔钢板和高强螺栓模型,切除钢板中部对应的网格区域以模拟实际预制裂纹,止裂孔直径与螺栓尺寸依照具体工况单独设置,钢板采用 Q345qD 钢材,螺栓材质为 20MnTiB。材料弹性模型为 206GPa,泊松比为 0.3。使用 ABAQUS 软件进行网格划分,使用减缩积分单元 C3D8R,止裂孔边区域及扩展路径上局部网格加密,网格划分如图 5-29 和图 5-30 所示。

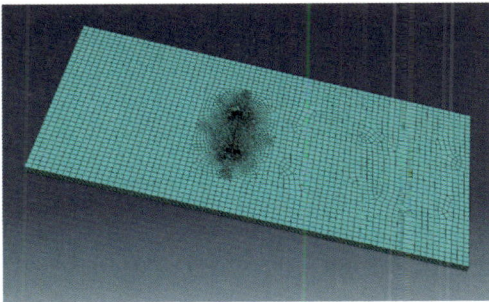

图 5-29　钢板网格

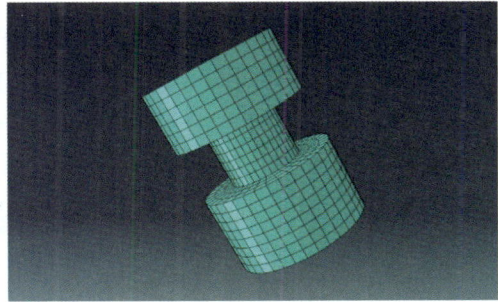

图 5-30　螺栓网格

2)应用效果

(1)疲劳寿命。

疲劳寿命是疲劳试验中评判加固效果较为直观的数据。试验中,外荷载应力变化为循环正弦曲线,应力比 $R = -1$。各个试件疲劳寿命如图 5-31 所示。

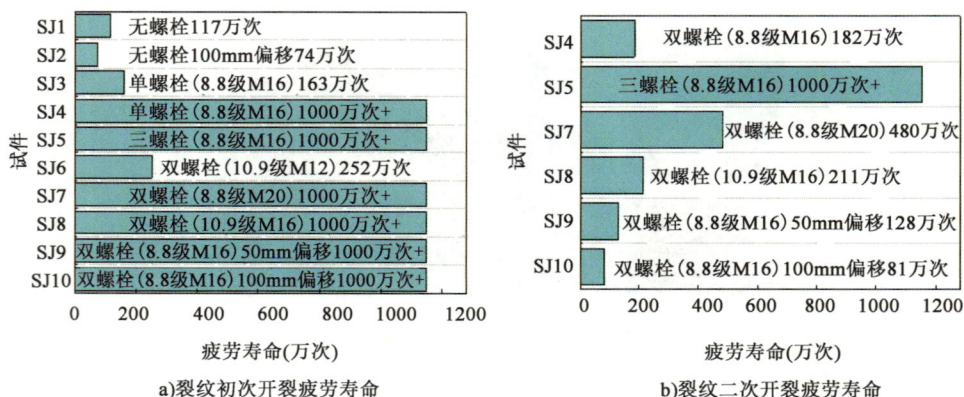

a)裂纹初次开裂疲劳寿命   b)裂纹二次开裂疲劳寿命

图5-31　螺栓加固件疲劳寿命

初次加固是指所有试件均事先进行加载,在止裂孔边出现短裂纹后(肉眼可见,2～3mm)进行螺栓加固,用以对比裂纹开裂后的疲劳寿命。从图5-31a)中可以看出,在没有螺栓加固的情况下,原始板件的疲劳寿命仅为117万次,荷载发生偏移后疲劳寿命降低至74万次;在预制裂纹一边进行单螺栓加固后,疲劳寿命提升至163万次,相比于原始板件,疲劳寿命提升了39.3%;双螺栓加固具有更好的加固效果,其中仅有采用2个7.9级M12螺栓加固试件的疲劳寿命为252万次,其余均突破1000万次。

为了能够比较不同技术参数之间的差异性,选择先拆卸试件上螺栓,在相同荷载、相同振动频率下,待两边裂纹扩展至50mm后再进行二次螺栓加固,从而削弱螺栓加固效果,使得裂纹能继续开裂。二次开裂后螺栓疲劳寿命如图5-31b)所示,从图中可以看出,8.8级M16和10.9级M16螺栓加固后的疲劳寿命相当,分别是182万次和211万次,可以说明螺栓预紧力越大,加固效果越好,但提升效果并不明显。8.8级M20螺栓加固试件疲劳寿命仍能达到480万次,高于8.8级M16螺栓加固试件,远远高于10.9级M12螺栓加固试件初次开裂后的252万次疲劳寿命,说明相同等级、相同压应力作用条件下,大孔径M20螺栓的加固效果最好,小孔径M12螺栓的加固效果最差。大、小孔径螺栓加固后疲劳寿命的差异性也可能与大、小止裂孔的止裂效果有关。大量试验表明,在不超过一定孔径限值时,止裂孔孔径越大,止裂效果越好,也就是说M12螺栓的13mm孔径本身止裂效果就不佳,但在螺栓加固后,疲劳寿命提升至252万次,相比于原始板件的117万次,提升了115%,效果已然十分突出。50mm和100mm偏移试件的疲劳寿命分别为128万次和81万次,再结合图5-31a)中无螺栓100mm偏移试件的74万次疲劳寿命,可以说明偏心加载是不利于试件疲劳寿命的,偏心距离越大,影响就越大。但在螺栓加固后,两者的疲劳寿命并无较大差别,也就是说50mm和100mm偏移距离带来的影响相比于螺栓强大压应力带来的加固效果是十分微小的。最后是三螺栓加固试件,二次开裂后疲劳寿命仍突破了1000万次,远远超出双螺栓加固的182万次,安装在预制裂纹中部的第三个螺栓同样起到了一定的加固效果。

（2）局部应力。

提取预制裂纹与孔边180°区域交点延长线上螺栓加固前后的应力〔图5-32、图5-33），研究不同螺栓加固技术参数的加固效果。由图5-32看出，各个试件在加固前的路径应力均表现出明显的应力坡降，且各个曲线的数值差异很小，说明在加固之前各个板件并无明显缺陷。从图5-33中可以看出，SJ2试件的应力曲线数值最大，其次是SJ1试件和SJ3试件左侧曲线，并且只有这三条曲线表现出明显的应力坡降，其余曲线都相对比较平缓。SJ7和SJ5试件曲线数值最小，也最为平缓，分别对应双螺栓M20加固试件和三螺栓M16加固试件，三螺栓M16加固试件经过两轮1000万次循环加载后没有开裂，双螺栓M20加固试件疲劳寿命在第二轮加载中仍达到480万次。SJ6试件曲线虽然没有明显的应力坡降，但其应力水平仅次于先前三条未加固曲线，SJ6试件对应的是双螺栓M12加固试件，由于其孔径小且螺栓预紧力仅有55kN，故加固效果是双螺栓加固试件当中最差的。SJ3试件是单螺栓加固试件，根据SJ3试件右侧曲线低于SJ3试件左侧曲线这一试验情况，可以说明试件右侧的螺栓加固能够降低左侧扩展路径上的应力水平，但并不会改变应力坡降这一曲线特征。

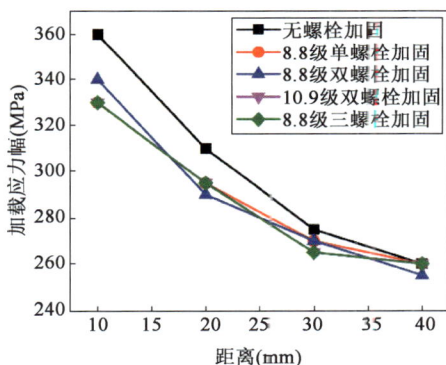

图5-32　螺栓加固前扩展路径上应力

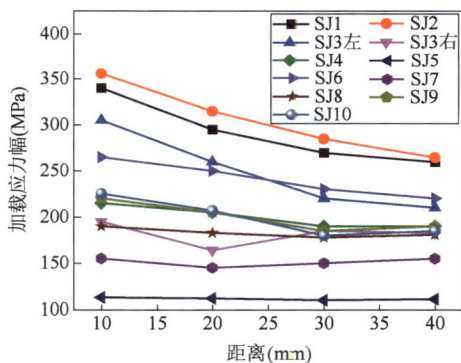

图5-33　螺栓加固后扩展路径上应力

3）关键参数

（1）预紧力。

模拟采取M16螺栓，对其分别施加20kN、40kN、60kN、80kN、100kN、120kN预紧力，以模拟实际现场部分螺栓的欠扭现象或者一段时间后螺栓的应力松弛现象。不同预紧力下孔周Mises应力、孔周最大主应力、扩展路径上Mises应力和扩展路径上最大主应力如图5-34～图5-37所示。

由图5-34看出，除了20kN预紧力曲线，其余各个预紧力曲线均呈现出明显的分层，预紧力越大，则曲线整体应力水平越高。20kN是本次模拟中最小的预紧力，无法产生强大的压应力来抵消外力引起的拉应力，故曲线中部出现上升。图5-35展示了不同预紧力作用下孔周的最大主应力，除20kN预紧力曲线，其他曲线随着预紧力的增加，孔周最大主应力随之下降，但下降趋势越来越平缓。

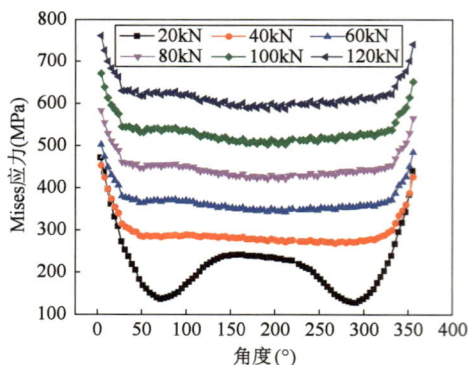

图 5-34　不同预紧力下孔周 Mises 应力

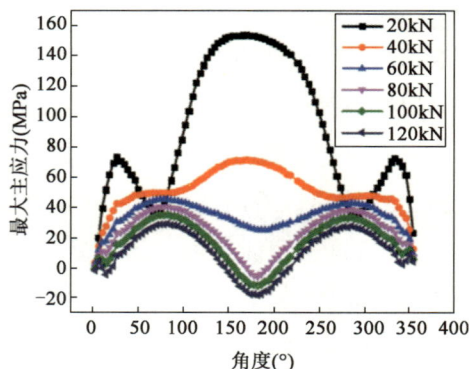

图 5-35　不同预紧力下孔周最大主应力

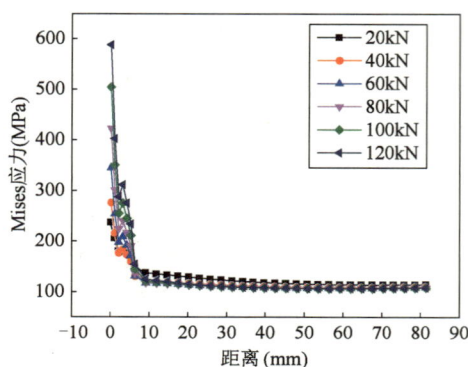

图 5-36　不同预紧力下扩展路径上 Mises 应力

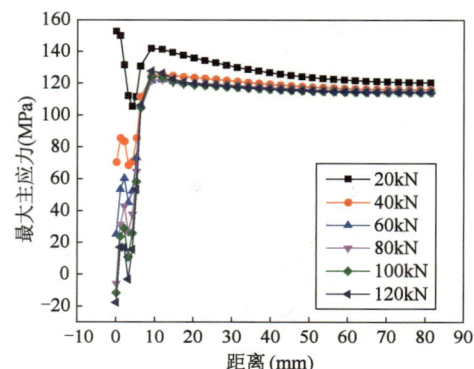

图 5-37　不同预紧力下扩展路径上最大主应力

由图 5-36 可知,不同预紧力带来的仅仅是初始阶段 Mises 应力的不同,预紧力越大,Mises 应力越大,两者正相关,各个曲线的后半部分高度重合。由图 5-37 可知:随着预紧力增大,扩展路径起点的最大主应力降低,但降低的幅度越来越小;扩展路径上主应力最大的点并非在起点,而是在 9mm 处,当预紧力大于 40kN 时,该点的应力一直保持在 125MPa 左右,预紧力增大对该点影响不大。

由此可以说明,预紧力越大,加固效果并非越好。综合来看,M16 螺栓施加 60kN 或 80kN 的预紧力较为合适。一方面,60kN 或者 80kN 的预紧力已经满足降低孔周应力集中程度的需求;另一方面,60kN 或 80kN 的预紧力不会因预紧力过大而导致其他区域萌生新裂纹。现行《公路钢结构桥梁设计规范》(JTG D64)中将 7.8 级 M16 螺栓预紧力设定为 80kN 是合理的,完全可以满足加固的需求。

(2)螺栓孔径。

研究不同孔径对螺栓加固效果的影响。在针对孔径大小的研究中,需要控制垫圈下的竖向压应力相同。不同螺栓孔径工况下,孔周 Mises 应力、孔周最大主应力、扩展路径上 Mises 应力图和最大主应力图如图 5-38 ~ 图 5-41 所示。由图 5-38 可知,M16 螺栓加固后孔周

Mises 应力数值高于 M20 螺栓加固,两曲线走势基本相同,M12 螺栓加固后应力集中更加明显。由图 5-39 可知,M12 螺栓加固后孔周 Mises 应力曲线与 M16 及 M20 相比存在明显不同,M12 螺栓加固后孔周 Mises 应力曲线中部区域显示出明显的应力集中,而 M16 和 M20 螺栓加固后孔周 Mises 应力曲线中部的最大主应力已经变为负值,说明 M12 螺栓的加固效果弱于 M16 和 M20 螺栓,原因可能在于 M12 螺栓预紧力不足,仅有 55kN,远小于 M16 螺栓的 80kN 预紧力和 M20 螺栓的 125kN 预紧力,如此引起的孔周环压应力也就远小于 M16 和 M20 螺栓,故孔周存在应力集中。

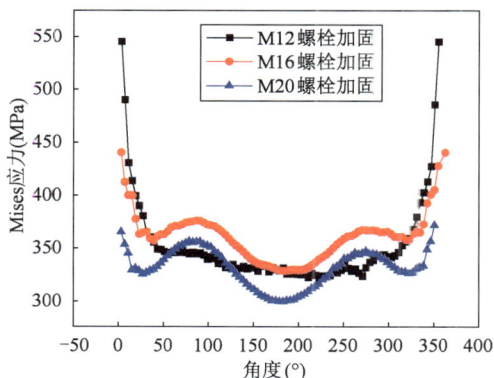

图 5-38 不同螺栓孔径下孔周 Mises 应力

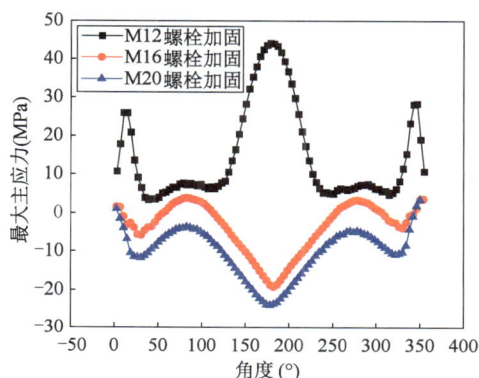

图 5-39 不同螺栓孔径下孔周最大主应力

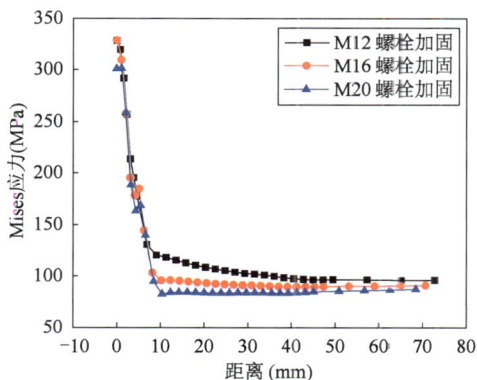

图 5-40 不同螺栓孔径下扩展路径上 Mises 应力

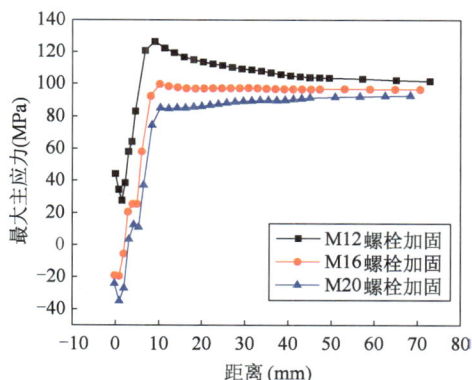

图 5-41 不同螺栓孔径下扩展路径上最大主应力

由图 5-40 和图 5-41 可知,在脱离螺栓直接作用区域、进入缓和阶段后,3 条曲线的应力水平从高到低依次是 M12、M16、M20,螺栓等级越高,则扩展路径上的应力水平越低。结合试验结果,M12 螺栓加固在第一次 1000 万次循环加载中就出现开裂以及螺栓松动。综合分析可以得出,M12 螺栓加固效果最差,M20 螺栓加固效果最好。

(3)摩擦系数。

摩擦力是影响螺栓加固效果的重要因素之一。摩擦力过大会导致预紧力达不到设计要求,摩擦力过小可能导致螺杆拉断。影响垫圈与钢板接触面摩擦力的因素主要包括螺栓预紧力和接触面之间的摩擦系数。控制螺栓预紧力不变,取 8.8 级 M16 螺栓预紧力标准值 80kN,改变接触面表面摩擦系数分别为 0.1、0.2、0.3、0.4、0.5、0.6,计算不同摩擦系数下孔周 Mises 应力、最大主应力、扩展路径上 Mises 应力和扩展路径上最大主应力图,如图 5-42 ~图 5-45 所示。

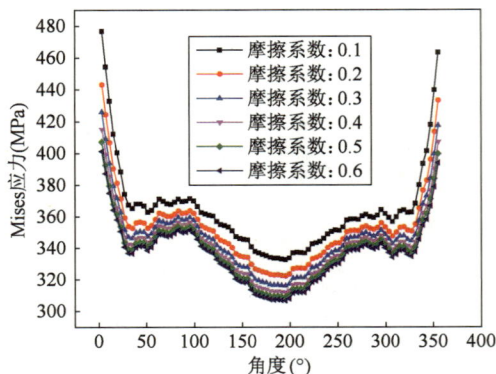

图 5-42　不同摩擦系数下孔周 Mises 应力

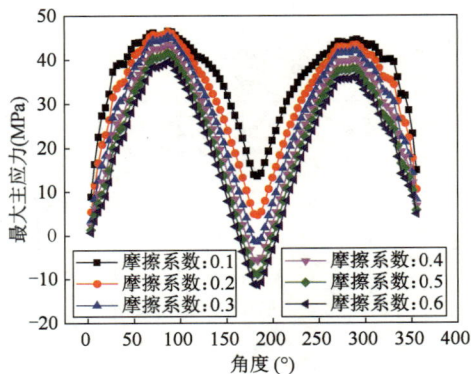

图 5-43　不同摩擦系数下孔周最大主应力

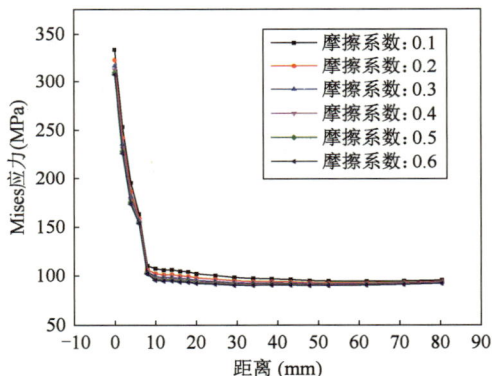

图 5-44　不同摩擦系数下扩展路径上 Mises 应力

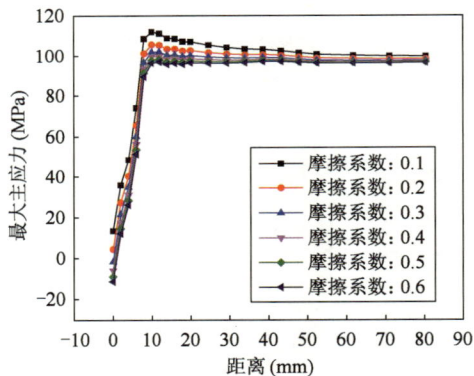

图 5-45　不同摩擦系数下扩展路径上最大主应力

图 5-42 中 6 条曲线形状、走势均保持一致,只存在数值大小的差异,随着摩擦系数增大,孔周 Mises 应力逐渐降低,应力降低的幅度逐渐变小。由图 5-43 可知,增大摩擦力可以有效降低 180°区域应力,和图 5-42 一样,应力降低的幅度在逐渐变小。从图 5-45 中可以看出,摩擦系数的提升对另外两个峰值区域的应力影响较小。图 5-44 和图 5-45 分别显示了扩展路径上 Mises 应力和最大主应力在不同摩擦系数影响下的变化,从两图中可以看出,6 条曲线几乎重合,摩擦系数的增大只能略微降低曲线的应力水平,由此可以说明,摩擦力的增大对扩展路径上的应力影响非常小,几乎可以忽略不计。

5.2.3 实桥应用

螺栓加固止裂孔技术目前主要用于处治苏通大桥横隔板-U 肋围焊端横隔板焊趾裂纹。实桥实施大致包括钻孔、安装螺栓、拧紧螺栓、后处理等步骤。

1)钻孔

螺栓加固止裂孔技术是对现有钻孔止裂技术的优化,实桥操作时先对需处治的裂纹进行钻孔处理,具体步骤参考本书5.1.3 节。

2)安装螺栓

钻孔完成后,选用与止裂孔孔径一致的高强螺栓,将螺栓放入止裂孔中,并在另一端将螺母初步拧紧。

3)拧紧螺栓

初拧完成后,用扭矩扳手将螺母拧紧达到预定的预紧力。

4)后处理

加固完成后,对螺栓两侧进行打磨,打磨完成后喷涂防腐涂装。必要时,可在原有螺栓基础上进行二次紧固以进一步提高紧固效果。

5.3 气动冲击技术

5.3.1 技术概况

1)技术原理

气动冲击技术,全称裂纹闭合气动冲击技术(Impact Crack-closure Retrofit,ICR)技术,是国外学者开发的一种用于提高构件疲劳性能的改进(强化)技术[16-22]。气动冲击技术采用设备产生高速冲击,使材料表面产生明显的塑性变形,并通过塑性流动使疲劳裂纹的开口闭合,同时引入压应力,降低或消除因焊接造成的残余拉应力,从而改善疲劳裂纹

气动冲击

表面的受力状态(图5-46),延缓疲劳裂纹扩展速度,延长构件的疲劳寿命。

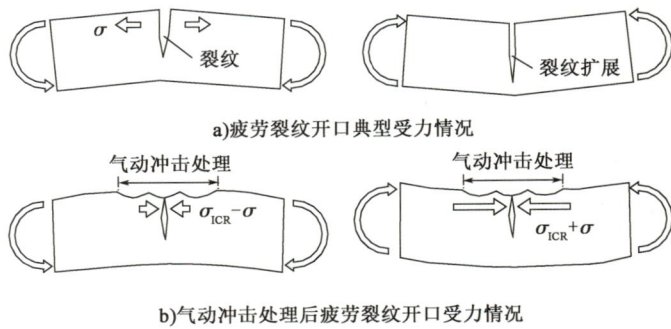

a)疲劳裂纹开口典型受力情况

b)气动冲击处理后疲劳裂纹开口受力情况

图5-46　气动冲击技术原理

2)技术特点

气动冲击技术试验研究和理论研究表明其具有以下特点。

(1)设备简单,操作简便,适用范围大。

气动冲击技术所需要的设备为气动工具、空气压缩机以及对应的冲击头,价格便宜。设备小型化,便于运输和现场携带,并且较小的冲击头可适应复杂的疲劳细节,如图5-47a)所示。

(2)易于使材料表面产生较大的塑性变形,使裂纹闭合。

气动冲击处理后,冲击位置能够产生较大的塑性变形,在冲击过程中能够明显地观察到材料表面微小的塑性流动,从而使开口的裂纹闭合,如图5-47b)所示。

(3)改善焊趾局部几何结构。

冲击头端部形状为矩形,四周做了倒角处理,使得在冲击过程中倒角部位能够增大焊趾与母材的过渡半径,从而降低应力集中,如图5-47c)所示。

(4)形成残余压应力,改善受力条件。

通过残留在表面的塑性变形在冲击部位内部形成一定大小的压应力区,压应力区的存在可以降低因外荷载产生的局部拉应力,从而改善局部受力条件,提高疲劳强度,如图5-47d)所示。

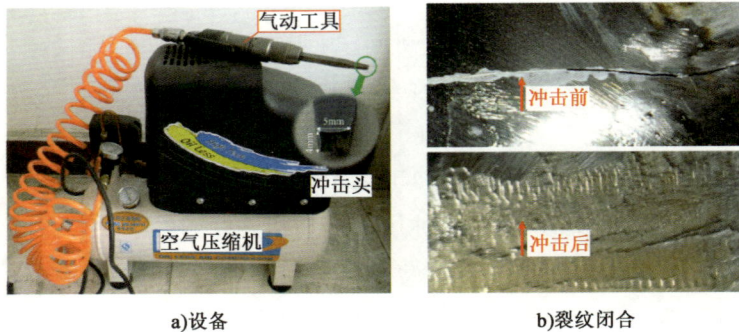

a)设备　　　　　　　　　　　　b)裂纹闭合

图　5-47

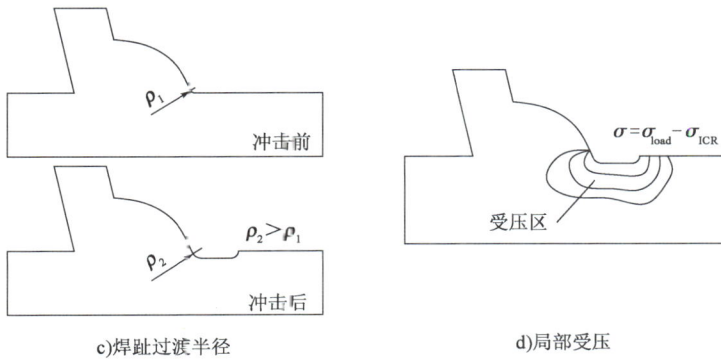

c)焊趾过渡半径　　　　　　　　d)局部受压

图 5-47　气动冲击技术特点

σ_{load}-加载应力；σ_{ICR}-冲击应力

3) 技术优势

气动冲击技术对材料表面的处理改善效果与锤击法(PHP, Pneumatic Hammer Peening)大致相同,两者都能够较好地降低表面残余拉应力值[23-30]。但气动冲击技术的锤击力更大、速度更快,能够使表面产生明显的塑性变形,如图 5-48a) 所示;而锤击法消除残余应力产生的塑性变形很小,如图 5-48b) 所示,达不到使疲劳裂纹开口闭合的效果。因此,锤击法只能用于预防性维护,即在构件受或前改善焊缝受力条件,而气动冲击技术能作为一种大幅延缓疲劳裂纹扩展的技术措施,使得构件不产生疲劳断裂,起到了修复的效果,因此也可以认为是一种修复技术。

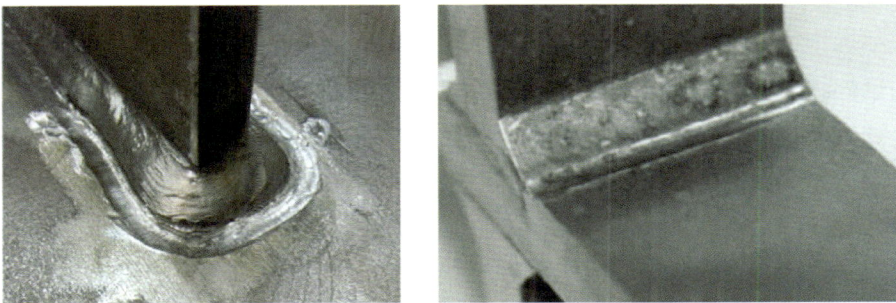

a)气动冲击处理　　　　　　　　　b)锤击处理

图 5-48　气动冲击和锤击处理表面塑性变形情况

表 5-3 给出了气动冲击技术与冲击滚压技术、超声冲击技术之间的对比。冲击滚压和超声冲击是目前锤击法中常用的两种方法。冲击滚压装置主要由主轴、压头、夹具、传感器及控制系统组成。冲击滚压相比于一般的滚压,多了一个冲击的过程,这使得冲击滚压技术具有如下特点:①冲击滚压所需压力较小;②易于使材料表面产生较大的塑性变形;③冲击滚压后构件的表面质量较好;④适用于处理多种复杂的表面;⑤技术简单易行。

各技术对比   表5-3

技术名称	塑性变形大小	适用性	设备	裂纹闭合	用途
冲击滚压	小	局部构件	不够便携，价格贵	不能	表面改良技术，预防技术
超声冲击	较大	构件、现场			
气动冲击	大	构件、现场	便携，价格便宜	能	表面改良技术，预防技术，修复技术

　　超声冲击是一种高效消除构件表面或焊缝区残余拉应力的方法。通过设备对材料表面进行高速冲击，使金属表面产生压缩塑性变形，同时改变原有的应力场，改善受力条件。但是，目前超声冲击最大的问题是冲击过程中能量输出不稳定，导致对残余应力的消除效果差异较大。

　　从表5-3可以看出，气动冲击技术具有较大的优势。但是，目前气动冲击技术在国内的研究处于初步阶段，难以真正发挥其巨大的优势。气动冲击技术在国内的研究和应用还有很长的路要走。本节针对气动冲击技术，结合国内钢材性能及焊接工艺，在试验和数值模拟方面开展了初步的研究，并且得到了较为理想的结论。

5.3.2　参数研究

　　针对气动冲击技术中较关键的3种参数，即冲击头尺寸、冲击频率、冲击时间，依据试验条件和实际操作情况设计3种关键参数的不同水平。通过冲击表面平整的试件以及带有预制裂纹的试件，分别测量3种因素在不同水平下的冲击深度和裂纹冲击闭合深度，来分析冲击参数对冲击效果的影响。

1）试件制备

　　试验所用试件由2块尺寸为300mm×150mm×12mm的Q345qD钢板切割而成，共切出3种不同尺寸的小试件（图5-49）。其中：试件1共2块，尺寸为100mm×100mm×12mm；试件2共6块，尺寸为180mm×25mm×12mm；试件3共8块，尺寸为70mm×50mm×12mm。3种试件的尺寸如图5-50所示。

　　试件1和试件3用于冲击深度的试验。试件2用于测量冲击后裂纹闭合深度。在试验前，对试件2进行预加工。为测量气动冲击对不同宽度裂纹的冲击闭合深度。采用电火花线切割技术在试件2上沿长度方向预制5条等间距的裂纹，裂纹宽度分别为0.2mm、0.3mm、0.5mm、1.0mm、2.0mm，深度均为8mm。

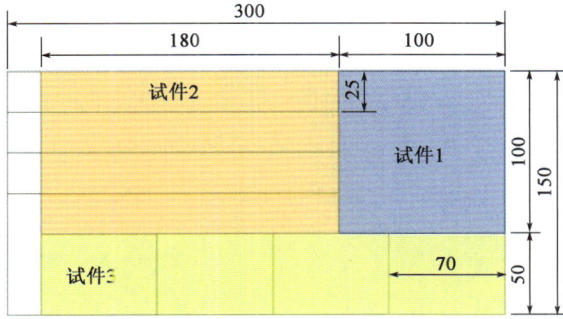

图5-49 试件切割示意图(尺寸单位:mm)

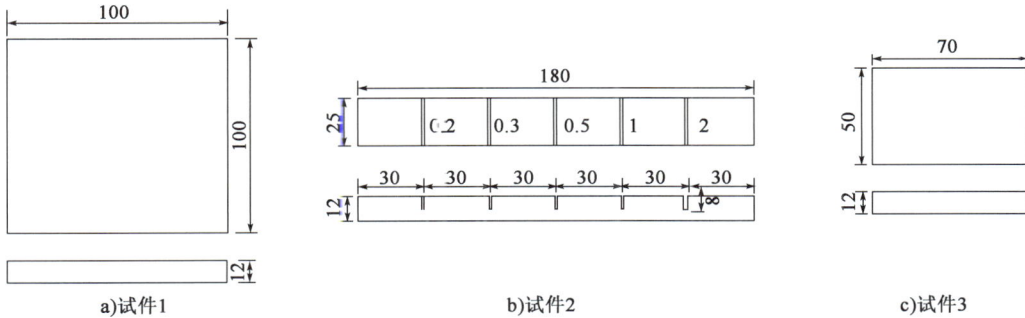

a)试件1   b)试件2   c)试件3

图5-50 3种试件的尺寸示意图(尺寸单位:mm)

2)冲击深度试验方案

将试件1分为两块,分别编号A和B。冲击头尺寸有4种,即其端部平头有3mm×3mm、5mm×5mm、7mm×7mm、凹形4种,详细尺寸如图5-51所示,共有两种冲击频率的冲击工具,即90Hz铲头和120Hz铲头,其中试件A用90Hz的铲头冲击,试件B用120Hz的铲头冲击。

以试件A为例,将试件A划分为16个网格,每个网格为25mm×25mm的小正方形,编号为1~16号。其中,1~4号用3mm×3mm的冲击头冲击,5~8号用5mm×5mm的冲击头冲击,9~12号用7mm×7mm的冲击头冲击,13~16号用凹形冲击头冲击,具体试验方案见表5-4。

试件3共有8块,尺寸为70mm×50mm×12mm,编号1~8号。试件3主要针对不同连续冲击时间对冲击深度的影响进行试验研究。试验设置冲击频率为90Hz,选用5mm×5mm冲击头,冲击持续时间有30s、60s、90s、120s共4种,其中,1~2号试件冲击时间是30s,3~4号试件冲击时间是60s,5~6号试件冲击时间是90s,7~8号试件冲击时间是120s。冲击方式是在试件3中心点连续冲击相应时间,冲击完成后用深度尺测量每个冲击点的冲击深度,如图5-52所示。

a)3mm×3mm冲击头

b)5mm×5mm冲击头

c)7mm×7mm冲击头

d)凹形冲击头

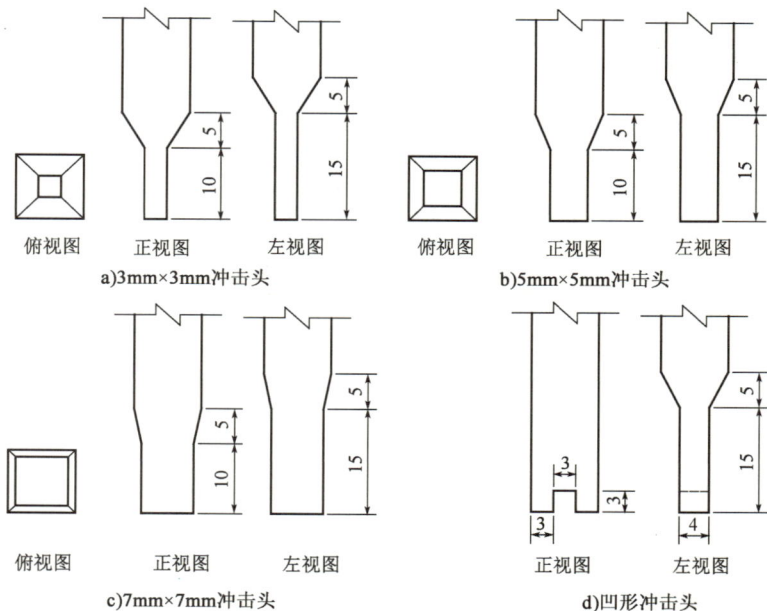

图 5-51　冲击头加工示意图(尺寸单位:mm)

试件 A 的冲击深度试验方案　　　　　　　　　　表 5-4

冲击频率(Hz)	方格编号	冲击头
90	1 ~ 4	3mm × 3mm
	5 ~ 8	5mm × 5mm
	9 ~ 12	7mm × 7mm
	13 ~ 16	凹形
120	1 ~ 4	3mm × 3mm
	5 ~ 8	5mm × 5mm
	9 ~ 12	7mm × 7mm
	13 ~ 16	凹形

a)试件3冲击后表面

b)测量冲击深度

图 5-52　试件 3 冲击深度测量

3) 裂纹冲击闭合深度试验方案

基于试件 2,试验研究冲击频率、冲击头尺寸等因素水平的变化对裂纹冲击闭合深度的影响。试件 2 共 6 块,依次编号 1~6。试件尺寸为 180mm×25mm×12mm。表面沿长度方向预制 5 条裂纹,宽度分别为 0.2mm、0.3mm、0.5mm、1.0mm、2.0mm,裂纹深度统一为 80mm,如图 5-53a)所示。气动冲击技术参数包括两种冲击频率,分别是 90Hz 和 120Hz;3 种冲击头分别是 3mm×3mm、5mm×5mm、凹形。

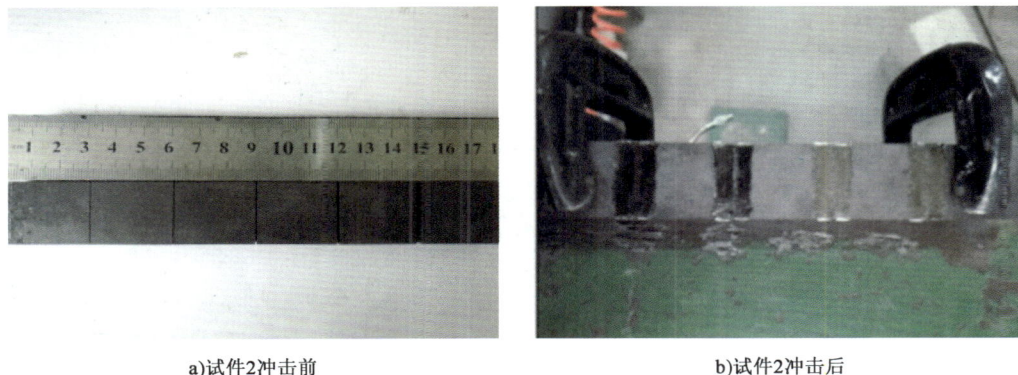

a)试件2冲击前 　　　　　　　　　　　b)试件2冲击后

图 5-53　试件 2 冲击前后表面情况

1~3 号试件冲击频率为 90Hz,4~6 号试件冲击频率为 120Hz,每种频率下的 3 个试件所用冲击头为 3mm×3mm、5mm×5mm、凹形,具体试验方案见表 5-5。

裂纹冲击闭合深度试验方案　　　　　　　　　　表 5-5

温度	冲击频率(Hz)	冲击头	试件编号
常温	90	3mm×3mm	1
		5mm×5mm	2
		凹形	3
	120	3mm×3mm	4
		5mm×5mm	5
		凹形	6

4) 参数分析

完成全部试件的冲击试验后,采用精度为 0.01m 的深度尺测量冲击深度,采用 OLYMPUS BX51M 型金相显微镜观测裂纹冲击闭合深度。冲击深度的测量单位为 mm,裂纹冲击闭合深度的测量单位为 μm,全部试件的试验结果见表 5-6~表 5-8。

冲击深度试验结果 表5-6

冲击频率（Hz）	冲击头	冲击深度（mm）				平均值（mm）
90	3mm×3mm	0.33	0.34	0.36	0.33	0.34
	5mm×5mm	0.27	0.34	0.30	0.29	0.30
	7mm×7mm	0.10	0.21	0.12	0.14	0.14
	凹形	0.32	0.17	0.28	0.31	0.27
120	3mm×3mm	0.30	0.33	0.24	0.30	0.29
	5mm×5mm	0.26	0.27	0.28	0.31	0.28
	7mm×7mm	0.08	0.09	0.13	0.06	0.09
	凹形	0.09	0.17	0.08	0.14	0.12

裂纹冲击闭合深度试验结果 表5-7

冲击频率（Hz）	冲击头	不同宽度裂缝闭合深度（μm）				
		0.20	0.30	0.5	1	2
90	3mm×3mm	620.1	454.6	568.4	698.3	598.1
	5mm×5mm	1587.3	1495.1	963.0	568.4	565.2
	凹形	863.8	1047.5	669.0	537.0	398.0
120	3mm×3mm	1074.0	808.0	669.7	649.4	602.1
	5mm×5mm	1450.5	1078.9	868.0	620.1	543.2
	凹形	1307.3	830.3	653.6	463.7	486.0

考虑冲击时间的裂纹冲击闭合深度试验结果 表5-8

冲击时间（s）	冲击深度（mm）		平均值（mm）
30	0.14	0.18	0.160
60	0.27	0.34	0.305
90	0.33	0.29	0.310
120	0.33	0.30	0.315

（1）冲击深度。

以冲击头为横坐标，以冲击深度为纵坐标，绘制柱形图，如图5-54所示。从图中可以看出，在3mm×3mm与5mm×5mm的冲击头冲击下，冲击深度较大，深度可达0.3mm，当冲击头尺寸达到7mm×7mm时，对于两种冲击频率，冲击深度均较小，只有0.1mm左右。此时钢材表面塑性变形不明显，表明该尺寸冲击头虽然可以获得较大的冲击范围，但冲击深度较浅，难以使裂纹闭合，达不到修复裂纹的目的。相较于120Hz的冲击频率，在90Hz频率冲击工具冲击下,冲击深度略有增大,使用凹形冲击头时,这种提升可达1倍以上,表明使用90Hz的冲击工具,可以获得更大、更稳定的工作气压,每次冲击产生的冲击能量更大。

（2）裂纹冲击闭合深度。

以裂纹冲击闭合深度为横坐标,以预制裂纹宽度为纵坐标,绘制对比柱形图,如图5-55所示。从图中可以看出,使用5mm×5mm的冲击头可以有效使裂纹闭合一定深度,对于宽度为0.2mm的裂纹,其闭合深度最高可达

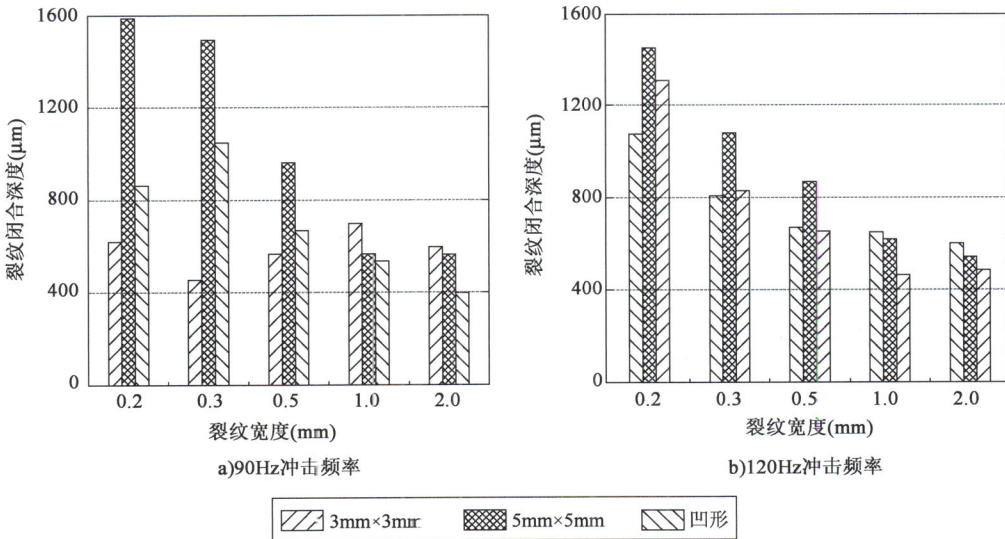

图 5-54　冲击深度对比柱形图

1.6mm；使用90Hz的冲击工具,可以使裂纹冲击闭合深度更大,修复效果更好。这与冲击深度试验所得结论类似,表明冲击深度与裂纹冲击闭合深度在一定程度上呈正相关。同时,当裂纹宽度不太大(≤0.3mm)时,气动冲击可以使裂纹冲击闭合较大深度,当裂纹宽度增大(≥0.5mm)时,裂纹修复效果不明显；当裂纹宽度达到2.0mm时,裂纹冲击闭合深度只有0.04mm左右。这表明气动冲击修复技术更适用于初始宽度不太大的裂纹,即裂纹处于萌生阶段或者早期扩展阶段。当裂纹宽度太大,气动冲击修复效果变差。

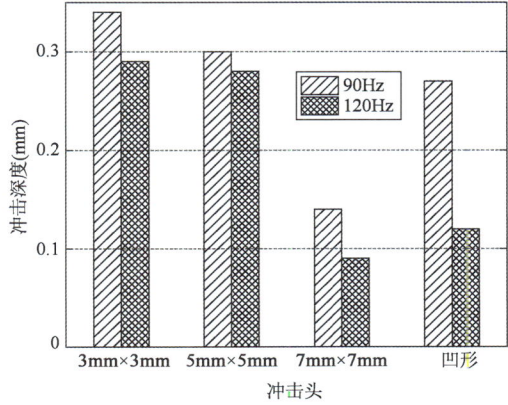

a)90Hz冲击频率　　　　b)120Hz冲击频率

图 5-55　裂纹冲击闭合深度对比柱形图

（3）冲击时间。

在5mm×5mm冲击头、90Hz冲击频率下,研究不同连续冲击时间对冲击深度的影响,绘制散点图,如图5-56所示。由图可知,0～60s、60～120s的冲击时间范围内,冲击深度增长大致呈线性。利用Origin绘图分析软件对试验数据进行线性拟合,拟合结果显示在

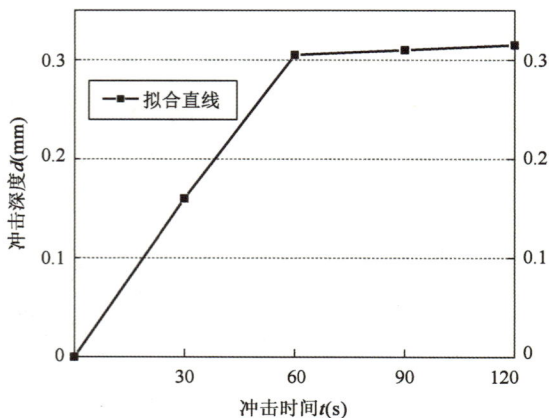

图 5-56　冲击深度随时间的变化

图中,两段直线的斜率分别为 0.0051 和 0.0002,即在 0 ~ 60s 范围内,连续冲击下,冲击深度增长速率为 0.0051mm/s,拟合函数为 $d = 0.0051t$;在 60 ~ 120s 范围内,冲击深度的增长速率为 0.0002mm/s,拟合函数为 $d = 0.0002t + 0.28$,前者速率是后者的 25.5 倍,足以说明对于 Q345qD 钢材,连续单点冲击 60s 后,基本达到其冲击深度的最大值;继续冲击,冲击深度增长极其缓慢,并产生钢碎末,表明此时冲击深度的增长主要来自对母材的破坏,而对冲击区域内钢材的硬度提高不明显。因此,对于 Q345qD 钢材,较为合理的单点连续冲击时间为 60s。

5.3.3　实桥应用

气动冲击

目前,气动冲击技术主要用于苏通大桥横隔板-U 肋围焊端 U 肋焊趾裂纹处治,实桥实施包括设备准备、表面清理、冲击区域标记、冲击、打磨、后处理等步骤。

1)设备准备

冲击时所使用的设备如图 5-57 所示,其具体参数见表 5-9。

a)空压机一

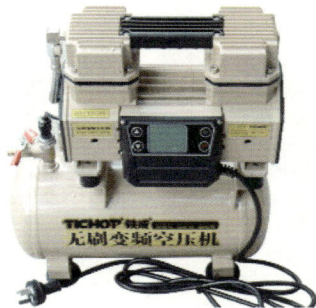

b)空压机二

c)气动工具(90Hz)

d)气动工具(120Hz)

图 5-57　现场气动冲击补强设备

气动冲击技术现场试验设备   表5-9

设备名称	型号	主要参数
空压机	Puma BX1012	使用压力:0.8MPa;排气量:0.028m³/min
	铁成 DC700X1	使用压力:0.7MPa;排气量:0.125m³/min
气动工具	FCH-20	频率:90Hz;冲程:16mm;耗气量:0.14m³/min
	TFC-200	频率:120Hz;冲程:12mm;耗气量:0.25m³/min

除了气动冲击设备外,还使用了相机、钢尺等辅助工具,方便现场标记和记录,具体的辅助工具清单及用途见表5-10。

辅助工具清单及用途   表5-10

名称	用途
相机	分别对补强前后的裂纹进行拍照
钢尺	测量补强前原始裂纹的长度
头灯	为气动冲击补强过程提供全程照明
马克笔	标注现场原始裂纹尖端部位
标签纸	按横隔板、U肋编号以及上下游编号对裂纹进行标记
写字板	记录对应补强位置的裂纹编号以及裂纹长度
钢梯	为气动冲击补强提供平台
耳塞	减轻补强过程中噪声对耳朵的影响
护目镜	保护眼睛,避免冲击过程中表面碎屑进入眼睛
口罩	减少吸入灰尘

2) 表面清理

在实施气动冲击处理前,待处理表面应保持整洁。如果表面有油污、脏污、锈,应加以清理。可以采用打磨等方式去掉焊缝表面的氧化物、飞溅残留物等杂质,确保裂纹开口部位清晰可见。如果待处理表面凹凸不平,建议对表面进行轻微打磨以改善其形状,形成一个能平稳冲击和移动的表面。

3) 冲击区域标记

构件表面清理完成后,根据裂纹状态标记冲击区域,冲击区域应完全覆盖裂纹并超过裂纹尖端10mm。

4) 冲击

气动冲击之前架好人字梯,一人上梯冲击,一人扶梯、递工具,一人做标签并记录裂纹信息。冲击前,首先确定该条裂纹的具体位置,写好标签信息,贴在裂纹旁边,并拍照记录,如图 5-58 所示。

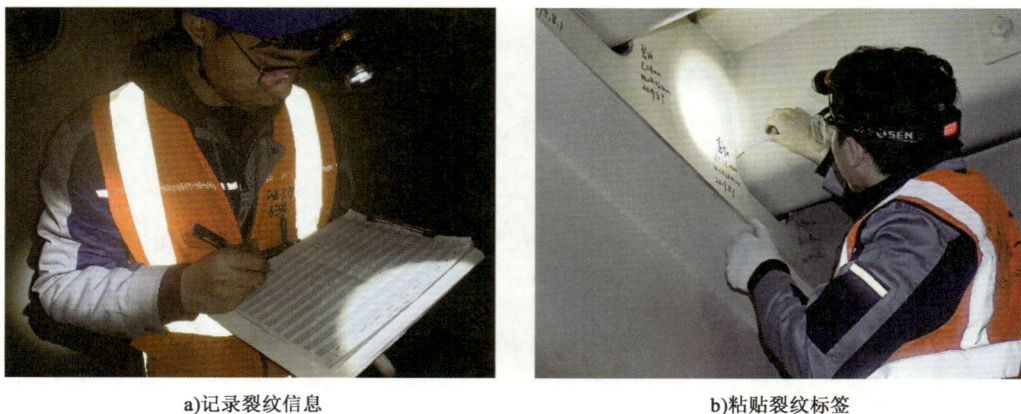

a)记录裂纹信息　　　　　　　　　　　　b)粘贴裂纹标签

图 5-58　冲击准备

记录完成后实施冲击,气动冲击处理按照以下步骤实施:

(1)将冲击头对准裂纹开口部位边缘,冲击头的轴线与裂纹开口表面基本垂直(偏差不超过 10°)。冲击过程中沿着裂纹的扩展方向缓慢移动,并在裂纹附近进行多次冲击,如图 5-59 所示。

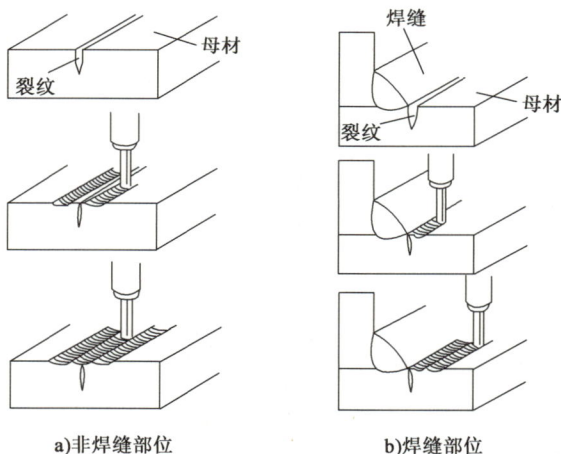

a)非焊缝部位　　　　　　　　　　　　b)焊缝部位

图 5-59　气动冲击处理基本方法

(2)在冲击过程中须对气动工具施加一定的压力,以保证冲击过程平稳,防止打滑。

(3)冲击处理速度保持在 0.5 ~ 1mm/s。对于高强钢、高硬度焊缝或表面较为粗糙的部位,冲击处理速度尽量靠近下限,以确保表面能够产生充分的塑性变形,如图 5-60 所示。

(4)冲击完成后拍摄冲击后裂纹照片,如图 5-61 所示。

5)打磨

气动冲击后应采用打磨设备对冲击表面进行打磨处理。打磨设备可采用电动打磨机或气动打磨机,如图 5-62 所示。打磨设备必须小巧、轻便,适宜精细打磨,不宜用大型打磨机,以防止对邻近部位的涂层产生破坏。建议采用气动打磨机,可与空气压缩机配套使用,一定程度上降低现场维修所需的设备重量,更便于气动冲击的快速实施。

图 5-60　进行气动冲击

图 5-61　拍照记录裂纹情况

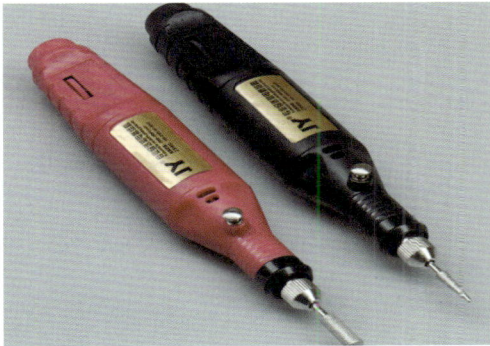

a)电动打磨机

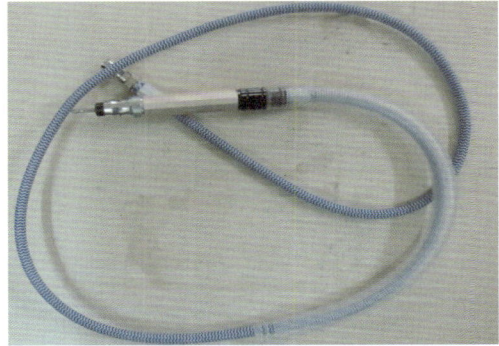

b)气动打磨机

图 5-62　打磨设备

6) 后处理

气动冲击维修后,裂纹表面附近的涂装已经被破坏,须对维修后的表面进行适当的防腐处理。喷涂防腐涂层是一种常用的方法,但为了能够进一步提升气动冲击的维修效果,建议采用钢制修补剂进行气动冲击维修后裂纹表面的防腐和补强,试验所用工业修补剂为 BXD-X112 型钢质修补剂。该型号修补剂效果较好,与 Q345qD 钢材的结合强度高,并且耐腐蚀、无污染、固化无收缩,符合《工程机械　工业修补剂　应用技术规范》(JB/T 10283—2008)的要求,适用于修补冲击造成的钢材表面磨损、划伤,并起到防锈的作用。

7) 实桥冲击效果

在对横隔板弧形缺口围焊端 U 肋焊趾短裂纹进行冲击后,横隔板围焊端 U 肋焊趾处产生了明显的塑性变形,使得原本张开的裂纹有效地闭合了(图 5-63)。对该疲劳细节处裂纹的冲击超过裂纹尖端 10mm,以此增强气动冲击处理的维修效果。

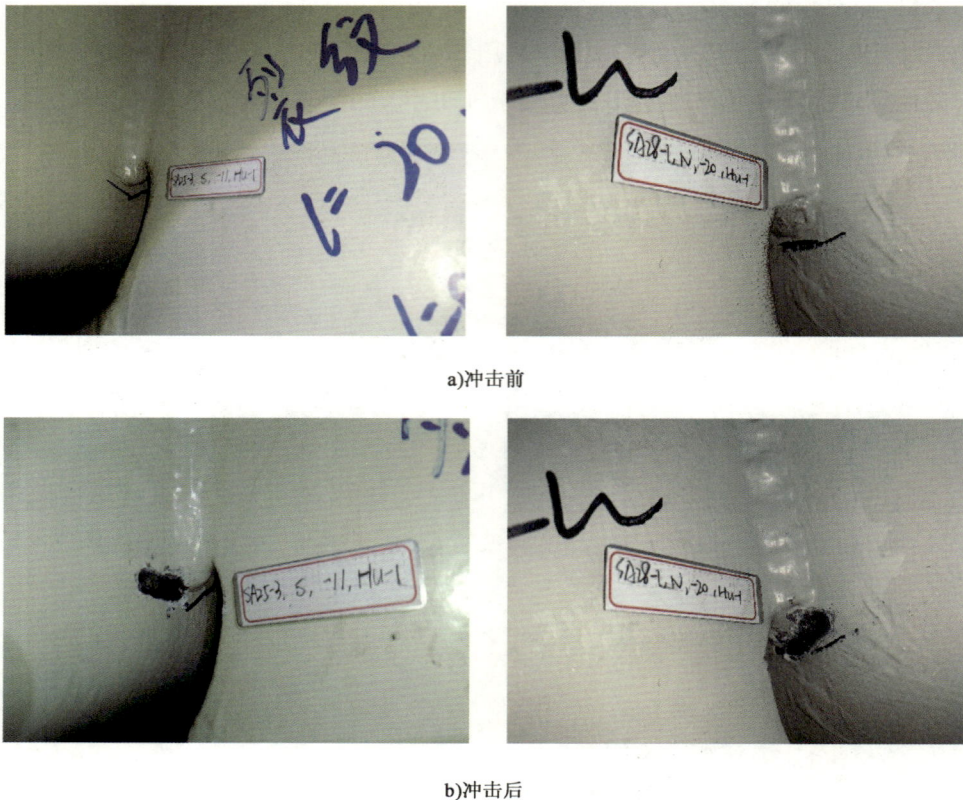

a)冲击前

b)冲击后

图 5-63　气动冲击前后对比图

5.4　裂纹焊合技术

5.4.1　技术概况

裂纹焊合技术是一种常规的疲劳裂纹修复方法,一般可采用碳弧气刨、风铲等将裂纹边缘加工出坡口直至裂纹尖端,然后用焊枪焊合。焊合方法大致可分为热焊法和冷焊法。

热焊法采用同质焊接材料,如 R207、R307、R317、R337 等焊条。从冶金角度和热力学角度看,该方法是理想的。但从焊接工艺以及预热和热处理等条件考虑,

裂纹焊合

该方法有很多不利因素,即工件的变形难以控制、作业条件差且现场不易采用。

冷焊法主要采用铁基奥氏体焊条和镍基焊条,其优点是工艺简单、工作量小、成本低、不需热处理、工件不会产生大的变形。其原理是:焊缝为奥氏体组织,它在焊接的热循环过程中不发生相变。因此,理论上奥氏体焊缝不要求预热和焊后热处理,这样可以简化工艺,减小热作用范围,减小工件的变形量和残余应力。同时,奥氏体组织塑性强,对氢的溶解度较大,从而具有很好的抗裂性能。

5.4.2　参数研究

1)试验准备

针对钢箱梁顶板-U 肋焊缝、顶板与竖向加劲肋疲劳细节,分别制作 A、B 两组试件进行裂纹焊合修复试验及修复后疲劳试验[31]。裂纹焊合修复后试件表面情况如图 5-64 所示。针对 A、B 两组试件采取的修复措施及修复后疲劳试验参数分别见表 5-11、表 5-12。

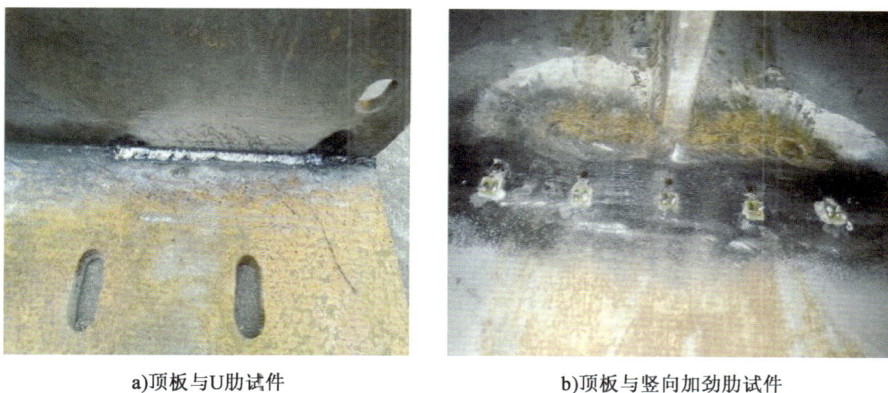

a)顶板与U肋试件　　　　　　　　b)顶板与竖向加劲肋试件

图 5-64　裂纹焊合实际修复情况

A 组试件试验情况　　　　　　　　　　　　　　　　表 5-11

试件编号	预制裂纹长度(mm)	补焊长度(mm)	补焊方式	应力幅(MPa)
A2-1	104	150	补焊	100
A2-2	103	150	补焊	100
A2-3	108	150	补焊	100
A2-4	105	150	补焊	100
A2-5	155	200	补焊	100
A2-6	152	200	补焊 + 打磨	100
A2-7	157	200	补焊 + 热处理	100

B 组试件试验情况　　　　　　　　　　表 5-12

试件编号	裂纹长度(mm)	补焊长度(mm)	补焊方式	应力幅(MPa)
B1-1／B1-2	59	100	补焊	102.3
B2-1／B2-2	55	100	补焊＋打磨	101.6

2）疲劳寿命影响因素

分别从修复时机、焊缝是否打磨、是否焊后热处理 3 个方面研究不同因素对疲劳寿命的影响。

（1）修复时机对疲劳寿命的影响。

以预制疲劳裂纹长度来评定修复时机，A2-1 修复时机为裂纹长度 100mm，A2-5 修复时机为裂纹长度 150mm。100mm 与 150mm 修复时机焊合修复效果对比如图 5-65 所示。由图 5-65 可知，焊合修复后的疲劳试验中，试件 A2-1 的焊根裂纹扩展速率小于 A2-5 的焊根裂纹扩展速率。以焊根裂纹开裂 100mm 为基准，试件 A2-1 对应疲劳寿命为 407 万次，试件 A2-5 对应疲劳寿命为 242 万次，即在加载频率及疲劳细节名义应力幅基本一致的条件下，若裂纹修复时机由 100mm 调整为 150mm，则焊合修复后顶板与 U 肋焊接接头疲劳细节焊根开裂 100mm 的疲劳寿命下降 40%，表明裂纹长度 100mm 修复时机的修复效果优于裂纹长度 150mm 修复时机的修复效果。

（2）焊缝打磨对疲劳寿命的影响。

选取钢箱梁顶板-U 肋焊缝疲劳细节试件 A2-5、A2-6，顶板与竖向加劲肋焊接接头疲劳试件 B1、B2，分析焊缝打磨对疲劳寿命的影响。其中，A2-5 仅针对裂纹进行补焊，A2-6 在补焊后对补焊焊缝进行打磨处理。试件 A2-5、A2-6 的修复效果对比如图 5-66 所示。由图 5-66 可知，试件 A2-5 焊根裂纹扩展速率大于试件 A2-6 焊根裂纹扩展速率。试件 A2-5 的疲劳裂纹萌生寿命为 89.24 万次，试件 A2-6 的疲劳裂纹萌生寿命为 137.96 万次，即对补焊焊缝进行打磨可提高顶板与 U 肋焊接接头细节疲劳裂纹萌生寿命约 54.6%。若以焊根裂纹长度 150mm 为基准，试件 A2-5 对应的疲劳寿命为 289.43 万次，试件 A2-6 对应的疲劳寿命为 311.43 万次，表明打磨对长度为 150mm 的顶板与 U 肋焊缝裂纹疲劳寿命的提升效果不大。

对试件 B1、B2 预制疲劳裂纹进行补焊修复及修复后打磨的疲劳试验。其中，试件 B1 仅针对裂纹进行补焊，试件 B2 补焊后对补焊焊缝进行打磨处理。考虑顶板与竖向加劲肋焊接接头围焊端部两侧开裂速率不同，选取试件 B1、B2 裂纹扩展速率较快的一侧进行对比。试件 B1 右侧、B2 左侧焊合修复的修复效果对比如图 5-67 所示。从图 5-67 中可以看出，开裂初期，试件 B1 焊根裂纹的扩展速率显著大于试件 B2 焊根裂纹的扩展速率。试件 B1 的疲劳裂纹萌生寿命为 87.49 万次，试件 B2 的疲劳裂纹萌生寿命为 121.79 万次，表明通过对补焊焊缝进行打磨处理，顶板与竖向加劲肋焊接接头细节疲劳裂纹萌生寿命提升了 39.2%。若以围焊端部单侧裂纹开裂长度达到 50mm 为基准，试件 B1 对应的疲劳寿命为 417.35 万次,试件 B2 对应的疲劳寿命为 445.81 万次,表明打磨对长度为 150mm 的顶板与竖向加劲肋焊缝疲劳寿命的提升效果不大。

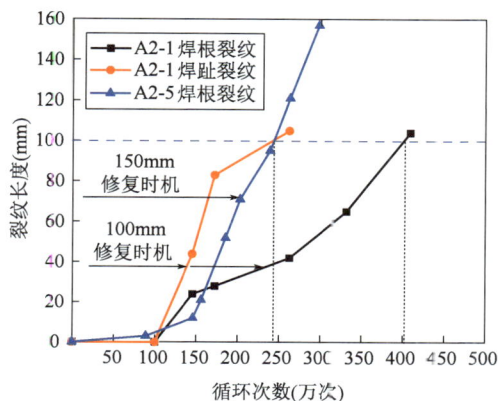

图 5-65　100mm 与 150mm 修复时机焊合修复效果对比

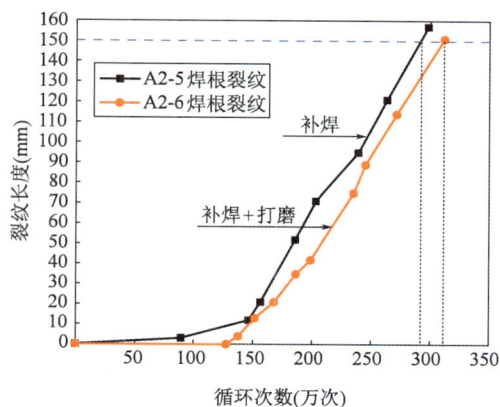

图 5-66　试件 A2-5、A2-6 修复效果对比

(3)焊后热处理对疲劳寿命的影响。

选取顶板-U 肋焊缝疲劳细节试件 A2-6、A2-7,对 A2-7 进行焊后热处理,热处理温度为 $600 \sim 640℃$,恒温时间为 2h,升降温速度为 125℃/h。两试件修复效果对比如图 5-68 所示。试件 A2-6、A2-7 的疲劳裂纹扩展速率较为接近,且两试件的疲劳裂纹萌生寿命基本一致,约为 138 万次。若以裂纹扩展长度达到 150mm 为基准,试件 A2-6、A2-7 疲劳寿命相同,表明热处理对顶板-U 肋焊缝疲劳细节修复效果影响不显著。

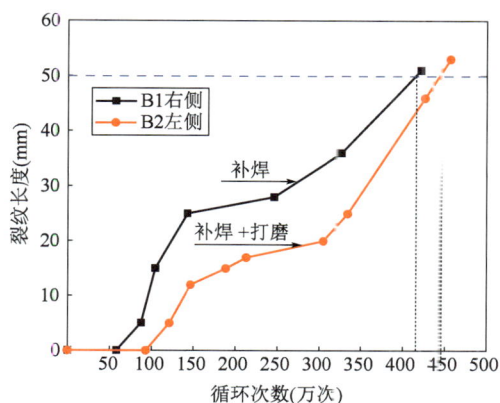

图 5-67　试件 B1、B2 修复效果对比

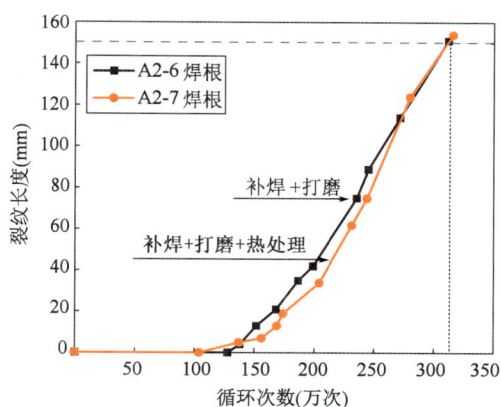

图 5-68　试件 A2-6、A2-7 修复效果对比

5.4.3　实桥应用

目前,裂纹焊合技术主要用于苏道大桥顶板-U 肋焊缝焊根隐蔽裂纹的处治。对于需要处治的裂纹,实桥实施时按照以下步骤进行。

（1）表面准备。

焊接表面应无脏物、氧化皮、松散铁锈和其他外来物，必要时应进行机械清除。

（2）清除疲劳裂纹。

清除疲劳裂纹前应确定疲劳裂纹的长度和深度。采用坡口形式清除疲劳裂纹，其范围应至少包括裂纹全长。可采用"V"形或"U"形坡口，如图5-69所示，坡口深度应大于裂纹深度。

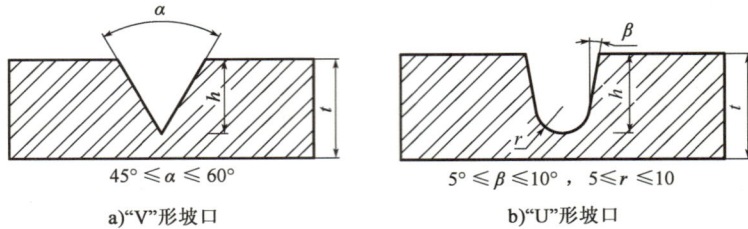

a)"V"形坡口　　　　　　　　　　　　b)"U"形坡口

图5-69　补焊法坡口形式

采用碳弧气刨清除疲劳裂纹。碳弧气刨设备主要包括碳弧气刨机、碳弧气刨钳、气体冷却电缆、碳棒和压缩空气，如图5-70所示。

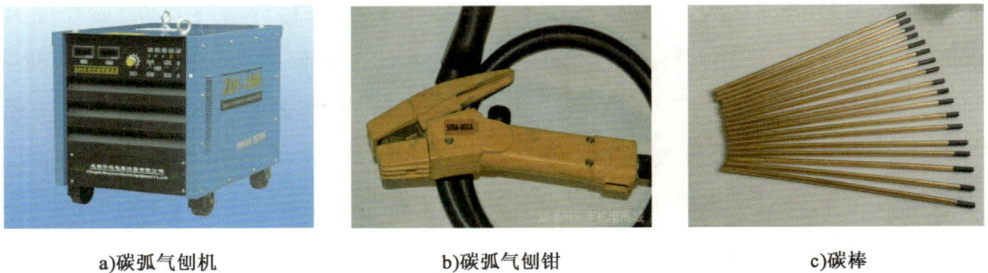

a)碳弧气刨机　　　　　　　　b)碳弧气刨钳　　　　　　　　c)碳棒

图5-70　碳弧气刨设备

刨除过程中，沿着裂纹标记进行刨除（图5-71），每次碳弧气刨的厚度约为3~5mm，当未出现裂纹时在原有气刨基础上继续气刨直至出现裂纹。当首次出现裂纹后，记录裂纹长度并判断裂纹与沿厚度方向的扩展角度（图5-72），确定角度后沿着裂纹的方向进行气刨，直至完全消除裂纹。此外，气刨区域须向裂纹两侧延伸并平缓过渡至顶板上表面，以便于后续坡口的补焊，见图5-73。

图5-71　碳弧气刨　　　　　　　图5-72　首次出现裂纹　　　　　　　图5-73　气刨完成

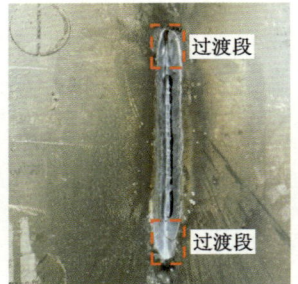

气刨完成后须打磨坡口表面和坡口边缘,如图 5-74 所示,保证气刨后的坡口边缘和过渡段光滑,否则可能渗碳从而影响后续补焊质量。观察打磨后坡口与打磨后顶板,若呈现相同的金属光泽,表明基本打磨光滑,消除了杂质的影响,如图 5-75 所示。

图 5-74 坡口打磨

图 5-75 打磨后坡口

(3)确定补焊参数。

应根据疲劳裂纹产生位置、板厚、扩展长度等,制定严格的焊接工艺及操作流程。采用碳弧气刨清除裂纹时,应根据钢板厚度选取合适的碳棒直径,见表 5-13。

钢板厚度与碳棒直径之间的关系 表 5-13

钢板厚度(mm)	碳棒直径(mm)	钢板厚度(mm)	碳棒直径(mm)
(4,6]	4	(8,12]	8
(6,8]	6	(12,20]	10

碳弧气刨时,电流大小 I(单位:A)与碳棒直径 D(单位:mm)可参照公式(5-5)确定。

$$I = (30 \sim 50)D \tag{5-5}$$

补焊时,坡口底层焊焊条直径不应大于 3.2mm,并与底层根部焊道的最小尺寸适应,其他部位焊条直径不应大于 4mm。焊接电流大小可参照表 5-14 选用。

焊条与电流匹配参数 表 5-14

焊条直径(mm)	1.6	2.0	2.5	3.2	4.0
电流(A)	25 ~ 40	40 ~ 60	50 ~ 80	100 ~ 130	160 ~ 210

(4)预热。

若焊接钢材温度在 5℃以下,在焊接前应对表面进行预热。焊前预热方法应根据所采用的补焊工艺方法确定,并采用表面温度仪测温。预热温度可选 80 ~ 100℃,预热区域为焊缝两侧各 100mm 范围内。

(5)焊接。

施焊时应尽可能选用小直径焊条、低电流、多层多道、分段退焊的方法。对接坡口焊每道焊的焊脚尺寸不应大于4mm,角焊缝每道焊的焊脚尺寸不应大于6mm。前一道焊温度冷却至100℃以下后,方可施焊下一道。焊接后焊缝如图5-76所示。

(6)后处理。

补焊后应清除熔渣、焊瘤和飞溅物等。补焊金属表面应平整,并平滑过渡到母材,如图5-77所示。对接焊缝补焊后,将焊缝表面物质顺应力方向抹平;角焊缝应具有凹状的表面形态,在条件允许时,可按相关规定进行退火处理。待补焊部位冷却至室温后,应使用原涂装体系及时进行防腐处理。

图5-76 补焊完成

图5-77 补焊后处理

(7)质量检验。

①补焊后不应存在裂纹、未熔合、未焊透、气孔、夹渣以及低于相邻母材表面质量要求的缺陷。

②补焊后应对焊缝外观进行检查,必要时可采用磁粉或超声波探伤。

5.5 局部加固技术

5.5.1 钢板加固

钢板补强

1)技术概况

钢板加固[32]是一种常用的疲劳裂纹止裂手段,补强钢板通过焊接或螺栓连接覆盖在开裂板材开裂区域之上,疲劳荷载通过补强钢板传递,减小原有疲劳裂纹尖端的应力,从而达到止裂的目的。然而,使用钢板加固后,新的疲劳裂纹可能在连接焊缝焊趾或螺栓孔孔壁等应力集中部位萌生并扩展,因此为达到更好的止裂效果,应保证焊接质量,减少焊接缺陷,保证螺栓孔钻孔质量,进行冷扩孔以提高孔边疲劳寿命。补强钢板应尽量在开裂钢板的两侧对称设置。如果只能在开裂板件一侧设置补强钢板,由于荷载偏心而产生的平面外弯矩将恶化上述部位的应力集中情况,严重影响疲劳裂纹止裂效果。为避免上述问题,钢板加固越来越多采用粘贴连接的方式。粘钢补强技术是在钢结构表面用特制的建筑结构胶粘贴钢板,依靠结构胶使之形成整体并共同作用,以提高结构承载力的一种补强方法。该技术简单、快速,现广泛应用于建筑、桥梁的补强工程中。针对苏通大桥横隔板-U 肋焊缝横隔板焊趾裂纹和顶板-U 肋焊缝表面裂纹,对其加固参数进行了研究。

2)横隔板-U 肋焊缝横隔板焊趾裂纹钢板加固参数研究

(1)试验、模型工况。

通过开展疲劳试验与数值模拟,研究钢板加固参数对横隔板-U 肋焊缝横隔板焊趾裂纹的加固效果。试验中取车轮荷载下的一个 U 肋制作局部足尺试件,如图 5-78 所示,试件具体尺寸与实桥相同。试验共设计了 7 个试件,当预制裂纹长度达 50～60mm 时进行局部补强,并加载至补强失效,以胶层出现开裂或裂纹继续扩展作为加固失效的判定依据。SJ-1 试件为对照组,未进行加固;SJ2～SJ4 试件为钢板尺寸参数对照组,分别采用平面尺寸为 50mm×100mm、100mm×150mm、150mm×200mm 的钢板进行加固;SJ5～SJ6 试件为加固效果的应力幅对照组,控制应力幅分别为 80MPa、120MPa;SJ7 试件采用螺栓连接。钢板厚度均为 8mm。

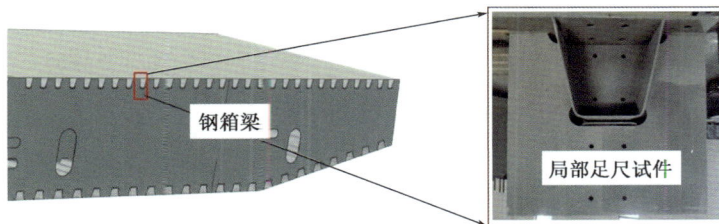

图 5-78　局部足尺试件示意图

采用 ABAQUS 有限元分析软件建立横隔板-U 肋有限元模型,模型尺寸与试验一致,并采用扩展有限元方法插入疲劳裂纹,裂纹长度也与试验一致,为 60mm,如图 5-79 所示。在 SJ2 与 SJ3 之间、SJ3 与 SJ4 之间插入有限元模拟工况,长度和宽度变化均为 10mm。

(2)参数分析。

①钢板平面尺寸。

以 SJ2、SJ3、SJ4 为例,分析钢板平面尺寸对加固效果的影响,SJ2～SJ4 试件的主应力时

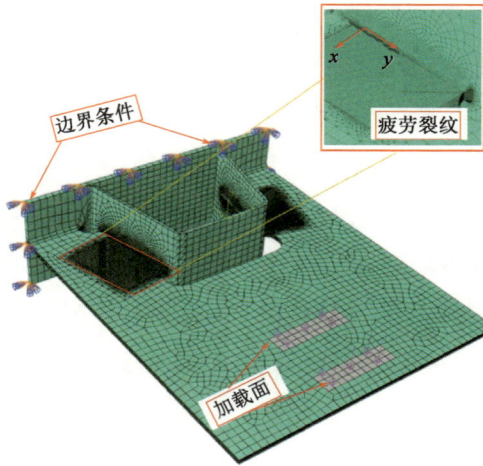

图 5-79　有限元模型

程曲线如图 5-80 所示。从图 5-80a）可以看出，SJ2 试件在加固维修之前，横隔板左侧应力和右侧应力均随着应力循环次数的增大而缓慢降低；加固维修后，左侧应力幅与右侧应力幅显著降低。加固维修后继续加载，左侧应力和右侧应力均经历一段平稳变化区段，然后快速增长直至钢板补强加固失效。钢板加固使得 SJ2 试件的疲劳寿命增加了 36.99 万次。从图 5-80b）可以看出，SJ3 试件采用中钢板进行补强，其主应力变化与 SJ2 试件相似，试件的疲劳寿命增加了 218.45 万次，是该试件疲劳裂纹萌生寿命的 2.76 倍。

从图 5-80c）可以看出，SJ4 试件从开始加固至突然破坏，应力循环了 321.95 万次，疲劳寿命相较于 SJ2、SJ3 显著增加。

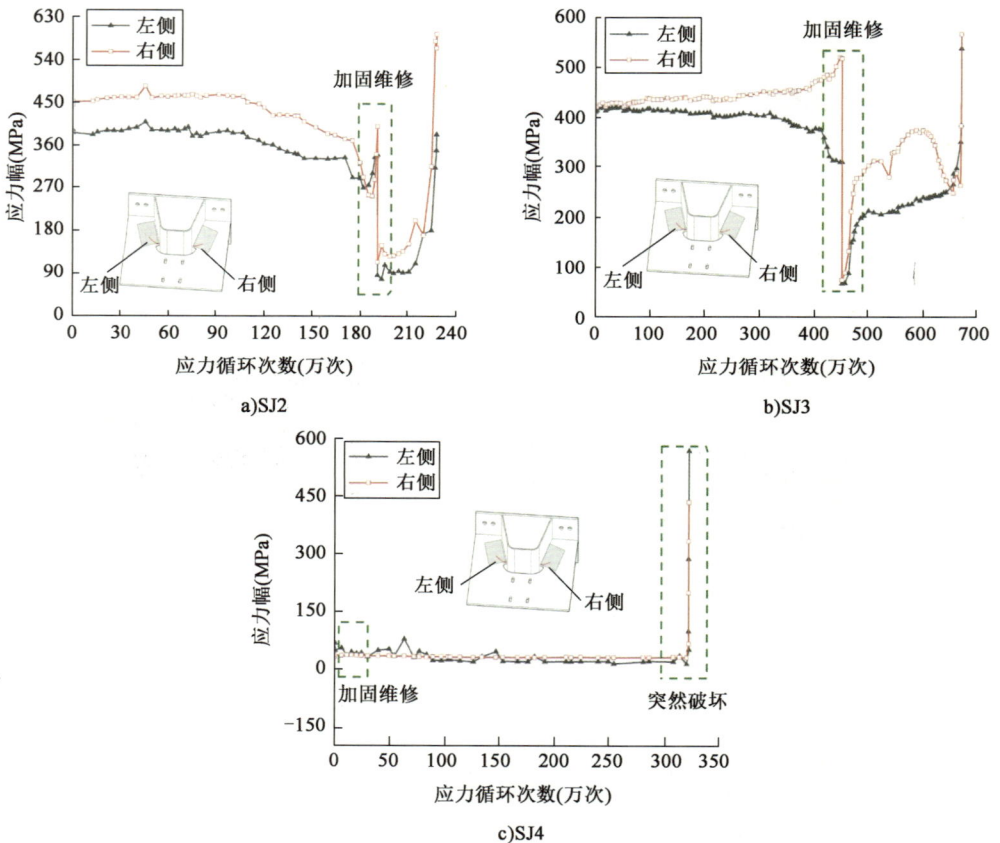

a）SJ2

b）SJ3

c）SJ4

图 5-80　SJ2～SJ4 试件主应力时程曲线

在试验的基础上,增加钢板尺寸工况,通过数值模拟计算不同钢板尺寸下裂纹尖端的应力强度因子和焊趾处应力,如图5-81所示。由图5-81a)可知,随着补强钢板的平面尺寸不断增大,主应力幅和正应力幅不断减小,呈现"先急速后平缓"的下降趋势,当钢板尺寸为100mm×150mm时,主应力幅下降量占总下降量的64.95%,正应力幅下降量占总下降量的71.54%。由图5-81b)可知,应力强度因子随着加固钢板平面尺寸的增大而逐渐减小,变化趋势与应力幅相同,当钢板尺寸为100mm×150mm时,应力强度因子K_I降低了367.2MPa·mm$^{1/2}$,占总下降量的74.97%,应力强度因子K_{II}降低了28.3MPa·mm$^{1/2}$,占总下降量的43.74%,应力强度因子K_{III}降低了203.07MPa·mm$^{1/2}$,占总下降量的90.58%,此时张开型(Ⅰ型)裂纹和撕开型(Ⅲ型)裂纹扩展受到了显著的抑制。

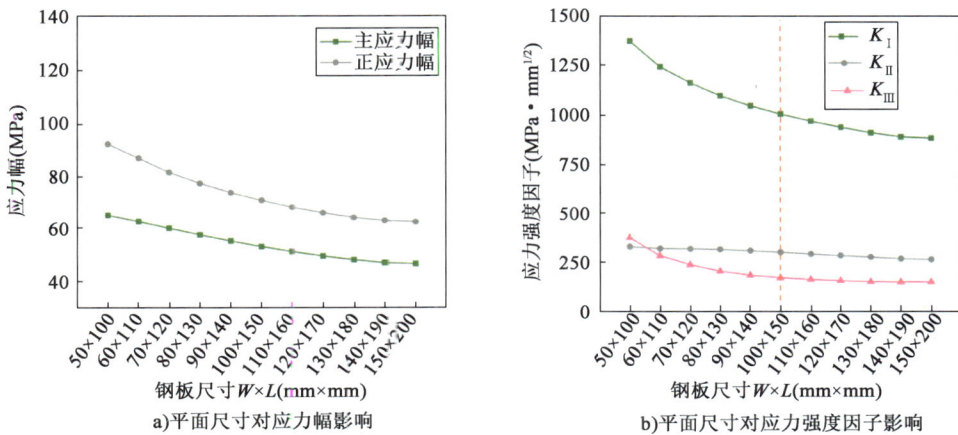

图5-81　不同尺寸钢板加固后的裂缝尖端应力和应力强度因子

从以上分析可以看出,补强钢板尺寸对维修加固后试件的疲劳寿命影响较大。当采用小钢板(刚好覆盖裂纹)、中钢板、大钢板(试件可以使用的最大尺寸)加固时,疲劳寿命分别增加了35.99万次、217.45万次、321.95万次,随着钢板尺寸增大,疲劳寿命显著提高。

②钢板连接方式。

比较SJ6和SJ7两种连接方式下试件的应力时程。SJ6试件采用胶层连接,SJ7试件采用螺栓连接,采用的补强钢板厚度为8mm,平面尺寸为100mm×150mm,SJ6、SJ7试件的主应力随加载循环次数的变化曲线如图5-82所示。

从图5-82a)可以看出,SJ6试件加固维修后,左侧应力和右侧应力显著降低,且应力大小处于50MPa左右,左侧应力和右侧应力均经历一段平稳变化区段后快速增长,钢板补强失效,此时应力循环次数为241.60万次,疲劳寿命增加了144.81万次,与加固维修时应力循环次数相比,疲劳寿命提高了149.61%。从图5-82b)可以看出,SJ7试件应力循环次数为385.28万次时,螺栓出现松动,试件振幅增大,钢板补强失效,SJ7试件疲劳寿命增加了259.92万次,疲劳寿命提高了207.34%。

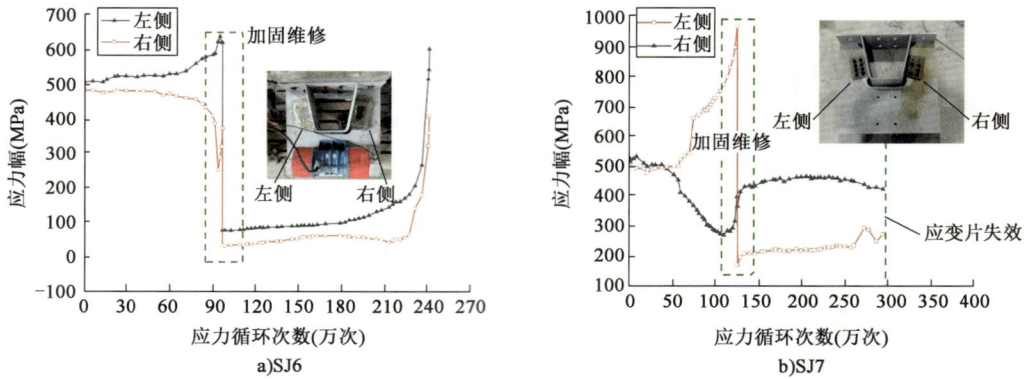

图 5-82 SJ6、SJ7 试件主应力变化

从维修加固后应力的平稳变化区段来看,胶层连接后左侧应力和右侧应力均处在 50MPa 附近;而采用螺栓连接进行补强,左侧应力在 200MPa 左右,右侧应力在 400MPa 左右,SJ7 试件应力水平明显高于 SJ6 试件应力水平,说明与螺栓连接相比,胶层连接传力更为均匀。从最后补强破坏现象来看,胶层连接的胶层出现裂纹后应力会迅速上升,补强突然失效,而螺栓连接会出现螺栓逐个松动现象,应力缓慢上升。从最终的疲劳寿命来看,胶层连接疲劳寿命增加了 144.81 万次,螺栓连接疲劳寿命增加了 259.92 万次。综合考虑,胶层连接和螺栓连接均能起到良好的加固效果,但需要解决胶层的开裂和螺栓的松动问题。

③钢板厚度。

在有限元模型中设置钢板厚度为 4mm、6mm、8mm、10mm、12mm、14mm,提取每种工况的应力幅和裂纹尖端的应力强度因子,如图 5-83 所示。从图 5-83a)可以看出,在相同裂纹长度下,随着钢板厚度的增加,U 肋与横隔板连接部位主应力幅和正应力幅逐渐降低,且几乎呈线性关系;当厚度达 10mm 后,主应力幅和正应力幅均有趋于平缓的变化趋势。从图 5-83b)中可以看出,应力强度因子幅随钢板厚度增加而逐渐减小,当厚度小于 8mm 时应力强度因子幅下降较快,当厚度大于 10mm 时下降趋于平缓。由此可见,当钢板厚度大于横隔板厚度后,再增加钢板厚度对裂纹加固的增益效果有限,实桥中可选用与横隔板等厚的钢板进行加固。

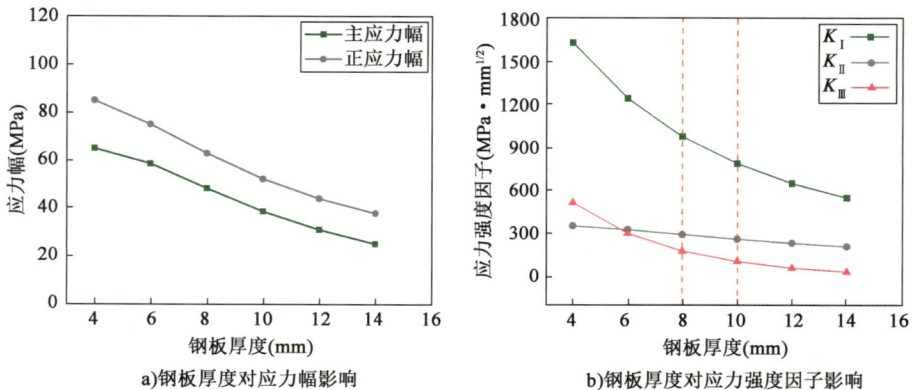

图 5-83 不同厚度钢板加固后的裂缝尖端应力和应力强度因子

3)顶板-U 肋焊缝表面裂纹角钢加固参数研究

（1）试验、模型工况。

参照钢箱梁局部构造，设计了顶板-U 肋局部足尺模型，如图 5-84 所示。试验共对 6 个顶板-U 肋试件进行疲劳试验，编号 SJ1～SJ6，其中 SJ-1 未进行加固，SJ-2～SJ-4 分别采用不同长度的弧形钢板进行加固，SJ-5 和 SJ-6 改变弧形钢板厚度。试验工况见表 5-15。

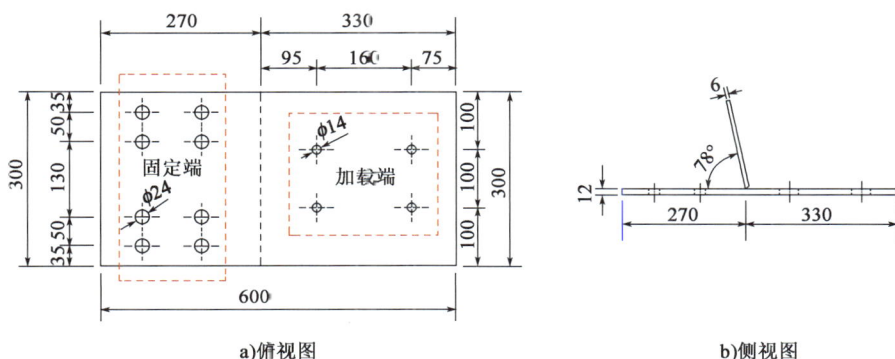

a)俯视图 　　　　　　　　　　　　b)侧视图

图 5-84　试验模型（尺寸单位：mm）

试验工况　　　　　　　　　　　　　　　　　　　表 5-15

试件编号	预制裂纹长度（mm）		加固时裂纹长度（mm）		控制应力幅（MPa）		加固方法	加固件尺寸（mm×mm）
	设计值	实际值	设计值	实际值	设计值	实际值		
SJ-1	55	56	0	0	160	160.84	未加固	—
SJ-2	55	58	75	74	160	163.77	弧形钢板	100×8
SJ-3	55	50	75	75	160	162.32	弧形钢板	120×8
SJ-4	55	58	75	75	160	161.34	弧形钢板	140×8
SJ-5	55	58	75	73	160	162.69	弧形钢板	120×6
SJ-6	55	55	75	75	160	163.85	弧形钢板	120×10

考虑到试验过程中参数变化有限，因此在试验的基础上进一步细化工况，进行加固参数研究，提出具体的加固参数以指导实桥维修。模型尺寸参照苏通大桥实桥构造与尺寸建立，如图 5-85 所示。

（2）参数分析。

①角钢长度。

试件 SJ-2、SJ-3 和 SJ-4 均采用了弧形钢板对焊趾侧疲劳裂纹进行加固，弧形钢板的厚度相同，均为 8mm 厚，长度分别为 100mm、120mm 和 140mm。现提取这 3 个试件加固前后焊趾侧测点的应力值，并计算平均应力变化率，如图 5-86 所示。

a)节段模型

b)子模型   c)局部尺寸

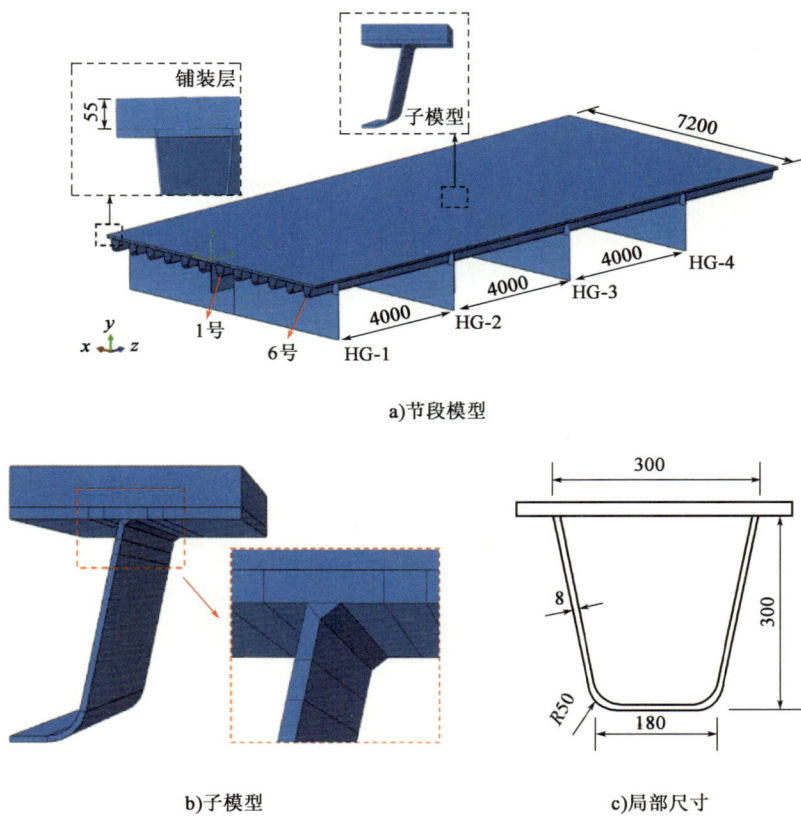

图 5-85   有限元模型示意图(尺寸单位:mm)

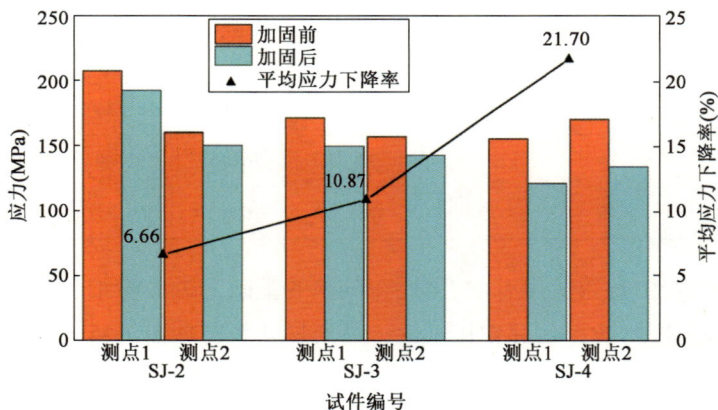

图 5-86   不同长度弧形钢加固对焊趾应力的影响

由图 5-86 可知,试件 SJ-2、SJ-3、SJ-4 在粘贴弧形钢板加固后,焊趾侧各测点的应力均有不同幅度的减小,说明粘贴钢板对焊趾侧的裂纹起到了一定的加固效果。采用不同长度的钢板加固后,焊趾侧应力下降的幅度有所不同,SJ-2、SJ-3、SJ-4 分别下降了 6.66%、10.87%、21.70%,即表明弧形钢板的长度越大,加固后焊趾侧应力下降的幅度越大,对焊趾侧裂纹加固的效果也越好。这是由于在焊趾侧粘贴钢板后，增大了焊趾一侧的局部刚度，限制了焊趾位置的局部变形，从而降低了焊趾侧的应力。而加固钢板的宽度为定值，钢板长度越大，局部的刚度也越大，且钢板与试件间的接触面积越大，黏结性能越好。由此可见，在一定范围内，增大钢板的长度可以提升焊趾侧的应力降幅，从而提升加固的效果；当钢板长度达到一定值后，再增加长度对加固效果的提升并不明显。

在模拟时设置裂纹初始长度为500mm，对比弧形钢板加固前后裂纹尖端位置处应力幅的变化情况。弧形钢板厚度和宽度均相同，分别为8mm和100mm，仅改变钢板长度。加固前后裂纹尖端位置的应力幅如图5-87所示。由图5-87可知，对于顶板焊趾裂纹，加固前裂纹尖端的应力幅为214.9MPa，当采用与裂纹等长（500mm）的钢板进行加固后，裂纹尖端的应力幅下降为121.9MPa，降幅为43.3%。增加加固钢板的长度，使得裂纹尖端应力小幅度降低，当加固钢板长度大于600mm时，增加钢板长度对裂纹尖端应力幅几乎没有影响。对于U肋焊趾裂纹，采用与裂纹等长（500mm）的钢板进行加固后，裂纹尖端应力由加固前的236.5MPa降低为100.8MPa，降幅为57.4%。当采用600mm的钢板进行加固后，裂纹尖端的应力幅最小，为86.6MPa，在此基础上继续增加钢板厚度，将使应力幅有小幅度的增大，并逐渐趋于稳定。

为进一步分析其他长度裂纹下不同长度钢板的加固效果，改变顶板焊趾处裂纹的长度并对其进行加固，提取并计算加固后裂纹尖端的应力幅，如图5-88所示。由图5-88可知，各曲线的变化规律基本相同，均为先减小后增大最后趋于稳定。当加固钢板长度比裂纹长度大100mm时，加固后裂纹尖端的应力幅最小。因此，建议加固钢板长度比裂纹长度大200mm，即钢板两侧各超过裂纹尖端100mm。

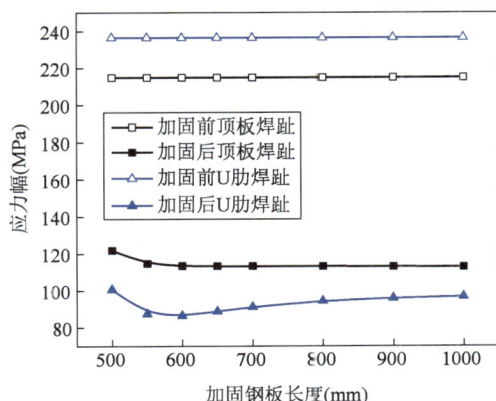

图 5-87 钢板长度对裂纹尖端应力幅的影响

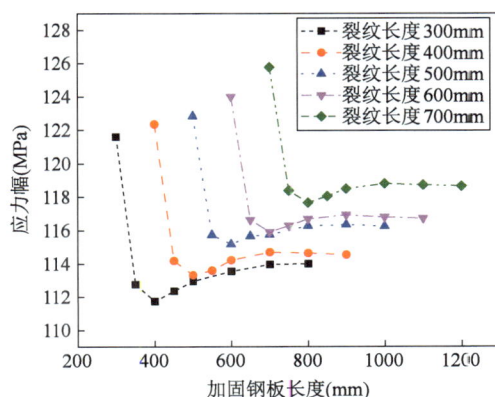

图 5-88 不同长度裂纹的加固效果

②钢板厚度对加固效果影响。

试件 SJ-5、SJ-3 和 SJ-6 分别采用厚度为6mm、8mm和10mm的弧形钢板进行加固，弧形钢板的长度均为120mm。提取这3个试件加固前后焊趾侧测点的应力值,并计算平均应力变化率,如图5-89所示。由图5-89可知,试件SJ-5、SJ-3和SJ-6分别采用厚度为6mm、8mm和10mm的弧形钢板加固后,其焊趾侧的应力分别下降了16.19%、10.87%和10.60%,均起到了一定的加固效果,但增大加固钢板的厚度后反而降低了焊趾侧应力的减小幅度。3个试件焊趾侧的应力减小率较为接近,均处于10%～20%的区间内,这说明在该厚度范围内,加固钢板厚度变化对加固后焊趾侧应力变化的影响并不明显。

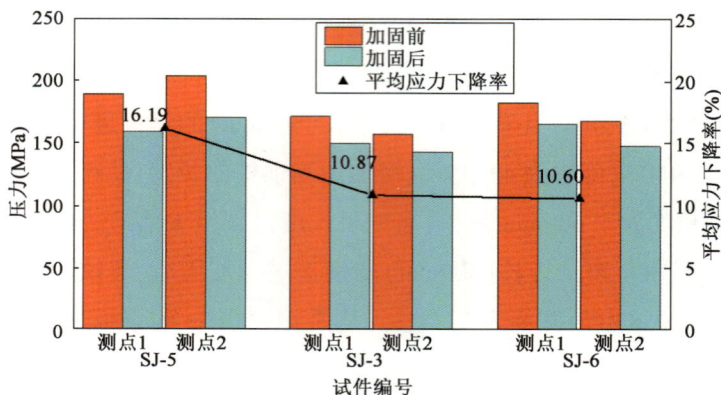

图5-89 采用不同厚度弧形钢板加固对焊趾应力的影响

利用有限元模型计算不同厚度弧形钢板加固后裂纹尖端的应力幅,如图5-90所示。由图5-90可知,加固后裂纹尖端的应力幅随加固钢板厚度的增大而减小,并逐渐趋于稳定。当钢板厚度较小时,增加钢板厚度可以有效减小裂纹尖端的应力幅,显著提升加固效果;而当钢板厚度较大时,进一步增大钢板厚度对裂纹尖端应力幅变化几乎没有影响,对加固效果的提升作用也不明显。当加固钢板厚度为11mm时,顶板焊趾和U肋焊趾裂纹尖端应力幅较加固前分别下降了51.2%和69.5%;当钢板厚度大于11mm时,每增加1mm厚度,顶板焊趾和U肋焊趾裂纹尖端应力幅降幅均不足1%。由此可见,过厚钢板的加固增益效果有限,实际应用中不建议采用过厚的角钢进行加固。

③钢板宽度对加固效果影响。

利用有限元模型计算了11个不同宽度弧形钢板加固后裂纹尖端的应力幅,如图5-91所示。由图5-91可知,对于两种裂纹而言,其裂纹尖端应力幅随加固钢板宽度的增加而减小,并逐渐趋于稳定。但对于顶板焊趾裂纹,增加钢板宽度对应力幅的减小作用并不明显,采用20mm宽钢板加固后,应力幅降幅为39.6%,而采用100mm宽钢板加固后,应力幅降幅为47%,加固效果提升了仅7.6%。相比之下,对于U肋焊趾裂纹,钢板宽度变化对加固效果的影响较为明显,采用20mm宽钢板加固后,应力幅降幅为46%,而采用100mm宽钢板加固后,应力幅降幅为63%,加固效果提升了近18%。在100mm宽钢板的基础上进一步增加钢板宽度,对裂纹尖端应力幅的降低作用并不明显。由此可见,对于顶板焊趾处的裂纹,采用 50~60mm 宽的钢板可以起到良好的加固效果,进一步增大钢板宽度对加固效果的提升并不明显。

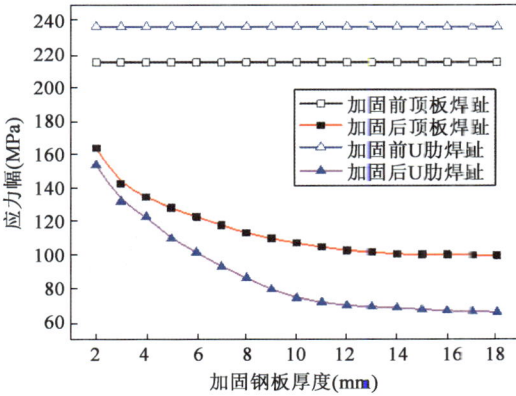

图 5-90 钢板厚度对裂纹尖端应力幅的影响

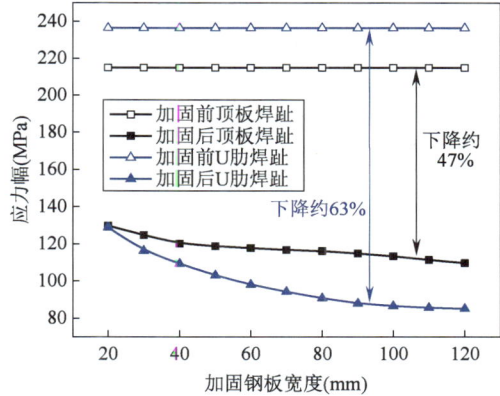

图 5-91 钢板宽度对裂纹尖端应力幅的影响

4) 实桥应用

目前,钢板加固技术主要用于苏通大桥横隔板-U 肋围焊端横隔板焊趾裂纹和顶板-U 肋焊缝表面裂纹处治,其中横隔板-U 肋围焊端横隔板焊趾裂纹采用平面钢板加固,顶板-U 肋焊缝裂纹采用角钢加固。以苏通大桥横隔板-U 肋裂纹钢板加固为例,介绍钢板加固流程。钢板加固流程主要包括放样、表面准备、打止裂孔、打螺栓孔、打磨、拧紧螺栓、后处理、质量检验。

(1)放样。

根据疲劳裂纹长度确定合适的钢板放样尺寸,在工厂内切割成型,并按照下述原则确定螺栓孔位布置方式,在补强钢板上预制螺栓孔。

①宜采用小直径螺栓,疲劳裂纹每侧用双排螺栓。

②螺栓最大间距宜为 24 倍钢板厚度,最小间距宜为 3 倍螺栓孔径。螺栓中心距钢板边缘的最大距离宜为 8 倍钢板厚度与 120mm 两者中的较小者,最小间距宜为 2 倍螺栓孔径。

(2)表面准备。

清理构件表面灰尘,打磨补强部位可能的凸点。补强部位表面应平整,若有较为严重的变形,应采取相关手段矫正。钢板加固区域若存在焊缝等凸起位置,需打磨平整,使得钢板与构件能够较好地贴合,贴合时钢板四周与构件均无明显缝隙,如图 5-92 所示。

(3)打止裂孔。

钢板补强前,应按照钻孔止裂技术的相关规定,在疲劳裂纹尖端位置附近钻孔,如图 5-93 所示。

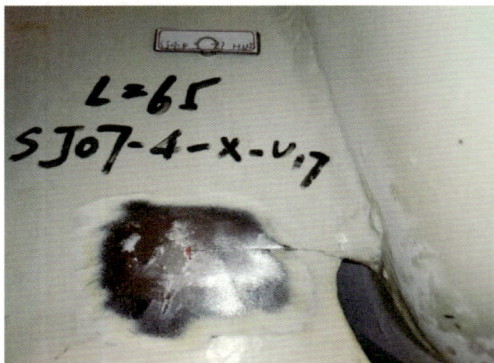

图 5-92　打磨后构件表面

图 5-93　打止裂孔

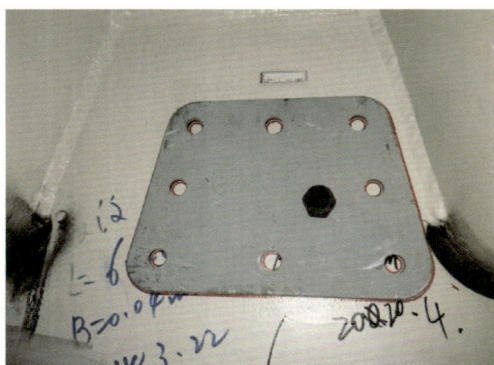

图 5-94　钢板临时固定

（4）打螺栓孔。

利用打好的止裂孔拧紧螺栓使钢板临时固定，如图 5-94 所示，并按照钢板上的预制孔位在横隔板上打螺栓孔。

（5）打磨。

打完横隔板螺栓孔后，画钢板轮廓线，对钢板进行定位，之后取下钢板并对钢板与横隔板接触区域进行打磨处理，确保钢板与横隔板贴合紧密，如图 5-95 所示。

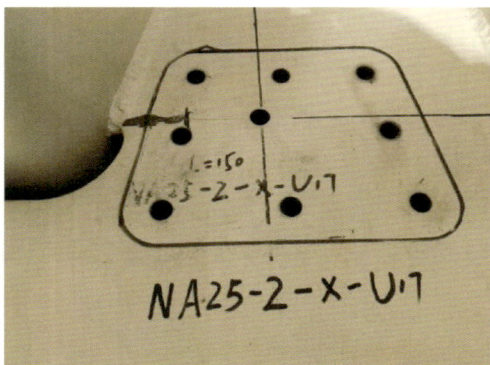

a)定位

b)打磨

图 5-95　横隔板打磨

（6）拧紧螺栓。

打磨完成后，重新安装钢板至原有位置，安装所有螺栓并采用扳手进行初步拧紧，然后采用扭矩扳手等工具对螺栓进行紧固，如图 5-96 所示。每个螺栓的紧固力应基本相同，相互之间偏差不应超过 5%。

（7）后处理。

应对补强部位适当补漆，以防止表面锈蚀，如图5-97所示。

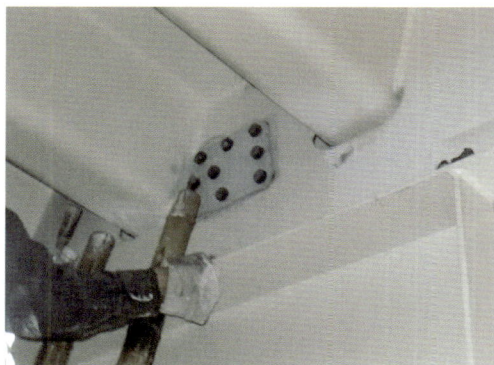

图5-96 拧紧螺栓 　　　　　　图5-97 喷漆防锈

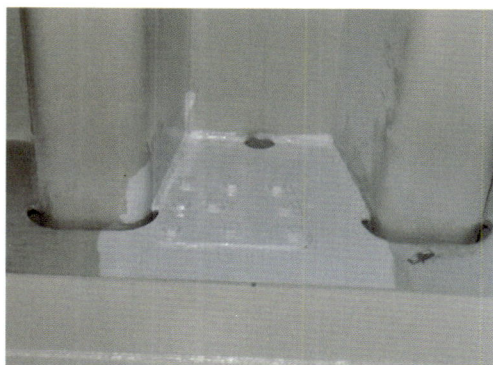

（8）质量检验。

维修现场采用直接观察法进行检查。补强钢板与开裂部位截面应紧密接触，不应有明显缝隙。后期跟踪裂纹。

5.5.2 碳纤维复合材料（CFRP）加固

1）技术概况

CFRP具有强度高、耐腐蚀、自重轻、体积小、补强效果好以及施工方便等优点，已经成功应用于混凝土以及砌体结构中。已有研究表明碳纤维复合材料加固钢构件能使钢材疲劳裂纹前端的应力强度因子幅值减小，从而降低裂纹扩展速率，进而提高疲劳损伤钢构件的剩余疲劳寿命。研究表明，碳纤维复合材料可用于裂纹萌生后的加固修复，也可作为预防裂纹产生的措施。

2）加固效果研究

开展疲劳试验，分析CFRP加固钢结构疲劳裂纹的效果。疲劳试件采用与实桥相同钢材制造，即采用Q345qD级钢材制作，弹性模量 $E = 2.1 \times 10^5$ MPa。疲劳细节为钢箱梁顶板与竖向加劲肋接头[33]，试件如图5-98所示。

针对钢箱梁顶板与竖向加劲肋疲劳细节B2组试件，采用疲劳损伤试验进行疲劳裂纹预制，并利用超声检测设备检测开裂情况，记录相应的开裂位置、裂纹长度。对该组3个试件分别采用不同的CFRP加固方法进行修复。B2组各试件采用的补强措施见表5-16。试件表面测点布置如图5-99所示。

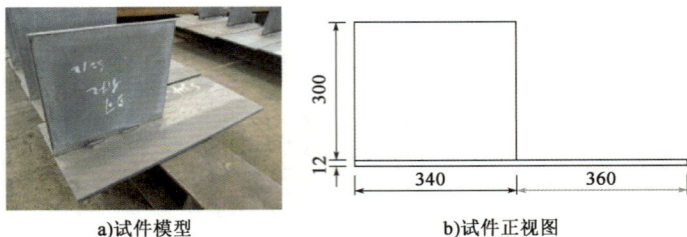

a)试件模型　　　　　　　　b)试件正视图

图 5-98　试验试件(尺寸单位:mm)

B2 组试件修复措施

表 5-16

疲劳细节	试件编号	裂纹长度(mm)		处理措施	应力幅(MPa)
		端头左侧	端头右侧		
顶板与竖向加劲肋	B2-1	30	28	CFRP 加固	100
	B2-2	31	27	钻孔 + CFRP 加固	100
	B2-3	34	32	补焊 + CFRP 加固	100

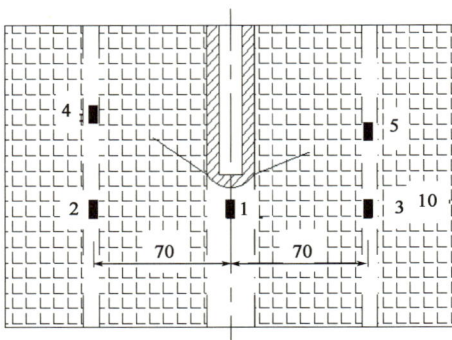

图 5-99　B2 组试件表面测点布置(尺寸单位:mm)

对试件 B2-1 预制疲劳裂纹进行 CFRP 加固并进行修复后的疲劳试验。修复后的疲劳试验中,裂纹扩展规律如图 5-100 所示。

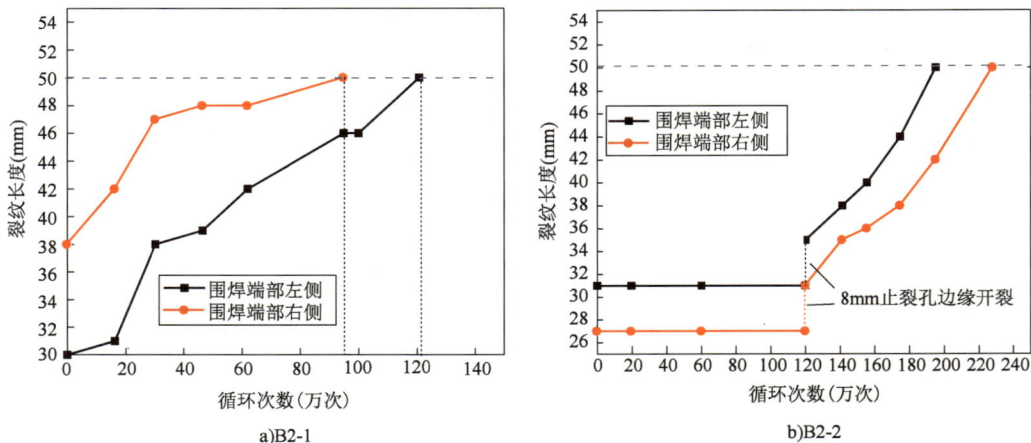

a)B2-1　　　　　　　　　　b)B2-2

图　5-100

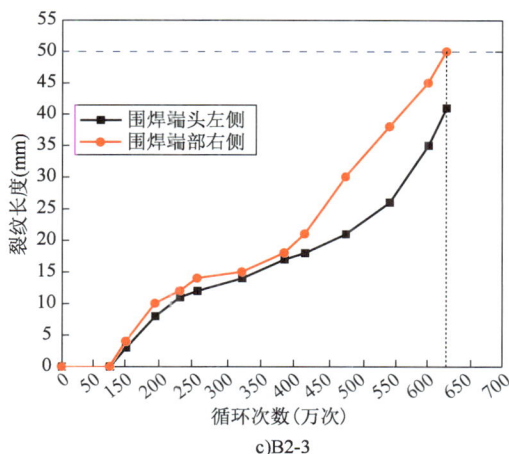

c)B2-3

图 5-100　B2 组试件疲劳裂纹扩展规律

由图 5-100 可以看出,随着循环次数的增加,试件 B2-1 疲劳裂纹持续扩展;试件 B2-2 的裂纹在止裂孔的临时止裂作用下暂时停止发展,待循环次数增加到 120 万次时裂纹穿过止裂孔继续发展;试件 B2-3 在循环次数增加到 75 万次左右时萌生疲劳裂纹并继续扩展。3 个试件疲劳裂纹扩展速率总体呈现出由快到慢再到快的变化趋势。若以围焊端部单侧裂纹开裂长度达到 50mm 为评估基准,B2-1 的剩余疲劳寿命为 94.9 万次,B2-2 的剩余疲劳寿命为 195.19 万次,B2-3 的剩余疲劳寿命为 611.35 万次。

3)与其他处治技术对比

（1）与钻孔止裂效果对比。

以裂纹扩展至总长度 50mm 为基准,对比采用 8mm 止裂孔、CFRP 加固法、8mm 止裂孔 +CFRP 加固法 3 种方法的剩余疲劳寿命,对比结果如图 5-101 所示。

由图 5-101 可知,采用 8mm 止裂孔、CFRP 加固法及 8mm 止裂孔 +CFRP 加固法,在疲劳裂纹扩展至总长度 50mm 时,疲劳寿命分别为 79.86 万次、120.75 万次和 195.19 万次,表明 CFRP 加固法对裂纹剩余疲劳寿命的提高效果优于 8mm 止裂孔。

（2）与焊合法效果对比。

选取钢箱梁顶板与竖向加劲肋疲劳细节试件 B1-2 与 B2-3 对比 CFRP 加固法与裂纹焊合法

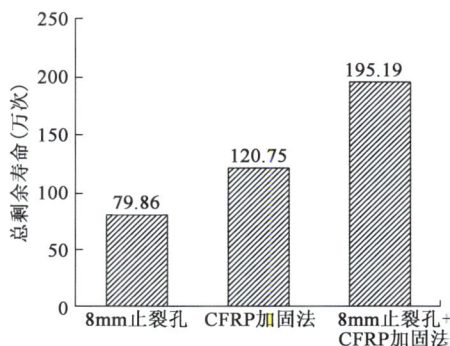

图 5-101　剩余疲劳寿命对比

的修复效果,两试件具体参数见表 5-17。选取裂纹扩展速率较快的试件 B1-2 左侧及试件 B2-3 右侧进行对比,对比结果如图 5-102 所示。

试件编号	裂纹长度（mm）	补焊长度（mm）	加载频率（Hz）	补焊方式
B1-2	55	100	11.19	补焊 + 打磨
B2-3	68	100	11.20	补焊 + 打磨 + CFRP 加固法

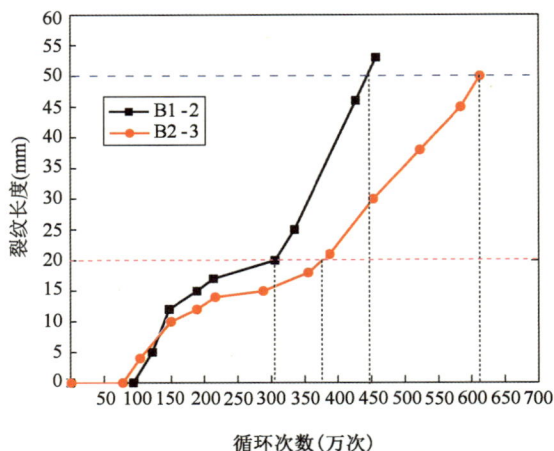

图 5-102　CFRP 加固法与焊合修复效果对比

由图 5-102 可以看出，若以围焊端部单侧裂纹开裂长度达到 50mm 为基准，裂纹焊合试件的剩余疲劳寿命为 445.81 万次，裂纹焊合与 CFRP 加固法叠加使用试件的剩余疲劳寿命为 611.35 万次，表明将 CFRP 加固法与裂纹焊合叠加使用可有效提高裂纹的剩余疲劳寿命。

4）实桥应用

目前，CFRP 加固法主要用于苏通大桥横隔板-U 肋围焊端横隔板焊趾裂纹处治，实桥加固操作步骤如下：

（1）根据裂纹尺寸将碳纤维布裁剪为大小合适的碳纤维条。

（2）补强前表面处理与定位。清理打磨裂纹附近试件表面，在试件裂纹附近进行测量定位，用铅笔在构件的补强部位划线，确定碳纤维布粘贴位置。用粗砂纸打磨试件的黏结区域，清除表面防护材料、氧化层、污染物和其他杂质，然后用细砂纸交叉打磨黏结区域，达到一定的表面粗糙度。碳纤维布粘贴如图 5-103 所示。

（3）用脱脂棉纱蘸酒精溶液后擦洗打磨表面，去除油污及污染物，晾置干燥，用黏结剂浸润表面。

（4）涂抹黏结剂。按黏结树脂的使用说明将不同组分按适当比例混和并搅拌均匀，并根据施工进度、固化温度确定固化剂的用量。将配制好的黏结剂用排刷涂抹在构件的粘贴部位，根据黏结剂的浓度和重度、黏结

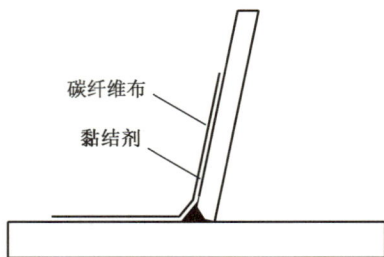

碳纤维布

黏结剂

图 5-103　碳纤维布粘贴示意

面的粗糙程度、结构类型等确定其用量。涂黏结剂时要求胶层厚度均匀、无气泡,胶层厚度一般控制在 0.1~0.3mm 范围内。若厚度不均匀或有气泡,则反复用刷子多刷几次。一般经验是在对 CFRP 补强片加压时沿黏结面周边挤出一些胶瘤,不能有空白,也不能出现流淌现象。如果出现空白,则需要采用针注法补胶,然后加压;如果出现胶液流淌,则说明涂胶过多,应减少涂胶用量,并及时清理溢出的胶液。

(5)铺贴碳纤维布。将准备好的 CFRP 补强片按垂直于焊缝方向铺贴,要求 CFRP 补强片平整,并用力紧压补强片,以赶走胶层中的气泡。若补强片为碳纤维布,则应在补强片表面涂覆树脂,并用滚筒顺着碳纤维布的纤维方向反复滚压,以使黏结剂充分浸润碳纤维布。滚压时不得损伤碳纤维布,在接近碳纤维布端部时应从中间向两端滚压,以免碳纤维布鼓起。滚压时应用力按住碳纤维布,以防止其滑动。粘贴碳纤维布后的焊接接头试件如图 5-104 所示。

图 5-104　粘贴完成的碳纤维布

5.5.3　玻璃纤维增强复合材料(GFRP)加固

1)技术概况

　　GFRP 是由按同方向排列的高强度纤维丝与聚合树脂等聚合物胶合凝固或高温固化而成的。GFRP 是一种在工程界很受欢迎的建筑材料,工程实践表明,它能满足现代工程结构重载、大跨、轻质、高强和承受恶劣使用条件的需求,同时材料的生产可实现工业化,因而被广泛用于各类工程结构中[34]。GFRP 加固钢构件同样能使钢材疲劳裂纹前端的应力强度因子幅值减小,从而降低裂纹扩展速率,进而提高疲劳损伤钢构件的剩余疲劳寿命。因此,GFRP 可用于裂纹萌生后的加固修复,也可作为预防裂纹产生的措施。

2)参数研究

(1)数值模型。

通过有限元模拟分析 GFRP 加固裂纹的效果。以顶板-U 肋焊缝疲劳细节为例,建立局部足尺试件模型,顶板厚 14mm,U 肋厚 6mm,顶板与 U 肋之间夹角为 108°,GFRP、胶层、钢材采用三维实体单元进行模拟。假定 GFRP-胶层界面、钢材-胶层界面不产生滑移,胶层与 GFRP 和钢材间采用 Tie 接触进行绑定[35]。GFRP 与胶层均采用 C3D8R 单元进行网格划分,GFRP 网格尺寸为 2mm×2mm×2mm,胶层网格尺寸为 2mm×2mm×1mm。钢材采用 C3D8R 以及 C3D10 单元进行网格混合划分,全局网格采用 10mm 六面体单元划分,顶板-U 肋连接焊缝附近及加固区域采用 1mm 尺寸的单元局部加密,加密区与其他区域采用四面体单元过渡,有限元模型如图 5-105 所示。假定钢材和胶层为各向同性材料,钢材参数参照 Q345q 钢设置,胶层参数参照 A 类结构胶设置[36]。

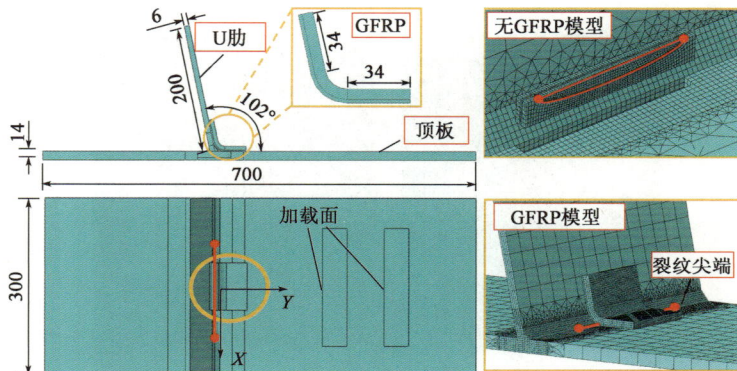

图 5-105　加固后顶板-U 肋焊缝疲劳细节有限元模型(尺寸单位:mm)

(2)参数分析。

①加固件长度。

分别采用长度为 80mm、120mm、160mm、200mm 的弧形 GFRP 加固件对长度为 60 ~ 160mm 的裂纹试件进行加固,其中长 160mm 和 200mm 的加固件可覆盖所有长度裂纹,其余加固件仅可覆盖部分裂纹。不同加固长度下的裂纹尖端等效应力强度因子幅(ΔK_{eq})如图 5-106 所示。由图 5-106 可知,不同 GFRP 覆盖长度下裂纹 ΔK_{eq} 变化趋势基本一致,表明是否全覆盖裂纹对 ΔK_{eq} 影响较弱。这是由于 GFRP 可直接约束裂纹张开,而钢板则是通过提升顶板与 U 肋间的刚度,从而间接约束裂纹错动。因此,顶板-U 肋焊缝疲劳细节 GFRP 是否全覆盖裂纹不影响对裂纹的约束作用,GFRP 加固作用主要体现在改善裂纹应力水平上。随着加固长度增长,裂纹尖端应力强度因子呈下降趋势,这是由于增加 GFRP 长度可提升顶板-U 肋角焊缝部位刚度,从而降低裂纹尖端应力水平。然而,增加加固件长度对削弱应力强度因子的作用较小,加固件长度从 80mm 变化至 200mm 时,应力强度因子仅降低 4.1%,因此 GFRP 的长度不宜过长。

②加固件厚度。

为研究 GFRP 板厚对加固效果的影响,分别提取板件厚度为 4mm、6mm、8mm 工况下裂纹尖端 ΔK_{eq} 的变化规律,如图 5-107 所示。由图 5-107 可知,当裂纹长度较短时,增加板厚对加固效果提升不明显;而裂纹长度较长时,增加板厚对加固效果提升显著,如裂纹长度为 160mm 时,应力强度因子平均降幅为 29.5MPa·mm$^{1/2}$。这是由于针对顶板-U 肋焊缝疲劳细节,GFRP 难以完全代替受损截面参与结构受力,GFRP 需与顶板剩余截面协同受力。随着裂纹长度增长,顶板剩余截面逐渐减小,GFRP 参与协同受力需求增加。因此,在裂纹较长时继续增加板厚,可提升 GFRP 协同受力能力,从而进一步提升加固效果。

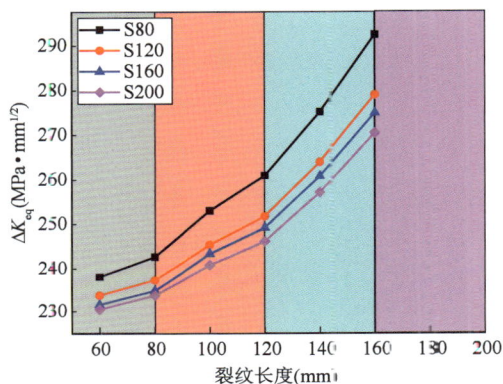

图 5-106　不同覆盖长度下 ΔK_{eq} 变化曲线　　图 5-107　不同板件厚度下 ΔK_{eq} 变化曲线

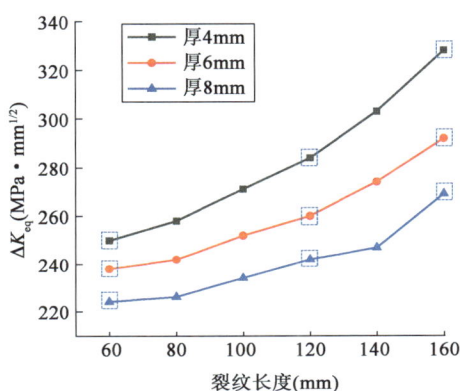

综上,随着裂纹长度增长,GFRP 板厚对于提升加固效果的影响逐渐增强。建议现场加固时考虑裂纹长度的影响,加固长裂纹时应适当增加板厚。

③加劲肋构造分析。

GFRP 拥有很强的可塑性,因此容易加工成异形板材来改善加固件的加固性能,其中带肋 GFRP 弧形板为较为常见的异形加固板材。为研究带肋 GFRP 弧形板对加固效果的影响,在长度为 80mm 加固件中部添加 8mm 厚加劲肋,分别提取带肋与不带肋 GFRP 的 ΔK_{eq} 变化曲线,如图 5-108 所示。由图 5-108 可知,带加劲肋 GFRP 弧形板可显著降低裂纹尖端应力强度因子,其原因在于加劲肋约束了顶板与 U 肋的相对转动,从而对裂纹错动起到约束作用。建议顶板-U 肋焊缝实桥加固中对 GFRP 弧形板设置加劲肋构造。

为深入了解加劲肋构造对于顶板-U 肋焊缝疲劳细节加固效果,提取构件受损部位应力状态,开展面内外应力分析,其中正应力为面内应力和面外应力之和,如图 5-109 所示。由图 5-109 可知,顶板-U 肋焊缝疲劳细节以面外变形为主,设置加劲肋构造后顶板-U 肋焊缝疲劳细节面内应力降低了 34.4%,面外应力降低了 64.3%,表明设置加劲肋构造有助于增强 GFRP 抵抗面内外变形能力。因此,针对顶板-U 肋焊缝疲劳细节,设置加劲肋构造可提升 GFRP 加固效果。

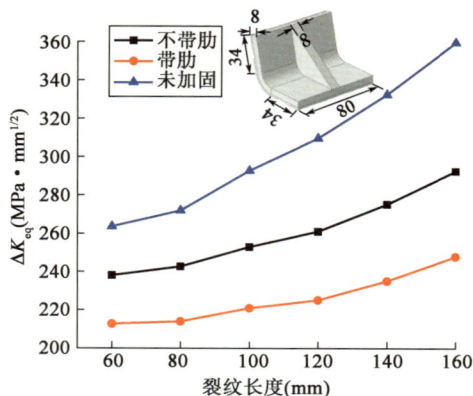

图5-108 带肋 GFRP ΔK_{eq} 随裂纹长度变化(尺寸单位：mm)

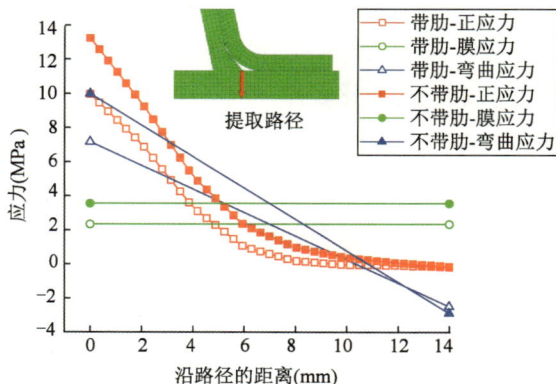

图5-109 带肋 GFRP 面内外应力分析

3）实桥应用

GFRP 实桥加固操作步骤如下：

（1）放样。

根据疲劳裂纹长度确定合适的 CFRP 放样尺寸，在工厂内预制成型。

（2）局部打磨。

根据 GFRP 尺寸在构件上画出加固区域，用打磨机去除构件表面涂层，打磨后清除打磨区域内的杂质，确保 GFRP 与构件间紧密贴合。

（3）涂抹胶层。

打磨区域清理完成后，在打磨区域涂抹胶层，涂抹时应尽可能地保证胶层厚度均匀，避免加固后出现局部空洞。

（4）粘贴 GFRP。

涂抹胶层后，将工厂预制的 GFRP 粘贴至加固区域，并用支承架固定，待胶层固化后方可拆除固定支架。

（5）质量检验。

粘贴 GFRP 后，观察 GFRP 边缘是否存在胶层空洞等问题，若存在空洞应立即填补。

5.5.4 形状记忆合金（SMA）加固

1）技术概况

SMA 是一种新型智能材料，由于具有独特的形状记忆效应、超弹性效应而引起了众多学者的广泛关注。SMA 具有记忆原有形状的功能，变形后的 SMA 经过热处理后就可以恢复原来的形状，这一特性被称为形状记忆效应。铁基 SMA 由于原料丰富、价格低廉、记忆性优良和恢复应力水平较高等优点引起学者们的重视。铁基 SMA 对循环荷载作用下的钢结构施加预应力,具体方法是将预拉伸变形的铁基 SMA 板条锚固到被加固钢结构上;然后采用通电加热装置将 SMA 板条加热至目标温度并冷却至室温,激活其形状记忆效应;SMA 形状记忆效应受限,便会对钢结构施加压应力,从而提高钢结构的疲劳性能。但 SMA 自身刚度较小,若仅使用 SMA 单一材料,在加固体系中尽管能够通过自身回复力提高结构承载力与变形能力,但对于构件截面属性提升效果较小,无法有效限制构件变形。相较于 SMA,CFRP 刚度较大,能够限制结构变形,但自身变形能力较弱,易发生脆性破坏。

随着对于形状记忆合金研究的日益深入,国内外众多研究人员开始结合两种材料的优点,利用 SMA 的回复力、高延性与 CFRP 的高刚度,将两种材料复合,对钢桥疲劳开裂进行加固[37]。GFRP 补强方法能够降低裂纹尖端附近的应力幅值,且通过对 CFRP 贴片施加预应力,可在裂纹尖端附近形成压应力场以进一步增强补强效果,但该技术需要使用复杂的锚固装置施加预应力,在实际工程中较难应用。如果利用 SMA 的形状记忆效应和超弹性这两个独特的力学特征,通过通电加热的方式对构件施加预应力,则能够解决上述施工复杂的问题。其原理是奥氏体处冷却 SMA 形成马氏体,在室温下马氏体变形,在高温下恢复为奥氏体,当 SMA 在反向相变过程中恢复原来的形状时,由于周围的基体对形变产生限制,因此可以在 SMA 中产生回复力,形成自预应力 CFRP-SMA 复合材料贴片,对含裂纹钢结构进行修复。

2)参数研究

(1)疲劳试验。

针对 SMA 加固技术,黄伟哲[38]以含净长度相同的 0°、30°单边裂纹钢板试件(图 5-110)为例,开展无加固、CFRP 加固、SMA 加固、SMA-CFRP 复合加固 4 种不同工况下的疲劳试验,分析试件失效模式、疲劳裂纹扩展与试件疲劳寿命,比较不同加固方式、不同角度初始裂纹钢板试件疲劳裂纹扩展、疲劳性能提升效果。

a)0°裂纹钢板的局部细节　　　　b)30°裂纹钢板的局部细节

图 5-110　钢板试件局部裂纹图

（2）失效模式。

对于所有疲劳试验工况的试件，疲劳裂纹随着荷载循环次数的增加而不断扩大，当裂纹达到临界裂纹后，截面突然断裂，试件破坏，发生疲劳断裂。图5-111为各试件典型失效断面，断面基本对称分布，说明试件受力较对称，试件加载对中准确，失效断面存在明显区域划分。将试件裂纹扩展分为稳定阶段与失稳阶段，断面上存在明显沙滩纹，含30°单边裂纹试件较含0°单边裂纹试件具有更长的裂纹稳定扩展区域。

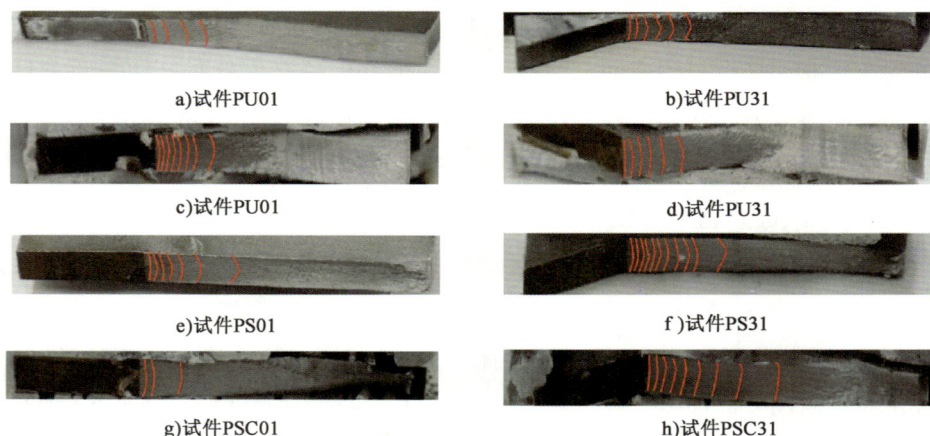

a)试件PU01

b)试件PU31

c)试件PU01

d)试件PU31

e)试件PS01

f)试件PS31

g)试件PSC01

h)试件PSC31

图5-111　失效断面图

①CFRP加固试件。

CFRP加固试件裂纹扩展速率比未加固钢板慢。试验过程中，未出现CFRP局部剥离现象。在最后一次循环加载时，试件初始裂纹以下CFRP由中部开始脱离，随着裂纹最终贯穿整个截面，试件失效，完全断裂，下部CFRP与试件逐渐剥离，由于粘贴长度较长，因此上部仍与试件紧密相连，所有CFRP加固试件均无CFRP端部剥离现象发生。CFRP加固试件与无加固试件相比，具有较长的疲劳裂纹稳定扩展长度，说明CFRP加固试件能够增加钢板的临界裂纹长度。

②SMA加固试件。

SMA加固试件裂纹扩展速率比未加固试件慢。试验过程中，未出现两端SMA贴片剥离现象。随着荷载循环次数的增加，疲劳裂纹逐渐扩展，裂纹贯穿整个截面，钢板断裂，试件失效，SMA丝未断裂，仍具有回复力。与无加固试件相比，SMA加固试件同样具有较长的疲劳裂纹稳定扩展区域，表明SMA加固能够增加钢板的临界裂纹长度。但是相较于CFRP加固，SMA加固试件稳定扩展区域较短，对于试件的加固效果稍差。

③SMA-CFRP复合加固试件。

对于SMA-CFRP复合加固试件，随着荷载循环次数增加，裂纹由初始裂纹逐渐扩展并贯穿试件整个截面，相较于CFRP加固试件和SMA加固试件具有更长的疲劳裂纹稳定扩展区域，增加了钢板的临界裂纹长度，试验过程中无CFRP局部剥离现象。在最后一次循环加载时,试件初始裂纹以下 CFRP 开始逐渐剥离,随着试件失效,下部 CFRP 与试件完全剥离,上部 CFRP、SMA 贴片整体与试件结合紧密,SMA 丝未断裂,仍具有一定回复力。相较于 CFRP 与 SMA 加固方式,SMA-CFRP 复合加固对于试件的加固效果明显提升。

（3）疲劳裂纹扩展分析。

由于试件裂纹尖端处存在严重的应力集中,因此试验中试件均从预设裂纹处开始扩展至试件另一边。分析试件疲劳开裂断裂口处"沙滩纹"（图 5-111）,可得到各试件疲劳裂纹扩展曲线（图 5-112）。

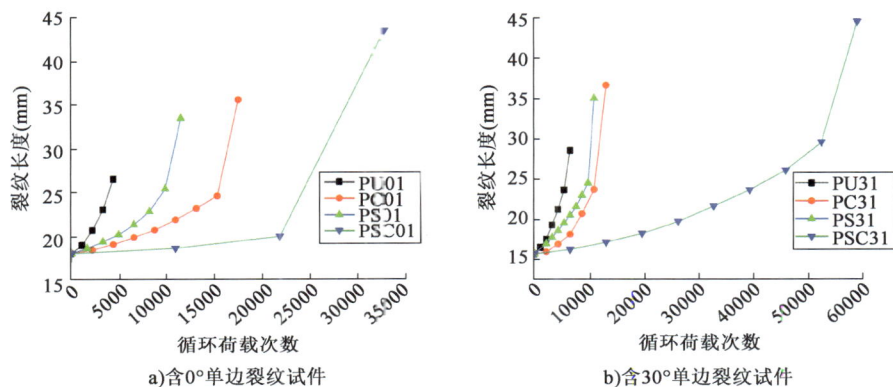

图 5-112　疲劳裂纹扩展曲线

试验采用的加固方式均为双面粘贴加固,因此产生的"沙滩纹"沿钢板厚度方向变化,基本符合对称分布特征。图 5-112 的纵坐标为裂纹长度（包含初始裂纹长度）,裂纹扩展速度通过观察图中各曲线斜率得到。

由图 5-112 可以看出,随着疲劳裂纹长度的增加,各试件裂纹扩展速率不断增快。此外,对于不同初始裂纹角度的试件,其扩展速率不相同。含 30°单边裂纹试件短边投影长度较小,因此其在各加固方式下的裂纹扩展速率比含 0°单边裂纹试件小,裂纹萌生慢,裂纹扩展长度也更长。

采用不同加固方式,扩展速率不相同。与未加固试件相比,CFRP 加固、SMA 加固试件的裂纹扩展速率得到了明显降低,CFRP 加固试件裂纹扩展速率降低幅度比 SMA 加固试件大,SMA-CFRP 复合加固后裂纹扩展速率比 CFRP 加固试件、SMA 加固试件显著降低,加固效果更好。这是由于 SMA 加固试件在 SMA 热激励后产生回复力,抑制了裂纹扩展,改善冲击疲劳荷载下裂纹尖端应力场,对裂纹的张开起到了较好的约束作用,降低了裂纹的扩展速率,稍微延长了试件的裂纹扩展长度。

对于 CFRP 加固试件,CFRP 与胶层降低了裂纹处疲劳应力幅,使得疲劳裂纹扩展速率减缓,有效地延长了试件的裂纹扩展长度。对于 SMA-CFRP 复合加固试件,既能抑制裂纹扩展、改善冲击疲劳荷载下裂纹尖端应力场从而约束裂纹张开,又能降低裂纹处疲劳应力幅,使得疲劳扩展速率减缓,增加试件的裂纹稳定扩展区域长度。

（4）疲劳寿命分析。

所有试件疲劳寿命列于表5-18。表中试件编号的首位数字0或3代表该试件缺陷角度为0°或30°。疲劳裂纹扩展至整个试件宽度完全破坏时对应总循环次数减去沙滩纹加载总次数，并结合高低应力幅疲劳寿命转换公式［式(5-6)］，可将沙滩纹加载总次数进行换算，从而得到试件的对应换算疲劳寿命，疲劳寿命增加倍数为各加固方式下疲劳寿命与相应无加固含裂纹试件疲劳寿命的比值，临界裂纹长度为疲劳裂纹在稳定扩展阶段的最大裂纹长度。

试验结果

表 5-18

试件编号	加固方式	疲劳加载总次数（次）	沙滩纹加载总次数（次）	换算疲劳寿命（次）	疲劳寿命增加倍数	临界裂纹长度（mm）
PU01	无	9094	4094	5359	—	26.55
PU02	无	8468	4000	4819	—	27.32
PU31	无	12396	6000	6923	—	28.48
PU32	无	12892	6000	7419	—	24.68
PC01	CFRP	23191	11191	12982	2.55	34.10
PC02	CFRP	33658	16000	19063	3.75	35.60
PC31	CFRP	29043	14000	16272	2.27	36.58
PC32	CFRP	27174	13174	15157	2.11	35.53
PS01	SMA	18510	9000	10300	2.02	32.10
PS02	SMA	21785	10500	12207	2.40	33.50
PS31	SMA	24353	12000	13406	1.87	34.95
PS32	SMA	26462	12962	14638	2.04	34.50
PSC01	SMA-CFRP	66129	30000	38763	7.62	43.50
PSC31	SMA-CFRP	111558	54000	62299	8.69	44.50

$$\frac{\Delta N_l}{\Delta N_h} = \left(\frac{\Delta \sigma_h}{\Delta \sigma_l}\right)^m \tag{5-6}$$

式中：$\Delta\sigma_h$、$\Delta\sigma_l$——分别为高应力幅、低应力幅；

ΔN_h、ΔN_l——分别为高应力幅和低应力幅对应的疲劳寿命。

通过比较不同试件的试验结果，研究加固方式对加固效果的影响。对各工况取换算平均疲劳寿命进行比较，如图5-113所示。由图5-113可知，对于含0°单边裂纹试件，CFRP加固试件疲劳寿命达到无加固试件的2.55、3.75倍，SMA加固试件疲劳寿命达到无加固试件的2.02、2.40倍，SMA-CFRP复合加固试件疲劳寿命是无加固试件的7.62倍；对于含30°单边裂纹试件，CFRP加固试件疲劳寿命达到无加固试件的2.11、2.27倍，SMA加固试件疲劳寿命达到无加固试件的 1.87、2.04 倍,SMA-CFRP 复合加固试件疲劳寿命是无加固试件的 8.69 倍。由此可见,单一的 CFRP 或 SMA 加固,都对含单边裂纹试件具有显著的疲劳加固效果,能够增加试件的疲劳寿命;CFRP 加固效果优于 SMA 加固;SMA-CFRP 复合加固效果远优于 SMA、CFRP 加固。

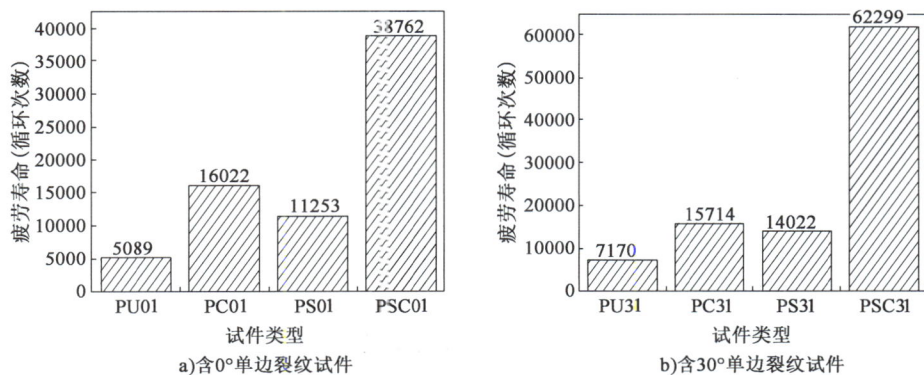

a)含0°单边裂纹试件　　　　　b)含30°单边裂纹试件

图 5-113　疲劳寿命对比图

3)实桥应用

目前,SMA 加固主要用于苏通大桥横隔板-U 肋围焊端横隔板焊趾裂纹处治,现场实施流程如下:

(1)对裂纹长度测量特征进行测量拍照。

(2)打磨裂纹区域(双面横隔板均要打磨),借助放大镜、照明灯确认裂纹尖端位置(双面横隔板均要确认),并做好标记,如图 5-114 所示。

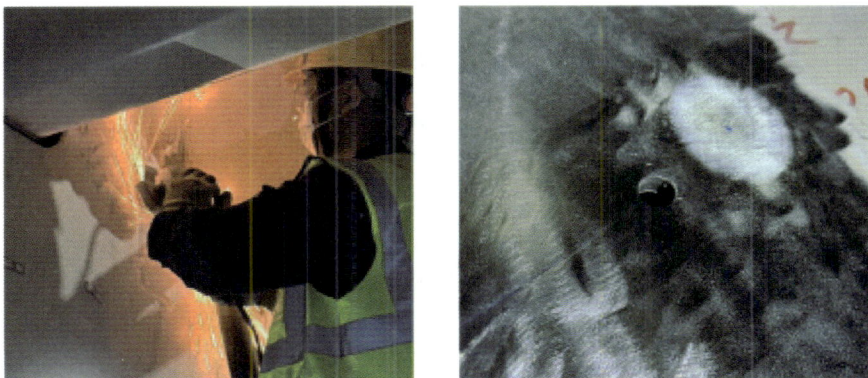

图 5-114　打磨裂纹区域并确认裂纹尖端

(3)钻孔时先用小钻头钻定位孔,后采用大钻头继续钻孔。止裂孔直径 12mm,并对孔周边进行清理打磨,如图 5-115 所示。

(4)根据现场裂纹走势,采用组合板条进行双面粘贴加固,合金板尺寸为 400mm×75mm×2mm。对粘贴区域进行划线,如图 5-116 所示。

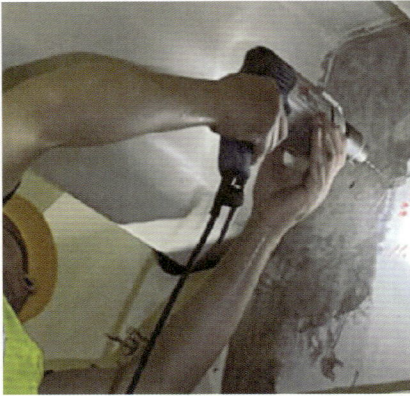

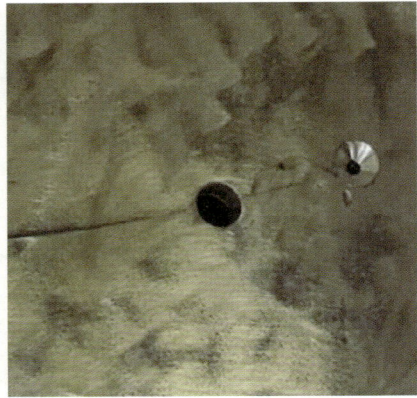

图 5-115　钻孔

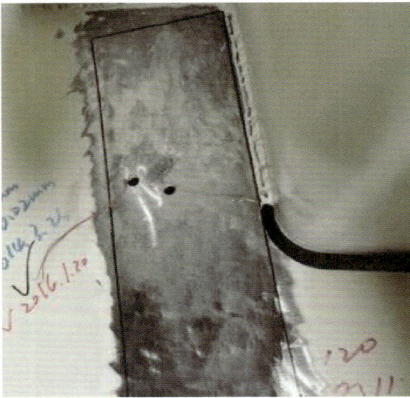

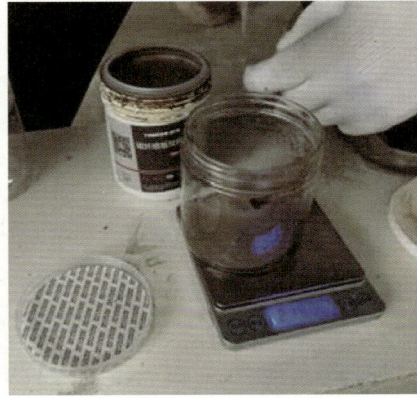

图 5-116　划线、配胶及涂胶

（5）选择粘钢胶作为结构胶。搅拌时沿一个方向均匀搅拌，避免产生气泡。粘贴时用小铲刀均匀涂抹粘贴区域，避免产生气泡，且防止脱空，然后进行边缘包角处理。

（6）采用强吸力磁铁加压养护，养护至少 5d，如图 5-117 所示。

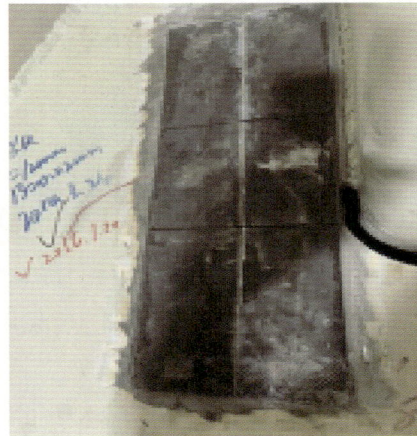

图 5-117　强吸力磁铁养护及成型

（7）加热激活前确认激活区域（中间100mm），采用热风枪作为加热设备，如图5-118所示。激活时测量并记录温度和应变。激活最高温度为200℃。加热顺序为先加热远离裂纹尖端的板条，再加热覆盖止裂孔的板条。加热时间为5min。

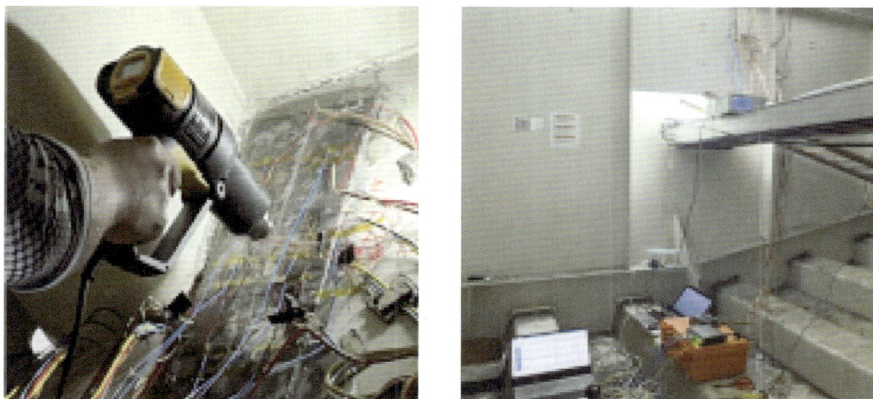

图5-118 加热激活及现场监测

（8）完成激活后，应对表面进行处理，并在相应部位的可视区域粘贴加固信息卡，如图5-119所示。

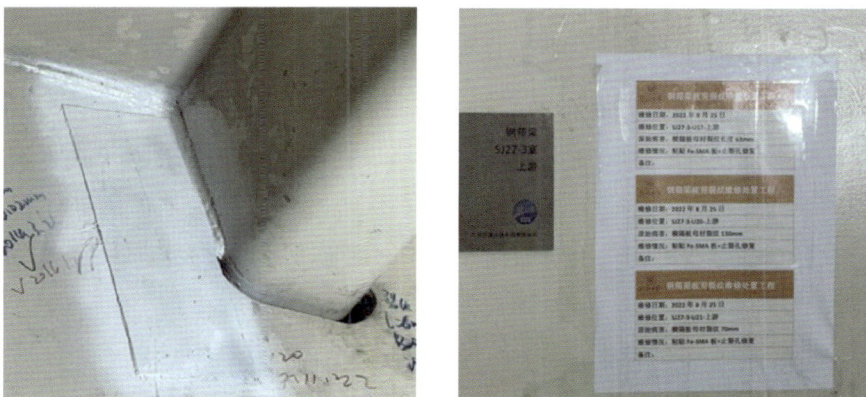

图5-119 处理后表面和加固信息卡

5.6 苏通大桥实桥裂纹处治

在综合考虑各处治技术的适用性与苏通大桥钢箱梁疲劳病害特征后，针对横隔板-U肋焊缝、顶板-U肋焊缝等疲劳细节处裂纹制定了系统的处治方案，具体方案如下。

5.6.1 横隔板-U 肋焊缝裂纹处治

此类裂纹一般为萌生自横隔板弧形缺口焊趾处或弧形缺口过渡处的裂纹,根据横隔板母材的裂纹形态,分 H-1 和 H-2 两种,如图 5-120 和图 5-121 所示。

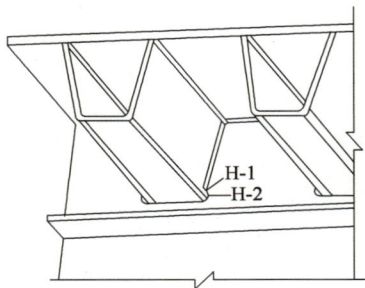

图 5-120　H-1、H-2 类裂纹形态示意　　　　图 5-121　H 类裂纹照片

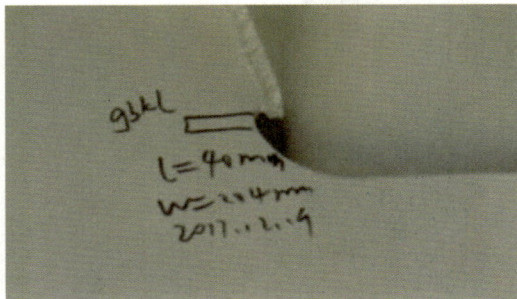

根据裂纹长度,H-1、H-2 类裂纹详细处治方案如下。

1)偏心诱导止裂孔法(10mm < 裂纹长度 ≤60mm)

采用偏心诱导止裂孔法对发展的裂纹进行处治,如图 5-122 所示。偏心诱导止裂孔设置在裂纹发展方向 1 倍板厚处,预留偏心距 3mm。裂纹的尖端存在一定长度的塑性区域,塑性区域中存在较多的潜在裂纹与闭合裂纹,采用诱导孔可以提高诱导方向的应力集中水平,使得裂纹朝向设计方向发展。一定的预留距离可保证在止裂孔的 180°方向不存在潜在裂纹,并且待裂纹发展至设计位置,设置的偏心距可有效地降低裂纹尖端应力奇点的应力集中度,但存在裂纹延伸并绕过止裂孔的风险,需要加强后期的跟踪监测。

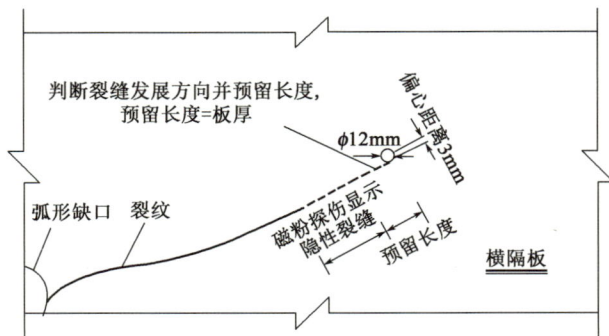

图 5-122　偏心诱导止裂孔法裂纹处治示意图

2)裂纹尖端单孔加螺栓止裂法(60mm < 裂纹长度 <100mm)

采用单孔止裂加施拧高强螺栓进行处治,如图 5-123 所示。钻止裂孔前,采用磁粉探伤

等无损检测手段探明隐性裂纹的发展情况,确定隐性裂纹的尖端位置,并用记号笔做标记。探伤结束后,在此类裂纹的尖端钻孔径为 17.5mm 的止裂孔,并施拧 10.9 级 M16 高强螺栓,施加预压力。

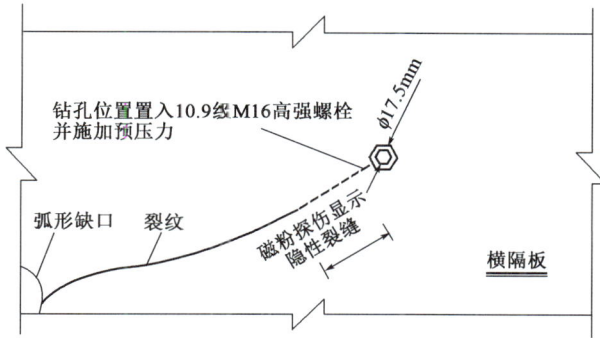

图 5-123 裂纹尖端单孔加螺栓止裂法裂纹处治示意图

3)弧形缺口扩孔钢板加固法(裂纹长度≥100mm)

采用扩孔加钢板的止裂措施,如图 5-124 所示。首先,根据现场实际病害情况,在横隔板上钻孔定位。其次,根据病害发展情况,对弧形缺口处进行局部打磨,之后按照设计图纸,将特制的加固钢板与横隔板栓接,在裂纹尖端钻制孔径为 17.5mm 的螺栓孔并用 10.9 级 M16 高强螺栓拧紧,起到限制裂纹发展的作用。

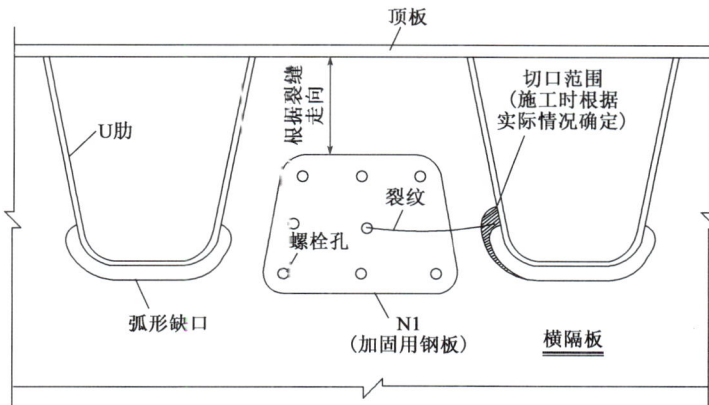

图 5-124 弧形缺口扩孔钢板加固法示意图

5.6.2 顶板-U 肋焊缝裂纹处治

顶板-U 肋焊缝裂纹包括焊根隐蔽裂纹(UMJ-1)和焊缝表面裂纹(UMJ-3),分别如图 5-125、图 5-126 所示。

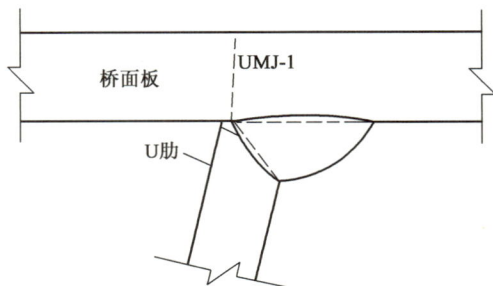

图 5-125　UMJ-1 类裂纹形态示意　　　　　　　图 5-126　UMJ-3 类裂纹形态示意

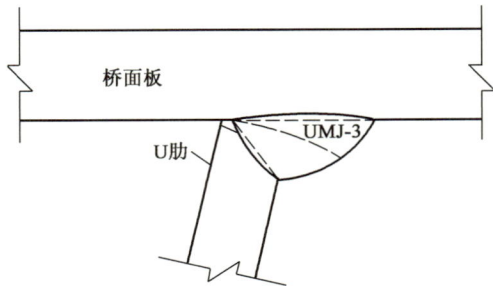

1）UMJ-1 类裂纹处治

UMJ-1 类裂纹位于桥面板处，一旦产生，裂纹将会迅速发展，故本类裂纹须从严处治。由于处治过程会影响桥面的正常通行，处治前须制定严格的交通组织方案。根据苏通大桥存在的 UMJ-1 类裂纹的位置、长度、走向等，采取不同的处治方案。UMJ-1 类裂纹的处治标准见表 5-19。

UMJ-1 类裂纹处治标准

表 5-19

序号	裂纹深度	裂纹长度	处治方法
1	裂纹深度≥0.7 倍板厚	—	碳刨留根、打磨清根、单面焊双面成型
2	0.4 倍板厚≤裂纹深度＜0.7 倍板厚	大于或等于 200mm	碳刨留根、打磨清根、单面焊双面成型
3	其他	—	跟踪观测

（1）处治方案一：碳刨留根 + 打磨清根 + 单面焊双面成型补焊。

横隔板和隔仓跨中位置处满足"UMJ-1 类裂纹处治标准"中的"补焊"情况，须在结合无损探伤等探测手段确定裂纹的长度、走向后，利用碳弧气刨的方式进行坡口处理。碳刨坡口的间隙要求为 2mm，呈"V"形坡口状，裂缝两端呈 1∶5 斜坡。碳刨过程需要留根，后续利用打磨工艺严格控制根部间隙。补焊过程要严格控制焊接温度、时间、范围等，避免对桥梁产生附加的不利应力。

修复裂纹前，须铣刨桥面铺装。桥面铺装刨除后、焊接前，须清除焊缝坡口两端及两侧 300mm 范围内的锈蚀、油、油漆、水分等杂质，以保证焊接质量。补焊坡口须采用实芯焊丝二氧化碳气体保护焊施焊，推荐选用屈服强度为 320MPa 左右的实芯焊丝。对于分段焊接或其他原因导致的中途息弧，可按如图 5-127 所示的"焊缝坡口处新老焊缝交接部位处理"。

根据碳刨后实际裂纹的走向情况进行处理。裂纹走向及发展限定在原有焊缝内部时，采取直接"碳刨留根 + 打磨清根 + 单面焊双面成型补焊"的方式进行维护，如图 5-128 和图 5-129 所示。

a)步骤1   b)步骤2   c)步骤3

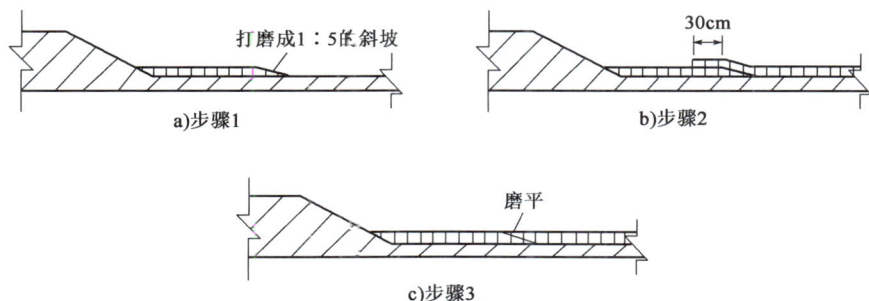

图 5-127 焊缝坡扣除新老焊缝交界部位处理

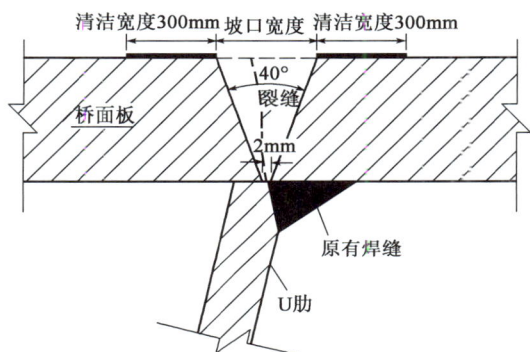

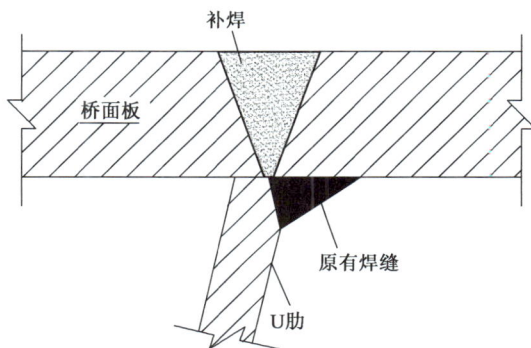

图 5-128 UMJ-1 类裂纹局部碳刨(留根)示意图   图 5-129 UMJ-1 类裂纹补焊示意图

当裂纹的发展形态不规则、碳刨后廷伸至原有箱梁内部焊缝范围以内时,在对裂纹部位进行碳刨的同时,继续对焊缝进行局部切除,并用砂轮打磨匀顺,后期补焊时采用箱内密贴陶瓷衬垫的方式进行施工和处理,如图 5-130 ~ 图 5-132 所示。

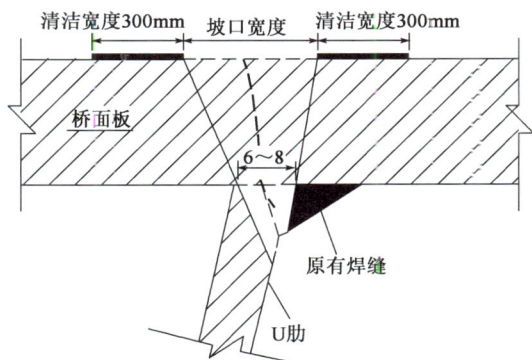

图 5-130 UMJ-1 类裂纹碳刨(裂纹侵入原有焊缝内部)   图 5-131 UMJ-1 类裂纹补焊(裂纹侵入原有焊缝内部)

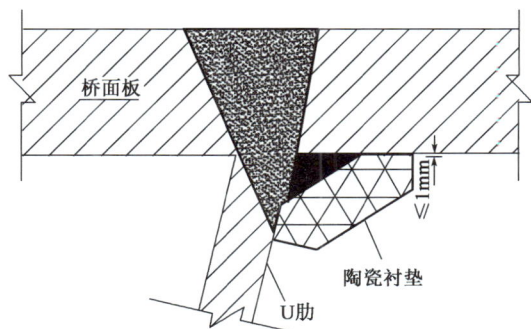

施工所用的陶瓷衬垫尺寸根据实桥测量尺寸和裂纹部位定制。陶瓷衬垫应烘干,烘干温度为 150℃,保温 2h。陶瓷衬垫组装应密贴(组装间隙≤1mm)、牢靠。

图 5-132　UMJ-1 类裂纹碳刨(裂纹侵入原有焊缝内部)

（2）暂不处理，随时观察。

除以上两种情况之外的裂缝，均为裂纹的开裂程度比较轻的情况，可暂不采取修复措施，桥梁运营期间加强长期观察和监测，随时根据裂纹的扩展情况及时采取补救措施。

2) UMJ-3 类裂纹维修

对苏通大桥存在的 UMJ-3 类裂纹采用横桥向与纵桥向处治措施，如图 5-133 所示。

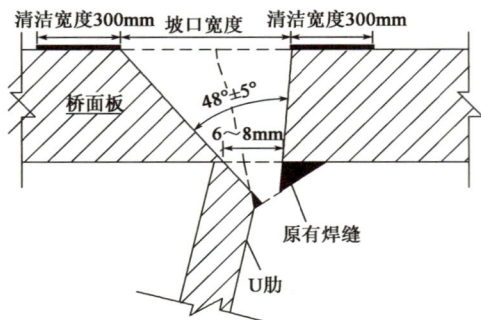

a)U肋半覆盖

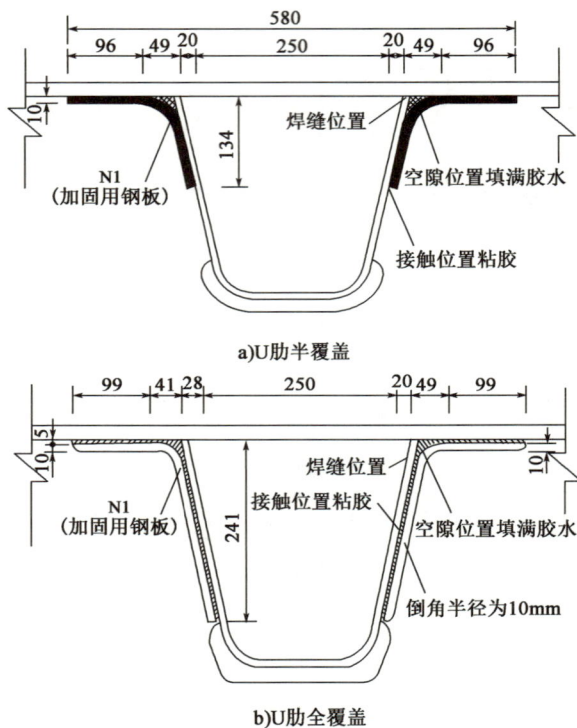

b)U肋全覆盖

图 5-133　UMJ-3 类裂纹横向预防性处治示意图(尺寸单位：mm)

横桥向采用在纵向焊缝开裂处纵桥向粘贴弯曲钢板的处治措施。利用该弯曲钢板将桥面荷载直接传至 U 肋母材，改善顶板与 U 肋焊缝的受力情况，并且保证原有的受力体系不发生大的转变。弧形钢板与顶板、U 肋母材采用Ⅲ类结构胶进行黏结。

在纵桥向，根据裂纹发展不同，UMJ-3 类裂纹详细处治方法如下：

（1）对于焊缝未发展到 U 肋母材的情况，先采用超声波探伤或探孔检查后，在探测出来的裂纹尖端位置钻孔止裂。

（2）对于裂纹沿焊缝发展后拐向 U 肋母材的情况，对焊缝位置的裂纹采用与（1）相同的方式，对位于 U 肋母材上的裂纹采用裂纹尖端钻孔止裂方法，且拐点位置须钻圆形止裂孔。

（3）结合现场裂纹检测长度确定钢板长度及高度。由于 U 肋局部位置存在变形，为了保证弧形弯曲钢板能够与原 U 肋密贴，每段加固用钢板的长度不应超过 1.5m，同一横隔板内粘贴多块加固钢板时，钢板之间应预留观察口。根据现场裂纹延伸至 U 肋高度方向长度的不同，选择 U 肋全覆盖及半覆盖的两种钢板高度。处治示意图如图 5-134 所示。

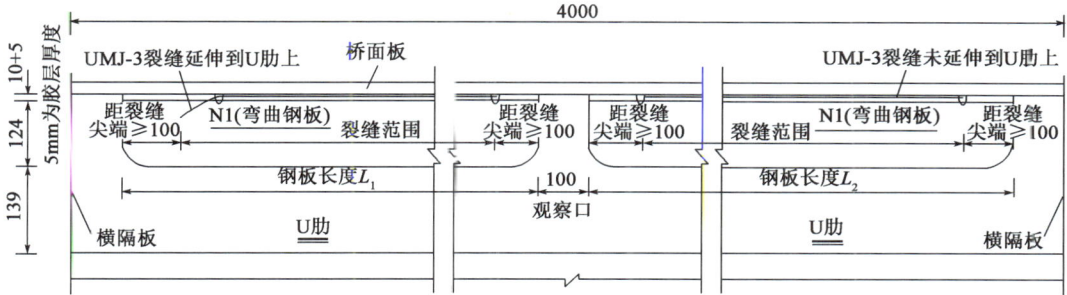

图 5-134 UMJ-3 类裂纹纵桥向处治示意图（尺寸单位：mm）

（4）对于长裂纹（连续长度或间断长度≥50cm），采取纵横向同时加固的方案，利用"横隔肋（横桥向）+纵向弯曲钢板（纵桥向）"相结合的方式进行加固。

本章参考文献

［1］ BOCCHIERI W J，FISHER J. Williamsburg bridge replacement orthotropic deck as-built fatigue test［R］. Bethlehem，PA：Lehigh University，1998.

［2］ CONNOR R，FISHER W J. Results of field measurements on the Williamsburg Bridge orthotropic deck—Final report on phase Ⅲ［R］. Bethtehem，PA：Lehigh University，2001.

［3］ Steel Structure Committee of Civil Society. Report of thick plate welding joint related research ［R］.［S. l：s. n.］，2007.

［4］ SONG P S，SHIEH Y L. Stop drilling procedure for fatigue life improvement［J］. International Journal of Fatigue，2004，26(12)：1333-1339.

［5］ 朱若燕，周金枝，易刚祥. 提高焊接构件疲劳寿命的方法——止裂孔机理探讨［J］. 湖北工学院学报，1995(S1)：133-136.

［6］ MAKABE C，NAKA K，FERDOUS M S. Method of arresting crack growth for application at a narrow working space［J］. Mechanical Engineering Journal，2014，1(6)：1-12.

［7］ CARDOSO J A，INFANTE V，SERRANO B. A fatigue study of C-130 aircraft skin using the stop-drill technique［C］//Materials Science Forum，2013：685-690.

［8］ 中国工程建设标准化协会. 钢结构加固技术规范：CECS 77—1996［S］. 北京：中国计划出版社，1996.

［9］ American Society of Testing Materials. Standard test method for determination of resistance to stable crack extension under low constraint conditions：ASTM E2472-12［S］. West Conshohocken，PA：American Society of Testing Materials，2007.

［10］ 陈传尧. 疲劳与断裂［M］. 武汉：华中科技大学出版社，2002.

［11］ 何云树，陈立军，杜洪增. 止裂孔尺寸对止裂效果影响的研究［J］. 中国民航学院学报，2004（3）：29-31.

［12］ SHIN C S，WANG C M，SONG P S. Fatigue damage repair：A comparison of some possible methods［J］. International Journal of Fatigue，1996，18（8）：535-546.

［13］ AYATOLLAHI M，RAZAVI S，CHAMANI H. A numerical study on the effect of symmetric crack flank holes on fatigue life extension of a sent specimen［J］. Fatigue & Fracture of Engineering Materials & Structures，2014，37（10）：1153-1164.

［14］ MURDANI A，MAKABE C，SAIMOTO A，et al. A crack-growth arresting technique in aluminum alloy［J］. Engineering Failure Analysis，2008，15（4）：302-310.

［15］ MURDANI A，MAKABE C，SAIMOTO A，et al. Stress concentration at stop-drilled holes and additional holes［J］. Engineering Failure Analysis，2008，15（7）：810-819.

［16］ 山田健太郎，石川敏之，柿市拓巳，等. 疲労き裂を閉口させて寿命を向上させる技術の開発［C］//平成20年度土木学会中部支部研究発表会講演概要集. 2009：9-10.

［17］ 石川敏之，山田健太郎，柿市拓巳，等. ICR処理による面外ガセット溶接継手に発生した疲労き裂の寿命向上効果［J］. 土木学会論文集 A，2010，66（2）：264-272.

［18］ 山田健太郎，石川敏之，柿市拓巳. 疲労き裂を閉口させて寿命を向上させる試み［J］. 土木学会論文集 A，2009，65（4）：961-965.

［19］ 柿市拓巳，石川敏之，山田健太郎. 鋼床板箱桁橋の垂直補剛材直上き裂へのICR処理の施工試験［C］//鋼構造年次論文報告集. 2009：351-358.

［20］ ISHIKAWA T，SHIMIZU M，TOMO H，et al. Effect of compression overload on fatigue strength improved by ICR treatment［J］. International Journal of Steel Structures，2013，13（1）：175-181.

［21］ ISHIKAWA T，YAMADA K，KAKIICHI T，et al. Extending fatigue life of cracked out-of-plane gusset by ICR treatment［J］. Structural Engineering and Earthquake Engineering，2011，28（1）：21-28.

［22］ ANAMI K，MIKI C，TANI H，et al. Improving fatigue strength of welded joints by hammer peeing and TIG-dressing［J］. Doboku Gakkai Ronbunshu，2000（647）：67-78.

［23］ ISHIKAWA T，MATSUMOTO R，HATTORI A，et al. Reduction of stress concentration at edge of stop hole by closing crack surface［J］. Journal of the Society of Materials Science，Japan，2013，62（1）：33-38.

［24］ 苏彦江，林德深，余传禧. 锤击处理延长焊接接头疲劳寿命的研究［J］. 兰州铁道学院学

报,2000(3):28-30.

[25] 文志杰.锤击法消除铸铁焊接应力的研究[D].济南:山东大学,2011.

[26] 符浩,刘希林,卢海,等.钛合金焊接接头残余应力的消除方法[J].中国有色金属学报,2010,20(S1):713-716.

[27] SIMONEAU R, THIBAULT D, FIHEY J L. A comparison of residual stress in hammer-peened, multi-pass steel welds—A514 (S690Q) and S41500[J]. Welding in the World, 2009,53(5-6):124-134.

[28] LIU J, GOU W X, LIU W, et al. Effect of hammer peening on fatigue life of aluminum alloy 2A12-T4[J]. Materials & Design, 2009,30(6):1944-1949.

[29] HACINI L, VAN LE V, BOCHER P. Effect of impact energy on residual stresses induced by hammer peening of 304L plates[J]. Journal of Materials Processing Technology, 2008,208(1-3):542-548.

[30] HACINI L, VAN LE V, BOCHER P. Evaluation of residual stresses induced by robotized hammer peening by the contour method[J]. Experimental Mechanics, 2009,49(6):775-783.

[31] BRANCO C M, INFANTE V, BAPTISTA R. Fatigue behaviour of welded joints with cracks, repaired by hammer peening[J]. Fatigue & Fracture of Engineering Materials & Structures, 2004,27(9):785-798.

[32] 叶士昭,高翠枝,李维明,等.粘贴钢板加固桥梁分阶段受力抗弯承载力极限状态分析[J].中国水运(理论版),2007,5(3):92-93.

[33] 张卉.玻璃纤维增强复合材料材料性能及加固受弯钢构件试验研究[D].合肥:合肥工业大学,2009.

[34] 季度.GFRP-SMA复合钢桥面铺装温度稳定性研究[D].武汉:湖北工业大学,2020.

[35] 王秋东,吉伯海,孔祥明,等.钢桥面板顶板-U肋焊缝开裂钢板补强维护效果研究[J].工业建筑,2017,47(5):42-46,51.

[36] 费江滨.钢箱梁顶板-U肋焊缝疲劳开裂钢板加固技术研究[D].南京:河海大学,2021.

[37] 裴茂生.SMA/CFRP复合粘贴加固钢梁疲劳寿命评估与数值模拟[D].郑州:华北水利水电大学,2022.

[38] 黄伟哲.SMA-CFRP复合加固单边裂纹钢板疲劳性能研究[D].广州:广州大学,2022.

第 6 章

纵桥向桁架斜撑疲劳开裂
特征与维修

6.1 纵桥向桁架斜撑类型及开裂特征

6.1.1 纵桥向桁架作用

大跨径斜拉桥往往通过在钢箱梁中设置纵桥向桁架来提高主梁总体刚度、优化钢箱梁应力分布,如图 6-1 所示,其对斜拉桥的作用主要表现在以下 3 个方面。

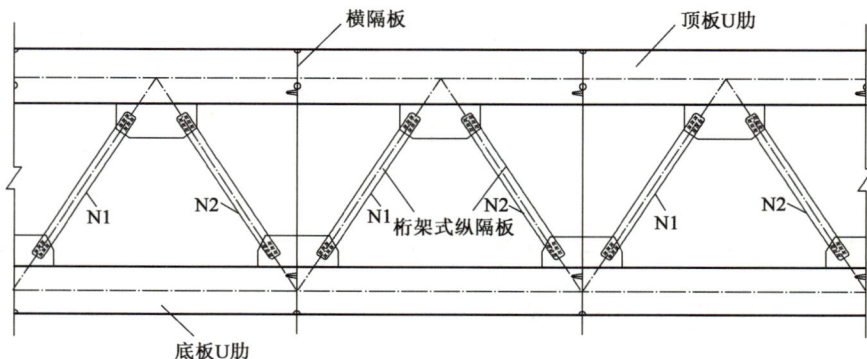

图 6-1 纵桥向桁架示意图

(1)减小拼接梁段间的竖向变形量。

斜拉桥钢箱梁在拼接阶段,由于被吊梁段和起重机作用梁段的受力不同,除了起重机拉力和箱梁自重外,起重机作用梁段还受斜拉索的拉力作用,因此会产生不同的相对变形,从而影响拼接的效果。相关文献[1-2]表明,纵桥向桁架的设置有效解决了这一问题,通过对悬拼节段钢箱梁在有无纵桥向桁架情况下的竖向变形进行有限元分析,分析结果表明纵桥向桁架限制竖向变形的作用主要发生在作用梁段上,而被吊梁段竖向变形基本没有明显的改变。由于作用梁段竖向变形减小,两个拼接梁段间的相对竖向变形显著减小,有效验证了纵桥向桁架对吊装节段的优化作用。

(2)增大钢箱梁的刚度。

斜拉桥往往设置两道纵桥向桁架,将钢箱梁划分为 3 个箱室,增大了钢箱梁截面的相对刚度。除此之外,设置纵桥向桁架后,钢箱梁承受弯矩和轴向力的有效截面面积有所增加,从而使得纵向抗弯惯性矩和横向抗弯惯性矩也有不同程度的增大。

（3）缓解钢箱梁剪力滞效应的影响。

斜拉桥主梁受力复杂，与悬索桥相比，除了承受弯矩之外，还承受巨大的轴向压力，导致其上下翼缘的应力分布不均匀，产生了剪力滞效应。所谓剪力滞效应就是宽翼缘箱梁剪切扭转变形的存在，使受压翼缘上的压应力随着离梁肋距离增加而减小的现象，即由于翼缘的剪应力变化而引起正应力的变化。剪力滞效应带来的应力集中影响不可忽略，对于结构的稳定有重要作用。规范中一般用有效宽度来考虑剪力滞效应的影响，设置纵桥向桁架之后，对于整个钢箱梁截面的有效宽度有明显的改善，从而缓解了剪力滞效应的影响。

6.1.2　纵桥向桁架斜撑的种类

目前，斜拉桥中纵桥向桁架斜撑通常采用角钢、槽钢和圆管3种类型[3]。其中，角钢斜撑通常采用等边角钢对称布置在节点板两侧，角钢腹板与上下节点板通过焊接的方式连接[4]，如图6-2a）所示；槽钢斜撑通常对称布置在节点板两侧，通过栓接高强螺栓的方式与上下节点板连接，如图6-2b）所示；圆管斜撑通常在两端开缺口后插入上下节点板并通过焊接的方式与节点板相连，如图6-2c）所示。

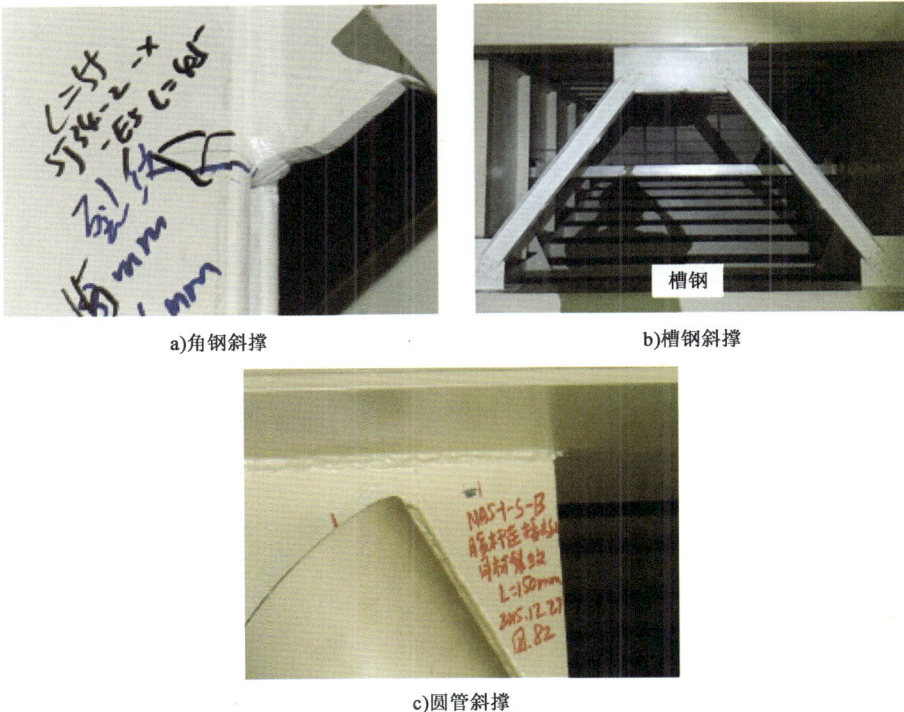

a）角钢斜撑

b）槽钢斜撑

c）圆管斜撑

图6-2　斜撑类型

考虑到大跨径斜拉桥属于柔性结构体系,且大多为重要的交通枢纽,其主梁在高密度、高负荷的车辆荷载作用下整体受力非常复杂。主梁体系作为第一受力体系,影响钢桥面板的局部受力。同时,不同桥型斜拉桥第一体系受力特征有所不同,钢桥面板在车轮荷载作用下,受桥面体系与盖板体系的共同影响,局部受力复杂,容易出现疲劳裂纹,且难以及时发现,严重影响桥梁结构使用的安全性[5]。相关统计数据显示,纵桥向桁架作为斜拉桥钢箱梁结构组成形式之一,在车轮荷载的长期作用下,其角钢斜撑与上下节点板之间的焊缝极易萌生疲劳裂纹,影响桥梁结构使用安全[6]。

6.1.3 实桥纵桥向桁架斜撑开裂特征

1)苏通大桥纵桥向桁架斜撑典型病害

苏通大桥钢箱梁纵桥向桁架设计之初采用角钢斜撑,其疲劳开裂主要发生在桁架斜撑与上下节点板之间的接触位置,根据裂纹的萌生位置可分为 4 类(E1 ~ E4),如图 6-3 所示,实桥裂纹如图 6-4 所示。

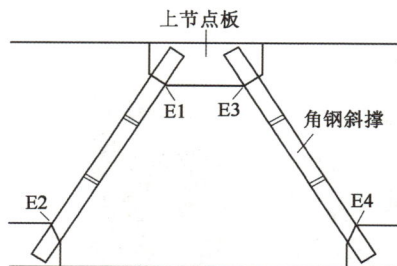
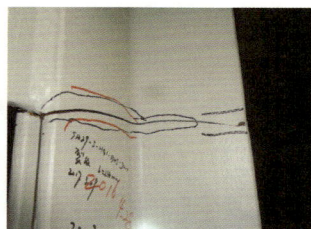
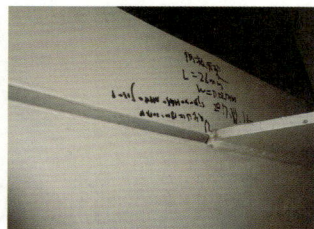

a)E-1/E-3　　　　　　　b)E-2/E-4

图 6-3　斜撑裂纹类型示意　　　　　　图 6-4　实桥裂纹照片

E-1/E-3 类裂纹从角钢腹板与上节点板连接焊缝处起裂,沿着上节点板下侧焊缝方向延伸至角钢肢背。

E-2/E-4 类裂纹从角钢肢背与下节点板连接焊缝处起裂,沿着下节点板斜侧焊缝方向延伸至角钢腹板。

2)纵、横桥向分布特征

苏通大桥全桥钢箱梁纵桥向桁架斜撑病害检查后,对其纵桥向分布进行统计,如图 6-5 所示。从图 6-5 中可以看出,桁架斜撑裂纹沿纵桥向主要集中在主跨的跨中左右,少量分布于两侧边跨的辅助墩之间,这是由于成桥状态下斜拉桥跨中的挠度往往比其他钢箱梁段区域大得多,不论在恒载还是车辆荷载作用下,跨中挠度和竖向位移都较大。跨中竖向位移变大会导致钢桥面板变形随之增大,进而使得跨中纵桥向桁架变形比其他位置的变形大。在车辆荷载往复作用之下,桁架斜撑与上下节点板之间的变形反复交替,当结构的刚度不能满足荷载所引起的变形时就会引起疲劳裂纹产生,裂纹一旦形成将造成一定范围内的应力集中,进而延伸扩展。

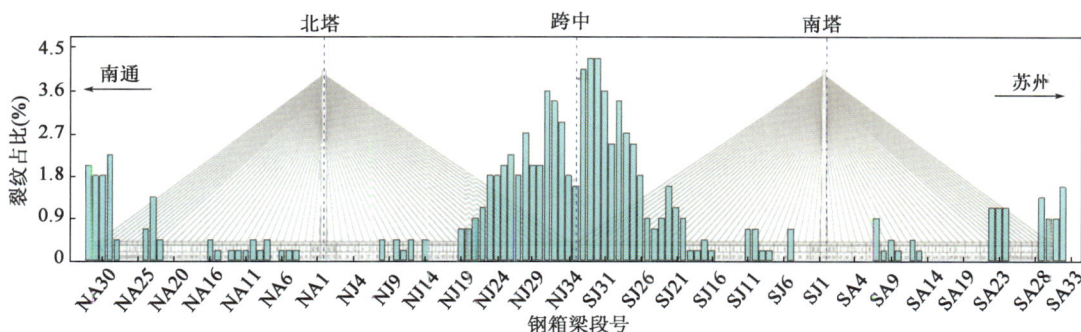

图6-5 纵桥向桁架斜撑裂纹纵桥向分布

由于斜拉桥钢箱梁的纵桥向桁架在横桥向只设置在箱室的两侧,从而纵向桁架斜撑裂纹沿横桥向的分布显而易见。据相关文献[7]与工程实例,纵桥向桁架一般设置在重车道与交换车道的中间,如本书前文所述,钢箱梁疲劳裂纹就是集中分布在重车道与交换车道正下方的钢桥面板处,重载车与超载车在重车道与交换车道的交替行驶是导致纵桥向桁架斜撑疲劳开裂的因素之一。

3)裂纹类型占比

对苏通大桥钢箱梁纵桥向桁架角钢斜撑的疲劳裂纹按照裂纹类型进行了数量统计分析,如图6-6所示。从图中可以看出,E1 类型裂纹(即左侧角钢腹板与上节点板相连的位置)数量占比最大,达到50.11%;E2 类型裂纹(即左侧角钢肢背与下节点板相连的位置)数量占比次之,占裂纹总数量的42.79%;E3 类型的裂纹数量占比次之,E4 类型的裂纹数量占比最小。

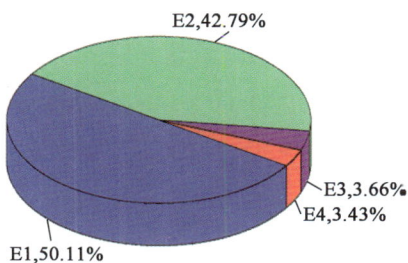

图6-6 纵向桁架斜撑裂纹类型占比统计

4)裂纹长度占比

统计不同长度裂纹占比,如图6-7所示。由图可知,长度范围在 11～20mm[①] 和 21～30mm 的裂纹占比较大,分别为 22.1% 与 22.4%;长度范围在 31～40mm 的裂纹占比次之,约为总裂纹数量的 15.7%;长度范围在 10mm 以内及 41～50mm 的裂纹占比分别约为 10.4% 与 8.3%。

---

① 注:裂纹长度数值取整,下同。

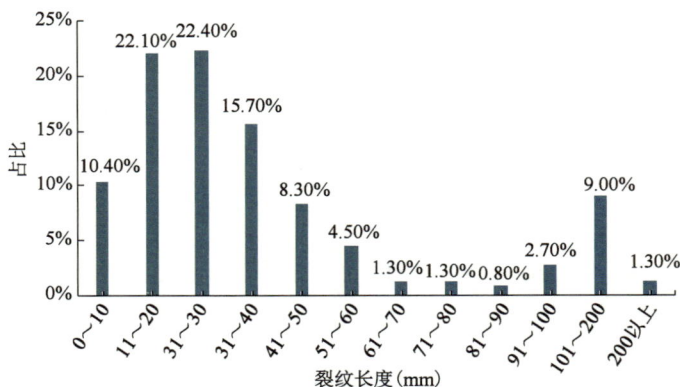

图 6-7　裂纹长度占比分布统计

6.2　纵桥向桁架斜撑疲劳开裂成因

6.2.1　疲劳开裂主导应力

为了分析纵向桁架斜撑在车辆荷载作用下的疲劳性能,以苏通大桥发生角钢斜撑开裂的 NA29 梁段为背景建立钢桥面板节段模型,NA29 梁段各部位尺寸见表 6-1。角钢斜撑的角钢尺寸为 160mm×14mm×2560mm,与斜撑连接的顶部与底部板件厚度为 14mm。所有构件的钢材采用 Q345qD,其弹性模量取 $2.06×10^5$MPa,泊松比取 0.3。

NA29 梁段各部位细节尺寸表　　　　表 6-1

中顶板厚 （mm）	底板厚 （mm）	顶板 U 肋尺寸 （mm×mm×mm）	底板 U 肋尺寸 （mm×mm×mm）	腹板厚 （mm）	横隔板厚 （mm）	横隔板间距 （mm）
14	12	300×300×8	400×260×6	30	10	4000

考虑到减轻计算负担,钢箱梁节段横桥向依据结构对称性取半结构进行建模分析(图 6-8)。采用 S4R 壳单元对模型进行全局网格划分,全局网格尺寸设为 100mm。节段模型的边界条件设为约束节段两端的所有平动加转动自由度,在结构对称面上设置 x 方向的对称约束,即约束 x 方向的平动自由度及绕 z 轴和 y 轴的转动自由度。选取 No.2 号与 No.3 号横隔板之间的纵向桁架斜撑细节作为研究对象,采用 1mm 的网格对角钢与顶底板连接处进行网格细化,建模中选择 ABAQUS 中的 Tie 约束将两者牢固连接。

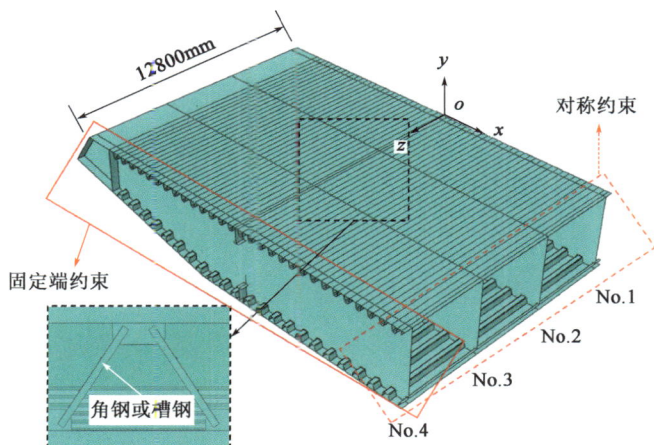

图6-8 有限元模型

相关文献[8-11]研究表明切应力与正应力在疲劳裂纹萌生与扩展过程中贡献巨大,切应力使裂纹尖端产生循环滑移而形成微裂纹,而正应力具有使裂纹张开并进一步扩展的作用。根据现场检查结果,苏通大桥角钢斜撑疲劳起裂部位主要可分为A、B两类,如图6-9所示。A类起裂部位为角钢腹板一侧与上部板件连接焊缝部位,即苏通大桥E1型裂纹;B类起裂部位为角钢翼缘一侧与下部板件连接焊缝部位,即苏通大桥E2型裂纹。

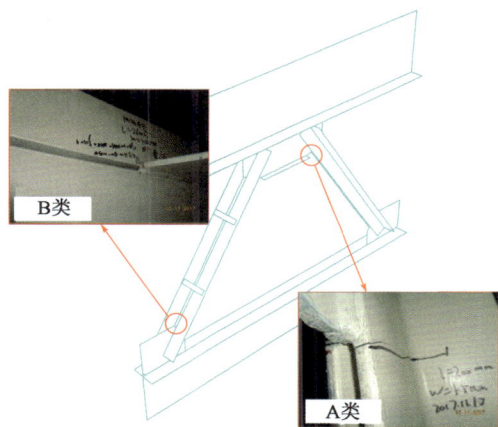

图6-9 角钢斜撑起裂部位分类

为了探究角钢斜撑疲劳易损部位的主导应力,有必要对当前疲劳开裂部位的应力分量进行分析。在纵桥向桁架斜撑正上方和横桥向偏离斜撑位置设置17种横向加载工况,各横向加载工况间的间距取300mm,在靠近纵桥向桁架斜撑正上方的范围内加密加载工况,各加载工况间的间距设置为150mm,如图6-10所示。

以G0工况为例,在角钢腹板平面内沿角钢轴向建立x轴,垂直于x轴建立y轴,提取疲劳开裂位置的应力分量并将其随纵桥向距离的变化趋势绘制成图6-11,S_{11}为沿x轴方向的正应力,S_{22}为沿y轴方向的正应力,S_{12}为Oxy平面内的剪切应力分量。

从图6-11中可以看出,两类起裂点处的正应力S_{11}变化趋势基本完全一致,而切应力S_{12}与正应力S_{22}的变化趋势则恰好相反。从应力峰值角度看,A类起裂点更接近顶板,受车轮荷载的影响较大,故A类起裂点的应力峰值整体大于B类起裂点。两类起裂点处的应力分量均在荷载接近疲劳细节正上方时取得应力峰值,B 类起裂点的应力峰值相对于 A 类略微向后偏移 500mm 左右,这主要是由 A、B 类起裂点纵桥向空间位置的差异所引起的。两类起裂点的应力分量均在荷载中心跨越 No.3 号横隔板时发生突变,正应力 S_{11} 在荷载中心跨越 No.3 号横隔板前均为压应力,在荷载中心跨越 No.3 号横隔板后则转变为拉应力,促进细节处疲劳微裂纹扩展。从与疲劳直接相关的应力幅角度看,两类起裂点处各应力分量幅值间的相对规律类似。以 A 类疲劳细节为例,正应力 S_{11} 的应力幅最大,为 23.36MPa,正应力 S_{22} 的应力幅次之,为 12.54MPa,比 S_{11} 降低了 46.3%;切应力 S_{12} 的应力幅最小,为 6.32MPa,比 S_{11} 降低了 72.9%;Mises 应力幅为 17.04MPa,与 S_{11} 应力幅最为接近。综合来看,正应力 S_{11} 对两类疲劳细节的疲劳开裂贡献较大,为疲劳开裂的主导应力,在后续的分析研究中可选用沿角钢长度方向的正应力 S_{11} 的大小作为疲劳细节疲劳性能的评判标准。

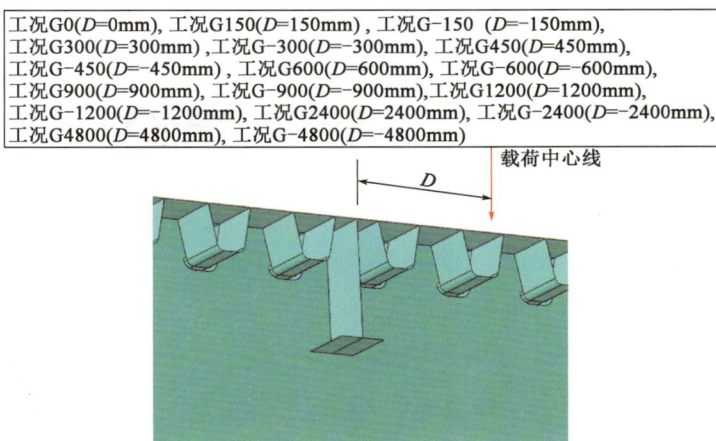

工况G0(D=0mm),工况G150(D=150mm),工况G-150 (D=-150mm),
工况G300(D=300mm),工况G-300(D=-300mm),工况G450(D=450mm),
工况G-450(D=-450mm),工况G600(D=600mm),工况G-600(D=-600mm),
工况G900(D=900mm),工况G-900(D=-900mm),工况G1200(D=1200mm),
工况G-1200(D=-1200mm),工况G2400(D=2400mm),工况G-2400(D=-2400mm),
工况G4800(D=4800mm),工况G-4800(D=-4800mm)

图 6-10　横向加载工况示意图

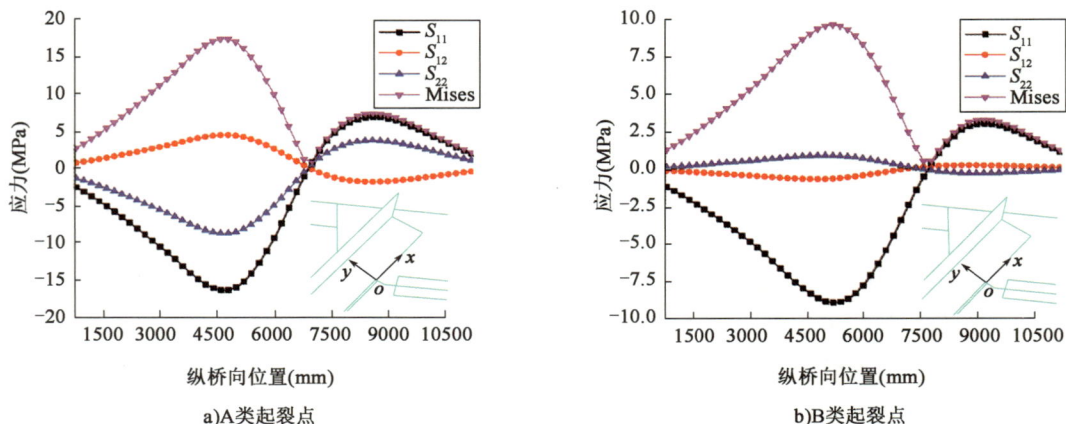

a)A类起裂点　　　　　　　　　　b)B类起裂点

图 6-11　G0 工况对应的角钢疲劳起裂点的应力

6.2.2 易疲劳部位

由实桥开裂情况可知,目前疲劳起裂点主要位于角钢腹板一侧与上部板件连接焊缝部位和角钢翼缘一侧与下部板件连接焊缝部位。角钢斜撑与上部板件及下部板件采用周边围焊连接,焊缝部位均有可能成为疲劳起裂部位,其中连接边缘刚度突变处应力集中效应尤为显著,因此为了全面分析并预测角钢斜撑最易开裂的部位,选取如图 6-12 所示的疲劳易损的角钢翼缘(G3 与 G6)、腹板中点(G2 与 G5)以及腹板端

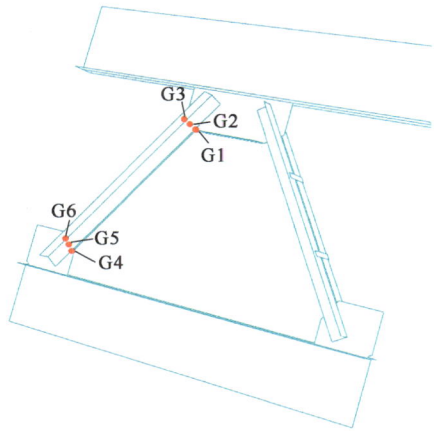

图 6-12 角钢斜撑关注部位

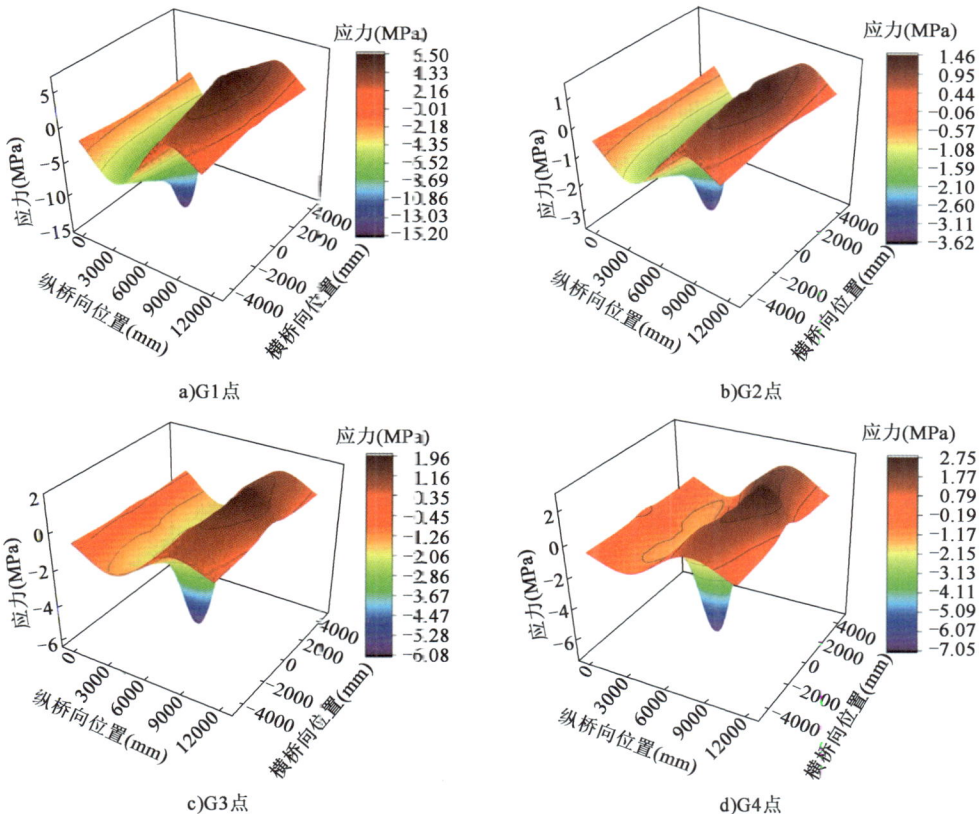

点(G1 与 G4)作为关注部位进行影响面分析,各部位沿角钢方向的正应力影响面如图 6-13 所示。

a)G1点

b)G2点

c)G3点

d)G4点

图 6-13

e)G5点

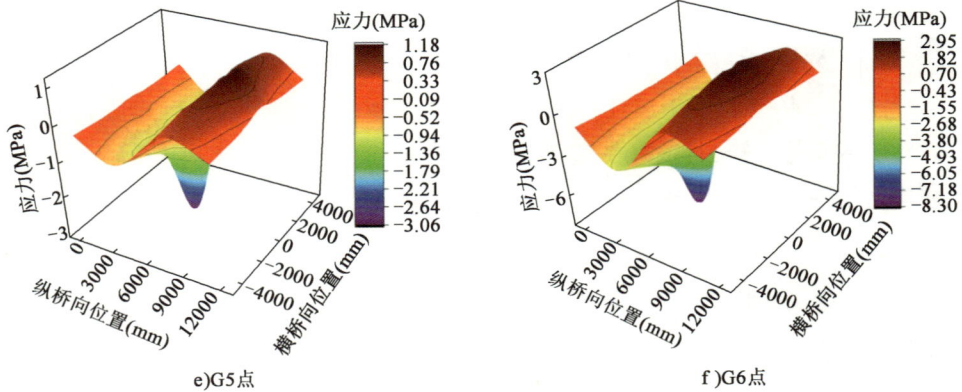

f)G6点

图 6-13　角钢斜撑关注节点部位应力影响面

由图 6-13 可知,关注部位的正应力影响面具有相似的几何形状,各影响面均具有位置相近的波峰与波谷。从影响面应力变化范围来看,G1 点的应力变化范围明显大于其他部位,从而可以认为在相同的荷载作用下,G1 点的应力幅值最大,故最易发生疲劳损伤,因此与上部构件连接的角钢腹板端部是所有关注点中最易发生疲劳损伤的位置。G6 点影响面的应力变化范围仅次于 G1 点,说明 G6 点(即与下部板件连接的角钢翼缘)是仅次于 G1 点的第二大疲劳易损位置。上述结果与角钢斜撑实际开裂情况一致,因此在实际桥梁检查中应重点关注上述两处疲劳易损部位。除了应该重点关注应力幅值较大的 G1 与 G6 点外,G4 点以及 G3 点的应力幅值也较大,在检查中也应多加关注。而位于腹板中点的 G2 点与 G5 点由于接近角钢截面中性轴位置,其应力整体较小且母材本身的疲劳强度明显高于焊缝,故在检查中对于角钢腹板位置可以减轻检查力度。从各应力影响面峰值位置来看,当荷载横桥向位于纵桥向桁架斜撑正上方(即 G0 工况),纵桥向位于距角钢 3m 位置处为最不利加载位置。从图 6-13 中还可以看出,当荷载横向偏离横向最不利工况 G0 时,压应力峰值急剧降低而拉应力峰值变化缓慢,疲劳细节的正应力横向影响范围超过 10m,这说明横向距离斜撑较远位置的车辆荷载也能在角钢斜撑部位产生较大的应力幅循环,从而相比于车辆仅在局部产生较大应力幅循环的顶板-U 肋焊缝等疲劳细节,角钢斜撑部位的应力循环次数较多。

6.2.3　裂纹成因

图 6-14 为实桥角钢疲劳裂纹萌生位置的细节示意图。从图中可以看出疲劳裂纹均萌生于焊缝位置,焊缝局部不规则的几何形状以及焊缝内部夹杂、气孔等缺陷都会引起焊缝表观或内部应力集中显著,从而在外载循环作用下发生疲劳开裂[12]。角钢腹板与其他板件连接处,若由于总体厚度的突变而导致局部刚度突变,也会导致局部高应力集中[13]。本节中,采用壳单元建立全桥有限元模型,壳单元难以反映疲劳细节几何构造,图 6-15 给出了仅考

虑局部刚度突变引起的局部应力梯度。从图中可以看出应力随着到连接端距离的增大而呈现降低趋势,这符合应力集中的规律。应力在距连接端 20mm 内急剧变化,并在 20mm 处趋于平缓,高应力范围主要位于距离连接端 5mm 范围内。综上所述,焊缝参差的质量以及局部刚度突变共同造成了角钢斜撑在连接焊缝部位的高应力集中,使得其在低于构件设计使用年限内发生疲劳开裂。

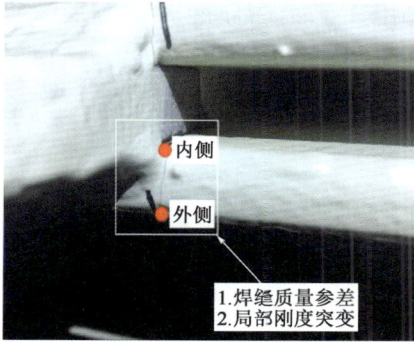

图 6-14　裂纹萌生位置示意图

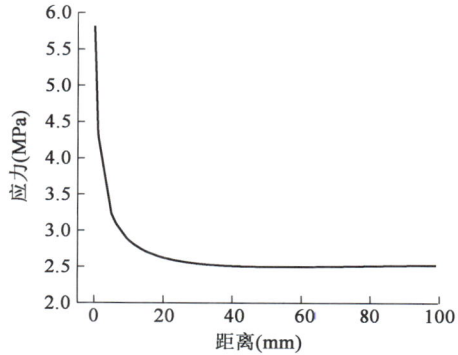

图 6-15　应力梯度曲线

结合实桥开裂情况,针对 A 类与 B 类起裂点处的疲劳开裂主导变形进行分析,提取两类起裂点处角钢内外两侧的正应力,如图 6-16 所示。从图中可以看出,A、B 两类起裂点处的内侧应力与外侧应力几乎重合,表明起裂点处角钢的变形主要发生在平面之内,因此起裂点处的面内变形是引起角钢斜撑疲劳开裂的主导变形。

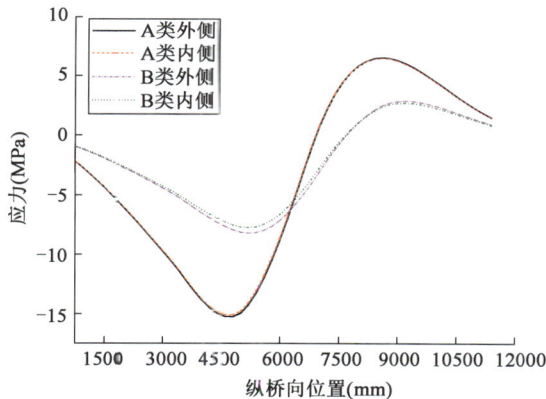

图 6-16　起裂点内外应力对比

6.2.4　裂纹扩展特征

裂纹的扩展方向一般与主应力垂直,相关研究表明实桥焊缝多处于多轴疲劳状态[14],可采用绝对值最大的主应力作为评判多轴疲劳的依据。上文提到当荷载横向作用于横隔板正上方,纵向距离角钢斜撑 3m 处为最不利位置,此时车辆荷载对疲劳细节开裂的贡献最大。

由上述分析可知，角钢 G1、G3、G4 和 G6 应作为桥梁检查中的重点关注部位。为了探究角钢斜撑疲劳裂纹的扩展规律，绘荷载中心位于最不利位置时角钢斜撑重点关注部位绝对值最大的主应力流，如图 6-17 所示。从图中可以看出，疲劳易损部位绝对值最大的主应力方向与角钢长度方向基本一致，可见垂直于角钢的剪应力效应并不显著，而角钢主要承受沿其长度方向正应力的作用。若沿垂直于绝对值最大的主应力方向绘制模拟裂纹扩展路径，可见重点关注点位 G1 与 G6 处的模拟裂纹扩展路径与图 6-17 中显示的扩展路径基本一致，因此实桥角钢疲劳裂纹的扩展方向与荷载位于最不利位置时绝对值最大主应力的方向相垂直，即与角钢长度方向相垂直。

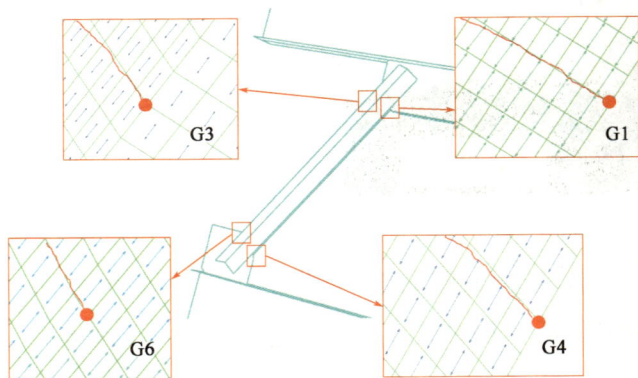

图 6-17　绝对值最大主应力流

6.3　纵桥向桁架斜撑维修

6.3.1　槽钢斜撑维修

1）疲劳开裂主导应力分析

利用槽钢对开裂的角钢进行更换后，槽钢与上下部板件连接部位的应力状态可能发生变化。为了分析更换槽钢对原开裂部位疲劳性能的优化效果，有必要探究更换槽钢对疲劳细节主导应力的影响。更换后的角钢与上下部板件采用螺栓连接，从而避免了因焊接质量较差而导致疲劳开裂的可能性，然而连接部位局部突变的刚度仍然可能成为局部疲劳开裂的原因。因此，类似于角钢斜撑，对于槽钢斜撑也给出了 6 类关注部位，如图 6-18 所示。

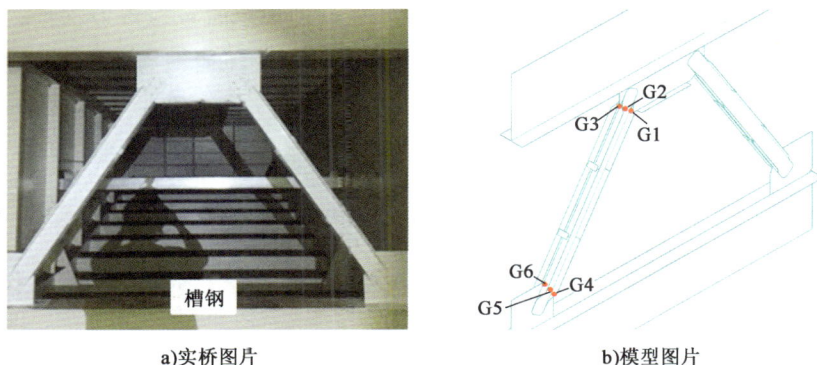

a)实桥图片　　　　　　　　　　　b)模型图片

图6-18　槽钢斜撑关注节点部位

以图 6-18 中关注点 G1 为例,对更换角钢后该关注点处的应力状态进行分析,提取 G0 工况下 Mises 应力及各应力分量曲线,如图 6-19 所示。从图 6-19 中可以看出,更换槽钢后关注点处应力分量的变化趋势并未发生显著改变,正应力 S_{11} 依然呈现先减小后增大的变化趋势且与剪应力 S_{12} 和正应力 S_{22} 的变化趋势相反。3 类应力分量中,正应力 S_{11} 的应力幅值比其他两类应力分量高。正应力 S_{11} 的应力幅值为 9.98MPa,比

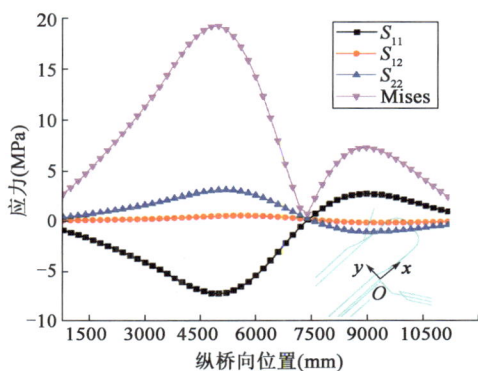

图6-19　G0 工况对应的 G1 关注点应力

S_{22} 应力幅值提高了 134%,正应力 S_{11} 在荷载中心跨越 No.3 号横隔板前表现为压应力,当荷载中心跨越 No.3 号横隔板后发生突变。由此可见,更换槽钢斜撑后,关注部位的应力特征并未发生显著变化,主导应力依然为沿着槽钢纵向的正应力 S_{11}。

2)最不利工况分析

槽钢与上下部构件连接部位由于局部刚度突变将出现应力集中,在车辆荷载的循环作用下,刚度突变部位均有可能成为潜在的疲劳开裂部位。为了预测最有可能的疲劳起裂位置,以沿槽钢纵向的正应力作为衡量标准,绘制上述槽钢各关注部位的正应力影响面,如图 6-20 所示。

由于更换槽钢后并不能改变关注部位的应力特征,故槽钢斜撑各关注点的影响面特征与角钢斜撑类似。从图 6-20 中可以看出,G0 工况依然为车轮的横向最不利工况,且车轮的横向影响范围仍超过 10m,变换槽钢斜撑并不改变车轮的影响范围。

从应力变化区间来看,G1 点和 G4 点的应力变化区间较大,即车辆荷载在这两处引起的应力幅值最大,因此槽钢与上下部板件连接部位中 G1 点和 G4 点是所有关注点中最易发生疲劳开裂的部位,在桥梁日常检查中应重点关注。除了 G1 点和 G4 点外,G3 点和 G6 点的应力幅值也较大,在检查中也不可忽视。同样接近槽钢中性轴部位的 G2 点和 G5 点在车辆

荷载作用下的应力值明显小于其他关注部位,故在检查中可以减轻检查力度。综上所述,更换成槽钢并不改变车轮的影响范围,在日常检查中应重点关注槽钢与上下部板件连接部位的 G1 点和 G4 点。

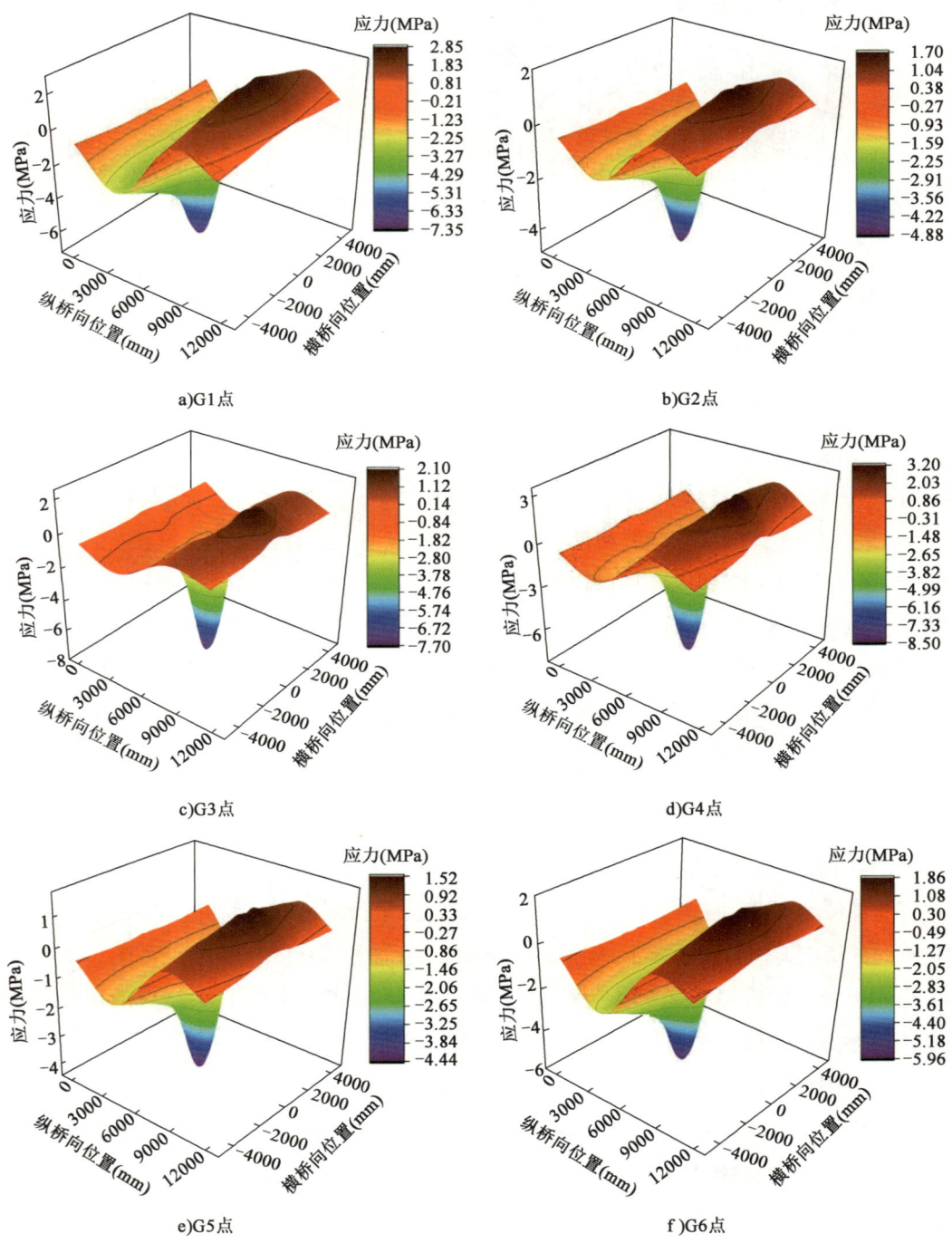

a)G1点 　 b)G2点 　 c)G3点 　 d)G4点 　 e)G5点 　 f)G6点

图 6-20　槽钢斜撑关注节点部位应力影响面

3) 裂纹成因分析

槽钢与上下部板件采用高强螺栓连接,有效地避免了采用焊接连接时因焊接缺陷引起的应力集中问题。将角钢斜撑替换为槽钢斜撑后,斜撑与上下部板件连接部位的刚度突变程度发生了改变。采用壳单元建模时,计算结果反映出的刚度突变引起的应力集中现象如图6-21所示。

从图6-21中可以看出,角钢斜撑与槽钢斜撑的应力梯度曲线均呈现距离连接端越远则应力越小的变化趋势,因此两者在连接处均存在应力集中现象。其中,槽钢应力在0~20mm内的变化趋势稍缓于角钢的变化趋势。两者应力梯度均在距连接端30mm处趋于平缓,因此选择此处的应力作为名义应力,可见槽钢斜撑的名义应力略高于角钢斜撑。若以峰值应力与名义应力的比值作为应力集中系数,则得角钢与槽钢连接端的应力集中系数分别为2.30和2.06,可见槽钢斜撑连接端对应的应力集中系数比角钢降低了约10.4%。

图6-22描绘了角钢与槽钢截面,表6-2给出了两类截面的截面特性。可以看出角钢的截面面积为槽钢截面面积的1.5倍,因此角钢的轴向抗拉压性能优于槽钢。然而槽钢的抗弯截面惯性矩大于角钢且槽钢G1点距中性轴的距离小于角钢G1点距中性轴的距离,因此槽钢的抗弯性能远优于角钢。实桥中,角钢和槽钢承受拉、压、弯、扭组合变形的作用,槽钢与角钢承受约束扭转作用,势必在关注点处产生扭转正应力作用,为了进一步分析槽钢承受组合变形时的应力优化效果,对有限元计算结果进行了分析。

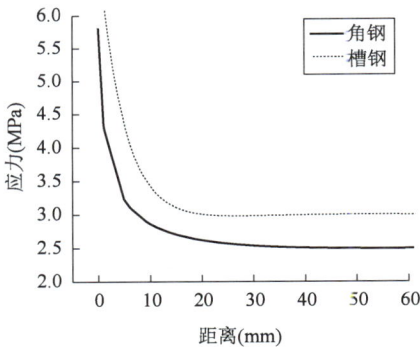

图6-21 应力梯度曲线

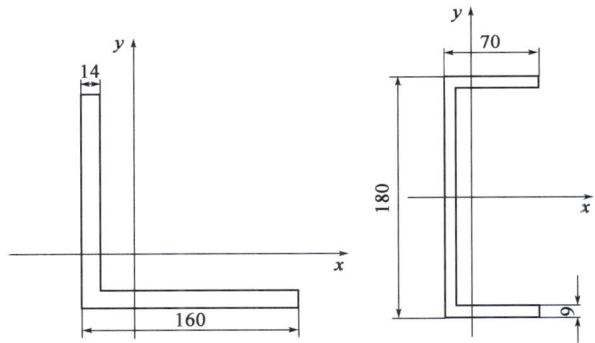

图6-22 角钢与槽钢截面(尺寸单位:mm)

角钢与槽钢截面特性　　　　　　　　　　　　　　表6-2

截面类别	截面面积(mm²)	抗弯惯性矩(mm⁴)	G1距中性轴距离(mm)
角钢	4284	1.05×10^7	115
槽钢	2718	1.24×10^7	90

由上述最不利荷载分析可知,角钢斜撑与槽钢斜撑的最不利工况均为G0工况,且两者与上部板件连接部位的G1点均为需要重点关注的部位。图6-23给出了G0工况下,角钢与槽钢G1点处沿长度方向的正应力曲线。从图中可以看出,更换槽钢斜撑后易疲劳部位G1点

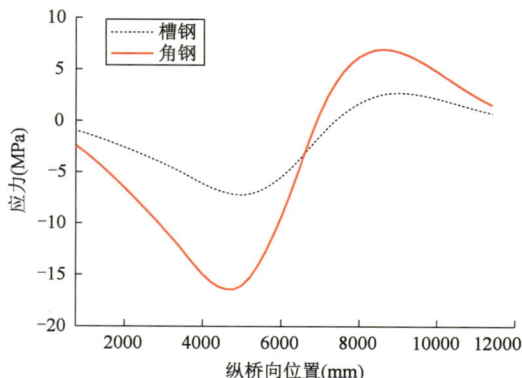

图 6-23　槽钢与角钢重点检查部位应力对比

的应力幅得到了明显降低,角钢对应的应力幅为 23.36MPa,而槽钢对应的应力幅仅为 9.98MPa,相比角钢降低了 57.2%。由此可见,在组合变形作用下,更换后的槽钢受力性能显著优于角钢,用槽钢代替角钢斜撑能有效延缓连接处疲劳细节开裂。

目前常采用基于名义应力的 S-N 曲线进行疲劳细节的疲劳寿命评估[15-16]。疲劳细节名义应力幅与疲劳寿命的计算公式为:

$$N = 2 \times 10^6 \times \left(\frac{\Delta\sigma_f}{\Delta\sigma}\right)^3 \tag{6-1}$$

式中:$\Delta\sigma$——应力幅;

$\quad\Delta\sigma_f$——疲劳强度;

$\quad N$——发生疲劳破坏时 $\Delta\sigma$ 对应的循环次数。

根据《公路钢结构桥梁设计规范》(JTG D64—2015)[17]查询得角钢斜撑围焊接头的疲劳强度为 45MPa,替换后的槽钢斜撑母材的疲劳强度为 160MPa,将角钢斜撑与槽钢斜撑对应的应力幅(图 6-23)及疲劳强度代入式(6-1)后,得到槽钢循环次数与角钢循环次数的比值为 576,由此可见利用槽钢斜撑对角钢斜撑进行替换后,大大地提高了细节处的疲劳寿命。

4）裂纹扩展特征分析

由上述分析可知,槽钢斜撑与上下部板件连接部位 G1 点和 G4 点为结构服役过程中的潜在疲劳易损部位,在日常检查过程中应重点关注。若能分析得出疲劳裂纹潜在的开裂方向,则能进一步指导后期检测维护工作。为了分析预测这两类易损点的潜在开裂方向,提取上述两点在最不利工况时的绝对值最大主应力方向,如图 6-24 所示。

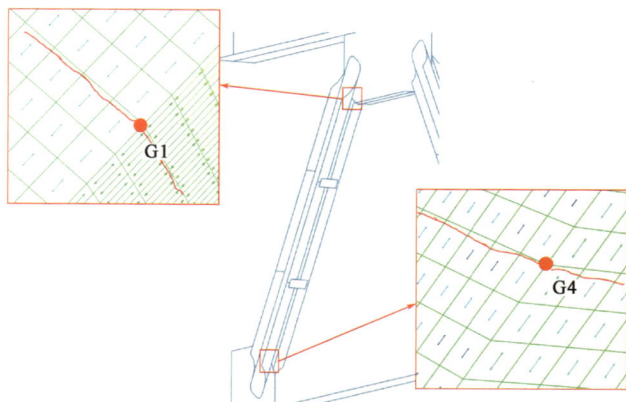

图 6-24　槽钢斜撑关注节点部位潜在开裂方向

由于疲劳开裂方向一般与绝对值最大的主应力方向垂直[18-20]，从图6-24中可以看出G1点、G4点处绝对值最大的主应力流均平行于槽钢长度方向。若沿着垂直于主应力流方向绘制裂纹潜在扩展路径，则可以看出裂纹萌生于G1点或G4点，垂直于槽钢纵向并向翼缘及腹板上扩展。由此可见，槽钢斜撑的疲劳裂纹扩展方向与角钢斜撑一致，更换槽钢斜撑后并不能改变原有疲劳裂纹的扩展特征，在日常检查中可以对潜在开裂点处垂直于杆件纵向方向进行详细检查，以尽早发现裂纹并进行维护加固。

6.3.2　纵桥向桁架竖撑维修

1) 疲劳关注点及开裂主导应力分析

在两槽钢斜撑之间设置竖撑改变了原有结构形态，虽然槽钢原有连接部位的局部几何及结构形式未受影响，但是纵桥向桁架整体结构的变化依然会引起局部应力的变化。为了分析设置竖撑的优劣性，有必要对设置竖撑后新旧关注部位的开裂主导应力进行分析。槽钢与上下部节点板件连接处的刚度突变依旧是该处疲劳开裂的主要因素，对于槽钢，其关注部位和未设置竖撑的情况一致，关注部位共6类。设置竖撑部位，竖撑为工字钢，竖撑与上下部板件连接处也是潜在疲劳开裂部位，因结构纵向对称性，在工字钢一侧翼缘板设置3个关注点，关注点的设置如图6-25所示。

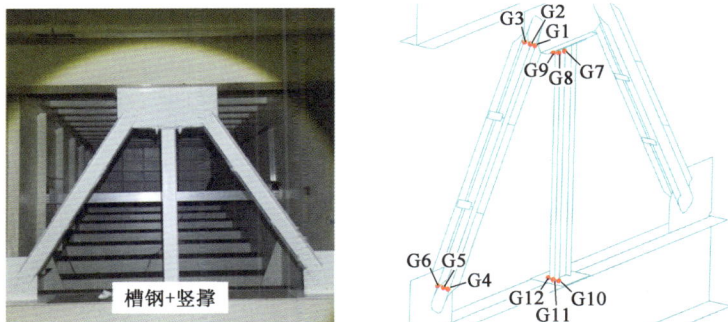

图6-25　竖撑与槽钢斜撑关注节点部位

分别以图6-25中G1点和G10点为例，对槽钢斜撑与竖撑的应力状态进行分析，提取G0工况下的Mises应力及各应力分量曲线，如图6-26所示。由图6-26可知，设置竖撑后，槽钢关注点处的应力分量变化趋势并未发生显著改变，3类应力分量中，正应力S_{11}的应力幅依然是各应力分量中幅值最大的，因此设置竖撑后槽钢的开裂主导应力依然为沿着槽钢纵向的正应力S_{11}。在荷载作用下，竖撑与上下部板件连接处也可能产生疲劳开裂，竖撑关注点处的正应力S_{11}与切应力S_{12}的变化较小，两者应力幅基本为0，而沿竖撑纵向的正应力S_{22}

的变化剧烈,其应力幅较大。因此无论是槽钢还是竖撑,其疲劳开裂的主导应力均为沿杆件纵向的正应力,在后续分析中可选用沿着槽钢或竖撑杆件纵向的正应力作为疲劳细节性能的评判标准。

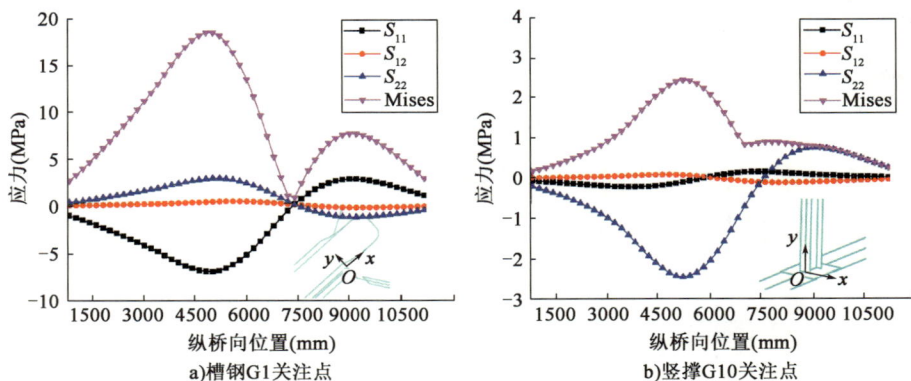

a)槽钢G1关注点   b)竖撑G10关注点

图6-26   G0工况下对应关注点的应力

2)应力影响面分析

为了探究竖撑对槽钢与上下部节点板连接端疲劳应力特征的影响以及竖撑自身疲劳关注部位应力特征,对槽钢关注点 G1 ~ G3 以及竖撑 G7 ~ G12 点处应力影响面进行对比分析,各点影响面如图 6-27 所示。将图 6-27 中槽钢 G1 ~ G3 点的应力影响面与图 6-20 中未设置竖撑时的影响面进行对比,可以看出两者影响面的变化特征一致,且两者在应力量值上的差异维持在 5% 以内,除了 G1 ~ G3 点外的其他槽钢关注点的应力影响面特征也具有上述规律。斜撑与上下部板件连接处关注点呈现不同的变化趋势,上部关注点(G7 ~ G9)的应力随着车轮的纵向移动呈现先增大后减小的变化趋势,而下部关注点(G10 ~ G12)的应力则呈现相反的变化趋势。

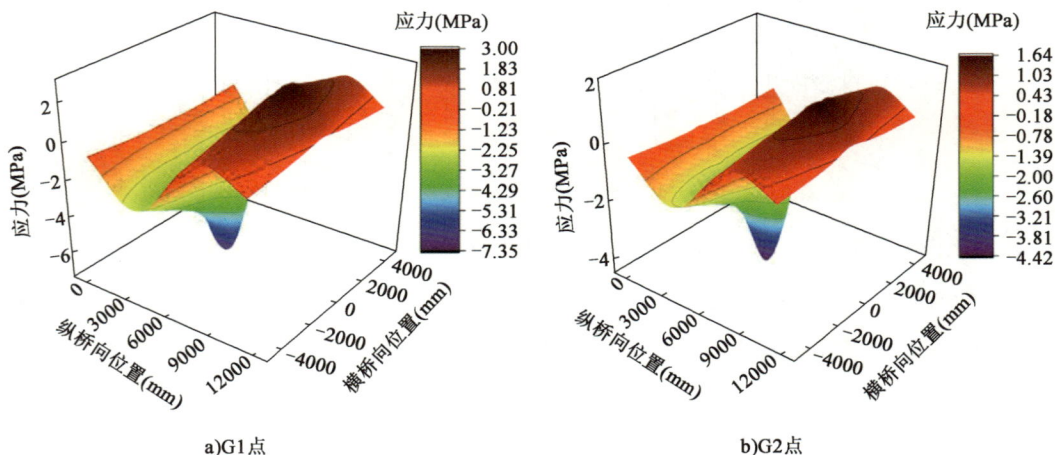

a)G1点   b)G2点

图   6-27

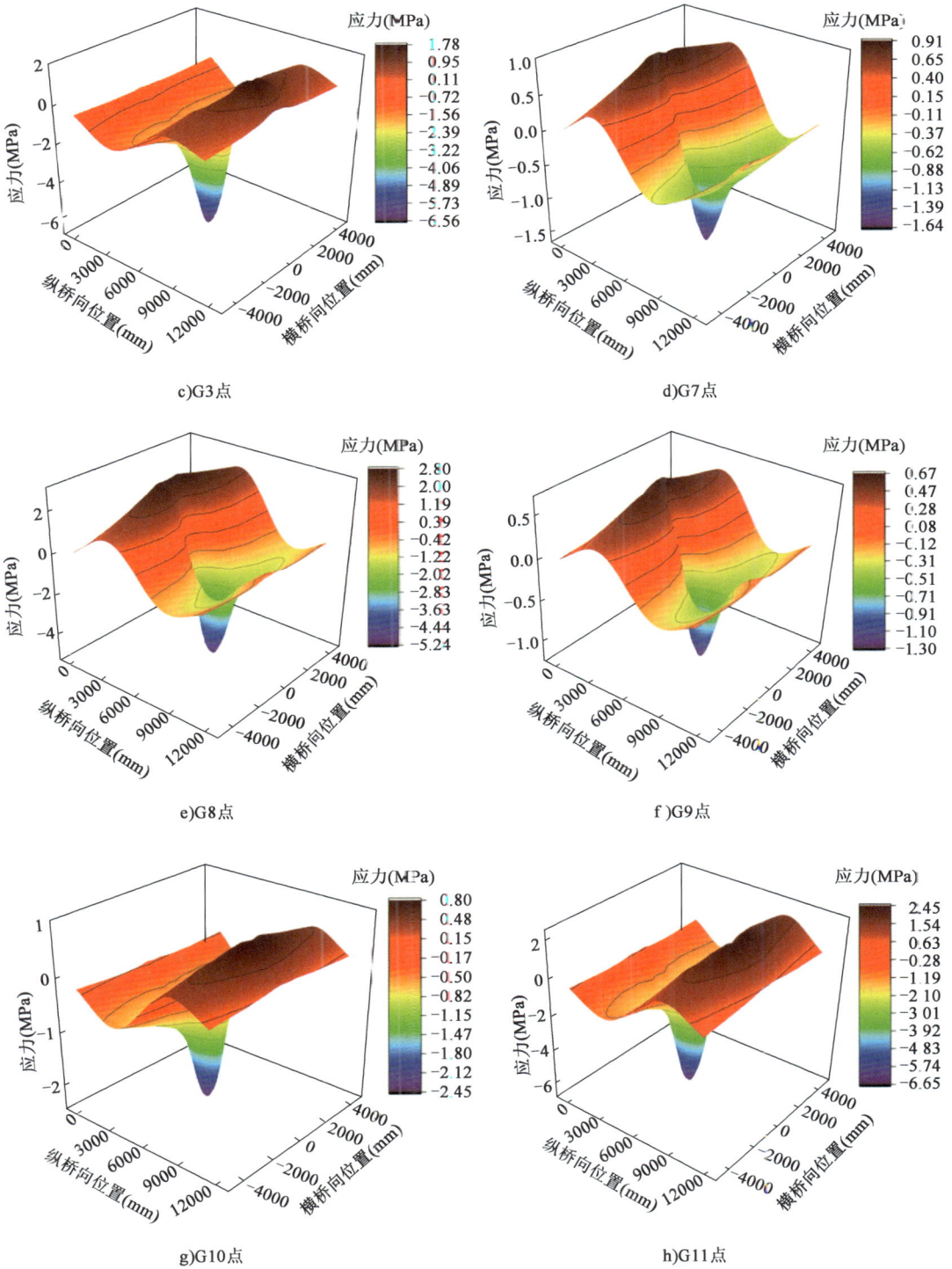

c)G3点

d)G7点

e)G8点

f)G9点

g)G10点

h)G11点

图　6-27

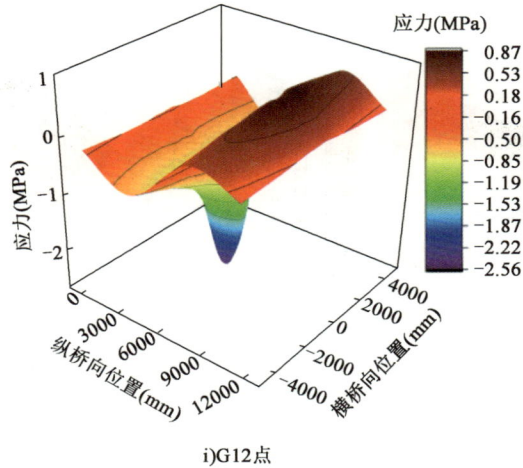

i)G12点

图6-27 关注节点部位应力影响面

对于竖撑,G0工况依然为车轮的横向最不利工况,且车轮的横向影响范围仍然超过10m。从应力变化范围来看,槽钢关注点与竖撑关注点的应力变化区间处于同一量级,如G1点的变化幅值为10.35MPa,G8点的应力变化幅度为8.04MPa,故两者在桥梁日常检查中都需关注。在竖撑所有关注点中,G8点和G11点的应力变化范围较大,即车辆荷载在这两处引起的应力幅值最大,因此竖撑与上下板件连接部位中G8点、G11点是所有关注点中最易发生疲劳开裂的部位,在日常维护检查中应重点关注。综上所述,设置竖撑并不能对槽钢疲劳关注部位的应力起到优化效果,在日常检查中除了关注槽钢的易疲劳部位外,也应加强对竖撑与上下部板件连接处疲劳细节G8点、G11点的关注。

3)竖撑对斜撑疲劳应力优化效果分析

为了探究竖撑对斜撑局部疲劳应力的优化效果,分析增设竖撑对斜撑与节点板件连接处应力集中程度的影响,分别绘制最不利工况下设置竖撑与未设置竖撑时槽钢连接处的应力梯度曲线,如图6-28所示。

图6-28中,设置与未设置竖撑时槽钢与节点板件连接部位的应力梯度曲线变化趋势基本相同,均为距离连接端越远则应力越小,在连接端呈现明显的应力集中现象。由于应力在30mm处趋于稳定,故选择此处的应力大小作为名义应力。从图中可以看出,设置竖撑时的名义应力略大于未设置竖撑的情况。将应力梯度曲线峰值与名义应力的比值近似作为应力集中系数,则设置与未设置竖撑时的应力集中系数分别为2.06与2.05,两者近乎相等。因此,由于竖撑到槽钢与上下部节点板距离较远,对槽钢连接部位的应力特征影响较小,故设置竖撑并不能显著优化槽钢连接处的应力集中特征,不能达到提高疲劳寿命的目的。

由影响面分析可知,对于角钢斜撑、设置与未设置竖撑的槽钢斜撑,车轮荷载的最不利工况均为 G0 工况。图 6-29 给出了角钢斜撑与槽钢斜撑最易疲劳点 G1 点以及竖撑最易疲劳点 G8 点在最不利工况下的立力。从图 6-29 中可以得知,设置竖撑与否对槽钢斜撑易疲劳点的应力几乎没有影响。从应力幅角度看,角钢斜撑易疲劳点的应力幅值最大为 23.36MPa,设置与未设置竖撑时的槽钢斜撑易疲劳点应力幅值相近(约为 10MPa),而竖撑易疲劳点的应力幅值最小,为 7.89MPa。

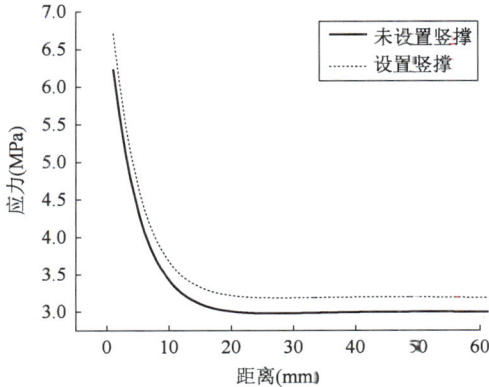

图 6-28 应力梯度曲线

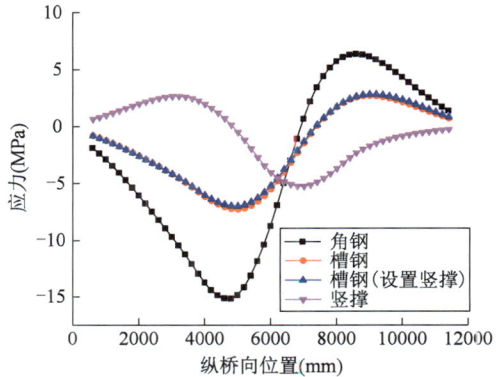

图 6-29 易疲劳部位应力对比

根据《公路钢结构桥梁设计规范》(JTG D64—2015)[17]查询得角钢斜撑围焊接头的疲劳强度为 45MPa,替换后的槽钢斜撑母材的疲劳强度为 160MPa,竖撑焊接连接接头处的疲劳强度为 80MPa,将相应应力幅及疲劳强度代入式(6-1)后,得到槽钢斜撑的疲劳寿命约为角钢斜撑的 576 倍,而竖撑的疲劳寿命为角钢斜撑的 146 倍。由此可见,槽钢斜撑的疲劳性能明显优于角钢斜撑,竖撑对槽钢斜撑的疲劳性能不具备提升作用,竖撑焊接连接处的疲劳寿命低于槽钢,在日常检查中需得到足够重视。

4) 竖撑焊接连接节点潜在开裂方向分析

从上述分析可知,竖撑的存在并不能显著改善槽钢潜在疲劳细节的疲劳性能,且新增设的竖撑焊接连接部位反而更易产生疲劳开裂。因此,为了在日后钢箱梁检查中指导检查工作开展方向,这里对竖撑潜在开裂方向进行分析。按照疲劳裂纹扩展方向一般与绝对值最大主应力方向垂直的规律,沿垂直于绝对值最大主应力方向绘制潜在裂纹扩展路径,如图 6-30 所示。

从图 6-30 中可以看出,槽钢斜撑易疲劳点 G1 的潜在开裂方向依然垂直于槽钢纵向,竖撑的存在并不能改变槽钢细节处疲劳裂纹的扩展方向。对于竖撑本身,其易开裂点处绝对值最大的主应力方向与竖撑纵向一致,疲劳细节的潜在开裂方向为垂直于竖撑纵向并沿着连接焊缝纵向扩展。因此,在日常检查中,应沿着上述潜在开裂方向详细地检查钢材或焊缝的疲劳情况,以便及时采取加固措施。

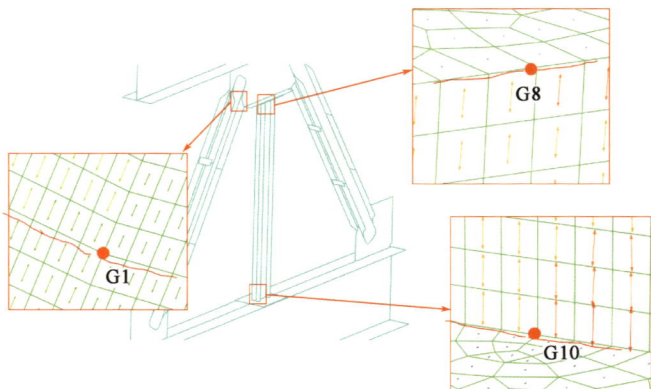

图 6-30　竖撑与槽钢斜撑关注节点部位潜在开裂方向

6.3.3　实桥维修

1）维修方案

纵桥向桁架斜撑裂纹的维修主要采用更换桁架斜撑的方法。在更换斜撑前应采用不损伤上下节点板的方法将原斜撑卸载，卸载完成后应对节点板进行无损探伤，确保上下节点板无损伤后方可更换新的斜撑。斜撑更换过程中应遵循以下原则：

（1）修复过程中应彻底除去已有裂纹，避免附近产生新的疲劳裂纹。

（2）成桥处于受力状态，结构或连接会产生变位、错位。维修时应借助构件支撑等方法使结构或连接复位，并尽可能地使局部修复部位处于无应力或低应力状态。

（3）应尽可能地降低修复施工对交通的影响。

（4）因修复工程引起的恒载增加不宜超过原结构的 3%。

（5）考虑实桥修复方案时，应尽可能不用焊接法，避免焊接收缩变形和焊接收缩力对既有结构的影响；不得已时应制定可靠的工艺措施。

基于模拟分析结果，苏通大桥斜撑处治更换采用长度为 2.44m、每处斜撑均为两根"背靠背"的 18b 槽钢。为保证斜撑协同受力，每道斜撑（两根槽钢）均设两处加强联系的联结，每处联结的加强措施为两根槽钢之间增设一块与原节点板相同厚度的缀板，钻制两个直径为 22mm 的螺栓孔，并用 10.9 级 M20 高强螺栓拧紧，施工图纸如图 6-31 所示。对于刚度过渡区域的桁架斜撑裂纹病害，同样采取更换斜撑的方式进行结构补强，斜撑更换措施与上述普通梁段中的斜撑更换工艺相同；为保证本区域的刚度，此区域将额外增设 1 根竖向工字形杆件。

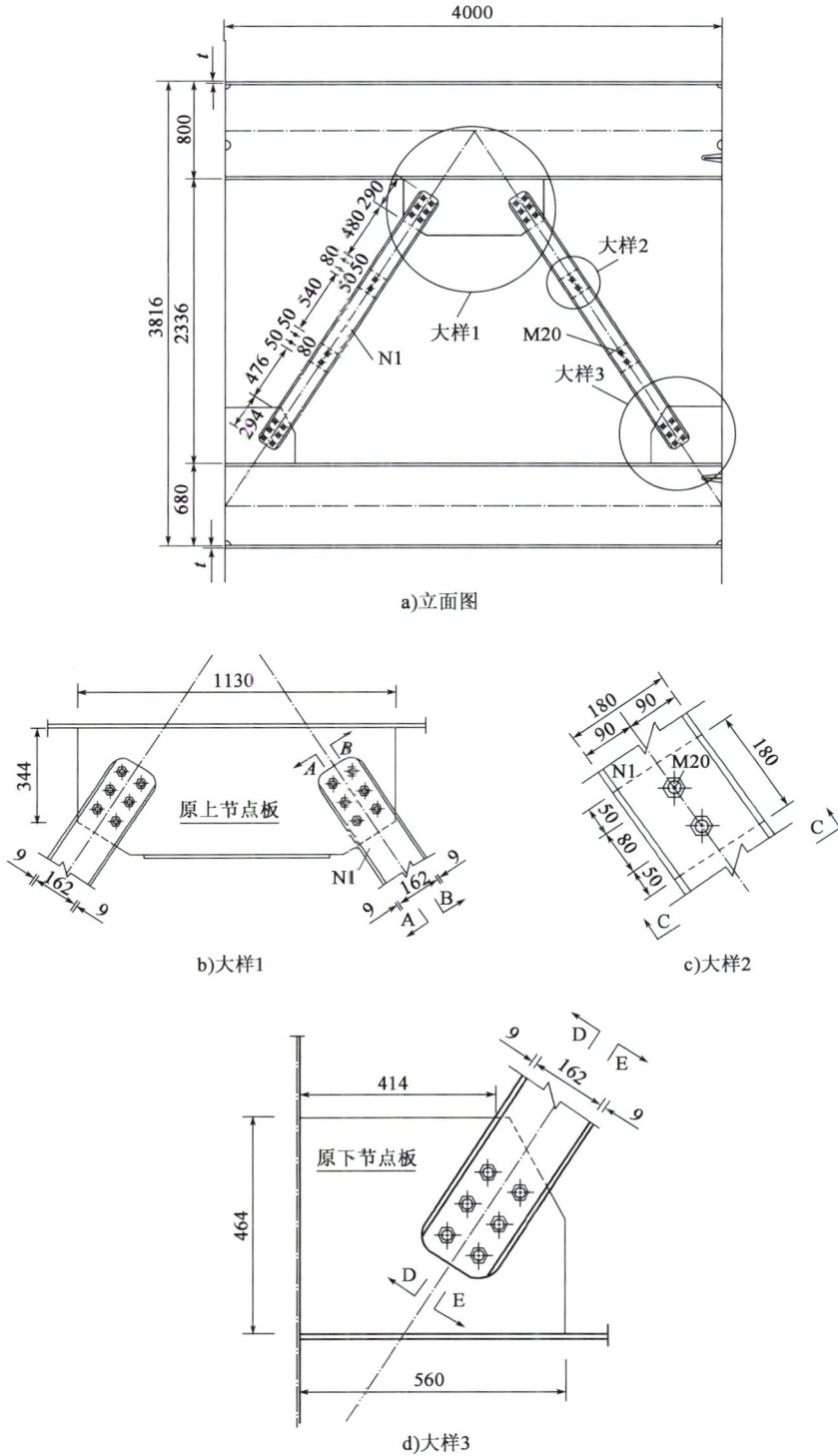

a)立面图

b)大样1

c)大样2

d)大样3

图6-31 竣工图纸(尺寸单位:mm)

2)施工流程

纵隔板更换

纵桥向桁架斜撑更换大致包括施工准备、设置临时支承、原桁架斜撑拆除、新桁架斜撑安装、表面处理等步骤。

（1）施工准备。

施工前首先要对施工现场条件进行详细的调查,根据病害位置、施工图纸、现场条件编制施工组织计划,配备相应的人工、材料、机械设备。之后根据病害分布划分作业区段以及确定各区段施工顺序,以便及时、有效地进行交通组织,对处治部位进行适当的卸载,从而保证修复质量。

（2）设置临时支撑。

钢结构桥梁维修加固过程中应采用临时支撑对维修区段进行局部固定或局部卸载。一方面可以保证维修加固施工时的结构安全,另一方面可以减小构件修复的初始应力以保证修复效果。可以通过临时支撑减小修复构件处结构振动对修复施工及质量带来的影响。

（3）原桁架斜撑拆除。

采用碳弧气刨刨除焊缝或采用等离子切割机进行拆除,拆除时应将角钢斜撑与节点板间的焊缝完全去除,拆除后的焊高或钢板残留应采用打磨设备打磨匀顺。

（4）新桁架斜撑安装。

将工厂预制的槽钢斜撑安装至节点板两侧预定位置,在螺栓孔中安装高强螺栓并拧紧螺栓。螺栓拧紧分初拧和终拧,初拧扭矩值为终拧扭矩的50%,拧紧顺序由节点中心向四周逐个拧紧。采用回扣法检查施扭矩,当天施工的螺栓应当天检查。扭矩不足者补拧,超拧10%以上者应更换,换下的螺栓不得重复使用。

（5）表面处理。

斜撑更换后,对施工中受损的局部位置进行涂装,可按表6-3中涂装体系进行修复。

钢结构防腐涂装体系(内表面)　　　　　　　　　　　表6-3

涂层	涂料	厚度(μm)	道数
底漆	环氧富锌底漆	60	1
面漆	环氧厚浆漆	300	2
总干膜厚度/总道数		360	3

注:钢结构内表面维修涂装体系采用《公路桥梁钢结构防腐涂装技术条件》(JT/T 722—2023)中第4.2.1.4条关于封闭环境内表面防护涂层配套体系的规定。

本章参考文献

［1］ MORI T,SHIGIHARA S,NAKAMURA H. Fatigue tests on welded connections between deck plate and trough rib in steel plate deck in consideration of welded penetration［J］. Doboku Gakkai Ronbunshuu A,2006,62(3):570-581.

［2］ 高玉强,吉伯海,曹雪坤,等.正交异性钢桥面板纵隔板构造参数对疲劳受力特征影响［J］.沈阳建筑大学学报(自然科学版),2022,38(4):690-698.

［3］ 张一林.扁平钢箱梁斜拉桥纵隔板的作用及受力分析［D］.大连:大连理工大学,2019.

［4］ 邬旭伟.钢箱梁斜拉桥空腹式纵隔板受力行为研究［D］.成都:西南交通大学,2018.

［5］ 欧阳洋,祝志文.钢箱梁面板-纵隔板构造细节轮载应力响应特征分析［J］.铁道科学与工程学报,2018,15(7):1762-1769.

［6］ 李治.钢箱梁斜拉桥桁架式纵隔板力学性能分析［D］.大连:大连理工大学,2020.

［7］ 连恒亮.钢箱梁纵隔板疲劳裂纹分析［J］.钢结构,2014,29(8):18-20.

［8］ 李传习,熊永明,陈卓异,等.钢箱梁横隔板-U肋交接处割焊残余应力分析［J］.桥梁建设,2019,49(5):27-32.

［9］ 黄祖慰,雷俊卿,桂成中,等.斜拉桥正交异性钢桥面板疲劳试验研究［J］.浙江大学学报(工学版),2019,53(6):1071-1082.

［10］ 赵秋,陈孔生,陈平,等.钢桥面板U肋对接焊缝疲劳细节有限元分析方法［J］.公路交通科技,2019,36(12):53-61.

［11］ 庄美玲.正交异性钢桥面板疲劳裂纹扩展分析及寿命评估方法［D］.南京:东南大学,2021.

［12］ 肖龙,傅中秋,沈翔,等.钢箱梁横隔板-U肋连接焊缝疲劳裂纹钻孔止裂维修效果分析［J］.武汉理工大学学报(交通科学与工程版),2023,47(3):522-527.

［13］ 李心诚,傅中秋,王赞,等.斜拉桥钢箱梁纵桁架疲劳应力特征研究［J］.武汉理工大学学报(交通科学与工程版),2021,45(5):935-938,944.

［14］ 吉伯海,蒋斐,王益逊,等.钢桥面板顶板-U肋焊缝多轴疲劳效应评估［J］.郑州大学学报(工学版),2020,41(1):25-31.

［15］ 张清华,笪乐天,李俊,等.纵肋与顶板新型双面焊构造细节的疲劳强度问题［J］.中国公路学报,2022,35(8):162-174.

［16］ 周张义,杨欣.转向架焊接构架名义应力容许疲劳强度数据构建研究［J］.铁道学报,2019,41(7):57-65.

［17］ 中交公路规划设计院有限公司.公路钢结构桥梁设计规范:JTG D64—2015［S］.北京:

人民交通出版社股份有限公司,2015.

[18] 苏三庆,李俊廷,王威,等.钢桥疲劳裂纹扩展行为研究及可靠度更新分析[J].土木工程学报,2024,57(7):1-9,70.

[19] 何延兵,张海萍,李立.钢桥面板纵肋-横隔板焊缝双裂纹协同扩展研究[J].湖南交通科技,2023,49(2):94-103.

[20] 白文畅,袁周致远,吉伯海,等.钢桥面板顶板-U肋焊缝裂纹萌生特征及扩展规律[J].华东交通大学学报,41(1):20-29.

第 7 章

疲劳裂纹动态跟踪
与数字化管理

7.1 裂纹标准化编码

开展长期的钢箱梁疲劳病害现场跟踪工作,可全面把握钢箱梁焊缝疲劳开裂的实时动态数据,通过对长期数据的分析和积累,对复杂环境钢箱梁焊缝疲劳裂纹的成因、受力特征、发展规律、维修效果等进行研究和分析,更好地服务今后钢箱梁的养护。为便于跟踪数据的记录和保存,苏通大桥公司联合河海大学开展了钢箱梁焊缝疲劳裂纹编码构建工作,为苏通大桥典型疲劳裂纹制定了唯一的名称,实现了疲劳裂纹在全桥钢箱梁内部的准确定位,为裂纹跟踪数据的保存提供了基础。

7.1.1 编码方法

为便于钢箱梁病害数据的管理,考虑苏通大桥钢箱梁构造特征,给苏通大桥典型疲劳裂纹制定了编码。

1)总则

(1)病害编码整体由病害类型编码以及病害位置编码两部分组成。病害类型编码反映病害类型,如疲劳病害、腐蚀病害及涂层劣化等。病害位置编码以病害出现的宏观位置以及疲劳细节为基础,采用多级定位原则。

(2)病害编码格式上分为5个字段,分别对应一、二、三、四、五级定位信息,具体如图7-1所示。

□XX	XX	X	XX	XXXX
节段编码	舱室编码	纵向位置编码	横向位置编码	构造细节编码

图7-1 病害编码格式

2)整体坐标及正负方向确定

以苏通大桥走向和地理位置坐标为参考,建立局部桥面坐标系,如图7-2所示。南通侧为北(N)、苏州侧为南(S)、上游侧为西(U)、下游侧为东(D),以此局部坐标系为参考系确定裂纹的空间位置。

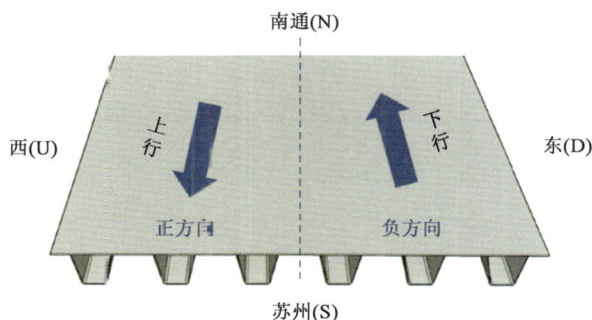

图7-2 局部桥面坐标系

7.1.2 编码规则

1）节段编码规则

沿上行方向，从苏通大桥南通（N）方向起向苏州（S）方向，依次对纵桥向箱室采用字母与阿拉伯数字组合编码：

（1）□□XX，框中为节段编码，由北向南依次为 NA、NT、NJ、JH、SJ、ST 和 SA，如图7-3所示。

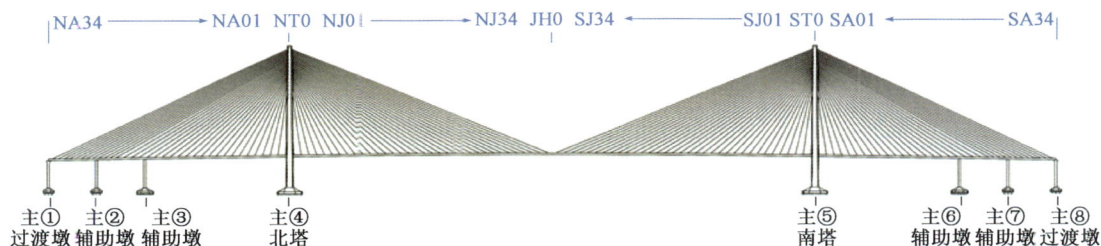

图7-3 苏通大桥钢箱梁节段编码

（2）XX 为节段编号。以 NA 为例，由北向南依次为 NA34、NA33……NA01。

2）舱室编码规则

舱室编码参考苏通大桥设计图纸中各节段中舱室数目进行编码，遵循"近塔小，远著大"的原则，具体编号规则如下：

（1）对 NA 节段，由北往南依次减小，如 NA23 号节段包含 3 个舱室，依次编号 NA23 3、NA23 2、NA23 1，如 NA22 号节段包含 4 个舱室，依次编号 NA22 4、NA22 3、NA22 2、NA22 1。

（2）对 NJ 节段，由北往南依次增大，如 NJ22 号节段包含 4 个舱室，依次编号 NJ22 1、NJ22 2、NJ22 3、NJ22 4。

（3）对 SA 和 SJ 节段与 NA 和 NJ 节段，对称编码，即 SJ 节段由南往北依次增大、SA 节段由南往北依次减小,如图7-4所示。

图7-4　苏通大桥节段舱室编码

3）纵向位置编码规则

对两横隔板间的位置进行划分,恰好位于横隔板处时位置编码为0,距北侧横隔板四分之一舱室长度以内的位置编码为1,四分之一至一半长度内的位置编码为2,以此类推,另一半的位置编码分别为3和4,该编码方式同样适用于纵隔板的纵向位置划分,如图7-5所示。

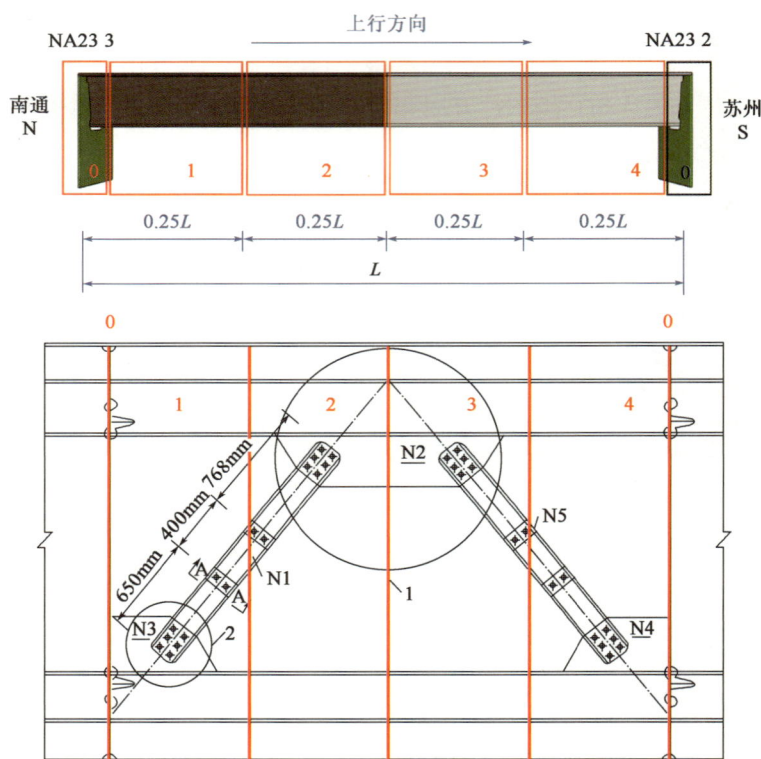

图7-5　纵向位置编码

4）横向位置编码规则

横向位置编码即U肋编码,钢箱梁U肋由中央分隔带向两侧依次编码,南通往苏州方向车道(上行)对应U肋编码格式为"+XX",苏州往南通方向车道(下行)对应U肋编码格式为"−XX","XX"为U肋序号,从"01"至"29",如图7-6所示。

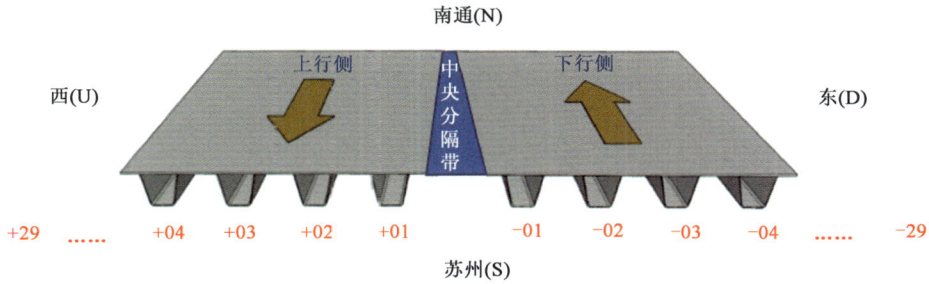

图 7-6　横向位置编码

5) 疲劳细节编码规则

（1）钢箱梁构件命名规则。

以每个构件首位汉字汉语拼音的首字母大写作为该构件的编码,如横隔板用"H"表示,特别地,U 肋直接用"U"表示。钢箱梁典型构件编码见表 7-1。

钢箱梁典型构件编码　　　　　　　　　　　表 7-1

构件名称	指代字母	构件名称	指代字母
顶板/底板	D	纵隔板	Z
U 肋	U	腹板	F
横隔板	H	加劲肋	J

注:规定钢箱梁各构件优先级顺序为:D(顶板/底板)>U(U 肋)>H(横隔板)>Z(纵隔板)>F(腹板)>J(加劲肋)。

（2）疲劳细节编码规则。

①编码采用 4 位字母与数字结合表示,首位字母可选 T、B,T 表示高度位于横隔板一半高度以上的病害,B 表示位于横隔板一半高度以下的病害。

②编码中间两位字母表示具体疲劳细节。对于位于构件母材的病害,两位字母均取该构件的编码;对于位于两种不同构件母材连接部位处的病害,分别取这两种构件的编码进行组合,两位字母按构件优先级顺序进行排列,见表 7-2。

苏通大桥钢箱梁疲劳细节命名方法(不考虑高度位置)　　　　表 7-2

指代字母	D	U	H	Z	F	J
D	DD	DU	DH	DZ	DF	—
U	—	UU	UH	—	—	—
H	—	—	HH	HZ	HF	HJ
Z	—	—	—	ZZ	—	ZJ
F	—	—	—	—	FF	FJ
J	—	—	—	—	—	JJ

注:两位字母相同的表示母材位置的疲劳细节,两位字母不同的表示焊缝位置的疲劳细节,"—"表示不存在该疲劳细节。

③编码最后一位采用阿拉伯数字表示,由不同数字表示同一构造细节的不同点位,病害点位从下行向上行逆时针依次编码为"1、2、3……",以顶板横隔板-U 肋焊缝横隔板焊趾裂纹为例,具体编码如图 7-7 所示。

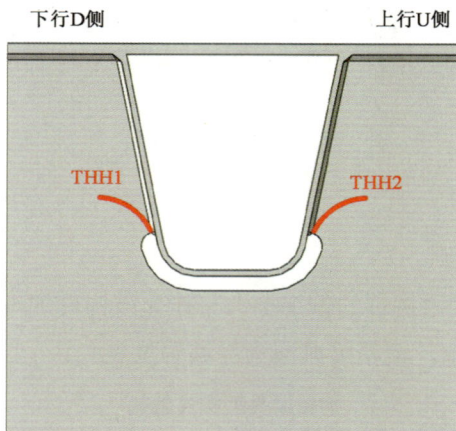

图 7-7　疲劳细节点位编码

7.1.3　苏通大桥钢箱梁典型疲劳细节编码与图例

1)苏通大桥典型疲劳细节编码与图例

苏通大桥钢箱梁典型疲劳细节编码见表 7-3。

苏通大桥钢箱梁典型疲劳细节编码(不考虑点位)　　表 7-3

序号	部位	编码
1	顶板-U 肋焊缝表面疲劳裂纹	TDU
2	顶板-U 肋焊缝焊根疲劳裂纹	DUR
3	顶板横隔板-U 肋焊缝 U 肋焊趾疲劳裂纹	TUH
4	顶板横隔板-U 肋焊缝横隔板焊趾疲劳裂纹	THH
5	顶板-横隔板焊缝疲劳裂纹	TDH
6	纵隔板斜撑母材疲劳裂纹	TZZ/DZZ
7	底板横隔板-U 肋焊缝横隔板焊趾疲劳裂纹	BHH
8	底板横隔板-U 肋焊缝 U 肋焊趾疲劳裂纹	BUH

(1)顶板-U 肋焊缝表面疲劳裂纹,下行(D)侧焊缝开裂记为 TDU1,上行(U)侧焊缝开裂记为 TDU2,如图 7-8 所示。

a)实桥裂纹

b)下行(D)侧裂纹

c)上行(U)侧裂纹

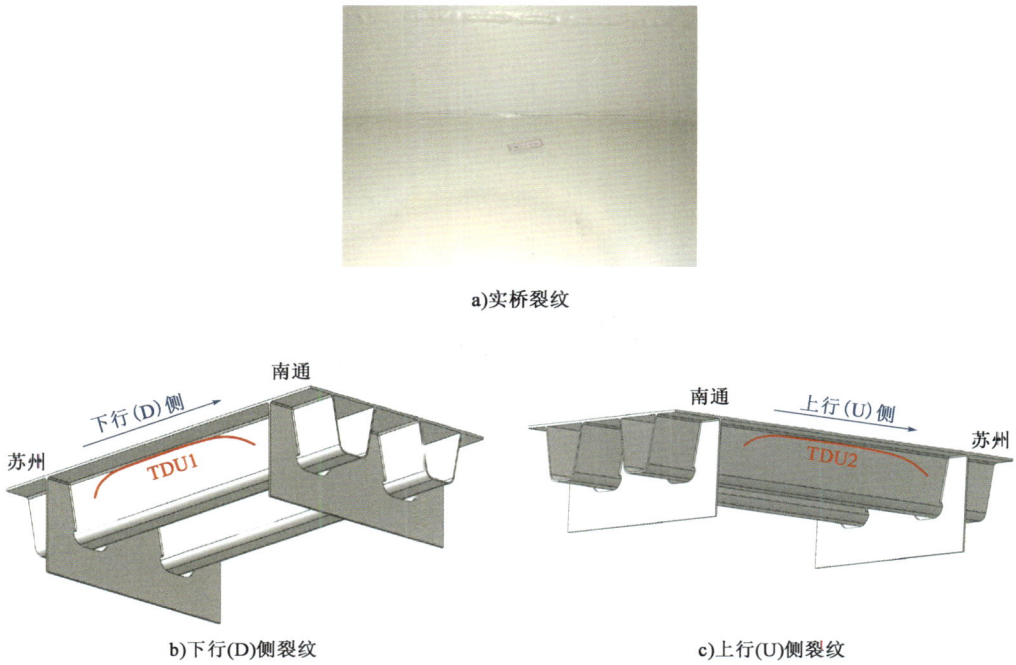

图7-8 顶板-U肋焊缝表面疲劳裂纹编码

（2）顶板-U肋焊缝焊根疲劳裂纹,下行(D)侧焊缝开裂记为DUR1,上行(U)侧焊缝开裂记为DUR2,如图7-9所示。

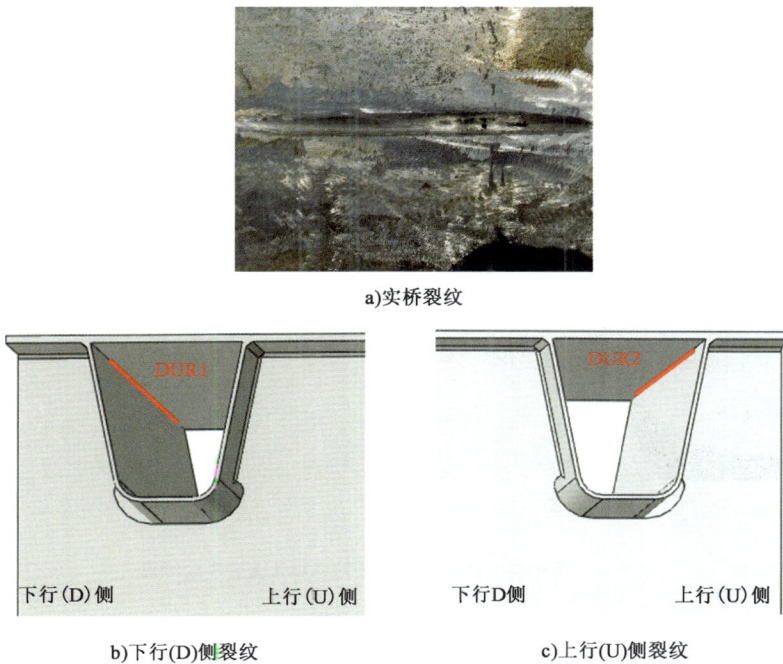

a)实桥裂纹

b)下行(D)侧裂纹

c)上行(U)侧裂纹

图7-9 顶板-U肋焊缝焊根处疲劳裂纹编码

（3）顶板横隔板-U 肋焊缝 U 肋焊趾疲劳裂纹,由下行(D)侧向上行(U)侧按逆时针方向依次编号,如图 7-10 所示。

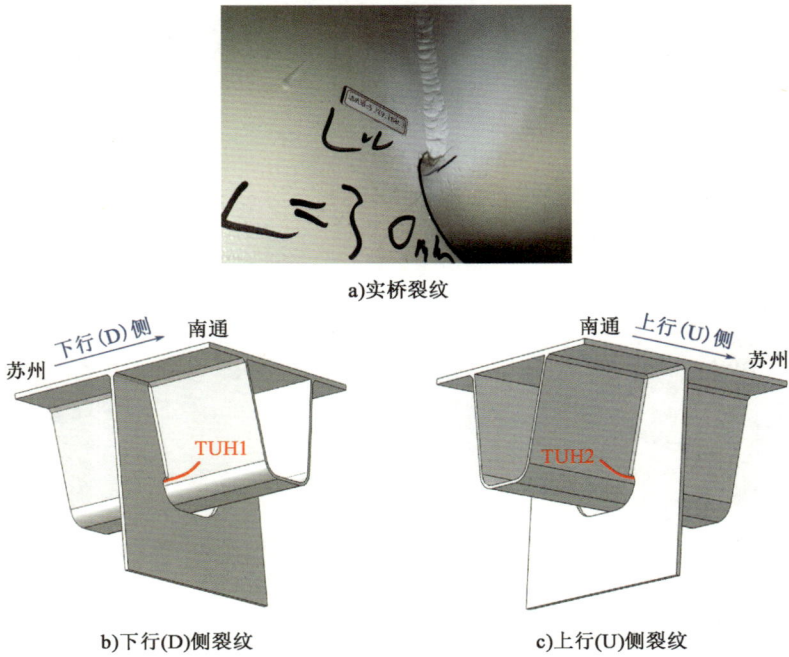

a)实桥裂纹

b)下行(D)侧裂纹

c)上行(U)侧裂纹

图 7-10　顶板横隔板-U 肋焊缝 U 肋焊趾疲劳裂纹编码

（4）顶板横隔板-U 肋焊缝横隔板焊趾疲劳裂纹,由下行(D)侧向上行(U)侧按逆时针方向依次编号,如图 7-11 所示。

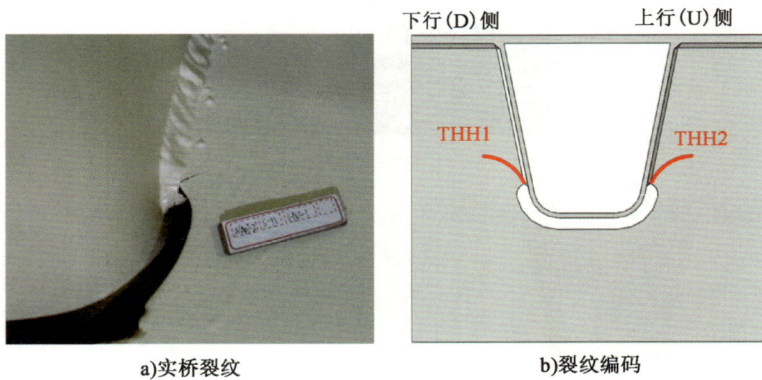

a)实桥裂纹

b)裂纹编码

图 7-11　顶板横隔板-U 肋焊缝横隔板焊趾疲劳裂纹编码

（5）顶板-横隔板焊缝疲劳裂纹,记为 TDH1,如图 7-12 所示。

（6）纵隔板斜撑母材疲劳裂纹,对于与上节点板连接的斜撑上出现的疲劳裂纹,下行

（D）侧斜撑母材开裂记为TZZ1，上行（U）侧斜撑母材开裂记为TZZ2，见图7-13；对于与下节点板连接的斜撑上出现的疲劳裂纹，下行（D）侧斜撑母材开裂记为BZZ1，上行（U）侧斜撑母材开裂记为BZZ2，见图7-14。

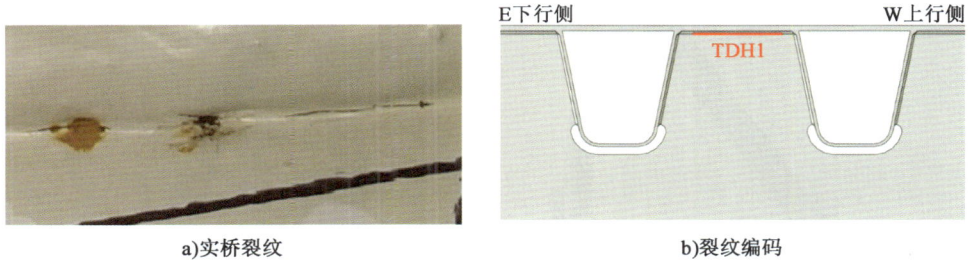

a)实桥裂纹   b)裂纹编码

图 7-12　顶板-横隔板焊缝裂纹编码（顶板处）

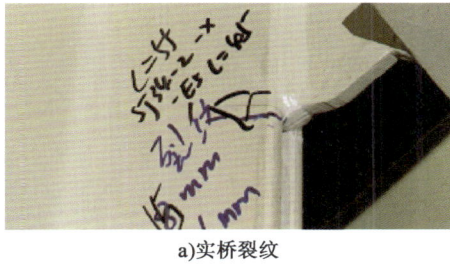

a)实桥裂纹

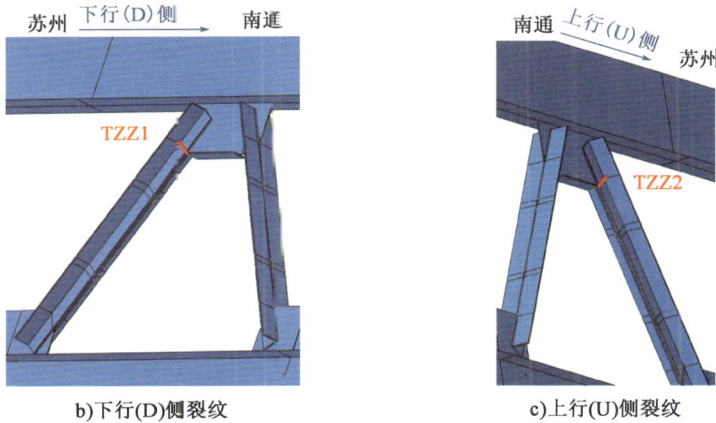

b)下行(D)侧裂纹   c)上行(U)侧裂纹

图7-13　与上节点板连接斜撑母材裂纹编码

（7）底板横隔板-U肋焊缝横隔板焊趾疲劳裂纹，由下行（D）侧向上行（U）侧按逆时针方向依次编号，如图7-15所示。

（8）底板横隔板-U肋焊缝U肋焊趾疲劳裂纹，由下行（D）侧向上行（U）侧按逆时针方向依次编号，如图7-16所示。

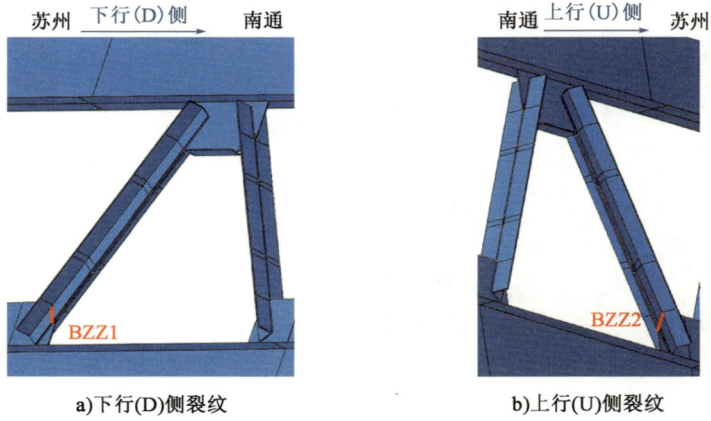

a)下行(D)侧裂纹　　　　　　b)上行(U)侧裂纹

图 7-14　与下节点板连接斜撑母材裂纹编码

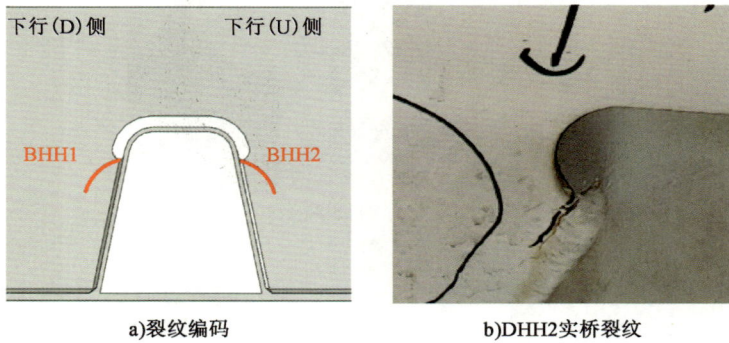

a)裂纹编码　　　　　　b)DHH2实桥裂纹

图 7-15　底板横隔板-U 肋焊缝横隔板焊趾疲劳裂纹编码

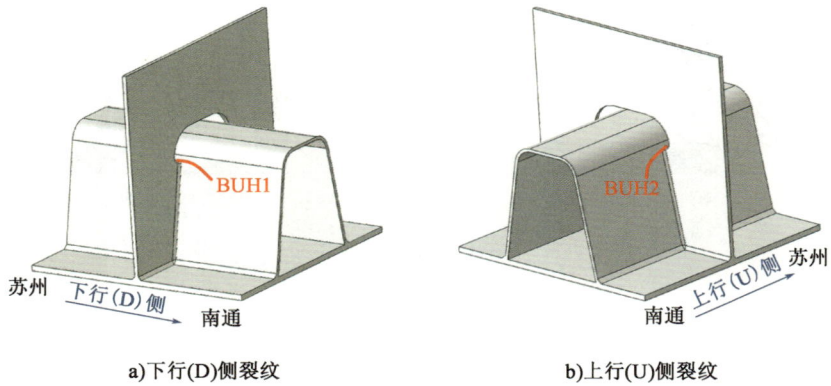

a)下行(D)侧裂纹　　　　　　b)上行(U)侧裂纹

图 7-16　底板横隔板-U 肋焊缝 U 肋焊趾疲劳裂纹编码

2）苏通大桥疲劳裂纹编码案例

依据以上编码规则，选取苏通大桥顶板-U肋焊缝、顶板横隔板-U肋焊缝U肋焊趾、顶板横隔板-U肋焊缝横隔板焊趾等典型疲劳裂纹，展示编码规则的实桥应用。

（1）顶板-U肋焊缝表面疲劳裂纹。

苏通大桥顶板-U肋焊缝表面疲劳裂纹的实桥编码，如图7-17所示。

a)NJ222210TDU-2　　　　　　　　b)NJ2224-14TDU-1

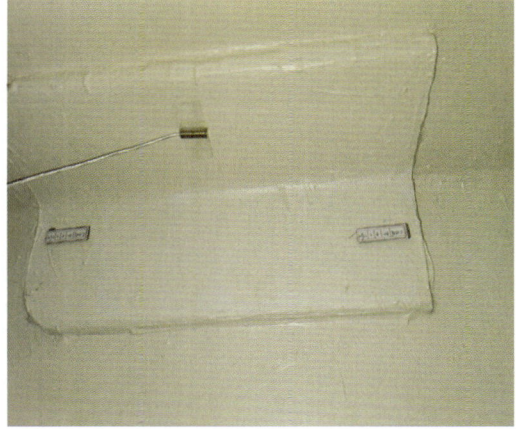

图7-17　苏通大桥顶板-U肋焊缝表面疲劳裂纹编码案例

（2）顶板横隔板-U肋焊缝横隔板焊趾疲劳裂纹。

苏通大桥顶板横隔板-U肋焊缝横隔板焊趾疲劳裂纹的实桥编码，如图7-18所示。

a)NJ0730-21THH-1　　　　　　　　b)NJ1130-20THH-1

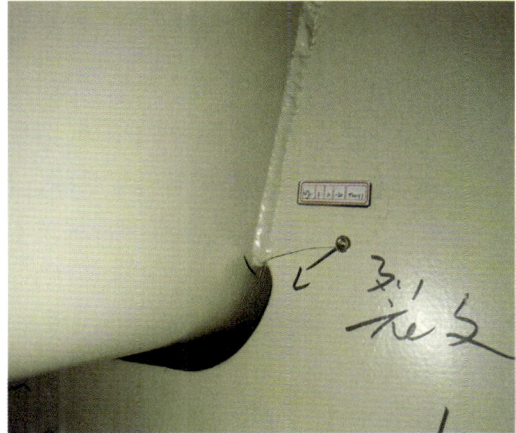

图7-18　苏通大桥顶板横隔板-U肋焊缝横隔板焊趾疲劳裂纹编码案例

（3）顶板横隔板-U肋焊缝U肋焊趾疲劳裂纹。

苏通大桥顶板横隔板-U肋焊缝U肋焊趾疲劳裂纹的实桥编码，如图7-19所示。

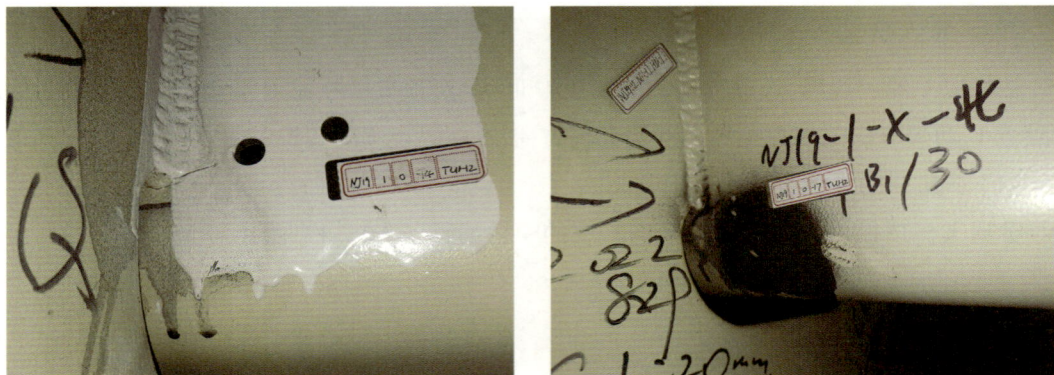

a)NJ1910-14TUH-2   b)NJ1910-17TUH-2

图7-19 苏通大桥顶板横隔板-U肋焊缝U肋焊趾疲劳裂纹编码案例

7.2　疲劳发展动态与处治效果评估

7.2.1　现场跟踪方案

1）跟踪流程

疲劳裂纹跟踪

苏通大桥疲劳裂纹现场跟踪工作步骤大致包括前期准备、寻找裂纹、粘贴标签、拍照、信息记录。跟踪以目视检查为主，即采用肉眼直接对钢箱梁所有焊缝部位开展全面检查。由于钢箱梁内焊缝数量众多，构造复杂，现有的常规技术手段难以在钢箱梁内进行有效使用。因此，在当前的客观技术条件下，目视检查仍是钢箱梁焊缝疲劳裂纹检测的主要手段。对于部分肉眼无法判别的裂纹，可采用磁粉检测和超声波检测的方式辅助判别裂纹的形态和参数[1-4]。

（1）前期准备。

①设备准备。

实桥裂纹跟踪目视检测设备包括头盔、头灯、荧光服、巡检仪、标签、铁片、磁铁、标签夹等，如图7-20所示。进入钢箱梁内部开展跟踪工作前须提前穿好荧光服，佩戴好安全帽、头灯等设备，确保安全。

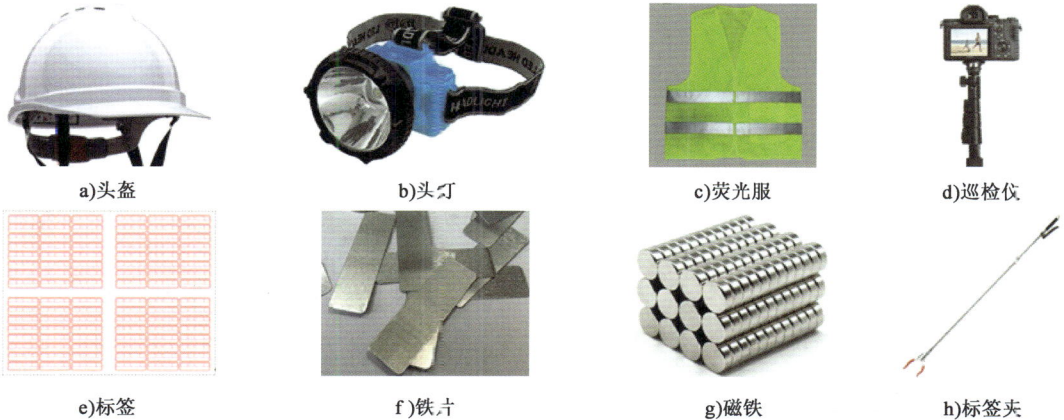

a)头盔　　b)头灯　　c)荧光服　　d)巡检仪

e)标签　　f)铁片　　g)磁铁　　h)标签夹

图7-20　跟踪设备

②裂纹跟踪记录表准备。

裂纹跟踪记录表用于记录所需跟踪裂纹的位置、类型、长度、跟踪前后状态等信息。裂纹位置信息主要包括：疲劳裂纹所处节段号、舱室号、纵桥向位置、横桥向位置等。跟踪前状态信息主要包括：新增、保留、钻孔、螺栓加固、补强（钢板、角钢、CFRP、记忆合金）、冲击等。跟踪后状态信息主要包括跟踪后裂纹长度、状态变化等信息。裂纹跟踪记录表格式见表7-4。

裂纹跟踪记录表　　　　　　　　　　表7-4

序号	裂纹位置	裂纹类型	裂纹长度	跟踪前状态	跟踪后状态

（2）寻找裂纹。

根据裂纹跟踪记录表中的裂纹位置信息在钢箱梁中寻找对应裂纹。

（3）粘贴标签。

在寻找到裂纹后，用黑色马克笔将裂纹的位置信息和裂纹类型写在标签上，如图7-21所示，然后将标签粘至带有磁铁的铁片上，并用标签夹将带有磁铁的铁片吸附到裂纹所在位置附近，如图7-22所示。

为便于裂纹信息的标准化、数字化管理，苏通大桥公司联合河海大学对跟踪的每条裂纹进行了编码，可实现疲劳裂纹在全桥钢箱梁内部的

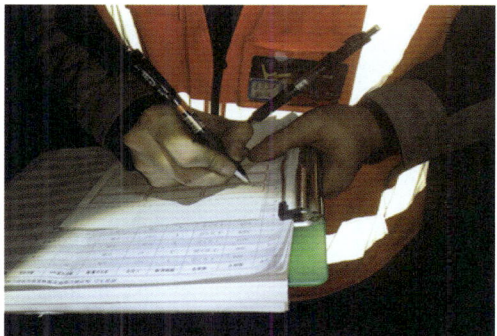

图7-21　标签书写

准确定位。

(4)拍照。

裂纹信息标签粘贴完成后,采用巡检仪拍摄裂纹,如图7-23所示。拍摄后的裂纹照片中须能够同时清楚地看到裂纹形态和标签信息。

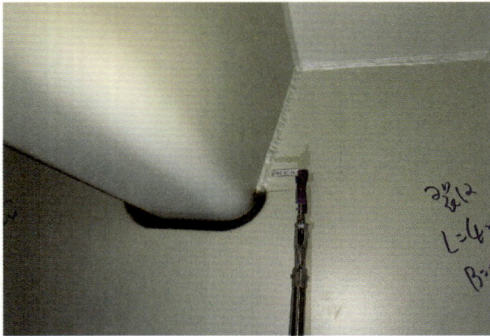

图7-22 标签粘贴

图7-23 裂纹拍照

(5)信息记录。

拍摄完成后,观察照片中裂纹的状态,并与跟踪记录表中的裂纹跟踪前状态进行比较,记录裂纹最新的状态。跟踪完成后,将拍摄的照片、裂纹信息录入管理系统中。

2)跟踪内容

以苏通大桥某一年度的钢箱梁裂纹跟踪为例,评估裂纹的扩展规律和处治效果,对苏通大桥顶板-U肋焊缝表面疲劳裂纹、顶板横隔板-U肋焊缝横隔板焊趾疲劳裂纹的发展动态和处治情况开展了6次跟踪。具体跟踪方案见表7-5。

跟踪方案 表7-5

跟踪次数	跟踪时间	跟踪内容
第1次	11月	顶板-U肋焊缝表面、顶板横隔板-U肋焊缝横隔板焊趾裂纹全桥排查
第2次	12月	全桥排查,跟踪气动冲击裂纹处治效果,重点检查跟踪后新增裂纹扩展情况以及钻孔、角钢加固处裂纹扩展情况
第3次	3月	全桥排查,重点检查跟踪后新增裂纹扩展情况以及钻孔、角钢加固处裂纹扩展情况
第4次	6月	全桥排查,跟踪气动冲击裂纹处治效果,重点检查跟踪后新增裂纹扩展情况以及钻孔扩展、孔位偏差、角钢加固处裂纹扩展情况
第5次	8月	全桥排查,重点检查跟踪后新增裂纹扩展情况以及钻孔扩展、孔位偏差、角钢加固处裂纹扩展情况
第6次	11月	全桥排查,跟踪气动冲击裂纹处治效果,重点观察第一次跟踪后新增裂纹、保留裂纹扩展情况

7.2.2 病害发展动态评估

1）顶板-U 肋焊缝表面疲劳裂纹

苏通大桥顶板-U 肋焊缝疲劳裂纹可分为顶板-U 肋焊缝表面疲劳裂纹和顶板-U 肋焊根隐蔽疲劳裂纹。由于顶板-U 肋焊根裂纹的隐蔽性，常规的目视检测无法观察到裂纹的状态，故目前苏通大桥顶板-U 肋焊缝部位的裂纹跟踪仅针对顶板-U 肋焊缝表面裂纹。

6 次跟踪结果表明，1 年时间内苏通大桥顶板-U 肋焊缝表面疲劳裂纹共新增 14 条，新增裂纹在处治之前均未发生扩展，新增裂纹数目及发现时间如图 7-24 所示，部分裂纹跟踪情况见表 7-6。其中，8 条新增裂纹集中分布在 NJ20-NJ23 节段，由裂纹分布情况统计数据可知，苏通大桥顶板-U 肋焊缝表面疲劳裂纹集中分布在 NJ20-NJ23 节段，原因是既有裂纹存在削弱了该 U 肋的刚度，导致裂纹产生。因此，在后续日常跟踪过程中将 NJ20-NJ23 节段作为重点排查对象。

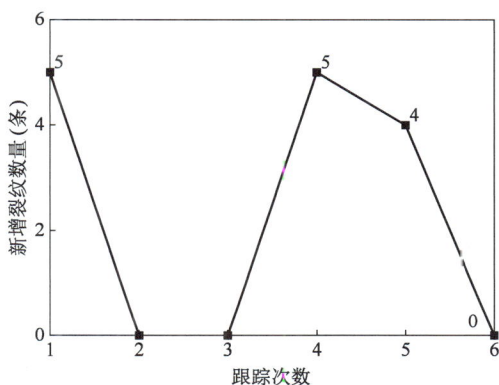

图 7-24　6 次跟踪新增裂纹数目图

顶板-U 肋焊缝表面疲劳裂纹跟踪情况（部分）　　　　　表 7-6

跟踪次数	新增裂纹	跟踪次数	新增裂纹
第 1 次		第 4 次	
第 2 次		第 5 次	
第 3 次		第 6 次	

2）顶板横隔板-U肋焊缝横隔板焊趾疲劳裂纹

6次跟踪结果表明,1年时间内苏通大桥顶板横隔板-U肋焊缝横隔板焊趾疲劳裂纹新增11条,新增裂纹数目及发现时间如图7-25所示,部分裂纹跟踪情况见表7-7。新增裂纹大多位于SJ24-SJ28节段和重车道轨迹线下方,且新增裂纹在处治前均未发生进一步的扩展。结合实桥裂纹分布情况,在后续的跟踪过程中重点关注重车道轨迹线下方和SJ24-SJ28节段内顶板横隔板-U肋焊缝横隔板焊趾疲劳裂纹的发展动态。

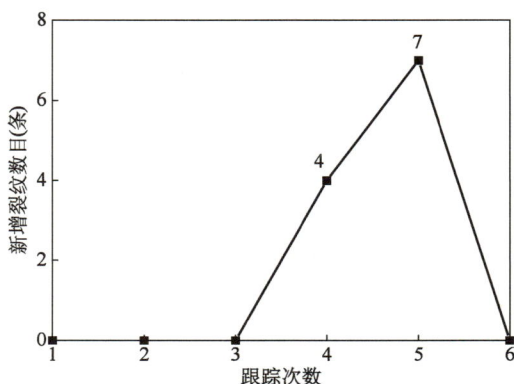

图7-25　6次跟踪新增裂纹数目图

顶板横隔板-U肋焊缝横隔板焊趾疲劳裂纹跟踪情况（部分）　　　　表7-7

跟踪次数	新增裂纹	跟踪次数	新增裂纹
第4次		第6次	
第5次			

7.2.3 病害处治效果评估

1)钻孔止裂

目前,钻孔止裂技术主要用于苏通大桥顶板横隔板-U肋焊缝横隔板焊趾疲劳裂纹处治[5-7]。针对采用钻孔止裂技术的裂纹开展了持续跟踪,评估钻孔止裂技术的应用效果。

1年时间内,共对苏通大桥72处顶板横隔板-U肋焊缝横隔板焊趾疲劳裂纹进行了钻孔止裂处治,6次跟踪中新增钻孔维修数目如图7-26所示。其中仅有4处发生了扩展,扩展率为5.5%,止裂孔整体维修状况较好。部分止裂孔扩展跟踪情况见表7-8。

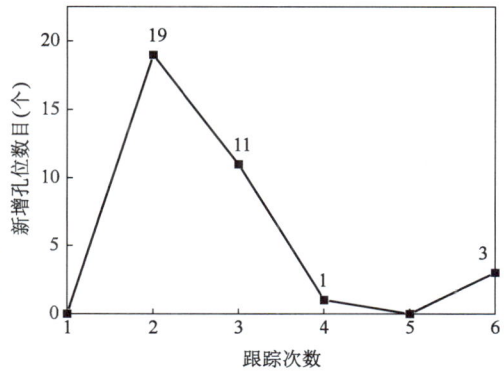

图7-26　6次跟踪中新增钻孔维修数目图

止裂孔扩展跟踪情况(部分)　　　　　　　　　　　　　表7-8

跟踪次数	新增裂纹	跟踪次数	新增裂纹
第1次		第4次	
第2次		第5次	
第3次		第6次	

此外,跟踪过程中发现部分止裂孔位置存在偏差,研究表明当钻孔偏离裂纹尖端时,止裂孔的疲劳寿命会大大减小,且裂纹会快速地沿着止裂孔边缘扩展,如图 7-27、图 7-28 所示。因此,对该部分止裂孔存在偏差的裂纹应给予重点关注。

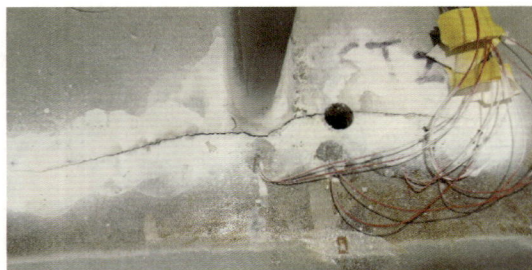

图 7-27　孔位偏差后裂纹二次扩展路径

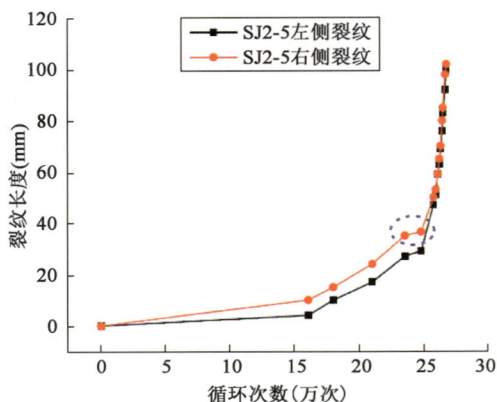

图 7-28　有孔位偏差情况的止裂孔寿命

2)气动冲击

目前,气动冲击技术主要用苏通大桥顶板横隔板-U 肋焊缝 U 肋焊趾疲劳裂纹的预防和处治,针对该部分采用气动冲击技术的裂纹开展了持续跟踪,评估气动冲击的应用效果。气动冲击裂纹表面后,裂纹面紧密闭合,根据河海大学的研究可知,当裂纹面重新张开后可认为冲击失效[8-10]。3 次跟踪情况对比显示,裂纹维修处裂纹面均未张开,维修效果较好,部分冲击裂纹跟踪情况见表 7-9。

气动冲击技术维修效果跟踪情况(部分)　　　　　　　表 7-9

跟踪次数	维修概况	
第 2 次		
第 4 次		

跟踪次数	维修概况
第6次	

3）局部加固

（1）顶板-U 肋焊缝表面疲劳裂纹角钢加固。

6 次跟踪结果表明，1 年时间内苏通大桥共有 10 处裂纹在角钢加固后发生了二次扩展，扩展占补强总数的 19.2%，整体维修状况良好，部分扩展裂纹跟踪情况见表 7-10。扩展处均为早期粘贴的角钢，可能是由于最初施工经验不足和胶水，导致胶层都出现了不同程度的破坏，同时开裂处大多位于各车道的轨迹线下方，在车辆荷载的作用下最终导致开裂。后续检测时应对钢板的胶层状况进行跟踪，如发现胶层破坏、出现剥落，应进行密切跟踪并及时采取措施维修裂纹，必要时可以重新粘贴钢板。

角钢加固技术维修效果跟踪概况 表 7-10

跟踪次数	维修概况	跟踪次数	维修概况
第1次		第4次	
第2次		第5次	
第3次		第6次	

（2）顶板横隔板-U肋焊缝横隔板焊趾疲劳裂纹钢板加固。

1年时间内,苏通大桥共对17条顶板横隔板-U肋焊缝横隔板焊趾疲劳裂纹进行了钢板补强,部分裂纹跟踪情况见表7-11。钢板补强均采用螺栓连接的方式,且都为双面补强。开展跟踪,未在钢板周围发现延伸出钢板的裂纹。钢板加固覆盖了裂纹尖端,无法准确地判断裂纹是否扩展。根据现有研究可知[11],采用螺栓进行钢板加固时,在螺栓松动前具有较好的加固效果,如图7-29所示。6次跟踪结果显示,各补强处螺栓均未松动,与补强钢板间密切接触,且未有裂纹延伸出钢板边缘,因此判断补强钢板仍具有较好的加固效果。后续检测时应对钢板加固的螺栓状况进行跟踪,如发现螺栓松动,应尽快拧紧并密切跟踪该处裂纹。

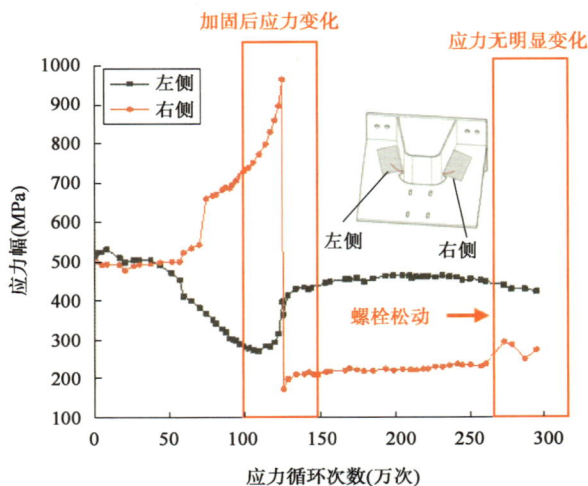

图7-29　螺栓加固补强钢板试验研究结果

钢板加固技术维修效果跟踪情况(部分)　　　　　　　表7-11

跟踪次数	维修概况	跟踪次数	维修概况
第1次		第3次	
第2次		第4次	

续上表

跟踪次数	维修概况	跟踪次数	维修概况
第 5 次		第 6 次	

7.3　现场信息数字化管理

为便于现场跟踪后裂纹数据的长期管理和规律挖掘,苏通大桥公司联合河海大学开发了钢箱梁病害信息管理系统。该系统依据苏通大桥钢箱梁管养实际需求设计,包含病害录入、病害检索、病害分析等模块。

7.3.1　软件概况

钢箱梁病害信息管理系统是专门为从事大跨径钢箱梁桥安全运维工作的养护人员和科研人员而设计的病害数据管理分析软件。该系统为钢箱梁病害管理搭建了信息化平台,其通过云端数据库对同一养护实体不同时期巡检获取的病害数据进行整合,并基于内核算法实现病害数据的可视化、档案化管理。

1)主要功能

苏通大桥钢箱梁病害信息管理系统已开通的主要功能包括病害信息录入、病害信息检索、病害分析等。

(1)病害信息录入功能基于病害信息标准格式,可实现录入病害基本特征、发展状态和处治效果等全周期养护信息。

(2)病害信息检索功能可选择病害信息格式中的重要字段作为索引,实现特定病害的快速检索与同类病害的快速分类。

(3)病害分析功能自动挖掘数据库病害数据,可视化呈现病害分布特征、病害数量增长特征和病害处治效果等演化特征,并自主生成分析报告以供养护人员参考。

2) 系统特点

(1) 专门面向钢箱梁病害开发,覆盖钢箱梁全周期病害养护信息。

(2) 自动分析已录入病害数据,并生成可视化分析报告供用户参考。

(3) 结构简单,占据内存小,可通过互联网访问,可适用于各类工程环境。

7.3.2 软件操作

1) 登录

用户通过特定的互联网网址进入账号登录界面,如图 7-30 所示。

图 7-30　账号登录界面

2) 病害信息录入

病害信息录入界面用于录入首次检出病害(新增病害)和后期养护关注病害(跟踪病害)的信息。录入信息包括病害图片、病害编码、检出时间、初始长度、录入时间、病害总长、处治措施和备注,如图 7-31 所示。

3) 病害信息检索

病害信息检索界面用于检索已录入病害信息。病害信息以条录形式呈现在病害检索界面中,病害条录包括工程名称、病害编码、录入时间、初始长度、病害总长、处治措施、病害状态、是否扩展、裂纹等级和备注等信息,如图 7-32 所示。可通过关键词进行精确或者模糊检索,关键词包括"舱室号""纵向位置编号""U 肋号""构造细节""初始长度""录入时间""病害状态"和"病害总长"等。

图 7-31 病害信息录入界面

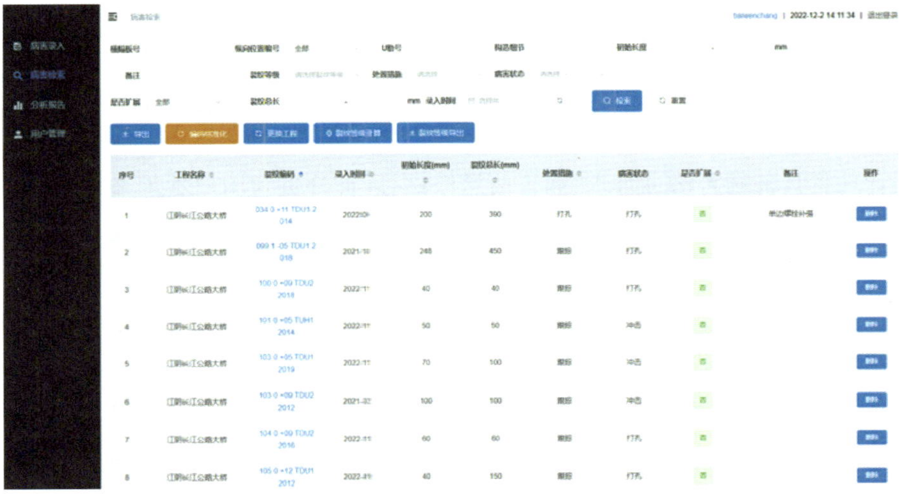

图 7-32 病害信息检索界面

4）病害分析

病害分析界面对系统中已录入的病害数据进行统计分析,并以图表形式可视化呈现病害分布情况、发展情况以及修复情况,如图 7-33 所示。在界面上方日历选项框选择起始时间和结束时间,能实现对任意时间段内病害数据统计分析情况的查询,用户可根据实际需求进行检索。

5）用户管理

钢箱梁病害信息管理系统面向工程养护需求,设置"超级管理员""工程管理者"和"工程师"3 种用户类型,不同用户类型具备不同系统权限。

超级管理员具备病害信息检索、病害分析和用户管理 3 种权限。超级管理员可对不同工程中的病害信息进行检索和分析,超级管理员具备新增/删除工程管理者和工程师账户的权限。

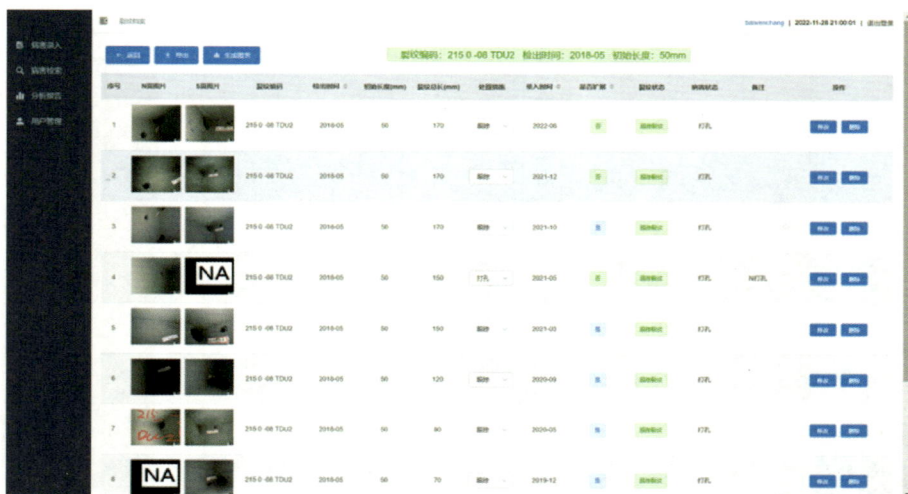

图 7-33　病害分析界面

工程管理者具备病害信息录入、病害信息检索、病害分析和用户管理 4 种权限。工程管理者仅可对本工程中的病害信息进行检索和分析,工程管理者具备新增/删除工程师账户的权限。

工程师具备病害信息录入、病害信息检索和病害分析 3 种权限。工程师仅可对本工程中的病害信息进行检索和分析。

本章参考文献

[1] KOU L,SYSYN M,FISCHER S, et al. Optical rail surface crack detection method based on semantic segmentation replacement for magnetic particle inspection[J]. Sensors,2022,22(21):8214.

[2] 黄旭.浅谈磁粉探伤技术原理与在钢桥检测中的应用[J].建筑与预算,2021(11):98-100.

[3] 王丹奇.超声波无损检测 POD 分析在疲劳裂纹中的应用[D].青岛:青岛科技大学,2020.

[4] 李绪清,王磊,刘凯,等.超声波检测海洋钢结构中横向裂纹的实例浅析[J].化工管理,2019(9):113-114.

[5] 房亮,袁周致远,姚悦,等.基于 CT 模型的钢板裂纹维修效果分析[J].武汉理工大学学

报(交通科学与工程版),2020,44(2):299-305.

[6] FANG L,FU Z Q,JI B H,et al. Propagation mode and characteristics of fatigue cracks in steel bridge deck after drilling ahead of the crack tip[J]. Advanced Steel Construction, 2022,18(2):544-551.

[7] FANG L,FU Z Q,JI B H,et al. Research on mixed mode crack drilling under out-of-plane shear in steel bridge deck[J]. International Journal of Fatigue,2022,156:106679.

[8] 袁周致远,吉伯海,夏俊元,等.钢箱梁横隔板-纵肋疲劳裂纹气动冲击维修试验[J].吉林大学学报(工学版),2022,52(12):2883-2891.

[9] 朱志伟,高天,吉伯海,等.基于现场监测的钢桥面板疲劳裂纹气动冲击修复效果评估[J].武汉理工大学学报(交通科学与工程版),2022,46(1):120-124.

[10] YUANZHOU Z Y,JI B H,WANG Q D,et al. Investigation on crack behaviours by closing its surface using impact treatment[J]. Journal of Constructional Steel Research,2019,156: 1-8.

[11] 陈念念.钢箱梁U肋与横隔板连接部位疲劳开裂钢板加固技术研究[D].南京:河海大学,2021.

第 8 章
总结与展望

8.1 总　　结

　　苏通大桥于 2008 年建成通车,是我国首座千米级斜拉桥,代表了建成时世界桥梁建设的最高水平,被称为世界桥梁的"珠穆朗玛峰"。著名桥梁专家凤懋润曾评价道:"苏通大桥,是我国改革开放 30 周年来重大基础设施建设的杰出成果,是中国从桥梁大国向桥梁强国迈进的标志性工程"。然而"建好一座桥难,养好一座桥更难",苏通大桥服役后,成为江苏与上海之间往来的关键枢纽,交通量日益增大,钢箱梁的疲劳问题日益凸显,困扰着大桥的结构安全和正常运营。为实现苏通大桥全生命周期内的安全、畅通,践行"百年大桥"的目标,运营单位先后联合国内多家企业、高等院校和科研院所就钢箱梁疲劳养护开展了长期的探索与实践。本书全面回顾了苏通大桥在大桥钢箱梁疲劳开裂机理、评估、检测、维修、管理等方面开展的系统性工作以及取得的创新成果,为我国千米级斜拉桥钢箱梁养护技术的发展提供参考。主要工作如下:

　　(1)探明了复杂因素影响下千米级斜拉桥钢箱梁的疲劳裂纹发展规律。

　　针对千米级斜拉桥钢箱梁的疲劳开裂问题,联合河海大学、同济大学等多所高等院校,以苏通大桥为典型案例,从疲劳开裂机理出发,对苏通大桥历年的疲劳病害检测数据进行了系统梳理和分析,并借助数值模拟、疲劳试验和实桥监测等手段分析了钢箱梁构造参数、构造特征、铺装层等因素对钢箱梁疲劳开裂的影响,探明了复杂因素影响下千米级斜拉桥钢箱梁的典型开裂部位和疲劳裂纹扩展规律,研究成果为钢箱梁疲劳裂纹的处治建立了基础,可为我国后续千米级斜拉桥钢箱梁的设计提供参考。

　　(2)提出了千米级斜拉桥钢箱梁疲劳裂纹的动态化跟踪评估体系。

　　为获取钢箱梁疲劳裂纹的扩展规律,评估裂纹处治效果,优化处治技术,联合河海大学,以苏通大桥为对象,针对钢箱梁中典型疲劳裂纹提出并开展了长期的动态跟踪评估工作,建立了疲劳裂纹编码体系,赋予每一条裂纹唯一的编码,实现裂纹在钢箱梁内的准确定位。提出了规范化的现场跟踪流程,搭建了病害跟踪数据管理系统,实现了跟踪数据的规范化管理。经过多年的实践,已形成科学系统的跟踪评估体系,可为我国千米级斜拉桥钢箱梁的裂纹跟踪与养护提供参考。

　　(3)开展了千米级斜拉桥钢箱梁多工作协调实施的集约化养护工程。

　　为提高苏通大桥行车舒适性,保障钢箱梁结构安全,践行"百年大桥"目标,联合江苏现代路桥有限责任公司、中交公路规划设计院有限公司、中国船级社等多家单位开展了我国首例钢桥面铺装更换、顶板裂纹检测处治、钢箱梁内部裂纹处治等多项同时协调实施的大型集约化养护工程。工程中大规模刨除钢桥面铺装后利用 TOFD、双探头超声波、相控阵等多项裂纹检测技术对顶板焊根隐蔽裂纹进行全面检测，获取了较为全面的千米级斜拉桥钢箱梁顶板焊根裂纹特征数据，开创了我国千米级斜拉桥钢箱梁养护先例，对我国类似工程的开展具有重要的参考价值。

（4）实现了千米级斜拉桥钢箱梁疲劳裂纹的针对性精细化处治。

为提高苏通大桥钢箱梁疲劳裂纹的处治效果，保障大桥结构安全，联合中交公路规划设计院有限公司、河海大学、同济大学等多家单位开展了裂纹处治技术优化与新技术研发。针对传统的钻孔止裂、焊合、钢板补强等技术，明确了关键技术参数，规范了操作流程，优化了施工工艺。在钻孔止裂技术的基础上提出了螺栓加固止裂孔的优化处治方案并成功应用于横隔板-U 肋焊缝围焊端横隔板裂纹的处治工作中。首次将气动冲击技术应用于横隔板-U 肋焊缝 U 肋焊趾裂纹，实现肋裂纹的预防与处治双重作用。对 SMA 加固新技术开展深度研发，并率先尝试将 SMA 加固新技术用于横隔板-U 肋焊缝围焊端横隔板裂纹处治。在综合考虑苏通大桥疲劳病害特征与各处治技术的适用性后，制定了针对性的精细化裂纹处治方案，实现了裂纹的分类分级处治，有效地保障了裂纹的处治效果。研究成果可为我国千米级斜拉桥钢箱梁的裂纹处治提供参考。

（5）推动了千米级斜拉桥钢箱梁疲劳裂纹信息的智能化管理。

针对早期纸质检测数据量庞大、保存成本高、分析难度大等问题，联合河海大学率先开展了钢箱梁疲劳病害信息智能化管理工作，开发了苏通大桥钢箱梁病害信息管理系统，可将日常裂纹检查信息数字化后上传至服务器，实现对每条裂纹病害信息的智能化管理与规律挖掘，为未来千米级斜拉桥钢箱梁疲劳裂纹智能化养护的进一步发展提供了底层设计。

8.2 展　　望

自大桥通车以来，苏通大桥运营方高度重视大桥钢箱梁疲劳养护，不断开展钢箱梁疲劳养护技术的开发和实践，获得了显著的养护效果，为车辆的平安通行提供了有效保障。目前，我国的社会和经济进入了全新的发展阶段，国家对于桥梁的养护也提出了更高的要求。2021 年 8 月，交通运输部发布了《关于进一步提升公路桥梁安全耐久水平的意见》，提出要加快推动人工智能新技术与公路建管养深度融合，全面开展公路桥梁智能评估、智能养护、智能决策的研究和推广应用。2022 年 3 月，交通运输部和科技部联合印发了《"十四五"交通领域科技创新规划》，将"基础设施维养及改造技术"列为重点研发任务，并明确指出要推进交通基础设施长期性能科学观测网建设，开展基础设施全寿命周期性能演化规律等基础理论研究，研发应用基础设施预防性养护、快速维养修复及扩容改造等新技术、新材料、新装备，提升交通基础设施精细化、快速化、智能化维养水平。2022年4月，交通运输部发布了《"十四五"公路养护管理发展纲要》，明确指出要着力推进设施数字化、养护专业化、管理现代化、运行高效化、服务优质化，全面提升公路养护管理水平，促进公路交通可持续健康发展。然而，由于千米级斜拉桥钢箱梁结构体系自身的复杂性，以及服役环境的复杂多变，其养护工作仍将持续面临巨大挑战。

展望未来，要将问题与目标相结合，重视问题的解决，完善养护工作，针对苏通大桥全寿命周期开展专题养护工作，贯彻"把问题变课题，把课题变实践，把实践变成果"的基本思路，推动钢箱梁养护技术向精细化、智能化方向发展，使大桥的经济、社会效益最大化。

（1）持续开展钢箱梁疲劳养护新技术研发，深化大桥钢箱梁的精细化养护。

钢箱梁养护工作的精细化是当前养护工作水平进一步提升的需求，也是新形势下钢箱梁养护的发展方向。精细化养护可有效推动养护工作由粗放型向节约型、由被动向主动转变，实现养护工作的新跨越，提升养护技术精度，也必然提升养护管理效果。以苏通大桥养护经验为基础，持续开展钢箱梁焊缝疲劳裂纹损伤特征及发展规律的研究，推动疲劳裂纹评估、检测和维修新技术的研发与配套专业化设备的开发和应用工作，全面深化钢箱梁精细化养护。

（2）推动人工智能与钢箱梁养护高效融合，实现钢箱梁养护智能化。

推动钢箱梁智能化养护是新时代下千米级大桥的必然发展方向。智能化养护相较于人工养护，可大大降低养护成本，提高养护效率。基于苏通大桥钢箱梁病害信息管理系统的底层设计，不断吸纳和培养人工智能领域人才，加快智能评估、智能检测、智能维修、智能管理等方向的技术研发与落地工作，推动人工智能与钢箱梁养护的高效融合，全面实现千米级斜拉桥钢箱梁智能化养护。

（3）打造和升级多层级的专业养护梯队。

人作为大桥养护中的主体，其认知水平和专业技能水平决定了能否养好一座桥。"建桥有时，养护无期"，大桥的运营管理时间往往达百年以上，这需要几代桥梁养护人员的默默奉献和付出。针对钢箱梁不同养护目标的需求，建立多个层级的养护岗位，为每个层级配备专业化养护人才，打造多层级的专业养护梯队，并通过定期的沟通、培训、评估等手段不断优化和升级养护梯队的人员结构，提高养护人员的专业水平和技能，为大桥全寿命周期养护持续注入新鲜的血液，保障大桥养护工作的活力和创新。